顾明远文集

顾明远文集

第十二卷

译著

顾明远 著

丁瑞常 整理

北京师范大学出版集团
BEIJING NORMAL UNIVERSITY PUBLISHING GROUP

北京师范大学出版社

目　录

比较教育学

人是教育的对象

第一卷第三十八章

学校卫生学

第一章至第九章

论文译著

比较教育学[*]

* ［苏］索科洛娃、库兹米娃、罗杰诺夫著，顾明远译，北京，文化教育出版社，1981。

出版说明[*]

　　1978年，教育部决定在师范院校教育专业开设比较教育选修课，随后又组织几所师范院校合作编写比较教育教材。这对我国比较教育的研究工作起了很大的促进作用。目前，不少师范院校已经开设了比较教育选修课，有关的师范院校也正在通力合作积极编写比较教育教材。我国比较教育的研究工作在这几年得到了发展。

　　为了比较教育教学工作和研究工作的开展，我们准备陆续出版一些外国的比较教育专著。现在先出版美国的《教育的传统与变革》和苏联的《比较教育学》。这些专著从作者自己的角度出发，提供了世界许多国家教育的情况和教育流派的资料，对我们有一定的参考价值。但是，由于这些作者政治立场和所处历史条件的影响，他们所提供的资料并不都是可靠的，他们对教育问题的看法也并不都是正确的。希望读者用马列主义、毛泽东思想加以分析，取其精华，去其糟粕。

　　书中个别地方我们做了删节。

编者

1981年8月

---

[*] 本书系苏联作者于20世纪70年代写的《比较教育学》，也是苏联第一本《比较教育学》，呈现着当时苏联意识形态的烙印。文中所提到的国家也均为当时的情况。1981年为编我国自己的《比较教育》教材，翻译此书作为参考。

前　言

在社会主义和资本主义思想斗争日趋尖锐的情况下，学校和教育成为教育学中进步倾向与反动倾向剧烈矛盾冲突的阵地。

社会主义国家的经济、文化和教育发展的成就，对资本主义和发展中国家的共产党和工人党等一切进步力量为争取教育的民主化、争取所有社会阶层和民族获得教育机会的真正平等所做的斗争，起着决定性的作用。

社会主义国家的发展，其力量的增长，是人类社会进步的主要方向。资本主义竭尽全力企图抗拒进步趋势。

在当代世界中，年青一代的教育和教养，他们世界观的形成，作为决定今后社会经济发展方向的因素，其作用正在日益增长。因此教育思想领域中的意识形态斗争也加剧了：资本主义国家的统治阶级力图使教育观点的形成有利于保存资本主义制度的基础，使它们与社会主义教育学相对抗。

资产阶级比较教育学作为教育科学的一个派别，在教育思想的斗争中起了不小的作用。比较教育学的目的是研究和分析当代世界上的教育现象，对它们进行比较，判明年青一代教育中的主要倾向并确定其今后发展的道路。事实上，资本主义国家的比较教育研究还有更进一步的目的，即开展"教育攻势"，批判和歪曲社会主义教育思想。社会主义的敌人依靠群众性宣传工具不断地和系统地宣传自己的社会学思想和教育思想，企图开展思想攻势并影响社会主义国家和发展中国家青年的思想意识。他们力图把资产阶级教育观点和教育制度模式强加给全世界，宣称它们是最完美的。

但是，深入地比较分析当代世界教育的发展，令人信服的是，马列主义教育学的基本原理和社会主义学校的实践对资本主义国家和发展中国家的进步教育思想的形成发挥着主导的影响。

这本比较教育学教学参考书主要是为师范学院高年级学生而写的。教育学科的教师在讲授公共课以及进行比较教育学和外国教育学的课堂讨论、专题课和专题讨论时，也可使用。

本书作者希望，这本教学参考书将有助于从马列主义的立场出发，用比较分析教育现象的知识武装学生，扩大未来教师的教育视野，使他们更好地理解社会主义教育思想在当代世界中日益增长的影响的主要方面以及社会主义学校和教育学的根本优越性，成为与异己的意识形态和道德做斗争的坚强战士。

从这个目的出发，作者对自己提出了下列任务。

用简短的历史概要说明比较教育学发展的主要阶段及其在教育科学体系中的地位，确定它的对象和任务。

阐明社会主义国家、资本主义国家和发展中国家当前教育发展的历史和社会经济条件。

阐述这三类国家教育政策的主要方向和国民教育制度的组织原则。

揭示当代最主要的教育理论的思想基础和内容，并指出它们对世界各国教育过程的影响。

揭露资本主义国家统治阶级反人民的学校政策和教育理论的反动性。

显示社会主义国家国民教育制度的优越性。

阐明教育制度的阶级性，并指出资本主义国家的共产党和工人党以及进步力量为当代学校的民主化和现代化所做的斗争。

本书不要求详细分析某个国家的学校和教育的情况。本书只是就学校和教育的主要问题按三类国家，即社会主义、资本主义和发展中国家进行比较研究的，同时强调这三类国家解决国民教育问题依赖于占统治地位的社会关系这一特点。

作者在说明社会主义国家教育的基本问题时，仅限于分析同时（1944—1945年）进入社会经济和文化改革的欧洲社会主义国家教育发展的状况和主要趋势。

本书所阐述的材料具有概括的性质。同时，为了解释书中所表达的基本论点，列举了个别国家的具体例子，例子里解决学校和教育的任务具有"传统"性并对每个地区来说最为典型。

作者感谢莫斯科列宁师范学院教育学教研室比较教育学实验室的同事耶·雅·别佳叶娃、阿·格·鲍勃罗弗斯基、格·阿·瓦西列弗斯卡娅、德·斯·斯克洛弗斯基、耶·克·塔尔希斯，本书参考了他们的一些著作。

本书第一、第三章系副教授姆·阿·索科洛娃所写，第二、第四章系副教授姆·阿·索科洛娃和耶·恩·库兹米娜合写，第五章系副教授耶·恩·库兹米娜所写，第六、第七章系副教授姆·勒·罗季奥诺夫[①]所写。

[①] 本卷出现的各国人名很多，不能一一查对原文，故各国人名均按俄文原文出现的俄文名音译，人名的缩写部分按俄文字母音译。——译者注

第一章　比较教育学研究的对象、任务和方法

当代每一个科学领域中知识的增长和研究对象的扩大导致科学的逐步分化，划出独立的分支体系，出现新的研究领域。同时，出现了一些中间科学分支的汇合、综合，产生了新的知识门类（生物物理学、生物化学、天体物理学、社会心理学等）。

教育学自从成为独立的科学，就开始逐步分化。在现代教育科学的体系中分成这样一些独立领域，如普通教育学，学前教育学，学校教育学，聋、盲、智力障碍教育学，各科教学法，教育史，等等。现在正在发展着教育学的新门类：儿童和少年运动教育学，成人教育和教学论，高等学校教育学，等等。比较教育学就是教育科学体系中的新门类。

比较教育学发展的主要阶段

比较的研究方法广泛地被采用于各种科学中，包括教育学中。我们在夸美纽斯的著作中，在德国教育家伊·格·赫尔达、伊·普·布里克曼、弗·阿·黑格特、阿·赫·尼迈耶、埃·格·菲舍尔，瑞士教育家埃·阿·埃弗斯，美国教育家伊·尼夫、德·格里索姆等的著作中看到用比较的方法描述不同国家青年教育问题的例子。

我们惯用的教育和教学的方式和方法的实际价值和效果是用比较的方法来确定的。但是对教育体系或它们的发展阶段进行比较本身还不是比较教育学。只有确定了比较教育学的社会目的、实际任务、本身的研究课题和方法，它才能成为教育学的独立领域。

世界各国经济、政治和文化联系的加强，促进了对青年一代教育设施更加广阔的相互了解，促进了对个别的教学方式和方法，以至于整个教育体系的借鉴。在要求教育体系改革的社会经济和政治变动的时期，更加感到了客观上存在更深入地研究世界各国国民教育状况和利用比较方法的必要性。

马克思和恩格斯这样来说明19世纪物质和精神过程的条件："过去那种地方的和民族的闭关自守和自给自足状态已经消逝，现在代之而起的已经是各个民族在各方面互相往来和互相依赖了。物质的生产如此，精神的生产也是如此。各个民族的精神活动的成果已经成为共同享受的东西。"[①]马克思和恩格斯的这些话不仅可以明确比较教育学作为"精神生产"领域产生的原因，而且确定了它的发展阶段。

根据历史唯物主义的原则，比较教育学的发展可以确定为以下几个阶段：第一阶段——从西方资产阶级革命到伟大的俄国十月社会主义革命（18世纪末至1917年）；第二阶段——从伟大的十月社会主义革命到世界社会主义体系的建立（1917年至1945年）；第三阶段——从世界社会主义体系的建立到现在（1945年至20世纪70年代）。

比较教育学发展的第一阶段

在资产阶级革命和资本主义蓬勃发展的时期，欧洲各国的教育和教学具有某些共同的特点。这决定于普通学校已形成的传统，这些学校是在科学技术的国际性和生产关系发展的相同条件的影响下建立起来的。

---

① 马克思、恩格斯：《共产党宣言》，见《马克思恩格斯全集》第四卷，470页，北京，人民出版社，1958。

以可用的外国学校的经验来发展本国的学校，同时考虑并保存自己特点来描述、分析、批评外国学校的经验，成了19世纪许多卓越的教育家研究的对象。

第一个拟定一些研究目的和方法，使问题具有一定的社会政治特征的研究者，是巴黎的马尔克·昂图瓦纳·朱里安（Marc-Antoine Jullien，1775—1848），他被称为"比较教育学之父"。在《比较教育学研究概要和初步评论》（1817）一书中，朱里安首次采用"比较教育学"和"比较教育"这些专有名词，它们固定地成为所有国家的教育术语（l'education comparée，ia pedagogie comparée，comparative education，pedagogika porownaweza，vergleichende pädagogik，等等）。

朱里安把比较教育学视为一条重要的途径，它能完善教育和教学的理论和实践，并为所有欧洲国家制定促进普遍文化进步和人民团结的共同的教育理论。他认为，必须由各个国家和人民的代表组成关于教育问题的国际委员会，这个委员会可以系统地通过问卷和报告来收集、分类和比较欧洲各国教育机构和教育、教学方法的材料，建立培养教育专家的专门学校，用几种语言出版教育杂志，同时使欧洲最重要的科学文化中心的代表们就教育问题经常交换书面意见。

在19世纪的下半叶（1870—1900），许多国家通过了政府关于普及义务教育的决定①。这样，除了那些由教会创办的，其教学组织、目的和内容在整个欧洲实际上都一样的学校以外，开始产生了国立的和市立的国民学校，它们在很大程度上反映了各个国家的民族特点。

对改善教育制度问题的兴趣和用比较的方法研究学校的迫切需要在世界各国增长起来了。在19世纪末，学者们确定了比较教育学的某

---

① 我们在1617年魏玛的法律和1739年丹麦的法律中找到了关于义务教育的第一批法令，但是这些法令实际上没有实施。

些理论基础和实际任务：收集、处理和发表外国教育经验的材料，揭示各种教育制度的积极方面，以便借鉴有益的经验来改善本国的教育教学体系。

一些科学家到别的国家旅行以便了解那里的教育设施。在发表这些旅行的结果时，作者常常指出改善本国学校的途径。法国巴黎大学的哲学教授维克托·库辛，德国教育家斯·阿·克鲁斯、弗里德里希·蒂尔施、工程师弗·哈尔考特，美国教育家格·曼，格·贝尔纳德、克·斯托、奇·图贝尔、阿·弗莱克斯纳，英国教育家姆·萨德勒等人的作品就是这类著作。

俄国的比较教育研究获得了相当大的发展。伟大的俄国教育家康·季·乌申斯基和列·尼·托尔斯泰的作品具有很大的意义。分析外国学校的情况对乌申斯基来说成为思索改善俄国教育制度的动力。

乌申斯基写道："为所有民族所共有的国民教育体系不仅在实际上不存在，而且在理论上也不存在。日耳曼教育学仅是德国教育的理论。"[1]但乌申斯基认为必须在俄国的学校实践中借鉴外国教育经验中某些积极的东西。

列·尼·托尔斯泰反对直接借用别国的国民教育制度，他敏锐地指出："学校只有意识到国民赖以生存的那些基本法则时才是好学校。"[2]托尔斯泰坚持并强调，俄国应当有适应俄国人民生活的历史特点和民族特点的自己的国民教育制度，认为从外国教育学中只能借用教育儿童的个别方法和方式。

外国的学校和教育学引起了许多俄国教师和学者的注意。19世纪末至20世纪初，俄国的《初等学校》《教师》《教育杂志》《教育文集》《国

---

① 康·季·乌申斯基：《论民族性和公共教育》，见《乌申斯基文集》第二卷，165页，莫斯科、列宁格勒，1948。

② 列·尼·托尔斯泰：《论国民教育》，见《教育文集》，74页，莫斯科，1953。

民教育部杂志》等教育杂志发表了俄国教育家描述和分析国外学校工作的教育理论和实践的文章，同时发表了外国教育家的文章和作品摘要的译文。俄国作家们（恩·达坚科夫、普·卡普尼斯特、普·格·米茹耶夫、阿·穆兹钦科、姆·阿·波斯佩洛夫、耶·扬茹尔等）的一些著作研究了国外学校和教育理论问题。

卡普尼斯特教授在谈到对各国学校进行比较研究的意义时写道："按我们的意见，这种研究的目的应该是……把教育事业中学校的民族特点与整个文明世界的共同财富，即每个科学的学校必不可少的基础区别开来，不论这种学校存在于什么地方；第二，研究外国的学校问题应该使我们避免对外国的学校已经经历过的，且其结果已经众所周知的那些大量的经验和试验再做不必要的重复。"[1]

19世纪后半叶，西方开始产生民族的而后是国际的研究机构"博物馆"或"研究所"，它们系统地收集、整理和传播本国和外国教育的情报材料和统计资料，如伦敦的国际展览（1851），华盛顿的"教育服务"（1866），巴黎的教育博物馆和中央初等教育图书馆（1879），等等。

19世纪70年代那些加入土耳其和奥匈帝国的斯拉夫民族的教育家们的比较教育研究带有自己的特点。这些教育家企图通过学校促进斯拉夫民族的团结和民族解放。1871年在萨格勒布的霍尔瓦提、塞尔维亚、斯洛伐克、捷克、摩拉维亚和波兰的教师代表大会上，创办了教育史上第一个国际教育杂志《斯拉夫教育家》（1872—1874），它的任务是加强斯拉夫民族的文化联系，团结他们为从外来民族的奴役下解放出来而共同斗争。[2]在杂志中用民族语言发表了有关斯拉夫国家教育情况的文章。

---

[1] 普·卡普尼斯特：《古典主义是中等教育的必要基础》第2卷，见《德国中等教育发展的历史概要》，4～5页，莫斯科，1900。

[2] 此书中出现的捷克、斯洛伐克均是由俄文原文直接翻译成中文的表述。——编者注

比较教育学发展的第二阶段

这个阶段包括了从1917年至1945年这一时期。伟大的俄国十月社会主义革命、在苏联建设的社会主义、资本主义国家共产党的产生和阶级斗争的激化，这些对包括教育制度在内的人类社会生活的各个方面产生了决定性的影响。资本主义国家的进步力量开展了为学校的民主化、为确保劳动人民受教育的权利的斗争。同时，统治阶级企图保持对教育的垄断，千方百计地反对社会主义和共产主义思想在青年学生中传播。

这一时期的比较教育学不仅反映了不同社会制度国家间社会经济和政治的矛盾，而且也反映了资本主义国家间的这些矛盾。资本主义国家的教育家们看到教育和经济的相互影响，更加聚精会神地关注着国外学校的发展。其中许多人选择了比较性研究作为自己科学工作的对象，如艾萨克·勒·坎德尔、保罗·门罗，威廉·拉塞尔、乔治·斯·康茨等（美国），弗朗兹·希尔克、弗里德里克·施奈德等（德国），佩德罗·罗塞罗（瑞士）及其他学者。

普通教育的发展，义务教育年限的延长及其水平的提高，各种方向、类型和水平的学校的发展，改进教学和教育方法的必要性，这些给欧洲和美洲多数资本主义国家提出了一系列共同性的问题。

有必要在国际范围内对教育因素加以认识，这一点促使各种区域性和国际性科学研究机构建立起来。它们是：哥伦比亚大学师范学院的国际研究所（美国，1923年）；从1925年开始积极进行科学研究和实际工作的柏林中央教育和教学研究所的外国教育学和学校部；根据国际联盟的倡议，1925年在日内瓦建立的国际教育局。国际教育局的任务和权限是：根据专门制定的问卷和调查表收集各成员国的教育情况；在教育机构和团体间建立联系；出版《国际教育年鉴》；发表著作；组织会议和讨论会；研究有关具体问题的建议；等等。

美国出版了哥伦比亚大学的《教育年鉴》，德国用德、英、法三种语言出版《国际教育杂志》，直至1934年。

在欧洲和美国广泛采用了学术会议和讨论会，为了较深刻地了解各国的教育制度而进行的国外旅行、国际会晤，以及其他研究外国学校的形式。

比较教育研究逐步形成了特殊方法，扩大了它的实际任务。比较教育领域的工作更深入了，目的性更强了，对教育进行分析时考虑到了该国文化历史和社会经济生活的条件。这就有理由认为，比较教育学已经成为教育学中的一个独立分支。

在20世纪二三十年代有一系列关于比较教育学理论问题的著作发表。如坎德尔教授在《比较教育学研究》（1933）一书中探讨了比较教育学的定义、对象和方法，用比较的方法描述了英国、法国、德国、意大利、苏联和美国的教育制度。分析这本书可以发现，它所做的比较分析缺少有科学根据的准则，宣传各种唯心主义理论，企图曲解苏联社会制度的实质并心存敌意地评价苏联的教育，这是坎德尔也是多数资产阶级比较教育学家的特点。

列宁在揭露资产阶级教育学、资本主义国家统治阶级教育政策和学校政策的反动实质时，强调了正确地从历史上阐明教育和教学方面的民主观点，探讨教育现象与国家的历史、经济和文化的不可分割的联系的必要性和重要性，告诫工人阶级用教育实践中民主的、进步的事物武装起来。

根据列宁的意见，纳·康·克鲁普斯卡娅深入地研究了美国、德国、奥地利、法国、比利时、瑞士的教育文献。在流亡中，她访问了普通学校和其他类型学校，与中学生、大学生、教师、学者和学生的家长座谈，在这种了解学校实际工作的过程中，她得出了关于外国各种类型的学校对学生进行教学和教育的性质和方向的结论。在《国民教育和民主》（1915）一书中，克鲁普斯卡娅开始对世界教育文献做了科学的、马克思主义的阐述，明确地指出了马克思和恩格斯关于年青一代教育和教学的观点，对资产阶级教育学的反人民性给予了尖锐的、有科学根据的批评。在有关出版教育辞典的信中，克鲁普斯卡娅以马克思列宁主义观点研究和分析了外国学校和教育学的经验。

她在1916年写道："《教育辞典》的目的是对各国国民教育情况有一个概述，同时应该报道该国真正典型的、有特点的、与该国经济和社会发展水平及其过去的历史紧密联系的情况……对这一或那一国家国民教育事业现状的报道应该与该国国民教育事业发展的历史联系起来。这个历史同样地应当是理解教育学领域某个思想家或活动家的思想和作用的基础。"[①]

克鲁普斯卡娅关于必须从马克思主义立场深入分析资产阶级理论的观点非常重要。根据她的倡议，一批苏联教育家研究了国外的教育理论和实践，外国学者有关理论教育学和实验教育学的最重要著作被翻译成了俄文，《外国教育学通报》出版。

克鲁普斯卡娅是马克思主义者教育家协会的组织者和主席。"外国教育学组"的工作计划明确地指出了他们的研究带有比较性：分析当代北美、西方、东方的教育理论和资本主义国家的教学法经验，以及一系列其他各种工作。1930年至1931年的计划规定要研究儿童共产主义运动，国外共产党的教育政策，当代的社会民主制度（法国、奥地利、英国），德国和法国争取学校改革的斗争，随着资本主义工业合理化而产生的青年教育（德国和美国）等问题。[②]类似的问题在克鲁普斯卡娅编辑的《走向新学校的道路》杂志上也得到了阐明。

克鲁普斯卡娅关于外国教育学和学校的著作是用马列主义观点分析

---

① 纳·康·克鲁普斯卡娅：《给可能出版〈教育辞典〉的出版者的一封信》，《教育文集》第1卷，353~354页，莫斯科，1957。
② 参见马克思主义者教育家协会1930年、1931年的工作计划，载《走向新学校的道路》，6~7页，1931（1）。

资产阶级教育学和资产阶级学校实践，分析学校和教育理论发展趋势的范例。克鲁普斯卡娅很有说服力地指出了阶级斗争与解决青年学生的教学和教育组织、内容等问题的直接联系，指出了工人阶级对资产阶级学校的态度以及革命的工人运动为争取学校的民主改革所做的斗争。

比较教育学发展的第三阶段

比较教育学发展的第三阶段（从20世纪40年代末到20世纪70年代）的特点一方面决定于国际政治局势的一系列重大变化，另一方面决定于科学和技术的飞速发展。欧洲和亚洲一些国家人民民主革命的胜利，世界社会主义体系的建立和巩固，世界殖民主义体系的崩溃，从根本上改变了国际舞台上力量的对比，并使资本主义统治范围大大缩小。

体现在社会主义国家教育发展中的马列主义教育学思想，对资本主义国家中进步力量所进行的争取学校制度民主化的斗争，对年轻的发展中国家确定国民教育的发展道路，都产生强烈的影响。

帝国主义的思想家们力图减弱马列主义教育学和社会主义学校对群众的影响，并用自己的观点来解释教育现象，为此目的他们利用了资产阶级比较教育学的某些方面。

科学技术的发展需要技术更熟练的专家和不断提高的普通教育水平，但是资本主义世界教育的发展导致社会冲突的尖锐化。资本主义国家内部矛盾的尖锐化迫使资产阶级教育学在教育教学的理论和实践中寻找有助于缓和或预防社会冲突的教育方法和手段。

资产阶级比较教育学成为争取年青一代思想的一个方面，它也被用来作为对别国的国民教育和文化施加影响的工具。

也应当指出这样一个因素，即世界各国间文化联系的加强。在国际紧张局势得到缓和的条件下，资产阶级比较教育学的思想家们积极宣传自由交流思想和人的观点，企图利用教育领域中日益频繁的接触发动思想攻势，把扩大合作与要求"思想让步"、容许在社会主义国家畅通无阻地宣传资产阶级意识形态联系起来。

上面提到的所有原因使近30年来比较教育学得到迅猛的发展。早先建立的中心、研究所和协会扩大了自己的活动范围，产生了一系列新的国际中心和国家中心，以及大量的科学研究机构。

1945年在巴黎建立了联合国教科文组织，它的任务是：促进各级教育的发展，特别是促进学校教育和校外教育所有技术方面的改进和发展；帮助成员国，首先是发展中国家，借助教育、科学、文化发展计划加速它们经济和社会的进步；促进和支持自然科学和社会科学领域的国际合作；鼓励文化教育方面的国际交流；给所有成员国提供教育、科学、文化方面的文件。

联合国教科文组织收集在比较教育学领域进行研究时所必需的材料，出版有关世界各国教育情况的年鉴和手册，组织教育问题和比较教育学问题的国际会议。世界比较教育协会委员会和联合国教科文组织下属的国际教育局一起出版季度性的公报。

国际教育局和联合国教科文组织于1951年在汉堡成立的教育学研究所从事于改进和尽可能统一国际纪事资料和统计资料的具体工作，并为联合国教科文组织研究分析比较教育学的理论问题。研究所的章程规定其工作如下：根据联合国教科文组织大会拟定的基本方向来准备和公布具有广泛国际性的比较教育学的教学大纲；推行交流教育经验和加强各国间相互了解的计划；帮助联合国教科文组织秘书处研究对发展中国家援助计划中的主要教育问题；保证和本国教育家的联系，以促进他们参加研究所在国际范围内的活动。

研究所出版《国际教育评论》杂志，开展比较教育学理论方面的研究工作，举办国际讨论会和国际会议，并参加其他国家组织的学术性座谈会和会议。例如，在研究所和伦敦大学教育学研究所联合举办的第二次国际会议上讨论了下列问题：作为学校改革规划的工具的比较教育学，比较教育学在当代世界中的任务，高等学校比较教育学课的研究，比较教育学在发展国际合作和相互了解上的作用。会议建议有必要建立教研室或选拔出专门人员在所有综合大学和高等师范学校讲授比较教育学课，促使教育部门的专业人员、制订学校改革计划的专家以及国际教育组织的工作人员学会做比较教育考察，为出国研究比较教育学问题提供奖学金，促进建立各国比较教育学代表人物之间的联系，等等。

一系列其他的国际组织和国家组织也产生了，如美国比较教育学学会（1956），它的目的是：促进学院和大学中比较教育学的研究，扩大比较教育学的科学研究，出版著作和传播有关比较教育学问题的最新情报；与别的知识部门的学者合作，以便在与其他社会现象的相互联系中研究和评价教育现象；扩大各国比较教育学代表人物间的合作（共同研究、交换文件和其他资料）；同诸如联合国教科文组织、国际教育局等国际组织发展合作关系。协会下设部，举行年会和会议，出版专题著作、文集和《比较教育评论》杂志。

欧洲比较教育学会（1961）在伦敦建立，其任务如下：发展教育学的比较方法，鼓励进行比较教育研究，扩大并改进师范学院比较教育课的讲授，协助发表比较教育学方面的著作，组织专家的会见和会议，与国外比较教育中心和协会进行合作，等等。

从事于比较教育学问题研究的还有：设在塞夫勒（巴黎郊区）国际教育研究中心的法语地区比较教育联合会；欧洲比较教育学会在德意志联邦共和国、英国和一些其他欧洲国家的分部；西班牙、比利时、加拿大、澳大利亚、日本等国的比较教育学会；威司巴登（德意志联邦共和国）教育中心，它在1957年获得了文件和情报服务处的称号；美因河畔法兰克福（德意志联邦共和国）国际教育研究所；萨尔茨堡（奥地利）比较教育研究所；九州大学（日本）比较教育研究所；东京国立教育研究所（日本）的比较教育室；广岛大学（日本）国际教育研究所；

芝加哥大学（美国）比较教育研究所；哥伦比亚大学、得克萨斯州立大学、匹兹堡大学、斯坦福大学、肯特大学（直译——编者注）、哈佛大学、印第安纳大学等（美国），汉堡大学、马尔堡大学、海德尔堡大学、波鸿鲁尔大学等（德意志联邦共和国）的比较教育教研室、研究部和实验室。

苏黎世的裴斯泰洛齐中心、华盛顿的教育处依旧在活动。后者在1962年4月成立了外国教育局，下设分部（其中外国教育部设有两个组——比较教育组和国际教育服务组）。

近30年来，资本主义国家发表的比较教育学方面的著作按其研究的性质来说可以分为两类：比较教育学的理论问题（研究对象、任务、方法）；描述和分析某一类国家的教育制度，或比较分析个别教育问题。第一类的著作包括：弗·施奈德的《国民教育学的推动力：比较教育学导言》（1947）、《比较教育学：历史、研究、学说》（1961）；伊·坎德尔的《教育的新纪元——比较性研究》（1955）；恩·汉斯的《比较教育学》（1955）；弗·希尔克的《比较教育学：历史、理论和实践的导言》（1962）；弗·蔡登法登的《教育学中的比较》（1966）；等等。

近年来对教育制度和教育教学具体问题的比较教育研究受到了大大的重视。比较教育学作为教育科学的一个专门分支在欧洲社会主义国家得到了愈来愈大的发展。

德意志民主共和国于1957年在德国中央教育研究所建立了比较教育学部，后来改建为德意志民主共和国教育科学院外国学校和教育研究所。

保加利亚有一批国内高等师范学院的教师在教育部从事比较教育学问题的研究，建立了文件中心，在索非亚大学建立了教育史组和比较教育学组。

捷克科学院建立了教育学会，内设普通教育学和比较教育学处。比较教育学处设在布拉提斯拉法。

从事比较教育研究的有保加利亚、德意志民主共和国、匈牙利、波兰、罗马尼亚、捷克、南斯拉夫的科学研究机构和大学，发表了一系列研究比较教育学理论问题和比较分析外国的教育制度和教育教学的具体问题的著作，如：恩·恰克罗夫的《比较教育学问题》（1969），特·亚·维廖赫的《比较教育学导言》（1970），斯坦丘·斯托潘的《比较教育学》（1960）。在勃·苏霍多尔斯基主编的大型三卷集《教育学概论》的集体著作中，有一章为《比较教育学的问题和任务》。

德意志民主共和国教育科学院出版《比较教育学》杂志，它发表有关社会主义、资本主义和发展中国家教育发展情况和趋势的材料，对国家垄断资本主义学校政策的主要方向、对资本主义国家教学和教育反动理论和实践给以有论据的批判，研究比较教育学的历史和理论问题。

波兰的教育杂志《教育季刊》发表了大量有关比较教育学的文章。

社会主义国家的一些综合大学和师范学院开设比较教育学课，学生写这方面的毕业论文和学位论文，培养这方面的科学干部。

在苏联，外国教育学和比较教育学的问题引起了研究机构和高等学校的科学工作者、师范学院师生的注意。苏联教育科学院对外国教育学方面的研究是由普通教育学研究所的当代外国教育学和学校部进行的。这个部的科学工作者集体研究资本主义、社会主义和发展中国家的学校和教育学的情况。发表了一系列著作，其中包括：兹·阿·玛勒科娃的《当代美国的学校》（1971），勃·勒·武勒弗松的《当代法国的学校》（1970），兹·阿·玛勒科娃、勃·勒·武勒弗松合著的《当代资本主义国家的学校和教育学》（1975），弗·普·拉普钦斯卡娅的《当代英国的普通中学》（1977），姆·恩·库兹明编的《欧洲社会主义国家的学校：战后的发展和当前的问题》（1976），斯·阿·坦格扬的《发展中国家：教育和联合国教科文组织》（1973）、《发展中国家当前的问题》（1975），阿·耶·希林斯基的《发展中国家的教育》（1977），兹·阿·玛勒科娃《资本主义国家的教育政策和学校》（1976），等等。

1966年在莫斯科列宁师范学院教育学教研室建立了比较教育学研究室，它研究的主要问题是比较教育学的历史和理论及对社会主义、资本主义和发展中国家学校和教育学发展的比较性评价。研究室出版了一些有关这些问题的论文集：《比较教育学问题》（1971、1973、1975、1976）和《教育学中资产阶级流派的批判》（1977）；制定了比较教育学的专题课教学大纲和讨论课的计划及其教学法指导。

比较教育学的对象

从马克思主义的观点来看，比较教育学的特点在于它研究现阶段教育和教学的理论和实践时，要联系具有相同社会经济结构的一类国家所特有的具体的历史、经济和社会政治条件。比较教育学不确定任何一个新的教育和教学过程的规律（这是普通教育学的事），但是利用教育科学所积累的科学经验，研究当前世界各类国家教育的最重要的问题、规律和发展趋势。

据此，可以对马列主义比较教育学的对象下这样的定义：比较教育学研究当前世界中教学和教育的理论和实践的共同的和个别的特点及发展趋势，揭示它们的经济、社会政治和哲学基础以及民族的特点。在综合年青一代的教学和教育的大量实践经验的基础上，比较教育学阐明社会主义、资本主义和发展中国家国民教育发展的规律和趋势，因而促使进一步研究教学和教育的理论。

弗·基尼兹和弗·梅纳特（德意志民主共和国）对比较教育学的对象下了这样的定义：马克思主义的比较教育学在具体历史条件下和相互联系中探讨不同国家最本质的政治、教学和教育现象以及这些现象的规律。恩·恰克罗夫（保加利亚）、辛古列（捷克）强调，比较教育学揭示影响教育和教学实践的因素、力量和规律，因而可能更深入地认识主要的教育现象，更详细地说明整个教育过程，更好地理解本国的教育制度。勃·苏霍多尔斯基（波兰）下的定义是，比较教育学指出了不同国家在教育制度上、在对教育问题的理解和解决上的相似点和差别，并探讨范围广泛的问题，如教育和教学的理论、内容、方法和组织等。

　　资产阶级比较教育学的代表们提出的定义实质上反映了他们的共同观点，仅仅在研究目的的方向上有一些差别。在可比较的教育制度间确定共同点、相似点和差别——持这种观点的有美国的贝雷迪和坎德尔、英国的马林森、德意志联邦共和国的弗·希尔克和伊·德巴洛夫等；对各种外国学校制度做比较性评价，以便利用好经验来改进自己国家的教育制度——持这种观点的有法国的朱里安、英国的萨德勒、美国的霍尔等；阐明影响教育制度发展的最重要因素——持这种观点的有英国的恩·汉斯、德意志联邦共和国的弗·施奈德等；通过对教育现象的结构进行比较分析，寻找和发现真理——持这种观点的有德意志联邦共和国的格·罗尔斯；探究个别国家或各类国家的教育规划和预测——持这种观点的有英国的勃·霍姆斯、瑞士的普·罗塞罗、西柏林的弗·埃丁等。这样的观点不可避免地带有片面性和不科学性，并允许随意地解释教育现象。

比较教育学的方法论基础

　　资产阶级的比较教育学没有研究教育现象的统一的科学基础和统一的科学方法。研究现象是依靠占统治地位的哲学和教育理论，在各种不同的哲学、教育概念的基础上进行的。在研究中缺乏统一的基础和统一的概念导致曲解教育现象、目的和本质，曲解教学和教育过程。折中主义的做法掩盖了教育现象的客观性和客观规律，根据选用的哲学观点对它们进行任意的解释。

只有用马列主义哲学观点才能客观地分析教育现象，马列主义哲学观点是马克思主义比较教育学的方法论基础。马克思列宁主义比较教育学以辩证唯物主义和历史唯物主义的规律和基本原理为指针。辩证唯物主义和历史唯物主义以认识客观世界的唯一正确、唯一科学的方法武装教育学。比较教育学所研究的教育范畴和规律是社会生活中的客观现象，不能孤立地、离开它们和社会生活中其他现象的联系及相互作用来看它们。

为了有科学根据地分析某种国民教育制度，必须在和一些社会范畴——该国的历史特点和民族特点，其社会经济和政治制度，一般文化、科学和技术的发展，民族的传统，等等——的全面联系及相互作用中研究它的产生、发展和现状。只有在所有联系的总体中研究教育现象，才能提供有关教育制度的客观而正确的材料。

教育问题、规律及其发展趋势也要在它们和其他教育范畴的联系和相互作用中来探讨。

遵循社会生活现象不断向前发展的辩证规律，比较教育学不限于研究某个静止状态的教育对象，而是考虑过程的进行，研究问题的产生和形成过程，确定其现状，并在分析各国教育制度许多相似现象的基础上揭示进一步的发展趋势。

在当代世界上社会主义和资产阶级意识形态尖锐斗争的情况下，在比较教育学领域中特别明显地表现出通过对立斗争而发展这一辩证规律的现象。社会发展的客观过程指出，社会主义思想是在和资产阶级意识形态的激烈斗争中得到传播并不断取胜的。马列主义教育学的思想唤起资本主义国家的劳动群众为中等和高等教育的民主化和普及化而斗争。资产阶级在对抗这个运动、竭力维护统治阶级对教育的垄断的同时被迫让步，在教育政策上玩弄策略，进行局部的学校改革。对当代学校立法所做的比较分析清楚地表明，劳动群众在共产党和工人党的领导下近年来在扩大教育权方面获得了一定的成就。

比较教育学与许多社会科学，如哲学、历史学、经济学、政治学、社会学、人口学、人种学、人类学等有联系。在对教育现象进行比较分析时，不可避免地要运用这些社会科学的科学概念和方法，只有这样才能辩证地深入教育现象的本质并确定它们发展的规律。

资产阶级比较教育学的大多数代表人物不是把比较教育学和社会科学总体地联系，而是把它和一门社会科学的联系提到首位，并认为这种联系具有决定意义。一些比较教育学者为过去教育机构的工作和教育理论的发展寻找根据，主要依靠历史（坎德尔、汉斯、乌利赫、施奈德等）；而有一些则依靠社会学（安德森、贝雷迪、卡扎米亚斯、兰德希尔等）；第三部分人认为对教育现象的比较分析必须遵照哲学的基本原理（埃·劳韦里斯等）；第四部分人则认为要遵照经济学的理论（弗·埃丁等）。这样的观点不可避免地带有片面性和不科学性。

比较教育学与教育史、教育学理论有最紧密的联系。普通教育学、教育史和其他教育科学在一定的情况下运用比较研究方法。比较教育学的特点在于比较的方法是它的主要研究方法。比较教育学的研究对象本身就是比较研究当代世界中教育和教学的理论和实践的状况、规律和发展趋势的共同特点和个别特点。

马克思主义的比较教育学按国家的社会经济类别，依靠教育史所积累起来的大量实际的和理论的材料，探讨当代世界中的一般教育问题；用比较历史法分析教育现象，给资产阶级学校和教育学以有论据的批判，选择并分析进步的教育现象。因此，它乃是普通教育学的一个分支。

比较教育学的任务

资产阶级世界的比较教育学研究的任务和方向决定于社会统治阶级的利益。当代资产阶级比较教育学的各种学会和中心的实际工作既决定于社会发展的客观要求，也决定于统治阶级的内外政策。

现代生产、科学、技术、工人阶级和进步力量争取学校民主化的斗争对资产阶级比较教育学提出了任务：扩大人民间的文化合作并尽力改进本国教育制度；研究当代世界的教育现象并阐明其发展趋势，以改善本国国民教育的规划和预测工作。

欧洲比较教育学会主席霍姆斯规定现阶段比较教育学的基本任务是：对政府提出建议，探究为了使选定的教育政策富有适应性和生命力应该采取什么措施；帮助避免做出不切实际的决定，即帮助用最有利的手段达到预定的目的；尽可能地预见到对所采用的决定能产生影响的条件（价值体系和人民习惯的生活方式，现有的机构，国家资源）；预见到所定政策的结果和为了实施这些政策所选择的途径的正确性。因此，霍姆斯认为，政府极其需要比较教育学方面的专家。所有这些比较教育研究的问题和任务在1977年6月于伦敦召开的世界比较教育学会议上都被讨论了。

资产阶级国家的内外政策给比较教育学规定了这样一些任务，如：在文化教育方面对发展中国家给以"援助"；用国家垄断资本主义的思想意识培养青年；歪曲社会主义国家的学校和教育学。

资产阶级比较教育学专家积极参与对发展中国家的各种形式的"援助"，帝国主义集团用它来加强他们对发展中民族国家的教育的影响，包括：规划教育的发展和制定教育制度；建立普通学校和职业学校，其教学内容和结构以这个资本主义国家的学校为模板；专门为发展中国家培训高等学校的辅导员、教师和讲师，他们的工作就是维护原来宗主国的立场；为中等和高等学校、职业教育中心和科学研究机构选择和编写书籍、教学参考书及提供设备；组织外国学生的交流和学习。

资本主义国家的政府、商业公司、宗教团体和私人基金会（福特基金会、洛克菲勒基金会、亚洲基金会等）拨出专款用于旨在对发展中国家青年的思想施加影响的"援助"。中央情报局广泛利用这些基金会的活动，为亚洲基金会、青年和大学生基金会、世界青年大会和全美大学生联合会等所从事的破坏活动和思想攻势提供资金。

也应当指出比较教育中心的另一方面的活动：为美国"和平队"、德意志联邦共和国"德国发展服务处"、丹麦"青年在发展中国家的工作"、斯堪的纳维亚"和平队"、荷兰"国外服务处"、日本"和平队"等培训成员。

在资产阶级比较教育学的任务中，歪曲报道社会主义国家的学校和教育情况以及进行反共宣传占第一位。研究"共产主义问题"的中心和"俄罗斯研究所"数量的增长，"苏联学校和教育专家"编制的扩大，在比较教育学领域中诸如"东方教育学"（德意志联邦共和国）这样一个研究分支的产生与发展，都证实了这一点。教育领域的思想攻势是帝国主义国家政策的组成部分。西德教授弗·施奈德宣称，比较教育学存在的全部意义"在于它与唯物主义做斗争"。美国教育家弗·格鲁伯附和他说："在宇宙空间争取统治地位的同时，进行着争取人的思想的斗争。共产主义和自由世界间的思想斗争当前在教室里、在学校里进行着，因为教育是人发明的一种最强大的武器，可以用来战胜自己的敌人和永远保持自己的生活方式。"

资产阶级比较教育学反对马列主义教育学和社会主义国家的教学实践的活动表现为："研究"社会主义国家的历史、政治、经济和文化以后，在他们的政治教育体系中制定一套建议、指令、教学法指导、直观教具、参考书目和其他材料。资本主义国家统治阶级的政治教育的主要任务是：巩固资产阶级的"民主"和从精神上反击国内外共产主义的不断威胁；培养"苏维埃学家""克里姆林宫学家"及类似这种的"专家"；研究社会主义国家，首先是苏联的学校和教育学，以便歪曲它们的基本原理，削弱社会主义国家发展文化和教育方面的成就在全世界引起的反响。

马列主义比较教育学的任务正与资产阶级比较教育学的任务相反。其任务是：研究当代世界影响教育理论和实践的因素，比较分析这些因素作用于同一类政治经济制度国家的学校和教育学的结果；厘清整个世界以及各类国家——社会主义、资本主义和发展中国家教育发展的最迫切和最普遍的问题与趋势；研究和综合外国的积极经验，首先是社会主义国家的经验；对年青一代教育领域中的资产阶级思想意识，对资产阶级比较教育学的反动立场，对影响资本主义国家教育学和学校发展的当代资产阶级教育理论的具体思想和形式，进行有论据的批判。

我们特别感兴趣的是国外马列主义教育学的发展以及社会主义国家建立新学校的大量实践经验。综合社会主义国家和教育理论发展的经验，对年青一代教育和教学的最重要问题组织共同研究和讨论，以巩固社会主义国家的友谊，完善教育和教学的理论与实践，针对帝国主义在教育战线上的思想攻势开展斗争，培养青年的共产主义信念、思想坚定性、对敌对思想和任何资产阶级影响的不妥协性。

比较教育学运用教育学和其他相近科学所用的研究方法。

在资产阶级比较教育学中，研究方法和解释教育现象的观点没有统一的科学基础，他们所追求的目的是在分析中排除社会经济发展规律的客观性，因而也就排除了国民教育制度发展的客观性，教学和教育的理论和实践的客观性。大多数资产阶级比较教育学家突出某一种方法（历史的、统计的、人类学的、社会学的、比较的等），或分析所研究的教育对象的一个方面。许多资产阶级比较教育学家把数量分析法提到首位

（美国的格·诺亚和姆·埃克斯坦），以要定量地分析材料为借口，资产阶级思想家企图把教学和教育的内容问题、世界观问题排除出研究范围，并用撇开历史和民族特点来对材料进行比较，歪曲社会主义和发展中国家的教育状况。

与资产阶级比较教育学不同，马克思主义比较教育学的研究方法和关于教育对象的解释，是和研究一切社会现象的共同观点相一致的，并建立在辩证并历史唯物主义的最重要概念的基础上。

马列主义比较教育学使用这样一些研究方法：描述法、统计法、历史法、社会学法、归纳演绎法、比较法本身等。在研究过程中这些方法相互作用并交织在一起，把它们分开只是为了便于分析。

描述法就是描述许多国家各种教育现象的外部特征，为进一步分析、比较和做出结论而积累必要的资料，它要求很高的准确性和客观性。描述法在分析这样一些现象时使用，如：国民教育的管理和经费，教育机构的类型和结构，各级各类学校的教学计划和大纲，师资培训及其物质状况，校外教育系统及儿童和青年组织的活动，等等。

统计法与描述法密切相连。它不仅要求有统计材料，而且还要分析、解释、评价有关教育制度和其他教育现象的数字报表和资料。如文盲的比率，各级学校的数量，学生总数及相应年龄受教育儿童和青年的比率，各学习阶段的淘汰率，每班平均人数，学生的社会成分，国立和私立学校及其人员总额的比例，校外机构容纳学龄儿童的情况，等等。

历史研究法在比较教育学中几乎运用于一切教育现象，如国家教育制度的产生和确立，教育和文化发展中的主要传统，国民教育制度的结构及其在一定历史阶段的变化，国家教育政策及国内学校和宗教相互关系的评介，教育发展中的传统，最重要的问题和趋势，教育思想、理论和个别教育问题的研究，等等。任何有关教育问题的结论，只有当它们建立在分析其起源及发展特点的基础上，才能具有完全科学的性质。历史法有助于更深刻地理解所分析的教育现象的现状。

社会学法与其他研究方法有最紧密的联系。它评价国民教育制度的社会性，从社会阶级结构的观点分析教育的目的、任务、内容和方法，评价学校的建立是否适应经济政治发展的需要，等等。

属于分析法的有一些逻辑研究法，如分析、综合、抽象、概括、演绎和归纳。在比较教育学中具有最大意义的是一些逻辑过程，如分析、综合和概括。在研究一切教育现象时，借助并依据历史、描述、统计和社会学法，运用分析和综合，能得到一般的评价并得出进行比较分析所必要的概括，如：对发展水平大致相同的一类国家的国民教育制度中的主要特点做出政治性和社会政治性的评价，教育理论的社会政治特点以及给这些理论对教育制度产生的影响做出评价，确立决定国民教育制度构成的一般原则，对教学内容及其是否适应当代科学技术发展水平的要求做出一般评价，分析教育和国家教育政策的社会政治方向，揭示某一类国家教育发展的基本趋势，等等。

马列主义哲学、社会学和政治经济学帮助研究者正确评价个别国家或某类国家的教育理论和实践、国民教育制度发展的原则和趋势。

马克思和恩格斯在《德意志意识形态》一书中对比较法给予极高的评价，并强调熟悉比较科学的必要性："比较解剖学、比较植物学、比较语言学等等科学……正是由于比较和确定了被比较对象之间的差别而获得了巨大的成就，在这些科学中比较具有普遍意义。"①

对所比较的材料进行对照，运用比较法对不同社会制度国家的教育现象进行对比，可以揭示受社会经济制度制约的国民教育制度构成的基本原则，各国和各类国家教育发展的一般规律、趋势和民族特点。

为了比较和对照有关学校和教育情况的量和质的材料，需要有"公

①《马克思恩格斯全集》第三卷，518页，北京，人民出版社，1960。

分母"，即比较的指标。同时应当强调，在比较时要考虑社会经济制度，教育方面的历史传统，国家科学、技术和文化发展的水平，教育理论及其在教育实践中的反映。比较法经常代替实验，后者在教育学中得到广泛的运用。

研究的方法决定于任务和所分析材料的内容，可以并应当协同使用，而上面对教育现象、问题、方法和标志的分类都是有条件的，远不是完美的，需要进一步研究。

作为一门学科的比较教育学

比较教育学作为高等师范院校和综合大学体系中的一门学科有自己的历史。在资本主义国家，对比较教育学课程的兴趣，特别明显地是在世界上产生第一个社会主义国家的时期，即在伟大的十月社会主义革命后，以及第二次世界大战后建立世界社会主义体系的时候增长起来的。比较教育研究和比较教育学课程在这种条件下接受了社会的要求，即促进"西欧文化"的整体化，促进欧洲各民族学校内外组织及教育制度的统一以提高文化的共同性，加强反对共产主义的斗争。勃·布里克曼（美国）认为教育史和比较教育学的公共课应当更多地引证东西方之间的相互关系，这绝非偶然。

比较教育学作为一门学科在许多国家（比利时、英国、日本、瑞典、美国、德意志联邦共和国等）被看成是对在国内以及到国外工作的科学工作者、教育学教师和未来教师进行教育培训的专门而必不可少的一部分。在每个国家和每所学院，这门课的范围、内容和教学法组织形式很不相同（从10～100学时），但大多数是30～40小时的讲课和课堂讨论，用以仔细研究一类国家的教育状况。形式有辩论、到外国进行教学旅行、对选题进行独立研究，并写出报告或通过书面考试作业。

有时比较教育学的问题或提出比较教育学问题的导言被包括在别的学科的内容中，如教育学、教育史、教育哲学、比较教育社会学等。许多综合大学和高等师范学校学习初级课程，目的是使所有大学生大致地了解比较教育学的对象、任务和研究方法，以及其他国家解决学校和教育学的个别问题的办法。专题课则对外国学校和教育学的问题做更深入的研究。

为了培训专家，提高比较教育学课的学习效果，研究它的理论基础，以及编制教学大纲、教科书和教学法材料，许多综合大学成立了专门的比较教育学教研室，如美国的一些综合大学，伦敦（1947）、汉堡（1950）、广岛（1963）、京都（1965）、东京（1967）等地的综合大学和学院。

近年来，对外国教育制度的综合研究逐渐取代对具体问题的详细研究。选题的主要而起决定性作用的因素，是题目能否更好地了解所研究国家统治集团的学校政策所具有的社会的、现实的意义。

许多资本主义国家比较教育学的代表人物把大量教育经济学和教育社会学方面的题目，以及往往带有明显反共目的的学校政治问题放到这门课中来。在美国和德意志联邦共和国更为常见。在美国，在培养各类学校教师的机构中，这种课是必修的。

在对照许多国家高等学校比较教育学课大纲的基础上，可以说出它们共同包含的问题：比较教育学的对象、发展历史、任务和研究方法，一国或一类国家的教育制度，教育的个别问题，影响国家教育制度的社会和经济力量，外国的教育制度及它们和本国教育制度的比较，国民教育管理制度，学校改革，教学方法，师资培训，以及联合国教科文组织和其他国际组织在教育和教育学方面的活动，等等。

比较教育学课的内容问题在地区性会议或国际会议上被不止一次地讨论过。在第二次欧洲比较教育学会的会议（1965）、比较教育学会的国际会议（1970）上讨论了这样一些问题：比较教育学在培训教师中的作用，师范院校比较教育学课的任务、内容和组织形式，直观教具的运用，等等。

近年来许多社会主义国家（保加利亚、德意志民主共和国、匈牙利、波兰、捷克、南斯拉夫）的高等学校都很重视比较教育学课，把它作为对大学生和研究生进行教育培训、补充和加深他们在教育科学方面知识的重要组成部分。

学习比较教育学课能扩大学生在教育方面的见识，帮助他们正确理解和评价社会主义、资本主义和发展中国家教育和教学的理论和实践及其发展的共同规律和民族特点；教会他们选择最有效的教学教育工作的形式和方法，并能把这种形式和方法运用到自己的实际工作中去；帮助他们发展独立研究文献资料和具有进行初步科学研究的能力。

柏林洪堡大学（德意志民主共和国）教育学教研室比较教育学组领导人加斯基教授强调说，比较教育学课授予大学生有关国外国民教育发展规律的知识，有关社会主义国家在建设发达社会主义社会条件下国民教育和教育学发展的共同规律和民族特点的知识；揭露资本主义国家教育制度的对抗性矛盾和危机的实质，资产阶级学校政治理论和教育理论的产生及其对这些国家教学和教育实践的影响；教会未来的教师能科学地分析和评价许多教育现象，合理地选择外国的教育学中及学生教育和教学的实践中进步的成就，并有科学根据地把它们运用到本国的教育机构中来；培养教师能更顺利地对学生进行思想政治教育。

社会主义国家比较教育学课的内容和组织形式有许多共同之处，同时每个国家又有其民族特点。这是由于各国发展这个教育学分支和组织师资培训的做法不同，以及由于这门课所用的学时不同，如厄特弗什·罗兰德大学（匈牙利）是20小时，德意志民主共和国教育科学院为45小时，波兰师范学院为60小时（塔杰乌什·亚·维列赫教授制定的大纲），等等。在莫斯科列宁师范学院比较教育学是作为专题课和专题讨论课来学习的（24～42小时）。

比较教育学的专题课和专题讨论课的目的是多方面的：使学生了解比较教育学的历史和理论的主要问题，比较教育学发展的阶段、对象和任务，它在教育科学体系中的地位；分析社会主义、资本主义和发展中国家当代教育发展的历史的和社会经济的条件；研究这三类国家国民教育制度组织原则和学校政策的基本方向；确定当代最重要的教育理论的思想基础和性质，并指出它们对世界各国教育过程的影响；揭露资本主义国家统治阶级反人民的教育政策和最重要的教育理论的反动性；查清当代最重要的教育问题，它们解决的办法及进一步发展的趋势；简述社会主义、资本主义和发展中国家儿童和青年教育的理论和实践；证明社会主义国家国民教育制度的优越性；揭示资本主义国家共产党、工人党和进步力量为学校民主化所进行的复杂斗争。

按社会主义、资本主义和发展中国家三个主要类型比较分析教育现象的原则是陈述材料的基础。在比较分析某个教育问题的范围内，要考虑到某一类国家或个别国家的特点，这些特点会影响这个问题的提出和解决的性质和程度；阐明这三个主要国家类型和全世界现阶段教育现象发展所具有的共同性、特殊性和趋势。同时强调不同社会经济制度国家解决教育和教学问题的根本不同的立场。

比较教育学专题课的特点是可以利用大学生在师范学院教学过程中获得的广泛的综合性知识。借助于心理学、教育学和社会科学的知识，大学生掌握对当今世界复杂的教育现象进行科学比较分析的能力，在这方面比较教育学成为综合性学科，并具有对一系列教育知识和社会政治知识进行概括的性质。

第二章 社会主义、资本主义和发展中国家的教育政策和国民教育制度的基本组织原则

伟大十月社会主义革命前世界各国教育发展的条件

资本主义制度作为社会经济结构是在不同的时期和不同条件下确立起来的。在欧洲国家，它代替封建制度是资产阶级革命或者以资本主义关系逐步代替封建关系的结果。资本主义在欧洲国家的发展用了200年，从17世纪荷兰和英国的资产阶级革命、18世纪末法国资产阶级革命为开始，并以19世纪中叶的资产阶级革命为结束。斯堪的纳维亚国家没有发生人民群众用武装暴动的形式消灭封建关系的革命。德国1848年的资产阶级革命，俄国1905年的资产阶级民主革命没有彻底废除封建关系，在这些国家，资本主义是在保存封建制度残余的情况下发展起来的。

在美利坚合众国，资本主义是随着第一批英国移民在北美建立新的国家而发展起来的。澳大利亚也是同样的情况。这两个国家的资本主义制度是在发展商品经济的基础上，在没有封建制度的情况下确立起来的，因此资本主义在经济、社会和政治领域确立得最全面和彻底。

在各个国家，资本主义不仅形成的历史时期不同，发展的速度也不同。古典资本主义国家（英国、法国、比利时、荷兰）长时期以掠

夺广大的殖民地来巩固自己的经济地位，拥有无限的原料产地和廉价劳动力，垄断销售市场。其经济形势的表面稳定性并不促进生产的快速发展。较晚走上资本主义发展道路并不得不在紧迫的历史时期内赶上自己竞争者的国家很快就在经济发展速度上追上去，并要求在世界性掠夺中有自己的一份。如为了掠夺原料产地和销售市场，德国发动了第一次世界大战。在战前工业发展水平落后的日本和意大利，战后快速地赶上、超过自己的对手，并具有了高速度发展的工业生产。

各国资本主义关系形成的不平衡对教育思想的发展、对教育政策和建立学校制度的原则具有一定的影响。

机器生产要求劳动者具有新的品质，掌权的资产阶级不得不给工人基本知识，资本主义生产的发展是与在一定程度上扩大劳动人民子女受教育的机会联系着的。但是，在建立小学网时，资产阶级关心的是教育制度如何为保存其阶级结构的基础服务。因此，在生产发展的需要和资产阶级企图保持教育的阶级性之间出现了一定的矛盾。弗·恩格斯在《英国工人阶级状况》一文中指出了这个特点："既然资产阶级所关心的只是工人的最起码的生活，那我们也就不必奇怪它给工人受的教育只有合乎它本身利益的那一点点。"[1]

19世纪下半叶，当帝国主义关系开始形成时，在强大的资本主义国家，除了教会学校和私立学校外，国立小学网建立，而到19世纪末20世纪初，各国在法律上实施了普及小学义务教育。这个过程伴随着劳动人民为扩大受教育权和学校制度的民主化而做的顽强斗争。

在法律上规定小学义务教育的有：奥地利（7~14岁，1774年），普鲁士（6~12岁，1754年），法国（6~12岁，1882年），捷克（6~12岁，1774年），瑞典（7~12岁，1876年），英国（7~11岁，1870年），意大

---

[1]《马克思恩格斯全集》第二卷，395页，北京，人民出版社，1957。

利（6～10岁，1877年），日本（6～14岁，1872年）。在美国，学校法律是由各州分别通过的（由于教育管理上的分权），从1852年开始（马萨诸塞州），持续到19世纪下半叶至20世纪初，小学义务教育的年限也不同，一般从6～12岁，而在某些州到14岁。

有关小学义务教育的法律大多带有宣言性，绝不意味着所有学龄儿童都真正上学了。许多国家甚至到19世纪末小学教育还是收费的。19世纪后期和20世纪初国立小学网所取得的一定发展并未动摇私立学校和教会学校的垄断和统治阶级对教育的垄断。

缺少少数民族的本族语学校、学校布局不均、私立学校的存在、中学和高等学校收费、义务学校特别是农村学校的知识水平低、劳动人民子女的学校班级不全和死胡同①性质，这一切使劳动人民子女没有可能继续在完全中学和高等学校受教育。而为有产阶级的子女设有传统的学校（国立或私立的），授予他们完全的中等教育并培养他们升入高等学校。社会的不平等牢牢地固定在学校的结构上。

欧洲社会主义国家国民教育制度的形成和发展，社会主义国家教育政策的基本方向

伟大的俄国十月社会主义革命的胜利是20世纪的重大事件，不仅具有民族意义，而且具有国际意义。

伟大的十月社会主义革命是新时代的开端，也是人类教育史上的转折时刻。社会主义为劳动人民打开了获取知识、获取精神文化财富的广阔道路。政治革命和社会经济革命与文化革命不可分割地联系着，在文

---

① 死胡同，指双轨制教育中劳动人民子女所学习的一条轨，上学到一定的年限就不可能再继续升入高一级的学校。——译者注

化革命的过程中建立了新的、社会主义的学校。由马克思和恩格斯首次提出，由列宁发展和具体化的社会主义社会个性形成的理论成为苏维埃学校工作和教育学的基础。在俄共（布）第八次党代会上通过的党纲（1919）中提出了国民教育方面的主要任务：把学校从资产阶级的阶级统治工具转变为彻底消灭社会阶级的工具，转变为对社会进行共产主义改造的工具。这个主导思想决定了共产党和苏联国家教育政策的所有主要方面。

欧洲社会主义国家的教育理论和学校建设的形成和发展是一个复杂过程。困难是由一系列原因引起的。

第一，走上建设社会主义学校道路的欧洲国家具有不同的教育发展水平。有些国家（德意志民主共和国、捷克）在建立人民民主政权时已具有比较完善的教育制度，居民几乎都是识字的。在其他国家，劳动人民中的文盲比例很高：波兰和保加利亚的文盲几乎占居民的四分之一，罗马尼亚为三分之一。资产阶级法律早就规定的国民学校中的义务教育年限在匈牙利是6年（1868），保加利亚是7年（1921），捷克（1869）、普鲁士（1872）、匈牙利（1940）是8年，但实际上并未实施。中等和高等教育实际上对工农子女来说是不可及的。

第二，在第二次世界大战期间，在许多国家有50%～60%的校舍遭到破坏，大量的设备被损毁。很多进步教师牺牲在法西斯的监狱和集中营，牺牲在前线。

第三，中小学、高等学校、教师培训系统的教学和教育内容渗透了明显的、反动的法西斯思想意识。

第四，新学校的建设是在复杂的社会经济条件中进行的。多民族国家（苏联）发展教育的经验极大地减轻了这个过程的困难，但在运用这个经验时必须把民族利益和国际任务、每一个国家的特点结合起来。

第五，帝国主义的宣传千方百计地煽动民族主义感情，对社会主义国家年青一代的教学和教育的内容和性质施加自己的思想影响，破坏社会主义的团结。

以上这些情况不能不反映到欧洲社会主义国家国民教育的发展上。

社会主义国家在创造性地运用马列主义的教育和教学理论时，对学校和教育学进行了彻底的改革。社会主义国民教育制度是逐步形成的，它作为世界社会主义制度发展的组成部分，经历了几个发展阶段，每一阶段都有特定的教育任务和问题。

第一阶段（1944—1950年），这是国民教育制度民主化阶段：把学校转变为国立的、统一的、普及的；消除受教育的特权；保证一切儿童，不论其社会出身、财产、民族及其父母的信仰如何，都有可能在任何学校，包括大学学习；为消灭城乡学校的差别创造条件；提高人民群众的一般受教育水平；使教学和教育摆脱法西斯及其他反动影响；培养学生和平、民族间相互谅解、尊敬劳动者的意识；吸引劳动人民和民主知识分子参加学校工作；为劳动青年的教育建立相应的学校（工农速成中学、夜校、训练班等）。

教育领域的民主改革在人民民主国家的宪法上固定下来，而全体公民受教育权的实施途径、国民教育制度的结构、各教育机构的任务则由1945年至1950年通过的学校法令规定。

解决这些任务的过程为具体实施所有人的教育权创造了必要的物质条件：普及义务学校和完全中学网；在乡村地区建立中心学校和学生宿舍；拨出助学金经费，为学生提供免费的教科书和教学用品；扩大培训教师的学校网；为少数民族建立用本族语进行教学的学校；等等。在这个阶段，中等专业学校和高等学校的学生数显著增加。

第二阶段（1950—1960年），欧洲社会主义国家经济中的社会主义部分在工业、银行系统、内外贸易中占统治地位，彻底建立了社会主义的经济基础。社会主义国家在教育方面也取得了很大成就：基本上消灭了50岁以下的文盲；大力建设校舍，大大提高了居民的一般文化水平；各种类型学校的学生数大大增加。

社会经济改革的顺利实施，以及社会主义建设的经济政治任务，加强了完善国民教育制度、根据不断发展的工农业社会主义生产的需要制定年青一代教学和教育的内容和方法的必要性。在这个时期对普通学校提出了下列任务：提高教育的科学水平；继续研究综合技术教育理论并在学校中实施；保证教学和教育与社会生活、社会主义建设的实践有更紧密的联系；培养学生的科学世界观、对待劳动和公共财产的社会主义态度，使学生掌握在物质生产领域内运用所获得的知识与实践工作的技能和技巧；把教学与生产劳动结合起来。

对普通学校进行社会主义改造的任务和途径是在共产党和工人党的会议上确定的，并反映在1956年至1961年通过的学校法令上。法令规定要延长普通义务学校的学习年限：德意志民主共和国为10年，捷克为9年，保加利亚、波兰为8年。

根据生产、科学、技术和社会发展的要求，普通学校的结构和教学内容有某些变动。发达的社会主义社会要求在生产力高度发展的同时，文化、科学、国民教育也要有很快的发展。当前科学正在转变为社会的直接生产力，这一点尤为重要。

统一的社会主义国民教育制度顺利地完成着在教学教育机构——从幼儿园直至成人进修机构——改进年青一代教学和教育的结构、内容和方法的任务，这些任务是建设发达的社会主义社会的要求提出来的。

社会主义国家积累起来的发展年青一代教学和教育的理论和实践的全部经验证明了，把每一个社会主义国家发展民族教育制度的努力，与所有社会主义国家进一步完善教学和教育的理论和实践的努力结合起来，是进一步发展社会主义学校马列主义教育理论和实践的重要条件。

社会主义国家国民教育的成就是毋庸争辩的。它是严格遵循列宁的政治、思想和经济统一的原则的结果。社会主义国家社会发展的客观规律性、建设发达社会主义社会的任务，提出了进一步完善国民教育制度，完善教学内容、方法和组织形式的要求。

社会主义国家对教育的新要求，不是要满足狭义的生产上的技术要求和经济要求，不是要培养狭隘的唯技术专家，而是要培养创造性的人，有社会主义社会自觉且积极的建设者。

从质量上完善社会主义学校的教学教育工作的目的在于为社会主义个性的全面发展创造最有利的条件，使丰富的精神、纯洁的道德和完善的体力结合起来。苏联学校改革的基本方向在苏共党纲（1961）中有规定，苏共第二十四次党代会关于向义务中等教育过渡的决议中也有规定。在其他社会主义国家的党和政府的文件中也有关于这些问题的决议。

资本主义国家教育政策的基本方向

在当代条件下有一系列因素影响着资本主义国家教育政策的制定和性质，其中起决定性作用的是教育对社会关系的性质、对生产力和生产关系的发展水平的直接依从性。在每个国家，本国的社会经济结构的特点、国家制度的特点、经济和文化发展的水平、历史和民族的特点和传统以及其他社会生活的独特现象都对教育政策起一定的影响。

在分析具体的资本主义国家学校和教育学发展的情况和传统的基础上，可以了解帝国主义教育政策的共同特点和方向。同时需要注意，社会和生产发展的规律性以及科学技术的进步，与资本主义现有的生产关系、与帝国主义国家内外政策存在着尖锐的矛盾。社会主义和资本主义的经济竞争，它们之间思想意识斗争的尖锐化，资本主义国家经济的军事化——所有这一切都加深了帝国主义的基本矛盾，这反映在资本主义国家的教育政策上。

资本主义国家教育政策的基本方向在于维护资本主义社会制度本身以及现有的教育制度。它的政策是：尽可能利用教育和科学作为社会生产力并保持统治阶级对教育的垄断；反对马列主义教育学和社会主义学校的实践对劳动群众的思想意识、进步力量（首先是青年）、资本主义国家学校和教育学的影响；扩大资本主义国家对发展中国家的教育制度、教育教学实践、青年世界观和信念的形成的影响。

世界资本主义为了适应当前的条件，寻找着为自己的生存、为保持对教育的垄断而斗争的新形式和方法。工业的急速发展、技术的进步、国际的经济竞争提出了培养"人力资源"的问题。同时，阶级斗争的尖锐化迫使资本主义国家的统治阶级加紧争夺青年的斗争，加强对他们的思想影响。这就是为什么资本主义国家大大加强了对教育问题的重视的原因。许多国家成立了专门的咨询机关来研究教育政策的基础，那里除了教育部门的领导人、教育理论家外，工商界和资本主义大垄断组织的代表也参加了。

社会主义国家国民教育制度的基本组织原则

社会主义教育制度反映了新的社会结构关系的性质。它吸取了社会主义国家国民教育的民族特点，把各民族学校的先进传统结合成一个整体，发展共同的社会主义基础和传统。

社会主义国家在革命改造和文化革命过程中建立完全新的国民教育和教育理论。这是在具体的历史和民族条件下进行的。由马列主义理论形成并体现在建设苏维埃学校的实践中的社会主义学校和教育学发展的共同原则和规律是：与社会主义国家、与其经济、与劳动人民建设共产主义社会的斗争紧密联系；为一切人，不论其种族和民族、性别、宗教、财产和社会地位如何，创造同样受教育的机会；一切教育机构的国家性和社会性；有选择教学语言的自由——用本族语或本国别的民族语言教学；教育的世俗性，学校与教会分离；国民教育制度的统一性和一切类型学校的衔接性；培养学生的唯物主义世界观、共产主义观点和信念；培养共产主义道德；坚持实施普通学校的综合技术教育原则；理论与实践、教学与生产劳动相结合；学校、家长和社会在年青一代教学和教育中行动的联系和一致。

如苏联宪法第四十五条宣告公民的教育权："这一权利的保证是：实行各种免费教育，对青年实行普及义务中等教育，在教学同生活和生产结合的基础上广泛发展职业技术教育、中等专业教育和高等教育；发展函授教育和夜校；对学生提供国家助学金和优待；免费发给中小学教科书；学校可用本族语言教学；为自修创造条件。"

资本主义国家教育制度的组织原则

资本主义制度不可避免地会产生矛盾，这些矛盾不会不反映在建立和组织学校制度的原则上。所谓的"教育机会均等"不过是用以掩盖资本主义国家学校改革真相的宣言。它们在宪法上形式地宣告一切阶级和社会集团的孩子受教育的权利，但实际上存在两种教育制度：一种为统治阶级，一种为劳动人民。教育的阶级性表现在以下方面：缺少统一的普通学校；义务学校和中学脱节；以进入完全中学的特殊选择方法及为不同类型普通学校规定不同的教学内容和方法，来限制劳动人民子女（特别是农村青年）、妇女、少数民族受教育的权利；存在私立学校和私立大学；教会对学校影响的加强；对儿童和青年施加教育影响的内容；等等。

不论资本主义国家的学校用什么方法选拔，学校成了社会筛选的场所，而中等和高等教育是上层社会的特权。例如，在高等学校学习的工农子女所占的比例，在瑞典是14.3%，在比利时是14%，法国是12%，德意志联邦共和国是8%，然而工农在全国人口中占49.8%。

在年青一代教育方面，帝国主义的反动政策也表现在少数民族没有受教育的平等权上面。这在加拿大、澳大利亚、某些拉丁美洲国家（针对印第安人）很突出，但在美国表现得最厉害。

加强教育上的不平等的一个方法是忽视居住在本国领土上个别民族的语言和文化，这是美国传统的民族政策的自然结果。完全与盎格鲁-撒克逊种族的统治思想相适应，学校的一切教学用英语进行并符合"百分之百"的美国人所持有的那些传统。统治民族的语言、文化和生活方式成为加强经济压迫的民族压迫的手段。

最大的资本主义国家的学校法令和政策法令规定男女有平等的权利。但是在法令和实际情况之间存在很大的差距。许多国家（德意志联邦共和国、日本等）的教育制度中存在女子中学，其知识范围，特别是理科方面的知识被缩减了。毕业于这种学校的学生无权进入高等学校。在一般的普通中学（德意志联邦共和国、美国、日本等）里，教学计划中用于理科课程的部分时间在女生班用家政课来代替。大量女生中断学习，没有上完普通中学或高等学校。在高等工学院的学生中，妇女占很少一部分。在德意志联邦共和国，妇女通过物理、天文学、地球物理学、气象学国家考试的占1.5%，通过化学国家考试的占6%，通过技术职业考试（工程师）的占1.3%~4.5%；在英国，医学院和大学的医学系招收的女生不超过学生总数的15%；在美国，妇女占全国人口总数的51.3%，但在工程师中占不到1%；丹麦的妇女只有37%受过职业教育或毕业于高等学校；奥地利75%的妇女只能受到义务教育。

除了社会和心理障碍外，资本主义国家还拥有在教育中保持社会筛选的其他手法。所有国家，除了国立学校外，还有私立学校体系。存在私立学校这一事实本身就反驳了资产阶级社会学家关于教育机会均等的说法。私立学校带有特权的性质,特别是英国、美国、比利时、澳大利亚、德意志联邦共和国的私立学校。在私立学校学习费用是如此昂贵,以致只有很富有的家庭的子女才能进去。

私立学校在各国教育体系中所占的比重各不相同。在美国、英国、法国,私立学校占学校总数的11%~18%,私立学校学生数占国内学生总数的11%~16%。在澳大利亚,私立学校达30%。在比利时,私立学校比国立学校多3倍。日本25%的高中是私立的,30%的学生是私立学校的;72%的学院属于学术团体、垄断集团和个人,所含大学生占总数的76%。

上层统治阶层愿意让自己的孩子在私立学校受教育。这方面的典型例子是英国的公学。私立学校培养学生的等级小圈子精神。在英国,95%的外交部官员,88%的大使,37%的高级将领,86%的高级法院和上诉法院的法官,88%的主教是从几所私立的特权学校毕业的。

也应当指出私立学校的一个重要特点:学生在从一个学习阶段进入另一个阶段时不经历任何选拔。此外,这些学校保证使学生进入高等学校,因为这些学校的毕业生在申请进入传统的培养资本主义经济部门、外交部门、司法机关、武装力量和其他国家机关的领导干部的"名牌"大学时能受到优待。在美国,三分之二的高等学校是私立的,并由垄断组织和同业公会基金会提供经费。

美国大多数私立和国立高等学校完全可以被称为企业,因为它们中间许多学校拥有巨额资本,投放在各种工业、贸易和农业企业上。如哈佛大学拥有每年收入3 000万美元的资本,纽约大学拥有通心粉工厂、皮革联合工厂(3 500万美元资金)和其他工业企业。哥伦比亚大学的投资总额超过2 800万美元。许多大学和学院拥有城市电车、畜牧场、种植场等。

在资本主义国家还存在另一类私立学校——教会小学,这是过去教育等级制度的残余。它们主要为劳动人民的子女而设。这些学校的教学用很多时间进行宗教教育。

教会影响和学校教会化对国民教育带来很大的损失。它使资产阶级学校更零散,使持反对情绪的教师在改革学校的斗争中产生动摇,也增加了特别小的单班学校的数量。例如,在德意志联邦共和国,天主教学校是基督教学校的2.5倍。大多数教会学校处于天主教派的影响下。按教会原则,首先是建立劳动人民子女学习的大众学校、智力障碍儿童的学校和职业学校。

因此,不论是资本主义国家的学校政策,还是国民教育制度的基本组织原则,都说明了不同社会阶层教育机会不均等的共同倾向。这个还是在现代资本主义生产发展初期形成的倾向,在当前阶段虽然被"教育机会均等"的原则所掩盖,但仍然在继续起着作用。

此外,"教育机会均等"的原则不适用于少数民族。如美国、加拿大,澳大利亚等一些国家的土著民族仍然住在特居地,他们实际上连劳动人民子女(主要是白种人)那样的一点点受教育的权利也没有。近年来限制"有色"人种的受教育权在英国表现得更为突出,因为有过去是英国殖民地的和种族主义制度的国家(罗德西亚、南非)的一部分居民企图移民到英国以寻找工作和较好的生活条件。当代资本主义经济危机的尖锐化导致对"有色"人种和外国工人的歧视,他们在德意志联邦共和国、法国、英国特别多,他们最先失去工作权和受教育权。

缺乏受教育的平等权利甚至使最发达的资本主义国家(美国、德意志联邦共和国、意大利)成百万的劳动人民的子女失去受合格教育的可能性。在美国,据联邦教育署的材料,240万儿童没有在学校学习,2 300万16岁以上的人完全是文盲,不会读和写。而且扫除文盲预定要到1980年实现。这些事实再次证明了当代资本主义世界矛盾的尖锐化,也证明了它没有能力落实资本主义国家的宪法和宣言所宣布的学校政策的积极方面和教育机会均等原则。

发展中国家的教育政策和学校的组织原则[①]

殖民地和附属国的社会经济和文化发展的水平远不相同。在同一个时期，有些国家有着古老的文化（印度、缅甸、阿尔及利亚、突尼斯、摩洛哥和近东国家），而有的国家还处在民族部落制度阶段，没有文字。较发达的国家在成为殖民地前就有了一些不同教育水平的学校。在个别国家存在中世纪的大学，如在马格里布（北非国家利比亚、突尼斯、阿尔及利亚、摩洛哥的总称——译者注）的一些国家有高级伊斯兰学校。在争夺殖民地时期，欧洲国家把自己的代表——传教士派到侵占的领土上，其任务就是使当地居民形成土著居民低劣和白种侵略者优越的思想，让土著民族改信基督教并建立传教士学校。天主教传教士团积极地开展了自己的活动。

殖民主义者故意抑制教育和民族文化的发展。他们大大减少了当地村社学校的数量。传教士学校用宗主国的语言和教科书教儿童初步知识和宗教教义，为白人殖民主义管理人员的子女和从当地居民中挑选的上层人物的子女建立了完全仿效宗主国学校体制的学校。

随着对当地民族资源剥削的加强和科学技术的发展，殖民主义列强被迫稍稍改变对土著居民的教育政策。由于需要有当地的管理干部作为殖民主义的忠实支柱及其影响的传导者，需要有文化的工人以发展当地的工业，殖民政权开始开办混合型的小学和不完全中学，那里的教学只有一部分是用地方语进行的。这些学校的数量不多，大量居民仍然是文盲。

[①] 有关发展中国家详见阿·耶·希林斯基：《发展中国家的教育》，莫斯科，1977。

拉丁美洲国家的教育发展过程略有不同。在主要被西班牙掠夺的领土上，印第安人几乎全部被消灭，或被赶到最偏远的地区。为了耕种广阔的种植园，殖民者从非洲把黑人作为奴隶运进去。西班牙语和天主教在大多数拉丁美洲国家成为这个殖民地区的国家语言和正统的宗教。由于殖民地纷纷夺取了政治上的独立，19世纪进入了被称为"拉丁美洲复兴"的时代。到19世纪末20世纪初甚至通过了小学义务教育法令，但拉丁美洲真正的主人——美国垄断集团没有保证实现这些法令，居民中的大多数至今没有学习的机会。因此，虽然有一些差别，但拉丁美洲国家的国家教育政策基本上保持了殖民制度的特点。

在亚洲、非洲、拉丁美洲国家长期实行殖民统治的结果是：居民中的文盲在亚洲、非洲某些地区达90%～100%，极有限的学校，土著居民中的教师和熟练干部严重不足，在为数不多的学校里用宗主国的语言和教科书进行教学，几乎没有高等学校。

随着殖民制度的崩溃，年轻的民族国家出现并面对新的复杂的任务：选择政治方向，实现独立的政治经济发展和刻不容缓地发展教育。当前可以说，独立的国家的进一步发展主要有两个政治方向：社会主义方向和资本主义发展道路（这种划分是有条件的，因为可以遇到复杂的政治利益和政治方向的交织）。日益坚强的发展中国家开始选择社会主义方向，参加不结盟运动。

教育政策的方向首先取决于每个发展中国家的政治方向和经济资源。但是，尽管发展中国家的教育政策有不同的方向，但不能不看到某些共同特点：扫除文盲是所有发展中国家教育的首要任务，甚至在那些现阶段已经通过了小学义务教育法令的国家，即印度共和国、缅甸联邦社会主义共和国、阿尔及利亚民主人民共和国、菲律宾、拉丁美洲国家，由于缺少资金、校舍和教师，小学网的发展没有达到应有的规模；拒绝殖民时期的遗产和用欧洲语言、欧洲教材进行教学；建立反映各国民族利益的教育制度。

　　教育政策的这些基本方向或多或少地在所有发展中国家都有所表现，进步的政治方向能使提出的任务以更快的步伐更有效地得到完成，朝资本主义方向发展的国家实现这些改革则要慢得多。

　　发展中国家在获得民族解放后开始实施文化革命的基本步骤：扫除文盲，大力建设学校，确立民族文化的源泉和吸取世界文化的成果。

　　在联合国教科文组织的支持下，在20世纪60年代初制订了三个大地区的教育发展计划：亚洲的"卡拉奇计划"、非洲的"亚德斯亚贝巴计划"和拉丁美洲的"圣地亚哥计划"。用于教育的资金来自联合国教科文组织的基金收入和地方财源。这些地区计划规定，到1980年所有发展中国家要通过小学义务教育的法令。但是对这三个计划实施情况所做的检查很快就说明了：到1980年只有少数几个发展中国家能实行小学义务教育；联合国教科文组织成员国常常缩减给获得独立国家发展教育的经费。

　　现实情况迫使对地区计划做某些修改，开始按发展水平把国家分为ABC三类。A类是一些发展水平较低的国家，小学义务教育只能在1980年后实施，B类国家预测到1980年有可能实施，而C类国家则在1980年前实施。

　　新的严重的障碍妨碍着获得独立的国家顺利发展教育。近年来发展中国家特有的人口爆炸导致居民中文盲的绝对增长。据联合国教科文组织的材料，在1960年至1968年间，没有上学的5至14岁的儿童数净增了1 700万。如果人口增长的趋势继续保持下去，那到1980年，没有机会学习的这个年龄的儿童可达2亿3 000万。

　　教育方面的新殖民主义政策也给教育发展带来了困难。新殖民主义者在实际上失去了一切殖民地，形式上承认年轻国家的主权的同时，又千方百计地力求在政治生活、经济和教育上保留主要阵地。它们干涉获得独立国家的内政，组织反革命政变，在许多场合导致政治上的转向，企图把年轻国家的自然资源和工业掌握在自己手中。在教育方面，新殖民主义政策力求保持宗主国的学校模式，或把它强加给过去的殖民地和附属国，对教育思想的形成施加影响以符合帝国主义的利益，用资产阶级教育学的主要观念来对抗社会主义教育学的影响。

教育政策的基本方向和教育制度的组织原则明显地反映了社会主义国家和资本主义国家在解决教育问题上的根本对立。资本主义世界的教育政策在于保持当代帝国主义的基础、统治阶级对教育的垄断、它们在发展中国家的地位，在于反对社会主义学校和教育学的思想在本国和国外传播。

第三章　社会主义、资本主义和发展中国家的教育制度和学校改革

欧洲社会主义国家教育制度的结构

教育政策和教育制度的组织原则决定了它们的结构。欧洲社会主义国家的国民教育制度包括：学前教育、普通中等教育、校外教育、职业技术教育、中等专业教育、高等教育和业务进修。

学前教育包括幼儿园和托儿所。学前儿童机构数量及入园入托儿童数量的不断增长说明了学前社会教育在实现儿童个性全面发展以及准备儿童入学的任务上所起的作用日益增加。

因此，学前教育和普通学校低年级的教学之间有着直接的联系。教学教育工作的内容在于发展儿童的体力和智力、语言和思维，使他们认识社会生活和自然界。这个内容包括：在绘画、唱歌、舞蹈和朗诵中发展语言、创造性才能；使儿童认识他能理解的周围环境和社会生活的各个方面；培养爱劳动的品质，热爱在生活中、人际关系中和艺术中的一切美好事物；养成初步的纪律性和文明行为；进行体操和户外活动性游戏。在有的幼儿园，学前儿童学习外语。

1971年至1975年的国民经济发展计划预计，到1975年学前教育系统能容纳65%～80%的学龄前儿童。在许多国家这些计划已超额完成。德

意志民主共和国1974年达81%；保加利亚人民共和国超86%；匈牙利人民共和国达66.1%，并为在家庭抚养的孩子（25%）在预备班组织学习活动，因此有90%以上的一年级生在入学前有了准备；[①]捷克斯洛伐克社会主义共和国有65%的儿童，波兰人民共和国有80%的儿童上幼儿园[②]。到1980年，匈牙利和德意志民主共和国预计要使全部儿童在学前教育系统接受入学前的准备，保加利亚为85%，罗马尼亚社会主义共和国为84%。这些国家将为那些不上幼儿园的孩子逐步按居住地点或在学校组织学习活动以准备他们入学。

普通中等教育由普通中学、中等职业技术学校和中等专业学校实施。

普通中等综合技术学校是取得普通中等教育的主要形式。它包括：为一切人的普通义务教育学校、不完全中学和完全中学的高级阶段（高级中学，国立中学，加深学习某门知识的普通学校和其他形式）。

普通义务教育学校，即保加利亚、匈牙利、波兰的一至八年级，捷克的一至九年级，德意志民主共和国和罗马尼亚的一至十年级。其中部分八年级毕业生可以进入职业训练系统（德意志民主共和国），入文科中学、实科中学和专业中学（罗马尼亚）。保加利亚预计到1980年基本上完成向普及中等教育的过渡，匈牙利、波兰、罗马尼亚则到1990年完成。捷克也提出了这种远景规划。

儿童入学的年龄也不同。匈牙利、德意志民主共和国、罗马尼亚和捷克的儿童从6岁开始学习，在保加利亚、波兰儿童从7岁开始。考虑到当前的加速化进程，目前正在广泛讨论所有欧洲社会主义国家儿童从6岁开始义务教育的问题。

---

① 参见《社会主义国家学校的教育问题》，见《第一次社会主义国家教育部长会议的材料》，3、21、40页，莫斯科，1975。
② 参见耶·库别尔斯基：《波兰教育三十年》，载《苏维埃教育学》，1974（1）。

基本义务学校的第一阶段是小学，每班由一个教师进行教学。小学一般包括一至四年级或一至五年级（捷克）。近年来一些国家（保加利亚、德意志民主共和国）的小学学习年限缩短至3年（一至三年级），捷克从1973年开始小学由5年改为4年。波兰准备把这个阶段的学习从4年减至3年。

　　统一的基本义务学校为进一步的教育，为形成决定行为标准的社会主义和共产主义世界观奠定了基础。绝大部分普通义务学校的毕业生（85%～95%）继续在完全普通中学和其他学校学习。

　　有些孩子的父母由于在企业和机关工作，不能对儿童的家庭教育给以足够的注意。社会主义社会一贯关怀这些孩子：扩大了延长日学校和班的网点，扩大了学生的校外、课外活动系统。上延长日班的学生数不断增长。匈牙利1972—1973学年有22%的学生上延长日班；[1]保加利亚在1970年上延长日班的学生为一至八年级学生总数的33%，到1980年这个比例将增至50%；德意志民主共和国1974年上延长日班的学生为一至四年级学生数的60%。[2]

　　学生在完全普通中学、中等专业学校、授予中等教育证书的中等职业技术学校，以及为在职青年开设的夜校和函授学校学习结束，就取得完全的中等教育和进入高等学校的权利。

　　完全普通中学的结构、学习年限及教学内容在不同的国家有不同的特点：保加利亚是三年制高中，加深学习西欧语言的普通学校（八至十二年级），数学学校和加深学习俄语的学校（一至十二年级）；匈牙利是四年制高中；德意志民主共和国是完全普通中学（十一至十二年级）；波兰是四年制普通函授中学、艺术中学；罗马尼亚是四年制文理分科

---

① 参见《1973年匈牙利统计手册》，293页，布达佩斯，1973。
② 参见《社会主义国家学校的教育问题》，见《第一次社会主义国家教育部长会议材料》，8、40页，莫斯科，1975。

的普通中学、艺术中学、体育中学，五年制的包括教育、工业、农业、卫生、经济等专业的专业中学（九至十二年级）；捷克是文理分科中学（十至十三年级）；南斯拉夫是四年制高中，中等艺术学校和体育学校（九至十二年级）。完全普通中学和四年制高中培养的学生可进入高等学校或参加实际工作。

社会主义国家在为农村学校和少数民族儿童的学校改善物质条件、配备合格的教师方面做了许多工作。这些国家建立中心学校，在学校附设宿舍并接送附近村庄的孩子，大大减少甚至完全淘汰复式班学校，这就大大提高了农村地区教学的科学水平。把复式班学校联合成班次全的中心学校，使许多国家（保加利亚、匈牙利、德意志民主共和国）普通学校的数量与1950年相比缩减了，但学生数却增加了，特别是高年级的学生数。

表1　普通学校数和学生数（学年开始）①

国家	普通学校数		学生数（千人）	
	1950—1951学年	1975—1976学年	1950—1951学年	1975—1976学年
保加利亚	6 646	3 760	970	1 102
匈牙利	6 356	4 753	1 282	1 209
德意志民主共和国	10 245	5 921	2 514	2 698
波兰	24 605	17 628	3 608	4 991
罗马尼亚	15 575	15 151	1 838	3 387
捷克	15 395	9 625	1 736	2 010

职业技术教育系统建立在普通义务学校或不完全中学的基础上。它

---

① 图表根据：《经互会成员国的国民经济统计汇编》，313页，莫斯科，1974；《经互会成员国1976年统计年鉴》，427页，莫斯科，1976。

包括职业技术学校、工厂学校、技工学校、职业学校和学徒。

　　保加利亚实行一至三年制的职业技术学校，而从1962年开始实行职业训练与普通中等教育相结合的中等职业技术学校。匈牙利设有建立在八年制学校基础上的二至三年制的低级职业学校，培养高度熟练工人或职员并授予中学毕业文凭的四年制中等职业学校，招收有文凭但没有从事生产活动所需要的专业知识和技能的高中毕业生的职业学校，以及按照中等职业学校的教学计划和大纲进行教学的高中班。德意志民主共和国实行授予学生一种职业和进入中等专业学校权利的二年制职业学校，授予学生专业知识和进入高等学校权利的三年制职业学校。职业学校分为附设于企业的学校（占所有学校的75%），由区委员会管辖的公共学校（分为技工、商业、农业和一般职业），地区的、中央的职业学校。在罗马尼亚，职业教育是在中学第一阶段的基础上进行的，持续一至一年半。在波兰，有二至三年制的低级职业学校，二年制的农业训练学校，培养熟练工人并授予中学毕业文凭的四年制职业学校、中等职业学校。捷克实行一至三年制的职业学校和艺徒学校，授予中学毕业文凭的四年制中等职业学校，授予相应职业训练但不发中学毕业文凭的二至三年制的中等职业学校。

　　大部分职业技术学校附设于企业。绝大部分毕业于义务学校或不完全中学并且不再在完全普通中学或中等专业学校学习的人，则在职业教育系统受到理论的和实践的职业训练（在德意志民主共和国为99%，其他国家提出的任务是培养工人具有普通中等教育程度）。

　　职业技术学校的学生能得到助学金和宿舍，而且有些学校还免费供给衣食。在理论学习期间，未来的工人学习专业工艺学、金属工艺学或材料学、工程力学、带有工业电子学原理的电工学、技术制图、数学、语文、历史、社会学。近年来普遍开设美育系统的课程。现代职业教育学的方法是发展学生在解决生产任务时的创造积极性、独立性。

各种专业领域的中等专业学校培养中级技术人才。它们招收义务学校或不完全普通中学的毕业生。

保加利亚设有以主要学校为基础的四至五年制的和以中学为基础的一至三年制的中等专业学校和技术学校；匈牙利建立了以中等教育为基础的二至三年制的中等专业学校和高级职业学校，授予不完全高等教育；德意志民主共和国有工程学校和中等专业学校；波兰有中等专业学校和职业中学；罗马尼亚有一至二年制的中学后专业学校，招收毕业于完全中学、有毕业文凭、通过入学考试的人；捷克有四年制的授予中学毕业文凭的中等职业学校。

表2 中等专业学校数和学生数（学年开始）①

国家	学校数		学生数（千人）		每一万居民中的学生数	
	1950—1951学年	1975—1976学年	1950—1951学年	1975—1976学年	1950—1951学年	1975—1976学年
保加利亚	171	233	61	137	84	157
匈牙利	234	243	56.1	225	60	214
德意志民主共和国	225	234	34.7	162	19	96
波兰	2 445	5 778	279	1 098	112	321
罗马尼亚	468	888	128	570	78	267
捷克	604	599	94.1	294	80	198

高等教育的发展适应社会主义国家对高级技术干部的需要。在建设发达社会主义社会的条件下，高等教育的使命是培养具有渊博理论知识和实际知识的专家。这些知识能帮助他们在科学和技术最新成就的基础上发展和组织生产，正确判断社会发展的方向和趋势。综合大学和专科学院的工作遵循教学、教育和科研的统一原则。

---

① 图表根据：同表1。

社会主义国家付出了很大努力来改进高等学校的结构和教学大纲，以便使教学过程同国民经济当前和长远的需要、同科学技术进步的要求有更全面的联系；改进高等学校的科研、教学和教育职能并加强这些职能的统一性和相互联系；广泛吸引大学生参加科研工作。高等学校进行科学探索的经验使未来的专家对自己的能力有信心，能更准确地确定兴趣、志向和能力范围，加深大学生的专业知识。

社会主义国家在国民教育领域中的巨大成就是在完全中学和高等学校的学生中工农子女的数量增长了。如果注意到有很大一部分大学生已经不算工农家庭出身，因为他们的父母在人民政权的年代受到了教育，并进入了社会主义知识分子的行列，那么，社会主义国家在工农教育方面所取得的成绩就更明显了。

高等学校招收完全中学、工农速中、中等专业学校的毕业生，以及在职业教育、夜校和函授教育系统取得中等教育毕业文凭的人。

表3　高等学校数和大学生数（学年开始）[①]

国家	高等学校数		大学生数（千人）		每一万居民中的大学生数	
	1950—1951学年	1975—1976学年	1950—1951学年	1975—1976学年	1950—1951学年	1975—1976学年
保加利亚	19	27	33.6	111	46	127
匈牙利	19	56	32.5	108	35	102
德意志民主共和国	21	54	31.5	137	17	81
波兰	83	89	125	468	50	137
罗马尼亚	54	42	53	165	32	77
捷克	28	36	45.2	155	55.9	104

---

① 图表根据：同表1。

社会主义国家的学校改革

社会主义国家教育制度的发展经历了一些变化，主要涉及个别学校的类型及其任务。但是，保证一切公民有受教育的平等权和获得全面发展的社会主义教育制度的基本的、真正民主的原则没有变。

在科学技术革命的条件下建设发达的社会主义社会包括下列任务：完善国民教育制度，完善普通和综合技术教育内容，加强教学与生产劳动的联系；广泛采用旨在发展学生认识能力和创造才能的教学方法；培养学生独立获取知识，教会他们进行智力劳动的基本方法；研究和采用教学技术手段；重视从心理和道德方面训练青年人从事劳动以及对劳动的共产主义态度，培养青年对资本主义和修正主义意识形态的不妥协性等问题。

这些任务的解决反映在下列方面：学前机构网扩大了，进入幼儿园的儿童数量增加了，幼儿园成功地为儿童入学做准备；改进了小学教学的内容和方法，使小学的学习年限从四年减至三年（德意志民主共和国），或从五年减至四年（捷克）；延长日学校和班以及校外教育机构增加了，单班学校和少班学校减少了；有科学依据地制定了学生选修课和校外活动的组织形式和内容；在义务教育结束后继续在普通中学和中等专业学校学习的青少年人数不断增加；义务教育年限从7或8年延至10年（德意志民主共和国、罗马尼亚、波兰将于1978年达到，捷克也提出这一任务）；逐步过渡到普及完全中等教育（保加利亚、匈牙利、波兰、罗马尼亚、捷克）；在职业教育系统取得中等教育证书的可能性扩大了；系统地和有目的地培养年青一代投入社会主义社会的生活和劳动中去。

过渡到实施普通中等义务教育需要解决许多问题：在考虑儿童年龄条件的基础上实现中等教育内容和学科教学方法的现代化；改进学生的综合技术教育和职业定向；确定普通学校各环节最适宜的结构和学习期

限；提高学生思想政治教育的教育效能和水平；改进培养教师的制度和内容，提高劳动人民的业务水平；等等。

许多国家决定对现行的国民教育制度进行改革。在保加利亚，这个改革的主要点在于建立统一的中等综合技术学校，这将使历史上形成的培养年青一代的两个方面——普通教育和职业教育靠近并逐步融合起来。

保加利亚总结了第六个五年计划（1971—1975）的执行情况，强调在第七个五年计划期间，直到1990年，必须大大加强学校作为社会主义社会经济发展的一个重要因素的作用，提高年青一代的教育水平、政治觉悟和社会积极性。在第七个五年计划期间将基本完成在全体青年中普及中等教育；使教学教育过程的内容和组织发生质的变化；保证教学和教育与生产劳动的有机结合；为发展学生的禀赋和才能，保证使青年受到智力、道德、美感、体育和职业方面的训练并从事积极的职业活动和社会活动创造一切必要的条件。

完成这些任务的必要条件是：扩大儿童机构网，到1980年能有22%～24%的3岁前儿童入托儿所，约有85%的3～7岁儿童入幼儿园，50%的一至八年级学生在寄宿学校和全日制学校学习（到1980年）；消灭学校中的三部制，减少二部制；按照当代教育学上的要求减少每班的学生数；扩大教学工厂并使其现代化，以便在生产中对学生进行教学；加强青年学生的职业定向；发展学生的技术和科学创造性；扩大青年之家、少先队之家、俱乐部、少年技术家站和少年农艺生物家站的建设；提高师资培养和进修的质量；实施统一的专业化制度，根据劳动性质的变换对干部进行定期培训和再培训；加强中等职业技术学校，它是补充工人阶级队伍的最有效形式，到1980年要有不少于一半的八年级毕业生进入这种学校；完善高等学校教学教育过程的组织内容和领导；广泛采用现代教学技术手段；等等。

波兰人民共和国议会于1973年10月13日通过的国民教育新制度，规定实行普通十年制义务学校、城乡学校使用统一的教学大纲，以及包括各种形式的职业教育体系——根据专业的不同学习期限从6个月至两年半的学校。想入高等学校的十年制学校毕业生将到包括各种专业的两年制专门学校学习。议会的决议也确定了高等教育制度的主要方向和任务，为进行教育改革创造了必要的社会方面、干部方面和物质方面的条件。

目前95%的不完全中学的毕业生继续学习，其中有40%上中学。在农村地区，乡镇学校制度代替了分散的学校网，这种制度保证了农村儿童能获得更高水平的教学和教育。

为了提高教师的社会威信、改善他们的生活和劳动条件，社会主义国家做了不少工作。波兰议会通过了教师的权利和义务条例。实行了新的教师进修制度，大大提高了普通学校、中等专业学校和高等学校教学、教育和思想政治工作的水平。高等学校广泛地参加符合国民经济和文化需要的科学研究。

捷克斯洛伐克强调培养社会主义社会所有公民的科学世界观，因为它使人懂得社会发展的趋势、现代生活的过程，并在坚定信念的基础上积极投入历史性的社会主义建设事业。

具体解决这些任务是捷克学校的光荣而又责任重大的义务。学校中年青一代普通和综合技术教学和教育的全部过程在于形成世界观，改进思想政治教育、道德教育、劳动教育和美育，发展学生的公民积极性。

捷克提出了制定十二年制学校的普通教育统一方针、教学各阶段在纵横方面实行有机联系、理论联系实践、教学与生产劳动结合、文理科各门课程相互联系以及提高各种教学形式和方法的效果等任务，并且通过了关于从1976—1977学年开始实施十年义务教育和新的教学大纲、关于必须在教学过程中发展学生的创造活动和独立活动的决定。

从1976年9月1日开始，一年级按新大纲进行教学，第二阶段的各年级也试用新的大纲，以便在1980—1981学年正式使用。因此，到1983—1984学年义务学校将全部转入采用新的教学内容。

罗马尼亚共产党关于1976—1980年五年计划和罗马尼亚1981—1990期间社会经济发展的主要方向的指示也强调指出，必须根据国家社会经济和文化发展的要求进一步完善国民教育制度及其各阶段教学教育的内容和方法，把青年的学习过程与实际生产活动有机地结合起来。

到五年计划末期，学前教育将容纳不少于80%的学龄前儿童（3至6岁）；完成十年普通义务教育（完全中学的第一阶段——九至十年级），而到1990年则完成十二年的义务教育（完全中学的第二阶段——十一至十二年级）。

为了加强科学教育、普通教育和职业教育的联系，罗马尼亚将不断增加专业中学的学生数，同时使各类中学与对专业干部的需求相适应；受完全中等教育的人中将有70%在进行职业训练的中学学习。

高等教育全面保证社会经济工作各方面对干部的需要。从1976年至1980年间将有18万至20万大学毕业生，其中83 000名为技术人员。高等学校的重要任务是实现教育与科研、生产的有机联系。

为了全面保证上述措施得以实现，在1976年至1980年的五年中，教育经费将比1971年至1975年这5年增加35%。

匈牙利广泛地讨论了改善教育制度的问题。匈牙利科学研究所制定了到1985年国民教育结构的远景规划，准备和检验这个规划需要很长时间。1975年提出的任务是：经过15至20年实现年青一代义务中等教育。

在德意志民主共和国，为建设发达的社会主义社会和逐步过渡到共产主义创造条件，要求进一步改进教学内容和共产主义教育。共产主义教育意味着使青年意识到世界上正在发生的根本变化和深刻的社会进程，使他们能从工人阶级的立场出发正确评价我们时代的一切问题并支持社会进步。必须给青年有关社会主义和共产主义，有关新制度及其生活方式的优越性的科学概念。

社会主义国家的政府通过了决议,保证国民教育制度顺利地进行改革;决定增加教育经费,扩大学校网,建立社会教育基金,培养和提高教师的业务水平。

当前所有国家正在进行着的工作有:仔细分析采用新教学大纲的经验;改进并协调学校各门课程、各年级和各教学阶段的教学内容,以便合理地实现各学科间的联系;编写新的教科书、教学法参考书,制作直观教具;提高教师教学法工作的水平;教学过程积极化;改进社会主义学校的教育和教学的理论和实践。

生活要求高等教育也要有深刻的量和质的进展,这种进展表现在:专业结构和名称更准确,使教学内容、形式和方法得到改进;科研机构和高等学校科学潜力的整体化;大学生进行广泛的科研活动,高等学校广泛参与经济和民族文化需要的科学研究,高等学校、科研机构和经济部门之间有广泛的直接经济联系;加深教学和科研与实践的联系等方面。

提高普通学校、中等和高等专业学校教学教育工作水平的任务对教师和教学人员提出了更高的要求,这本身又迫切要求改进业务进修的途径、形式和内容。

国民教育领域的合作也大大扩大了,它以各种形式实现:年青一代在教育方面进行经验交流和科学情报的交流;共同研究教育问题,相互评论科研著作,共同举行学术会议、讨论会;互相协助培养国民经济干部,交换讲师;组织大学生生产见习;以各种方式提高教学人员业务水平;等等。

资本主义国家教育制度的特点,资本主义国家的教育危机

各资本主义国家教育制度的形成不仅直接取决于社会制度,而且也

受具体历史条件、社会经济和政治发展的特点以及固有传统的影响，它们既反映在学校结构上，也反映在学校的名称上。但是在这一切形形色色之中也有共同的特点，不仅在国家学校政策的基本原则和方向上有共同的特点，而且在学校的内部结构上也有共同的特点。

一些国家在历史上形成了管理学校制度的地方分权和州（美国、加拿大）、区（德意志联邦共和国）、省（瑞士）的自治，它们有权选择学校结构、教学计划和教学大纲，计划各种类型学校的发展和经费，这就大大方便了统治阶级保持和加强对教育的垄断。法国在教育制度的管理上确立了严格的中央集权制，但在教育制度范围内也实行社会分化，表现在为劳动人民子女设立的死胡同式学校和为社会上层设的完全中学。

在资本主义国家的学前教育机构一般容纳很少一部分适龄儿童。它们不被包括在教育制度中，其中大多数是私人机构。它们由教会、宗教团体或私人开办和支持。

到20世纪50年代中期，发达资本主义国家的教育制度结构包括普通学校、职业和技术学校、中等专业学校和高等学校。

普通学校的结构具有各种类型、阶段和名称，但是在建立学校的基本原则、教学任务和性质上，所有发达资本主义国家具有许多共同点。

小学（初等学校）作为劳动人民子女受教育的最普遍的形式，主要是以实质教育的理论为基础发展起来的。小学的学习年限在各国不同：在美国是6～8年，挪威7年，英国6年（5～7岁为幼儿学校，7～11岁为小学），日本、比利时和德意志联邦共和国的个别地区为6年，法国、意大利为5年，德意志联邦共和国、瑞典为4年等。在许多国家（美国、英国等），小学生按能力分组（分成A组、B组、C组，有时还有D组、E组）。

资产阶级教育学制造了各种类型的"天才儿童"的理论，似乎遗传决定了智力的或理论的天赋，社会的或实践的天赋，表演的或艺术的天赋（美国、英国等），以及理论的、实践的或理论—实践的天赋（德意志联邦共和国等）。确定天赋的类型，即按各种方向挑选学生，是在学习的早期进行的。进行的方式有：小学毕业后就用课文、单独的作业、各种题目以测验其灵敏性和知识面的程度（美国、英国、澳大利亚、日本等）；采用观察、定向制度（法国等）；采用竞争性考试、教师的鉴定，在所谓的入学和升级阶段（五至六年级）通过教学过程进行观察（德意志联邦共和国等），以及其他测验方式。

这种选择的结果使70%～80%的学生（主要是劳动人民家庭出身）继续在死胡同式的义务学校学习。这种学校在美国、日本是三至四年制的初级中学，在英国是四至五年制的"现代"学校，在法国是小学的高年级和普通市立中学，在德意志联邦共和国是主要学校的高年级（五至十年级），等等。义务学校的毕业生可以继续到职业教育系统受教育。

具有理论—实践能力的学生被送到不完全中学：英国的中等技术学校，德意志联邦共和国、瑞典的实科中学，等等。顺利完成这类普通学校的教育就有权进入中等专业学校或作为职员参加工作。

完全中学的毕业生取得进入大学的权利。完全中学包括英国的文法学校，德意志联邦共和国、瑞典的完全中学，法国的国立中学，美国、日本的高级中学的学术组，等等。完全中学的学习年限为12年，德意志联邦共和国为13年。

分析发达资本主义国家的教育政策和学校制度的组织原则能得出这样的结论：这些国家的国民教育具有深刻的矛盾。近年来在资本主义国家关于教育的危机说的和写的有很多。[①]

1967年10月，国际教育专家会议（美国威廉堡）分析了以联合国教科文国际教育规划学院院长菲利普·库姆斯为首的来自18个国家的专家

---

① 格·皮希特：《德国教育危机》，慕尼黑，1965；尔·乌利希：《美国教育的危机和希望》，阿瑟通出版社，1966（7）；莫里斯·鲁瓦：《学校的灾难》，巴黎，1962。

组所准备的关于世界各国教育状况的材料，向广大社会人士提出了即将来临的"在很多国家已能看到的世界性教育危机"能造成严重后果的警告。资产阶级思想家在谈到世界性教育危机的时候，不从社会的观点，不顾某一具体国家或一类国家的社会经济体制来分析各国的教育状况。

谈教育危机的有各社会集团和政党的代表、政府成员和学者。资产阶级的学者和专家在分析教育危机的性质时，甚至写到有必要进行"教育革命""机会均等的革命"以及提高教学质量的"革命"。

教育当局和政府的代表在确认教育的危机时，主要从表面现象分析其原因：用于国民教育的经费不足，学校、教师不足，教学内容与当代科学和生产的要求不适应，等等。因此，他们从对国民教育进行局部改革、改变个别类型的学校、建立新型学校等方面寻找解决危机的出路。

但是，资本主义社会中的教育危机是资本主义总危机的表现形式之一。这种危机表现在：帝国主义国家的教育制度不能保证实现写在宪法上的一切居民有受教育的权利；不能满足当代经济、科学、技术的需要；资本主义不能全面利用科技进步的成就；统治阶级对教育的垄断与经济所提出的要求——现代工业企业工人的更高技术水平——之间矛盾的尖锐化；普通学校和高等学校的科研及教学和教育内容的军事化加强；国家垄断资本对青年的世界观、观点和信念的形成所施加的政治影响加强；教育理论的深刻危机（企图用教育和教学理论中的所谓多元论解脱危机）出现；进步力量争取教育制度和学校民主化的斗争高涨。

马列主义教育学影响的加强和进步力量争取资本主义国家教育制度民主化斗争的高涨，迫使国家垄断资本主义在国民教育领域进行改革，以便尽可能使群众处于自己的思想和政治控制之下。

资本主义国家政府在口头上承认国民教育的不完善和危机状态，佯装要使学校教学制度"民主化"，同时广泛宣传形形色色的资产阶级理论："统一工业社会""趋同""技术结构""混合经济"等。

在各国都可以看到政府对国民教育的管理和计划加强集中领导，以加强垄断集团对青年教育和教学的影响；对普通学校和高等学校进行局部改革，以保持统治阶级对教育的特权；企图使资产阶级教育学的基本概念和理论现代化，给它们以"科学的""客观的"外衣；力图对发展中国家教育制度的确立和发展施加影响；加强了反对马列主义教育学和社会主义国家教育和教学实践的破坏活动。

资本主义国家的教育改革

国家垄断资本主义被迫改革现有的教育制度，但它所进行的改革对学校教育的结构和内容不具有根本变革的性质，往往停留在宣传性的声明上。勃兰特（德意志联邦共和国）于1969年在政府声明中提到的教育改革，被作为德国社会民主党和自由民主党联合政府近年内的重要任务之一。但是政府没有采取任何根本性措施。教育制度实行的现代化带有明显的实用主义性质，旨在保持资产阶级教育制度的基本原则。

在改革中明显地反映出资本主义国家统治集团的教育政策所具有的矛盾倾向。第一，个别新的措施可以被看作是迈开了被迫改进年青一代教育制度的一步；第二，企图使教育制度适应国家垄断资本和科技进步的需要；第三，对国内进步力量要求教育制度民主化让步；第四，对社会主义学校个别方面进行借鉴。

发达的资本主义国家的政府通过了关于局部改革的法令：延长义务教育的年限，改革学校管理，增加学生人数，改变个别类型学校的结构，改革教学计划和大纲，引进新的课程，普通教育与技术教育、职业教育相联系，改进教学方法，等等。

由于现代工业需要受过更多训练的工人，而他们的熟练程度取决于普通知识的水平，学校改革的主要对象是义务学校的高年级（六至十年级），即改革学生接受职业训练的基础。

开始主要进行组织性和结构性的改革。大多数发达的资本主义国家延长了普通义务教育的年限，目前它包括9~12年，即到14~16岁的教育。奥地利、丹麦、瑞士、挪威、澳大利亚、加拿大为9年（6~15岁）；德意志联邦共和国和法国为9~10年（6~15岁或6~16岁）；英国5~16岁；日本6~14岁；美国按各州自己的规定为8~12年（6~14岁或6~18岁）等。这里应当看到这些法令的形式主义性质。在普通学校规定年限的学习往往并不要求达到一定的普通知识水平，所以延长义务教育的年限并不意味着就增长了知识。

许多国家用立法确定普通义务教育和职业义务教育的年限为至16岁（法国等），甚至到18岁（德意志联邦共和国等）。劳动人民子女的这种义务教育一般在职业教育系统内进行，并在企业中劳动。同时，在非全日制职业学校里，理论课每周为4~12小时。在德意志联邦共和国，16岁的青年中只有29%上全日制的职业学校，意大利为34%，法国为55%，比利时为61%。[①]

在职居民结构的变化使经济和文化发达部门中的中级和高级干部所占的比例不断增加，这就要求进一步发展普通教育和技术教育。垄断集团认为国民教育是获利最大的投资。这就是学校数量增加，不完全中学、完全中学以及高等学校学生人数增多的原因。

普通学校结构改革包括：实施所谓综合学校并对义务学校高年级实行分组（瑞典）；成立综合学校（英国）；设立市立中学第二级（法国）；设立入学和升级阶段，对综合学校和高等学校做试验性检查，建立全日制的普通义务学校（德意志联邦共和国）；等等。它们被广泛宣传为授予一切人"教育机会均等"的一个途径。美国国会近年来通过了有关各

---

① 参见《我们的时代》，17页，1973（15）。

种国民教育问题的几十个法令。

从表面上看，普通学校一系列的结构改革借鉴于社会主义制度，但实质上资本主义国家使这些改革符合自己的要求。他们扩大农村的单班次和少班次学校；运送附近农村的儿童入学；学校附设宿舍；建立学校中心，在统一领导下有三种独立的学校，即义务学校、不完全中学（实科中学）、完全中学；等等。在这种综合学校里起社会选择作用的是所谓的内部分组，分入学阶段和升级阶段，必修课和选修课，按兴趣、爱好、能力分成各种课程、班、组以及各种教学分化手段。

资本主义国家广泛讨论了改革高等学校的新设想，即所谓的整体化高等学校，它联合各种类型的高等学校，并使学生有可能从一种高等学校转入另一种高等学校，使一切类型的高等学校对"所有人开放"，使学生不是掌握一门职业，而是掌握一类职业。这种高等学校按三个阶段培养学生，每一阶段保证学生达到一定的职业水平（如培养教师，每一阶段授予普通学校某一个阶段的教师资格，即小学教师、主要学校教师、不完全中学教师、完全中学教师等），所设置的课程结构允许在第一和第二阶段改变先前选定的专业范围。

1974年12月德意志联邦议会通过了关于高等学校的法令，规定要使综合大学和专科高等学校的教学内容和教学水平整体化，训练学生从事广泛的职业活动，发展技术系统思维、独立获取知识和获得有方法有论据地解决新问题的能力，加强高等学校在提高专家业务上的作用。

高等学校整体化的设想在法国被广泛地采用，把工艺学院和技术学院并入综合大学，它们不授予完整的高等教育，而用短时间培养狭隘专业的专家。

法国高等学校的近期改革方案计划大大降低基础理论课的水平并压缩它们在教学计划中所占的时间，以便使青年在工艺学院和高等教育头两个阶段内定向于狭隘的专业。

20世纪60年代的局部改革没有使资产阶级学校摆脱危机。这种不适应新的生活要求的改革引起了资本主义国家所有阶层的不满。20世纪70年代初期，年青一代学校中的教学和教育制度继续遭到强烈的批评。

科技进步、科学和生产发展水平的提高提出了经常更新和完善工人和职员知识的必要性，十分需要建立和扩大为成人开设的专业训练班、夜校和函授教育制度。

所谓"平行教育"（借助于群众性宣传工具和各种非学校机构和组织）的流行和宣传给当代学校提出了任务。这种任务与其说是授予学生一定知识，不如说是教他学习，也就是发展学生的认识能力并培养他们独立获取新知识的技能和技巧。由于对科学基础知识、班级授课制、教师在教学过程中的作用估计不足，以及教学内容、方法和进度的个别化，导致资产阶级教育学的个别极端左倾的代表人物产生取消学校、搞"无墙学校"等思想（美国伊·伊利希、埃·雷曼、普·古德曼等）。

统治集团进行了无数次的尝试，想要消除资本主义社会所固有的对抗性矛盾，给人造成似乎现代资本主义能保障所有人在受教育上"机会均等"的印象。但是局部的改革不能消除社会的不平等，因为没有动摇产生这种不平等的基础——生产资料私有制，收入不平等仍然作为一个经常性因素与"机会均等"相对立。因此，发达资本主义国家的大部分劳动人民仍然是文盲或只受到很低的教育。

约有100万居住在最发达的资本主义国家之一的美国的25岁以上的人没有上过学；大约有13%的美国人民（东南部为22%～25%）没有受过职业训练，因为他们是文盲或半文盲；有80万6～13岁的儿童不学习，而600万农村单班次学校的学生只能受到少得可怜的教育。意大利约有400万人是文盲；国内缺少15万间教室。哥伦比亚有64%的学龄儿童不能上学。希腊有30%～35%的人是文盲或半文盲。西班牙有100万学龄儿童不能上学。

大多数发达的资本主义国家缺少国家统一的职业技术教育体系。很大部分青年的职业教育是在企业里以学徒的方式进行的，并主要在于获得技能和技巧；理论训练局限于给学生传授最初步的、为了完成具体劳动工序所必需的知识。

也应当指出，不是所有在企业工作的青年都受过职业训练并获得相应的理论知识和实用的技能技巧。德意志联邦共和国在企业工作的150万男女青年中，有50万没有受过专门的职业训练；法国有35%的男青年和45%的女青年没有受过职业教育；美国的许多垄断联合企业仅局限于对青年进行短期的训练以掌握某种工作最必要的方法。

外国工人的子女处于特别困难的境地。德意志联邦共和国有95%的外国工人的子女没有受到职业训练，被作为辅助性劳力使用，这些孩子中有四分之一不上学，成为没受过训练的辅助工人或失业工人的后备军，法国有50%的外国工人是文盲。

资本主义国家在科学技术发展和社会发展之间的极不相称的情况使不平等问题尖锐化，这种不平等不仅表现在社会所积累的物质财富的分配上，而且表现在精神财富的分配上。别看在普通教育和职业训练上有了一定的改进，但即使在最发达和富有的资本主义国家，现存教育制度与科技进步的客观要求脱节的现象仍然在加重。

工人掌握新的职业技能和提高劳动力的机动性的必要条件是广泛的普通教育训练。但是一般的义务学校不能达到掌握现代新职业的技能所必需的那种教育水平。缺乏经验和工龄短更增加了青年参加生产的困难。近年来青年中的失业问题日益尖锐。1976年年底发达资本主义国家完全失业的人数已超过1 500万，而根据国际劳动组织的材料，这个数字达到1 800万人。[1]

---

① 《资本主义和发展中国家的经济状况》，载《世界经济和国际关系》，13页，1977（8）。

妇女、青年、少数民族和外国工人在劳动市场上的处境更为困难。许多国家的失业者一半以上是妇女（美国为55.2%，法国为50.7%，比利时为50.4%）。[1]1976年底在美国约19%的20岁前的青年没有工作，约13.6%的黑人和其他少数民族的青年没有工作；[2]而黑人女青年没有工作的达到40%。[3]

欧洲经济共同体成员国的失业青年不断增加，从1967年的21%到1977年的35%。德意志联邦共和国的失业青年约占全部登记注册的失业工人的40%，英国的约为44%。

据德意志联邦共和国工会的材料，到1982年没有受过职业训练和没有工作的青年将增至140万。资本主义国家将有更多的青年在普通学校毕业后进入失业者的行列；他们不被包括在失业工人的统计数字内，不能领失业者的补助金，因为他们从未劳动过，但其中有许多人多年找不到工作。

失业不仅给青年带来了物质上的损失，而且也使青年在道德心理方面受到损伤，引起了绝望的、低人一等的感觉。

失业教师的数量也增加了。据德意志联邦共和国教育统计和预测经济委员会的材料，国内失业教师数自1973年秋的970人增至1975年秋的4 070人。年轻教师的失业比例更大：23岁以下的失业教师的比例在1973年为67%，1975年为73%。[4]

北莱茵-威斯特法伦州文化部长宣布，1980年将有1.1万名教师得不到学校的工作，而到1985年全国将有6万名失业教师。[5]

---

① 《资本主义经济发展趋势》，载《世界经济和国际关系》，16页，1975（9）。
② 《1976年资本主义经济》，载《世界经济和国际关系》，53页，1977（3）。
③ 尤·波卡塔耶夫，弗·舍纳耶夫：《现代经济危机的几个特点》，载《共产党人》，80页，1975（12）。
④ 《德国教师报》，2页，1976（37）。
⑤ 《新德国》，1977（1）。

科技革命不仅加剧了资本主义早先的矛盾，而且产生了新矛盾。"这首先是科技革命开辟的不寻常的可能性与资本主义阻碍其用于全社会的利益之间的矛盾，资本主义把大部分的科学发明和巨大的物质资源用于战争目的，浪费国家财富。"①

军国主义使人类失去了大量日常生活所必需的物质财富，它使科技畸形化，加剧了资本主义再生产的矛盾。增加军费的后果是缩减资本主义国家对社会开支的拨款，其中包括对国民教育的拨款。

庞大的科学家大军，无数的实验室、研究所和其他机构在为战争机器服务。资本主义迫使民族中最优秀的智慧不是用于和平，而是用于生产最完备的毁灭性武器。

资本主义国家经济和政治的军国主义化不仅对国民教育的经费，也对青年学生的教学和教育的组织、内容和方法产生巨大的影响。建立了由专家组成的专门机构和研究所，对国民教育机关的领导人、中学和大学的师资进行挑选；教科书和教学参考书渗透了军国主义思想；高等学校及科研机构成为军队及其军备的附庸。

分析发达资本主义国家的教育改革时，不能忘记许多方案和提议不过是宣言，是不能实现的谎言，是竞选前的声明。资本主义国家的统治集团用各种借口，不想增加由于大中学生教学费用的增长和大中学生数量的增长而需要的教育经费。军费的增加和深刻的财政危机妨碍了美国、德意志联邦共和国、英国和其他国家执行一系列已通过的法令和方案。如德意志联邦共和国政府1969年把教育改革作为自己工作的首要任务，但是在1974年的政府报告中，联邦总理格·施密特在经济和社会的改革中首先提到的是改进职业教育的任务，因为它能迅速获得经济效果。政府把《教育总计划》(1973)视为"国家整个教育制度长期发展"

---

① 《共产党和工人党国际会议文件和材料》，298页，莫斯科，1969。

的计划，"应当用清醒的头脑执行可能完成的部分"。

在法国，把市立中学分成三四个组，实际上就是剥夺了40%的儿童入国立中学的可能性，并保持了培养领导者和执行者之间巨大的差别。1975年法国国民议会通过的教育部部长勒内·阿比改革旨在使中等教育适应危机，使大部分学生只能获取"有保障的最低限度的知识"或直接就业。政府在学校里加强了职业训练；号召学生不入国立中学的结业班，而限制在专门班里接受就业前的训练；实行两阶段学士学位制，这就更增加了进入高等学校的困难；允许儿童在不同年龄水平进入小学，并为不同水平的儿童确定在小学的不同学习年限；国立中学高年级扩大了选修课和必选课，结业班的教学成为选修性的。阿比改革明显地反映出法国学校的"美国化"：大部分学生学习具有功利性，同时在学校内部保持社会筛选和使上层社会子弟受到完整的教育。法国报刊就此展开了激烈的辩论，改革遭到了法国共产党和进步人士的批评。

共产党和工人党为青年教学和教育的民主化而斗争

资本主义国家的共产党和工人党始终不渝地为青年学生的教育和教学制度的民主化而斗争，把这一斗争看作是对整个社会进行民主改革的有机组成部分。在这个斗争中，他们以马列主义关于教育和教学的理论为指导，并广泛采用社会主义国家学校建设的经验。

具有国际意义的马列主义关于年青一代教育的学说、青年学生教学和教育的完整理论、建立社会主义教育制度的普遍原则、社会主义国家学校建设和学校工作实践的丰富经验，有助于资本主义国家的工人党和共产党正确确定在资本主义制度条件下为国民教育民主化所做斗争的战略和策略，并探索在劳动群众夺取政治和经济权力、由资本主义过渡到社会主义的条件下建立社会主义学校的途径。

资本主义国家的共产党和工人党经常揭露资产阶级教育制度的反民主性，组织和指引工人阶级、社会进步人士和青年运动为国民教育制度、为年青一代教学和教育内容和方法的民主化、为和平和社会进步而斗争。

遵照具有国际意义的马列主义关于年青一代教学和教育的理论，考虑到国家社会和经济发展的水平、具体的历史和民族条件及现有的国民教育制度的特点，共产党和工人党制定着自己在学校政策方面的纲领性要求。

英国共产党的纲领《英国走向社会主义的道路》（1951）揭露了国内国民教育制度的阶级性，提出了下列要求：消灭特权学校制度；建立统一学校，给一切儿童提供发展才能和受中等教育的平等机会；扩大中学和高等学校网；给劳动人民子女以必要的帮助；等等。

英国共产党坚持不懈地为学校和教育的民主化而斗争。1964年的纲领重新提出了"首先保证在英国实施真正教育机会均等……使初等、中等和高等教育为所有儿童和青年服务"的任务。①共产党认为实施这个任务的必要条件是：缩减军费以增加国民教育经费；废除一切对儿童进行社会筛选的方式；废弃三种类型中等教育的制度，代之以统一的学校；取消按能力分组；延长义务教育的年限至16岁；取消私立学校并将它们交给国家管理；提高教师的工资和改善他们的工作条件；高等教育制度民主化；完善职业技术教育体系；等等。

英国共产党在教育改革方面提出了下列要求：更换所有陈旧的校舍；增加国民教育经费；为2～5岁儿童建立学前教育机构；减少所有学校每班的人数至30人；取消现行在教学第二阶段进行挑选的原则并普遍实施"综合学校"；取消私立学校并把它们的校舍交给地方学校管理局；

①《英国共产党政策中的教育》，4页，伦敦，1964。

把提高所有18岁以前青年的技能作为义务，并有工作保证；建立统一的高等教育体系并扩大高等学校网。

法国共产党一贯重视法国学校的发展和民主化问题。法国从法西斯占领下解放出来不久，立即成立了由知名共产党员学者、物理学家保尔·郎之万和心理学家、教师、积极的教育工作者亨利·瓦龙领导的国民教育委员会。委员会制定了方案，以其制定者的名字命名为郎之万—瓦龙计划或郎之万—瓦龙方案。这个方案的基本思想是在为所有7～18岁儿童实施普及的义务的免费世俗中等教育的基础上，尽快地克服法国学校的阶级双重性。

郎之万—瓦龙计划没有得到实现。但当前法国共产党仍然经常提到这个计划的主要原则，把它们列入为学校的民主化而斗争的纲领中。在有关法国教育民主化的建议中（1967），法国共产党的领导一再提醒，所有保证学校真正民主化的主要原则包含在郎之万—瓦龙计划中。法国共产党建议：把6～18岁的普及义务教育用立法的程序确定下来；实行年级按顺序编码（从一至十二年级）；把整个学习过程分为四个环节；保证在真正教育机会均等的基础上使学生按不同的教育方向发展；从学校中排除任何形式的社会筛选；提高劳动人民子女的教育水平。[1]

这些建议的总的想法在左派力量的共同执政纲领中得到了肯定，在1974年的总统竞选中几乎有130万法国人，也就是49.2%的选民表决赞成这个纲领。[2]人们所注意的国民教育问题经常在法国共产党的教育和理论刊物上发表，如《学校和民族》《新评论》《思想》等。

《美国共产党的新纲领》（1970）对美国教育制度危机的实质做了深刻的分析。大纲说："这个危机是教育的阶级制度所产生的冲突的顶点。

---

[1] 《对教育进行民主改革的建议》，载《学校和民族》，200页，1967（156）。

[2] 米尔豪·雅克：《法国共产党的理论工作》，载《和平和社会主义问题》，60～61页，1975（9）。

一方面，劳动人民……为普及免费教育而斗争……另一方面，资产阶级力图以单纯资产阶级经济的需要来限制劳动人民的教育，把它归结为训练勤劳的劳动力。"①

美国的共产党员提出了下列要求：保证每个年轻人有受良好教育的权利；从中学开始为贫困的学生提供助学金；消除一切歧视；学校委员会选举制度民主化；消除大企业主代表管理学校；授予社区居民和教育界的专家有任命校长、教师并检查他们的工作和学校课程的内容的权利；政府为学校提供经费；从学校的大纲和教科书中删除宣传种族主义、反共主义、军国主义和其他反动观点的材料；采用那些揭示劳动在人类社会进化中的作用、美国有色人种在国家发展中的贡献的大纲；政府通过纲领，规定保证所有中学或高等学校的毕业生有工作，或者提供相应的补助金，直到安排工作为止。②

德国共产党（KPD，1918年建立）和德国的共产党（DKP，1968年建立于德意志联邦共和国）始终不渝地为教育的民主化而斗争。在纲领性宣言《走向拯救和平、保卫民主权利、社会保障的道路》（1963）中，德国共产党提出了首要任务是"根本改革国民教育制度；缩减联邦军的军费，并把这些资金用于建设中学、大学和科学研究所，用于解决农村学校的落后状态，培训大量师资和减少每班学生数，用以实施十年制义务教育，对中学生、大学生给以物质帮助，并为劳动人民子女提供助学金。"③

德国的共产党（DKP）坚决反对在学校中散播复仇主义、歪曲历史和对学校进行宗教划分的思想。

_____

① 《美国共产党的新纲领》，75页，纽约，1970。
② 《美国共产党的新纲领》，76页，纽约，1970。
③ 《走向拯救和平、保卫民主权利、社会保障的道路》《德国共产党的纲领性宣言》《德国共产党代表大会决议》，载《统一》，22页，1963（22）。

德国的共产党（DKP）是从社会主义社会和与它相适应的社会主义教育制度是党的最终斗争目标这一点出发来提出自己的学校政治要求的。

德国的共产党（DKP）认为，在当代条件下，教育领域的民主政策的主要任务是：消除统治阶级对教育的特权；对所有儿童实施综合学校的初级和中级阶段的十年义务教育，这种学校不对10岁和12岁的学生进行社会筛选，而是把学生按普通学校的各种类型，按能力、成绩、兴趣等分类；教学和教育的内容和性质应符合科技革命的要求并取决于和平、人道主义和人民友谊的利益；删除学校大纲和教科书中宣传反共产主义、军国主义和新纳粹主义的材料；在恢复民主的社会中确立科学教育和民主教育、教学和生产劳动的统一性，学校和生活紧密联系；最早到学校中级阶段结束时再选择职业或选择受高等教育的方式。

在讨论学校政策的工作会议上（1974，科隆），德国的共产党提出了关于立即采取措施以改变德意志联邦共和国普通教育和职业教育状况的要求。[①]

德国的共产党在发展和具体说明1970年通过的为国民教育民主化而斗争的纲领时提出了下列要求，作为反对国家垄断资本主义的学校政策的紧急措施并代替德意志联邦共和国政府的《教育总计划》。

为劳动人民子女的学习创造必要的物质条件；实行课后在教师指导下免费上课以完成家庭作业，把这一点看作是走向全日制学校的一步；在幼儿园组织小学生班，在那里他们可以完成家庭作业和休息，直到家长下班回来；设立足够数量的学校食堂，首先设在工人区、农村地区和普通义务学校；压缩军费和企业主的利润来为普通学校和职业学校的改革提供经费。

[①]《实现工人阶级教育政策的要求》，见《德国的共产党为改善普通教育和职业教育的紧急建议》，杜塞尔多夫：德国的共产党委员会，1975。

在大企业为训练熟练工人提供必要数量的培训名额；保证广阔的基本职业训练；取消形成不公正选择的职业训练的各级阶梯；提高理论训练的水平；保证职业学校有足够的师资，把学校里和企业里的教学联系起来；每年提供三周带工资的假期以提高劳动人民的业务水平；通过有关职业教育的进步法令。

所有孩子入综合学校学习；改善主要是劳动人民子女学习的义务学校的物质条件，并提高其教学内容的水平；给每个义务学校学生的拨款要与花在每个完全中学学生身上的费用相等；增加普通义务学校的教师数，特别是理科教师，建立相应的学校实验室并装备它们；实施十年义务教育；承认义务学校十年级的毕业证书与不完全中学的毕业文凭完全相等；首先在工人区和农村地区实施改革学校的措施；取消进入高等学校的限制和中学现行的选拔方式。

修改有关挑选儿童到智力落后儿童学校的所有规定，给落后学生提供免费的帮助。

扩大学龄前教育机构网；降低学龄前儿童机构的收费标准；增加50%的教养员，缩减每班儿童数至15人。

保证外国工人子女的受教育权。

缩减每班学生数至25人；一切科目由受过专业教育的科任教师担任。

加强工人和一切民主力量对教学内容的影响，并以进步和和平共处的精神教育青年；把德意志联邦共和国和社会主义国家的条约、有关西柏林的四方协议以及人民权利的标准纳入教学内容；从内容中删除一切与之相抵触的材料，首先是撤销关于讲解极权主义和在教学中贯彻"东方人"原则的指示；不准在学校讲授军事和进行联邦军的活动。

取消与宪法有矛盾的职业禁令，恢复所有因此法令而被解雇的人的工作。

实行国民教育的改革；所有新学校要作为整体的综合学校优先在工人区和农村地区开办；统一师资的培养和工资；合并一切类型普通学校的五年级和六年级为独立中心，并在此基础上建立综合学校；完善现有综合学校的设备。

共产党和工人党始终不渝地为教育制度的民主化而斗争，并提出了要立即真正实施法律上宣布的劳动人民受教育的权利。

发展中国家的教育改革问题

年轻国家的学校改革和教育改革在很多方面决定于每个国家的政治方向和经济状况。发展中国家在教育方面所面临的困难阻碍了实行符合民族发展需要的重大改革。

许多过去的殖民地，特别是以前的法属殖民地，保存了殖民主义时期形成的那种学校结构。这种情况在马格里布国家（阿尔及利亚、突尼斯、摩洛哥）、几内亚共和国、马里、乍得、刚果、塞内加尔、马达加斯加民主共和国等都存在。但是现在正在对学校制度做某些改变：力求建立连接的各阶段教育，包括小学、主要学校或基础学校、完全中等教育的高年级、各种类型的职业教育、高等学校等。为了尽快地培养民族干部，教育机关在许多场合不得不缩短中小学的课程。完全中学远少于小学和主要学校。学生人数的增长超过校舍的建设和教师干部的增加。

在过去的英属殖民地可以看到大致相同的景象。这些国家也被迫暂时保留殖民主义时期遗留下来的学校制度的结构（小学、现代学校、文法学校）。现在年轻的国家也开始转入由初等教育、基础教育和完全中等教育组成的连接的学校结构。

许多年轻的国家通过了四、五、六年制的小学义务教育法令。有些国家把执行小学义务教育法令列入20世纪70年代末至80年代初的教育发展计划。但是在大多数非洲和亚洲国家的计划中，实施小学义务教育的时间要晚一些，要在建立了必要的物质条件的时候，这从联合国教科文组织的地区计划的修正中可以看出来。暂时数量还不多的主要学校和完全中学正处于教学内容和结构的改革阶段。其中许多学校由于必须最快地为国民经济各部门培养干部而执行着职业学校的职能。甚至有些小学也具有这个特点（几内亚、马里、坦桑尼亚、肯尼亚等）。在许多年轻的国家，传教士学校和私立学校、各种宗教团体的学校（特别是天主教学校）仍继续存在，这是因为极端缺少校舍和有业务水平的教师，所以不得不利用一切可能性，哪怕只是能部分地解决教育任务。但是政府把停办教会学校或把它们纳入国家系统作为未来的任务。

几个较发达的获得独立的国家较为彻底地解决了学校改革问题。如在缅甸联邦社会主义共和国，法令确定了衔接的结构，由小学、不完全中学（主要学校）和完全中学组成，一般为十二年学制。实行小学义务教育，把所有私立学校纳入国家系统。但是学校数量不足，远不能实现所有儿童都能入小学。在印度共和国建立了相衔接的三个阶段的学校结构，通过了有关小学义务教育的法令。但是印度各邦的教育和经济条件远不相同，因此许多儿童或是根本不上学，或只能获得最简单的知识。

近年来许多年轻国家开始了学校改革。如阿尔及利亚民主人民共和国、几内亚、马里及其他国家，教学分成三个阶段。小学为六年制，以后各阶段是二年制或三年制，为进入高等学校或从事实际工作做准备。但这些国家还不能保证所有儿童都能入小学义务学校学习。

所有发展中国家的退学率也很高，特别是在小学和不完全中学。拉丁美洲国家情况较好。这些国家的学校制度基本在19世纪末20世纪初形成，那里居民识字的程度比亚洲和非洲的发展中国家要高。但这个地区也有自己的困难：根据经济发展水平，小学的学制为二至六年，容纳的仅是社会上最贫困阶层的人民。小学和中学的教学大纲差别相当大，以致从小学入中学实际上是不可能的。具备完整课程的中学直到目前只招收富有家庭的子女。拉丁美洲的三个较发达的国家（墨西哥、阿根廷、秘鲁）试图在三个衔接阶段的基础上建立标准统一的学校，这些进步的改革暂时还处于初步的实施阶段。至于拉丁美洲的贫困居民（数量很大），他们在大多数情况下被迫只能获得低质量的小学所授予的极少量的知识。此外，在拉丁美洲有许多儿童根本没有可能上学，关于小学义务教育的法令只是形式的，得不到任何保障；初级教育阶段的学生退学率极高。

如果讲到所有获得独立的国家的主要趋势，那就是力图通过逐步改革来统一学校制度，保证学校各阶段的衔接性，并为容纳所有学龄儿童创造条件。但注意的中心暂时是消灭文盲和使儿童受到初等教育。

第四章 社会主义意识形态和资产阶级意识形态在教育学中的斗争

世界资本主义的总危机，工人运动和共产主义运动在理论和实践上的成就，使资本主义和社会主义的阶级斗争日益尖锐。这在思想领域中表现为马列主义意识形态和资产阶级意识形态斗争的尖锐化，极端低劣的形式是反共产主义。

列宁强调，资本主义"并不马上灭亡，而且它愈接近死亡，就愈加疯狂地进行反抗……"①

在当代世界中，在科技进步和科学知识在社会生活、经济生活和精神生活中的作用迅速增长的条件下，人的教育问题被提到了思想斗争的前列。

马列主义教育学的教育目的和任务

马列主义教育思想产生于19世纪后半期。马克思和恩格斯在《共产党宣言》中已经形成了关于教育的阶级性学说，揭穿了资产阶级关于学

---

① 列宁：《在国民经济委员会第一次代表大会上的演说（1918年5月26日）》，见《列宁选集》第三卷，572页，北京，人民出版社，1972。

校"中立"和"不参与政治"的谎言，并提出了无产阶级在年青一代教育方面的一系列要求。

之后，马克思在《临时委员会就若干问题给代表的指示》一文中提出了关于在资本主义社会条件下工人阶级子女的教育目的和任务问题，强调了必须使教学与生产劳动相结合，必须组织三个方面的教育：智育、体育和综合技术教育。

马克思的结论是："把有报酬的生产劳动、智育、体育和综合技术教育结合起来，就会把工人阶级提高到比贵族和资产阶级高得多的水平。"[1]

在《共产主义原则》一文中，恩格斯分析了在彻底消除生产资料私有制的社会主义社会里年青一代的教育问题："教育可使年轻人很快就能够熟悉整个生产系统，它可使他们根据社会的需要或他们自己的爱好，轮流从一个生产部门转到另一个生产部门。因此，教育就会使他们摆脱现代这种分工为每个人造成的片面性。这样一来，根据共产主义原则组织起来的社会，将使自己的成员能够全面地发挥他们各方面的才能。"[2]

马克思和恩格斯制定了关于共产主义教育目的和任务的基本原则，它们反映在人的全面发展和教学与生产劳动相结合的思想中。

列宁和克鲁普斯卡娅的著作提出了共产主义教育的目的和任务。列宁多次强调，在资本主义国家，学校曾经是且现在仍然是资产阶级统治的工具，它渗透了等级的、资产阶级的精神。在俄国无产阶级革命胜利后，摆在学校面前的任务是将自己从资产阶级阶级统治的工具转变为对社会进行共产主义改造的工具。

---

①《马克思恩格斯全集》第十六卷，218页，北京，人民出版社，1964。
②《马克思恩格斯全集》第四卷，370～371页，北京，人民出版社，1958。

列宁在《青年团的任务》一文中完整地指出了共产主义教育的目的和任务。1920年列宁在俄国共青团第三次全国代表大会上演说时对青年提出，教育的主要目的是培养共产主义社会的建设者。他在叙述许多具体任务时解释了这个总目的。这些具体任务是：掌握"人类创造的全部知识财富"的智力或精神发展，培养共产主义道德的道德教育，与工农共同劳动的劳动教育，掌握现代技术，等等。

在《论综合技术教育（对娜捷施达·康斯坦丁诺夫娜的提纲的评述）》一文中，列宁更详细地阐述了苏维埃学校综合技术教育的任务。

以马克思、恩格斯、列宁的学说为指导，马列主义教育学提出共产主义教育的目的是培养全面发展的人，培养共产主义社会的积极建设者。

共产主义教育的任务反映在年青一代的思想政治教育、智育、德育、体育、美育、综合技术教育和劳动教育的整体中。

苏共纲领提出了下列教育任务：形成科学世界观；实行劳动教育；确立共产主义道德；发展无产阶级国际主义和社会主义爱国主义；全面而和谐地发展人的个性；克服人们意识和行为中的资本主义残余；揭露资产阶级意识形态。它们把党纲的每一个论点都具体化了，并指出了它们体现在教育工作体系中的现实途径。共产主义道德的标准在共产主义建设者道德规范的要求中得到说明。人的个性的全面而和谐的发展要求培养精神丰富、道德纯洁和身体完美的新人。建立在教学和教育与生活和生产劳动相联系的基础上的国民教育制度，有助于培养共产主义社会全面发展的成员，有助于解决一个最重要的社会问题——消灭体力劳动和脑力劳动的根本差别。

苏联宪法第二十条发展了马列主义教育学的基本原则，它提出："根据'每个人的自由发展是一切人的自由发展的条件'这一共产主义理想，国家提出的目标是：扩大现实的可能以使公民运用自己的创造力、才能和禀赋，以使个人得到全面发展。"

德意志民主共和国教育科学院院长格哈尔特·诺内尔在其《社会主义普通教育的理论问题》一书中明确地提出了社会主义国家面临的教育目的和任务："培养社会主义的人是社会主义社会的总任务……社会中客观存在着的使所有社会成员都能得到全面发展的必要性，只有当工人阶级及其同盟者用革命斗争的方式消灭了资本主义的剥削和由它引起的人的片面发展时，才能成为现实。"[①]

关于人的全面而和谐发展的思想驳斥了资产阶级教育家关于在社会主义制度下在对学校和教育的统一要求范围内忽视个人的个性品质的臆测。[②]相反，社会主义学校要求表现和发展个人的一切才能和志向，并为此创造必要的条件，不仅保证能自由地选择生活道路，而且有可能按照社会的需要或自己的志向从一个生产部门转到另一个生产部门，正如恩格斯预见到的一样。

社会主义教育观点的"教育—政治"和"心理—教育"的基本原则具有统一性：社会主义国家根据马列主义教育学的目的和任务发展教育。

资产阶级教育学的教育目的和任务

19世纪末到20世纪初产生了无数资产阶级教育理论和观点，其目的是抵制马列主义教育思想的影响，阻挡它们的传播和实际运用。

资产阶级教育学的教育目的和任务不像马列主义教育学那样提得清楚和明确。在阶级社会中不可能对属于不同社会集团的儿童有统一的教

---

① 格哈尔特·诺内尔：《社会主义普通教育的理论问题》，16、24页，莫斯科，1975。
② 见此书（《比较教育学》）第三章。

育目的和任务。因此无数资产阶级教育理论和概念，或是避免清楚地提出教育目的和任务问题，或是使它们具有不负任何责任的宣言的形式。

如近年来宣传抽象的人道主义、"对亲人普遍的爱"的教育思想。个性被看作是一种个体，它按照其自己内在的规律发展，与社会经济条件无关。在这种情况下，教育的目的反映了主观唯心主义地看待个性，把它作为独一无二的主体，需要从各种"权威的学说"和"思想观念"中解放出来。这种教育任务应当由新的"人道主义"的学校来完成，在那里每个儿童都有可能在"个性自我表现的充分自由"的条件下得到发展。这些教育思想在对抗性社会中显然是毫无根据的。

尽管资产阶级教育学把各种极为多样的思想理解为当代社会的教育目的，但是可以找到某些共同的观点，用"教育机会均等""选择自由""儿童在个人能力基础上的自由发展"等原则来蒙蔽人。实际上，虽然从未公开承认过，但资本主义国家学校具有完全明确的目的：为富有集团创造最优越的教育和发展条件，而基本劳动群众的教育仅限于资本主义生产所必需的实利主义的实际训练。在"自由选择教育途径"的幌子下，远在学校期间就实行社会筛选①，这表现为不同社会阶层所受教育的质量不同。同时教育目的可以有不同正式的提法：培养抽象的人道主义和全人类的理想，个性的"自我实现"和"自我表现"，每个人在受教育的途径和生活方式上的自由选择，学校和社会以外的个人自学，等等。所有被称为教育目的的学说主要是变化着运用"个性"和"自由"等字眼，说明资产阶级教育学的极端个人主义，与社会主义教育学的集体主义相对立。

---

① 筛选——在教育过程中意味着在确定学生才能和智能潜力的基础上对他们进行选拔；事实上在资产阶级学校，筛选不可避免地具有阶级性，并导致按社会阶层把儿童分成班和组。

当代资产阶级教育学的多种流派

资产阶级意识形态的危机，其中包括资产阶级教育学的危机，表现在它不能给教育现象以真正科学的理论，不能维护和巩固资产阶级教育学的过了时的价值和发达资本主义国家建立教育制度的原则，不能回答当代世界中教学和教育的任务、内容、方式和方法等基本问题，不能对社会主义学校和教育学做出有说服力的否定。

当代资产阶级教育理论是在意识形态的斗争剧烈尖锐化的条件下形成的。它的主要目的是巩固国家垄断资本在年青一代教育领域中的地位，抵制马列主义教育理论的影响，阻止进步的教育思想。学校既是世界社会主义和资本主义体系之间，也是各个资本主义国家之间经济和政治竞争的日益重要的因素。这一切迫使资产阶级思想家寻找对青年施加思想影响的更细微、更隐蔽的方式，对资产阶级教育学的各种主要观点和理论做重大的修改。哲学、政治经济学、社会学、政治学等领域的各种观点和理论扩散到人的生活和活动和社会的各个方面，其中包括教育学和学校。实证论者[①]以主观主义、表面经验主义的观点评价教育现象，促使了资产阶级教育学所谓多元论理论的繁荣，这种理论允许同时存在各种最不同的，甚至是完全相反的对教育过程和现象的解释。

多元论[②]排除了用科学的观点评价社会教育过程的可能性。按照资

[①] 实证论：哲学上唯心主义的一种，在19世纪颇为流行（以康德、米勒、斯宾塞为代表）。它建立在"正面的"（实证的）经验基础上。实证论者把这种经验理解为不反映客观现实的主观感觉或观念的总和。产生于20世纪20年代至30年代的新实证论称自己为"逻辑的实证论"，认为哲学的对象不是研究自然界和社会的规律，而是科学的逻辑结构及其语言。在教育的含义上，实证论和新实证论追求"阶级和谐"，认为学校中研究的首要对象是自然科学的逻辑结构，否认社会学科对认识社会发展规律的意义。

[②] 多元论认为同时可能存在许多独立的精神观念、实体，其中每一个都有生存权。

产阶级教育学思想家的说法，多元论似乎反映了所有居民集团的利益。事实上这些理论和观点的不同之处首先在于用来解决使资产阶级教育学和教学教育机构适应具体历史、政治、经济和民族条件这个任务的途径、手段和方法的不同。

分析资产阶级教育理论，表明它们基本上按哲学、心理—教育和社会学这三个派别发展。应当说明，把资产阶级教育学分成这几个派别是相对的，仅仅是为了指出每一学派的理论出发点。实际上，特别在当前，它们常常交织在一起，以不同派别的具体观点结合在一起的形式出现。

教育学中的哲学流派

20世纪初，在资产阶级哲学中出现了主观唯心主义的学派，为某些教育理论的形成提供了肥沃的土壤。

列宁在《唯心主义和经验批判主义》这一哲学著作中，深刻地分析了哲学中的主要学派和派别以及20世纪初唯物主义和唯心主义斗争的主要方面。列宁著作中的许多重要论述是研究和评价教育思想和教育领域思想斗争的钥匙。

哲学唯心主义——垄断资产阶级的思想基础。它是资产阶级教育理论形成的根源，在几十年间对资本主义国家的教育理论和实践起了重要的影响。在这个意义上，大约在19世纪下半期至20世纪初期出现的实证主义教育学等一些教育流派的发展很有典型性。

实证论的一个最著名的代表人物是哲学家、社会学家和教育家赫伯特·斯宾塞（1820—1903）。作为一个实证主义哲学家，他否认有可能科学地认识世界和科学知识的体系，而作为一个社会学家，他主张有必要保存在资本主义制度下形成的社会关系的结构。斯宾塞完全同意实证论和资产阶级社会学的学说，并形成了自己的教育思想：学校的教学不能也不应当建立在科学知识体系的基础上；学校应当给大多数学生以实利主义①的实际训练；学校的主要目的应当是教育人去适应现有的社会条件；整个教育制度应当提醒学生已形成的资产阶级关系是不可动摇的，每一个阶级和阶层应当在这种条件下占据历史规定给他们的位置。

美国的所谓进步教育学产生于19世纪末期，是和斯宾塞学说在同样的思想观点上发展起来的，但是它在教育上大大加强了发展"个人创造性"和"自由企业家活动"的精神。按照"进步主义"教育家的观点，儿童志向的自生②表现应当决定教育过程的性质，而教育的任务就在于尽力促使儿童个人能力的发展。它从斯宾塞的学说中借用了人对生活个别适应的思想，它首先对美国和英国教育思想的发展给予了巨大的影响，并成为形成儿童中心论③原则的基础。

资产阶级教育学的下一个发展阶段是实用主义④教育学，著名的实用主义哲学家和教育家约翰·杜威（1859—1952）详细地阐发了它的理论和实践。在教育方面发展"进步主义"和"实用主义"的观点时，杜威加强了教育领域中儿童中心论的根本观点，并提出了所谓的工具教育学的理论。实用主义关于主观经验是认识的唯一源泉的基本理论前提被他转用到教育学领域。工具教育学把教育看作是一个能促使儿童的个人品质最大限度地表现的过程，儿童成为教育过程的中心和主体，由此得出必须在儿童的自生兴趣和个人经验基础上组织教学的想法。儿童的游戏和劳动活动代替了学习。这里儿童的每一个动作成为发现的工具和

---

① 实利主义：实际上有利的；在教育学上意味着教学只使儿童能获得将来实际工作中需要的那些知识、技能和技巧。

② 自生：不受外来影响而产生的；在这里指的是受儿童内心世界和年龄制约的兴趣和志向的表现。

③ 儿童中心论：资产阶级教育学和心理学的一个原则，认为教育过程应当以儿童本身的自生兴趣、愿望和志向为出发点（儿童是教育过程的中心）。

④ 实用主义：主观唯心主义哲学，对资产阶级教育学有很大影响；它认为主观经验是真理的标准，而客观现实世界是不可能认识的。这种思想导致否认学校中的系统科学教育，并认为教育过程是"儿童个人经验的改造"。

获得真理的手段。按照杜威的说法，教育是"儿童经验的重建或改造"，即丰富儿童积累的经验是比传授给他们系统的知识更重要的任务。杜威提出了用教育制度"调和阶级利益"的理论，这个理论继承并发展了斯宾塞的教育社会学的学说。

在20世纪五六十年代，实用主义教育学遭到许多资产阶级教育家的批评，他们认为，它降低了学生的知识水平。但是这个批评没有动摇实用主义教育学的主要观点和儿童中心论的原则，而仅仅是有了一些变体①并使实用主义教育学适应当代的条件。

以儿童个性的天生品质、自生兴趣和个人经验的理论为基础组织教学的思想仍有影响，仍然存在不可能和不需要给所有儿童统一的、科学的普通教育训练这一基本思想。实用主义教育学为适应变化着的条件仅仅改变了几个术语。例如，几乎不用"儿童中心论"这一名词了，虽然它在教学实践的具体形式中仍在起作用。

不可知论②，即认为不可能客观认识周围世界的规律，现在由于科技进步的发展不可能太公开地被宣扬，但仍具体体现在对社会上层和劳动人民子女提供不同质量的教育上。在资产阶级教育学中广泛流传的儿童本性遗传决定论，以及关于其天生的、基本上无法改变的才能的理论来源于实用主义教育学的基本观点，并影响教学组织的具体形式。近年来这些观点渗入社会学，并为研究当代心理学和社会学的教育论点效劳。

现代存在主义③也影响学校和教育过程。存在主义者认为，对教育

---

① 变体：变态，形状的改变；这里指的是概念（术语、论据）在形式上的一些变化，但没有根本改变其原来的实质。

② 不可知论：唯心主义的哲学流派，否认客观世界的可认识性和真理的客观性。

③ 存在主义：现代资产阶级哲学的一个主观唯心主义的流派（存在哲学），宣传道德无目的性，革命斗争的无效性，夸大反映在混乱的"意识流"中的人的内部感觉的作用；运用到教育学上，认为获得系统的科学知识是无用的和无目的的；对学生来说自己的感觉和"自我实现"自己的个性比按规程组织教学过程更重要。

讲系统性和科学性、讲统一的要求是无益的，甚至是有害的。他们认为当代学校有"强制性"，阻碍"个体的自由发展"；教育和学校只应当为每个人的个性的"自我表现和自我实现"创造条件，这种个性是不重复的，是独一无二的；对个人来说更重要的是"意识流"，即自己的感觉和体验，由此形成着即使是混乱的和偶然的，但是是自己的、"个人"的对世界的评价。在存在主义的理论中有一个明显的企图，即把个人与其社会联系和关系分隔开，造成这样一种局面：个人从自己本身的"我"、从自己的感觉和自己的主观经验出发，评价与社会复杂的相互关系，并反映社会形势的性质本身。

新托马斯主义①对当代资产阶级教育学有很大的影响。新托马斯主义的思想家使哲学为宗教服务。在思想斗争十分尖锐、自然科学取得巨大成就的时期，思想上的反动势力日益难以利用旧的、长期以来有效的影响劳动群众的手段——宗教。这也在一定程度上决定了新托马斯主义的出现，它是当代天主教会的一个正式哲学教义。

新托马斯主义的思想家断言，信仰和科学知识并不互相排斥，而是互相补充，是上帝给真理的两个源泉。同时他们宣称，信仰的源泉是"超理性"的真理，只能用"神的启示"来认识它们。这些"抽象的"真理来自上帝，因此它们高于理性的真理。新托马斯主义者的社会学说宣称私有财产权是永恒的，是上帝安排好的制度；这个思想被广泛用来引诱劳动人民脱离争取平等、争取合理的社会制度的斗争。

---

① 新托马斯主义："托马斯主义"概念的当代变种，是中世纪神学家托马斯·阿奎那的学说（13世纪）。出自拉丁文托马斯（福马）。托马斯·阿奎那企图把天主教的宗教假设与当时的科学知识结合起来。后来托马斯主义的影响有些减弱；19世纪末在新托马斯主义的名称下复活并被宣布为天主教会的正式教义；新托马斯主义同样企图从宗教的角度来解释当代科学。新托马斯主义视道德教育为自我完善和靠近上帝——人类道德理想的化身——的过程；对教育和教学过程有一定的影响，特别是在天主教学校里。

在资产阶级世界里，教会和垄断组织联系紧密。天主教和其他宗教派别一样，渗入社会生活的一切领域，包括学校在内。学校的教学有按新托马斯主义哲学的基本观点来安排的趋势。新托马斯主义教育学不仅是教会学校和宗教的[①]学校的独有的理论基础，而且也影响世俗的资产阶级教育理论和观点。

宗教对资本主义国家的学校和教育思想的过去和现在都有影响。在现在的条件下，它改变了自己影响青年的办法。新托马斯主义者用蛊惑性的、承认科学的声明，以批评资本主义和资产阶级教学和教育制度的个别弊病作为掩护，隐瞒自己真正的目的，并顽固地用中世纪关于上帝、超理性、人的罪孽、神的启示、基督的仁慈、世界基督教社团等教义来影响青年。新托马斯主义教育学规定基督教的教育目的是完善世上的人并使人靠拢上帝，因为上帝是道德思想和世界理性的化身。宗教和新托马斯主义最重视资产阶级社会的公民教育和道德教育问题。新托马斯主义教育学宣传要培养"永恒的"和"超阶级的"美德——诚实、仁慈、爱人、忍耐、自我牺牲等。

社会发展的规律必然使教会和学校的联系因生活本身、科技进步，以及资本主义国家的共产党和工人党、进步的青年组织和先进的社会团体为国民教育制度的民主化和世俗化所做的斗争而破裂。

列宁阐述了资本主义国家中正在发生着的这一过程："现代的觉悟工人，受到了大工厂工业的教育和城市生活的启发，轻蔑地抛弃了宗教偏见……"[②]

教育学中的心理教育学派

除了"进步"教育学，特别是实用主义教育学的发展外，还可以看

[①] 宗教的：一种原则，根据这种原则为有某一种宗教信仰（天主教、新教、伊斯兰教等）的儿童建立学校。

[②] 列宁：《社会主义和宗教》，《列宁全集》第10卷，63页，北京，人民出版社，1958。

到有一种把教育学从哲学中"解放"出来,使教育学的研究具有自主性,初看起来独立于各种哲学体系之外的倾向。这种倾向导致实验教育学的出现。这个学派的拥护者认为,哲学教育学思想具有过分的理论性和主观性,不从现实的教育情况而从臆断地提出的理论前提出发。随着实验自然科学的发展,实验法开始渗入心理学,后来实验心理学的方法转用到教育学。从此教学和教育问题本身成为实验性研究的对象。[①]实验教育学的最著名的代表人物是德国教育家奥古斯特·莱(1862—1926)和埃尔恩斯特·梅曼(1862—1915)。

实验教育学建立在用多种多样的实验方法来研究儿童的想法上,如问卷、观察、年龄智力测验(比奈测验),研究儿童在各种教育和教学场合的行为。实验教育学的拥护者认为,这些方法可以制定出独特的教育和心理"标准",在此基础上可以科学而客观地组织教学和教育过程。但是莱和梅曼以及他们的追随者的著作主要是许多科学——解剖学、生理学、心理学、精神病理学、教育学中各种知识的综合汇编。在研究中显然对生物因素在儿童发展中的作用评价过高。"实验主义者"未能建立任何合理的理论,没有对自己的观点进行理论性的研究。但实验教育学的个别论点保留下来了,之后被并入其他的一些学说中。

用专门的心理测验测量儿童的心理特点的尝试引起了爱德华·桑戴克(1874—1949)和乌依利扬·基尔帕特里克(1871—1965)的兴趣,并成为广泛发展确定儿童智力才能的心理测验体系的首要基础。实验教育学和许多研究方法进入了心理学流派的圈子里,如儿童学、行为主义[②]。行为主义(行为的理论)的创始人桑戴克制定了测量儿童智力发

---

① 《教育学的一般原理》,56~58页,莫斯科,1967。

② 行为主义:心理学中的一派,把研究对象限于人和动物在不同场合中的行为,把这理解为机体对外部刺激的反应的总和(按刺激—反应的公式);行为主义成为制定智力测验体系以确定智力发展系数的基础。

展系数的智力测验体系，它立即与实用主义教育学结合起来；学校成为广泛实现行为主义和儿童中心论原则的最良好的实验基地。实用主义和行为主义的教育理论在许多资本主义国家广为流行，至今仍继续影响着学校。

在20世纪初，弗洛伊德心理学的基础形成，它逐渐渗入教育领域。奥地利医生、精神病学家西格蒙德·弗洛伊德（1856—1939）制定了诊断和治疗精神病的独特方法，在开始时仅限于在精神病学范围内使用。弗洛伊德主义的某些论点传到心理学，使它接近教育学。弗洛伊德主义的实质（用最简单和概括的方式表达）在于肯定天生的生物的和性的本能。下意识与心理"总体"在儿童和人的发展及行为中起决定性作用。弗洛伊德主义认为主要的研究对象是人，是人的生物本能和个人的心理总体，这一点立刻引起了认为个人主义在教育中占首位的资产阶级心理学家和教育学家的注意。

弗洛伊德主义加强了实用主义和行为主义教育学的地位，把精神分析法纳入它们特有的教学教育方法中去。精神分析法竭力避开社会矛盾和冲突，而引导到对自己的感觉、体验和"总体"做自我分析。社会冲突可以被解释为个人的心理"总体"与周围环境的冲突、侵犯和破坏性本能的表现。于是先在儿童的意识中，然后在成年人的意识中发生着不易觉察的变换：尖锐的社会矛盾被归为作为生物体的人所固有的内在矛盾。

在现代条件下，心理学派的观点虽然发生了一些变化，但还未丧失其在教育学中的作用。如在教育过程中用智力测验体系来确定智力发展系数的做法大大减少了。有些国家（英国、日本）即使不是全面地，也在很大范围内开始拒绝使用智力测验体系。但是确定儿童学习能力的制度依旧以改变了的形式存在，观察儿童在掌握知识过程中的进展，并对下一步受哪种类型的教育加以指导。以这样那样的方式继续对儿童进行早期分组，这种分组是以个性心理特征（能预定人在生活中的作用）的研究为依据的。

心理学产生了实验教育学的方法，而实验教育学似乎把教学过程从占统治地位的哲学理论中解放出来，并把这种过程看作是各门关于人的科学知识的综合。

新弗洛伊德学说企图把马克思主义和心理分析结合起来。在新弗洛伊德主义[①]的解释中，社会矛盾和"革命爆发"是矛盾的结果，这些矛盾反映了生物本能的斗争，而不是阶级利益的斗争；似乎精神分析能在广泛范围内揭露社会内部过程的原因。新弗洛伊德主义者在宣传生物本能（性、侵犯、破坏）是社会和个人发展的内在因素时，加强了资产阶级心理学和教育学一系列观点的理论基础，这些观点是以生物因素重于社会因素为基础的。

与扩大教育范围联系紧密的是资产阶级教育学在教学心理学、教学论、教学过程的组织方面的探索。美国学者杰罗姆·布鲁纳制定教学过程的理论属于这一类。布鲁纳把教育学和心理学的一些研究结合起来，得出了可以早年教给儿童科学思想和规律的结论。布鲁纳认为，应当确定所有儿童在学习的初级阶段都能掌握的知识的结构和组成原理。他建议螺旋式地建立教学过程，在螺旋的每一圈上，儿童关于科学结构的基本原理方面的初步知识将得到加深并扩大，直至完全掌握科学规律。为了达到这个目的，布鲁纳制定了一种方法，这种方法是在教学过程中提出问题，儿童在教师的帮助下找到这些问题的答案。[②]布鲁纳批评了实用

---

① 新弗洛伊德主义：弗洛伊德主义的变种。新弗洛伊德主义放弃了弗洛伊德理论的某些荒谬思想，保存了弗洛伊德的基本观点，企图从生物本能活动的立场解释社会现象。弗洛伊德主义和新弗洛伊德主义对资本主义国家青年的观点和行为起了一定的作用。

② 布鲁纳：《教学过程》，莫斯科，1961。

主义和行为主义的基本观点，认为所有儿童从本性来说都有潜力掌握科学知识。布鲁纳的观点没有也不可能被运用到学校实践中去，因为它们与资产阶级教育学的官方立场，即教育的筛选性①和按智力天赋把儿童分组有尖锐的矛盾。

资本主义国家许多组织和专门委员会现在正在探索教学过程的新的组织形式和方法。属于这一类的有美国的数学和物理教学研究委员会，美国的特拉普计划和康南特学校的模式，英国"纳菲尔德基金会"的慈善组织，法国当前改革教育制度的方案等。②所有这些方案和计划不仅保存了教育中的筛选原则，而且大大加强了这个原则。这一点特别表现在康南特的综合学校的模式上。

照康南特的说法，学校的目的是建立坚强的、阶级差别缩小到最低限度的国家。康南特建议按下列原则安排教学计划和大纲：教学时数的一半用于普通教育科目，一半用于选修课。根据资产阶级心理学的资料，天资聪明的学生占总数的15%，而最聪明的占3%。他建议为这15%和3%的学生制定一种充实而宽广的教学大纲，并对知识提出高度的要求，使其他85%没有才能的学生甚至没有选学复杂的学术性选修③课程的愿望。

在一切与组织学校教学过程有关的方案和建议中，可以看到极端个体化④教学的倾向，即采用选择性原则按儿童的兴趣组成灵活的小组，

① 筛选性：是一个原则，在此基础上资本主义国家的学校进行社会选拔。
② 有关这些问题参见：勃·勒·武勒弗松：《当代法国学校》，莫斯科，1970；兹·阿·玛勒科娃：《当代美国学校》，莫斯科，1971；兹·阿·玛勒科娃、勃·勒·武勒弗松：《当代资本主义国家的学校和教育学》，莫斯科，1975；弗·普·拉普钦斯卡娅：《当代英国的普通中学》，莫斯科，1977；等等。
③ 选修：资本主义国家学校中自由选择课程和教学方案的原则。
④ 个体化：教学的极端个别化，建议教师对一个学生或很小的小组里的学生按学生感兴趣的题目进行教学。

自由选择学习和自学的题目和范围，等等。虽然形式上"新"方案不引用实用主义和行为主义的观点，但它们实质上是19世纪末20世纪初传统资产阶级教育学的所有主要思想的复杂交错和进一步发展。

教育学中的社会学派

教育社会学在一定程度上用了赫伯特·斯宾塞和艾米尔·杜克凯姆（1858—1917）关于教育的社会学说。教育社会学的目的在于调和阶级利益，建立社会"和谐"。在学校中就给孩子灌输国家统一、资本主义制度不可动摇的思想；每一个人应当完成社会上指定给他的任务，不同阶级在物质和精神条件上的不平等对社会平衡来说是不可避免和必要的；每个社会都需要有领导者和执行者，阶级矛盾在民族统一的基础上可以消除。

在当代条件下，资产阶级正统教育理论的许多观点遭到资产阶级哲学家、心理学家和教育学家的批评。因此可以看出有对传统概念做某些变更和修改，除去资产阶级教育学理论中最薄弱和易受攻击之点的倾向，以便使整个教育和教学制度从属于国家垄断资本主义。这种从属的最终目的是对个人的操纵，即控制人们的思想和行动，寻求使教育制度服从垄断资产阶级社会的新需求，探索培养忠诚公民的途径、手段和方法。

从20世纪60年代末开始，资本主义国家垄断资本主义对学校和校外教育制度，对培养年青一代能符合资产阶级利益，对普通学校、职业学校和高等学校学生的政治教育的影响加强了，出现了教育科学政治化。教育学与资本主义的总体联系成一体，并成为稳定资产阶级社会的重要思想工具。所有这一切促使资产阶级教育学社会学化，并大大扩大了对教学和教育问题进行的具体社会学方面的研究。

教育学的社会学观点逐步吸取了许多哲学和心理教育流派的思想。分析教育的社会学理论表明了现阶段教育思想发展的主要观点，并证实了资产阶级意识形态和教育学的危机在继续深化。

建立专门的机构和协会——美国社会学协会中的教育社会学部（1960），在美国、英国、德意志联邦共和国等国的科研机构和综合大学里设立研究部和实验室，出版专门的杂志《教育社会学》（美国），等等，说明了当代资产阶级教育学中社会学派的地位和作用扩大了。

教育学中的社会学派大大扩大了自己的范围，教育问题、教育状况和社会生产效率之间的规律和联系成为各国大规模进行比较研究的对象。

教育学中的社会学派探讨并确定社会对教育的要求，探索实现这些要求的最适宜的途径；研究社会因素对教育的作用以及教学和教育实践对社会进程、对教育经济效果的反作用；研究实现所谓教育"机会均等"的途径，教育与社会层次①的联系及"智力才能"或"学术才能"的问题；发现和教育天才和有才能的儿童，把各社会阶层的儿童分入各种类型的学校；研究社会环境对学生在学校中成绩的影响，在院子里、街上、企业中自发形成儿童集体的条件，其类型、活动内容、生活准则及掌握这个教育因素的可能性；研究选择职业的问题及青年就业等问题。

这个学派特别重视个人在社会中的作用问题。在当代社会学研究中，"社会作用"的概念占有中心地位。德意志联邦共和国社会学家达伦多夫在《人类社会学》一书中写道："一定立场的人所特有的一定行为符合他的立场，一定的社会作用符合每一个人的社会地位。一个人是他生活在其中的那个社会所创作的剧本中的角色。随着地位的变化，社会给他们新的作用。"教育科学面临的任务是帮助个人在社会发展的相应阶段采取这样或那样的社会立场。

---

① 层次：在地质学中是层理、沉积、限于平行面的沉积岩层，在教育学中则是在教育制度内按社会阶层分配学生。

资产阶级社会学家转而注意社会因素对学校、对年青一代的教育的作用问题，注意教育和教学实践对社会发展的反作用问题，这促使产生了有关改革学校及其教学教育方法，有关学校与其他社会设施的联系（学校与生产、学校与社团、学校与都市集中化、学校与欧洲共同体、学校与阶级斗争、学校与民族、学校与劳动青年的社会化、学校与各种社会集团对它的影响、学校与"冲突"理论等）的教育理论。

第二次世界大战结束至20世纪50年代中期，资产阶级教育学吹嘘帝国主义时期以前的往事，吹嘘"西方的"传统，企图引导青年脱离现实，不去思考前不久的事情，脱离民主改革斗争。

20世纪50年代，一些经济理论广为流行：所谓财产的"分散"，收入的"管理"和"革命"，资本的"民主化"等理论。在这些论调的基础上形成了"人民资本主义"的说法。与之有联系的是"普遍富裕的国家"的观点，资本的"转化"，向"民主的"或"人道主义的"社会主义过渡等的改良主义理论。这一切都反映在社会伙伴教育学（特·威廉等）中。

社会"和谐化""社会伙伴"的理论将实证论和实用主义的某些论点运用到学校中，它提倡用阶级友好、"阶级利益调和"的精神来教育儿童（约翰·杜威）。学校应当成为阶级调和的工具，应当培养儿童这样的思想：各个阶级的存在是不可避免的，每一个阶级将在新的、"和谐的社会"中完成自己的历史使命。

在20世纪60年代的资产阶级意识形态中出现了统一的工业化社会的理论。盲目崇拜科技革命及其在当代社会里对培养走向生活的人的影响，使科学与技术脱离世界上带根本性的社会和政治改革而绝对化，这些思想使资产阶级教育学的思想家们用技术至上的眼光来解决教育和教学问题。在教育文献中出现了把教育变为"工业部门"，把学校变为"巨大的工业生产"，把学生变为"技术统治的人"的思想。"教学工艺学"用最新技术手段使教学过程合理化；"行为工艺学"用社会技术的方法使"行为变异";"行为程序化"用合理的思维控制社会生活和个人的行为，等等。所有这些归根结底反映了统治阶级的经济利益和政治利益，培养资本主义社会的被驯服的执行者。

从20世纪70年代初开始，技术统治的理论由于没有完成社会的要求，即把学校和社会从尖锐的矛盾中解脱出来，开始遭到批评。人们提出了暂停甚至取消教育改革的建议；"人道主义教育"、培养"自由的个性"、"个性的自我实现"、教学和教育过程"个别化"、"获得自由的教育"、"反权威教育"等思想广为流行。

尽管这些理论在名称和内容上有些不同，但它们都有共同的目的：维护现代资本主义社会的基础；尽可能缓和帝国主义尖锐的社会冲突；脱离占统治地位的生产关系，只用社会的技术发展水平来解释当代"后工业化社会"的性质；宣称无产阶级丧失了作为资本掘墓人的历史使命，而学者、工程师及其他专家在社会中起领导作用；阶级差别和矛盾可以被冲刷并逐步消失，意识形态会消亡；等等。

上述理论企图对社会发展给以"科学""客观"的解释，并用技术经济的观点评价社会过程，包括教育和教学问题。在当代技术基础上的经济发展要求迅速增加有文化、有技术的干部的数量。同时，资产阶级思想家认为，培养干部问题是"当代发达的工业化社会"的一个基本问题。

在某些教育理论家的著作中，"当代工业化社会"被说成是"教育的社会"和"学习的社会"。例如，德意志联邦共和国教育社会学家赫福格特提出工业化社会的科学技术、政治、社会和文化发展直接取决于教育问题的解决情况。在学校的围墙内应当对人们的差别做"社会拉平"，而这些差别在当代社会中似乎仅仅表现在教育和文化上的不同水平。"后工业化社会"的思想家们对学校的结构、对确定各种类型学校的任务、对教学内容和方法给予很大的影响。同时他们企图证明，国民教育中的进步和民主只有在资本主义社会制度的条件下才能得到保证。

"后工业化社会"的教育理论直接为思想斗争的任务服务，这种斗争首先是反对社会主义国家向年青一代进行共产主义教育的理论，在"后工业化社会"的理论上建立了各种形式的趋同理论。

资产阶级的趋同理论断言，在历史发展的进程中，由于科学技术革命的急剧进展，资本主义和社会主义的经济和社会体系在所有工业化国家中似乎是按汇聚的路线发展，相对地靠近。社会主义和资本主义之间的差别正在逐步消失，它们在"接近"，这似乎能导致产生某种"中间的""完整的"或是"综合的"社会，它将既具备当代资本主义的特征，也具备当代社会主义的特征。

趋同理论的拥护者在教育学领域千方百计地证明资本主义和社会主义国家教育制度的"相同"：义务教育年限的延长，不完全和完全中等教育的扩大，大学生数量的增长，社会的智力化，大众性文化的发展。在这样的条件下开始响起"哲学衰落了"，甚至"哲学完结了"，社会意识"非意识形态化"的叫声。他们认为科学技术进步要求以结构来代替意识形态，这种结构是脱离了阶级立场和评价性判断的。这种论调开始大吹大擂，要求把教育学从哲学中"解放"出来，使教育学非意识形态化，使它具有独立性。

有些资产阶级教育学理论家断言，教育学的基本哲学问题在过去已经解决了，现在没有必要重复伟大哲学家的思想（康南特）。另一些人则否认哲学对教育学理论的意义，认为教育理论应当取消思想意识的方向性，它只要和自然科学看齐，就能成为"真正的科学"。因此，企图仅从教学和教育过程引出教育学标准的实验教育学的基本观点在某种程度上复活了。

资产阶级思想家宣称"任何意识形态完结了"，企图使人们相信，在当代世界，解决教育问题不应当受社会经济制度和意识形态的制约；企图"冲掉"社会主义社会中教学和教育理论的马列主义基本原理，并找出社会主义和资本主义国家在建立教育制度的原则、实现学校综合技术化的原则、解决教学和教育问题的方法这些方面的共同点（弗·米特尔、奥·安瓦利尔、赫·福格特等）。这个理论的极右分子公开提出，由于思想家和"技术至上论者"之间的冲突，马列主义教育学不可避免要受到"消耗"，并希望用思想破坏的途径从内部"炸毁"它。

在某些情况下，教育学非意识形态化的理论反映出对唯心主义哲学的抗议，后者不能合理解决年青一代的教学和教育问题。但是，非意识形态化的观点也经不起时间的考验，在资本主义国家开始响起了加强思想工作的呼声。德意志联邦共和国企业主联盟首脑组织领导人奥托·阿·弗里德里克就说到"意识形态化的复兴时代"，必须"对时间的要求做出新的回答"。

他们公开强调转向加强帝国主义学校政策的思想基础。有利于社会主义的力量对比变化、社会主义国家在发展教育中的成就、资产阶级教育理论的破产，这些都加深了资产阶级教育学的危机并迫使它的思想家们修改教育理论。

有关人和社会相互关系的一个最流行的理论是个人的社会化理论：个人积极参与资本主义生活方式，使个人适应现存的社会制度，即把受教育者引入在社会上占统治地位的意识形态以及经济和道德的标准、原则和信念中去；根据个人所从属的一定的社会阶级和阶层，来训练他扮演社会的角色。

在当代资产阶级教育学中，对社会化过程没有统一的理解。兰顿（美国）给社会化下的定义是"掌握相应社会集团和社会的关系体系和行为标准的过程"；顿诺兹（英国）把社会化看作是"研究自己社会的物质、风俗、生活方式"的过程；尔·达伦多夫（德意志联邦共和国）谈到必须根据每个人在社会中占有的"社会地位"训练他扮演"一定的社会角色"；等等。但大多数资产阶级理论家的共同点是把社会与个人对立起来，把研究"社会角色"与当前的社会经济的特点分开，不承认人的物质生产活动是个人的形成和发展的决定性因素。"社会角色"的理论在资产阶级教育学中与冲突的理论和引导学生进入当代劳动世界的理论联系紧密。

帝国主义的西欧整体化也反映在教育学领域，其中包括欧洲教育的理论。教育的主要任务是从道德上、政治上和思想上培养西欧的，首先是德意志联邦共和国的青年用一切斗争手段反对共产主义。"欧洲教育"否认阶级斗争，把有关空想的没有阶级矛盾的社会、在"超国家"范围内伙伴友好相处的社会的概念强加给青年（欧洲是没有民族界限的"超国家生活"的理想）。"欧洲教育"的任务和性质随着欧洲经济共同体及其个别成员国，特别是德意志联邦共和国的具体条件和任务而变化。

由于想从理论上来说明改变现有的社会制度和教育制度的可能性和途径，许多改良主义的、资产阶级和小资产阶级的理论产生了，其中包括社会批评教育学。

社会批评教育学鼓吹新的社会关系，鼓吹通过改良的途径使所有人的教育和发展机会均等。社会批评教育学批评资本主义社会制度和权威的学校制度中最薄弱的方面，即教育机会不均等，学校中缺少使人的个性得到自由发展的必要条件，压制儿童的意志、创造性和兴趣，学校和家庭中有残酷的惩罚，以及学校改革的模式，同时企图加速教育理论适应当代条件的进程，更有效地反对马列主义教育学和社会主义学校实践。而且，社会批评教育学的代表人物妄图从"普遍理性"的立场充当"普遍的人道和公正"的喉舌的角色，有时甚至蛊惑性地运用马克思主义的术语。

尽管批评教育学在一定程度上强调社会和政治因素在教育中的作用，但它从个人主义的立场出发，不超出资产阶级的个体化教育学的范围，把教育说成是发展"自我判断""解放""独立性""创造性思想""政治上成熟性""批判性意识"的能力等。这种以儿童自由发展的思想为基础的解放教育被认为是建立未来社会主义社会的手段。社会批评教育学认为政治教育是进行这种教育的最重要的途径，通过它，人应当"认识对自己有益的真理"，"学会从普遍理性的立场合理地改进社会"。

资产阶级社会的各个阶级和阶层的代表们追随社会批评的流派。资产阶级激进主义的代表们（克·莫伦豪尔、弗·克拉夫基、格布兰克尔茨等）强调每个人只有通过发展他的批评性意识才能获得解放，坚决摒弃用革命的途径改造社会，摒弃马列主义教育学，指责它轻视个人的培养，用集体压个人，把个人溶化在集体中，不能完成人的全面发展的任务。

这样一些教育家，如阿·斯·内尔（英国）、伊·伊利希（美国）、普·弗雷尔（巴西）、伊·贝克，赫·盖姆、弗·亨利、姆·克莱蒙斯、格缪勒、姆·福格尔等人，以及所谓佐林根市（德意志联邦共和国）的倡议小组的支持者们代表了小资产阶级无政府主义的改革流派。①

阿·斯·内尔（1883—1967）是以20世纪20年代学校改革的思想、弗洛伊德和小资产阶级对社会的空想观点的心理分析为基础的。他否认纪律和权威，主张达到"绝对的自由、公正、平等和情谊"。

内尔批评资本主义世界现有的教学和教育制度及其权威性，以及教学组织、内容和方法的生硬规定。鼓吹儿童的自然发展，学校应适应儿童的兴趣，为他们在人间创造幸福，消灭人们之间的仇恨。与此同时他把培养个人、个人主义、获得个人幸福与马列主义培养集体和集体主义的理论尖锐地对立起来。

德意志联邦共和国反权威教育学的代表们对国内的教育制度做了尖锐的批评，但没有提出对它进行彻底改变的要求。他们建议通过批判的

---

① 特·弗·亚尔金：《现阶段德意联邦共和国的资产阶级思想》，见《当代资产阶级教育学理论方法论基础的批评》第2册，莫斯科，1974。

学校和政治意识的发展来解放社会，以此消除学校的危机。这种宣称为"政治斗争的理论和实践"的解放教育，其基础是儿童自由发展的思想、教师和学生的具体经验。在教育学中拒绝权威意味着取消权威教育的一切原则和传统——纪律性的措施、惩罚、评价、考试等。但是，解放教育的思想家们走得更远，他们建议取消教育学本身。

个别较进步的代表们看到了解放教育的理论的空想性和反动性。

赫·盖姆在《资产阶级教育学的贫困》（1972）一书中批评资产阶级教育学：它的保守主义落后于当代生产和社会发展的水平，以个人主义方向、技术至上的观点看待教学和教育问题，使年青一代的教育服从现有的国家垄断制度的利益，把教育变为工业领域，企图利用教育扩大利润。盖姆认为，资产阶级教育学想适应现代条件的意图是"虚假的希望"和"幻想"。但是盖姆观点有局限性，有内部的自相矛盾，有时从修正主义的"新马克思主义"流派的立场解决教学和教育问题，使他对资本主义社会条件下教育思想发展的新途径的探索得不到结果。

学校消亡论从逻辑上完结了社会批评教育学的论点，并使之变得荒谬绝伦。由于科学技术的进步对学校提出了许多新的复杂的任务，要求根本改革教育，学校消亡论的代表们从这一点出发，认为解决基本问题是根本不可能的，并建议取消学校和其他教育机构，"冲掉"周围环境中的教学和教育过程，使它失去任何明确的外形，甚至产生了"无墙学校"这个名词。按照这个观点，儿童可以用任何他们能接受的方式来学习，可以从书本、电影、电视、广播、磁带录音那里；在各种行政和文化机构，从所谓指导员，即具有一定的专业知识和技能但不是职业教师的人那里；从学习的伙伴们，即目前对同一个问题感兴趣的一组人那里；从学生求教的教师那里（这种教师的职能仅限于对儿童和少年的活动给以辅导和指引）得到各种知识。因此，每个学生用最吸引他的方式为自己组织教学过程。由于现代人具有获取知识的需求，他就能以他感兴趣和方便的方式来满足这种需求。

《学会生存》（联合国教科文组织，1972）一书中这样来阐述广泛流行的"教育学的个体化"这个名词："现代教育学重视个人，重视他的能力，他的智力结构，他的兴趣、动机和愿望。教育学在这个意义上是个体化了。它认为班组或个人的教育基质起主要作用。根据这个观点，不论教师起了多大的作用，都不再是唯一的积极主动的人物。学生自己，这个受教育的个人，在他自己的教育中日益成为积极主动的人物。"

电视、广播、电影、卫星和其他技术手段应当促使个体化的、班组的教育学发展，并更多地被运用到教育过程中去，就如人类工程学（反映并研究当代世界中人和机器的关系的科学）是沟通人和机器的系统的工艺学一样。

这样一些思想，如无学校的社会，自学、"无墙"学校和"无墙"大学的自修，使学生成为自我教育中心，远不是新的思想。这些在资产阶级教育学中早已熟悉的观点不过是穿上了时装并有了一个新名称。实质上，这是实用主义教育学的观点和儿童中心论原则在当代的变种。但是，这个"新流派"的现代资产阶级代表们大大超过了约翰·杜威，后者并未要求破坏作为社会设施的学校。

与伊利希不同，"新左翼分子"（其中大部分受法兰克福学派①的哲

---

① 法兰克福学派是由小资产阶级自由知识分子的代表们于1930年建立于美因河畔法兰克福大学的社会研究所（领导人马克斯·霍克海默尔，1895—1973），他们（特·弗·阿多诺，弗·波洛克，格·马尔库斯，埃·弗罗姆等）从抽象的人道主义立场出发，批判国家垄断资本主义的许多不良方面，他们没有把工人阶级看作是当代伟大的革命力量，把他们看成是"集成"资本主义的群众，把自己的希望寄托在"有批判思想"的知识分子身上。在自己演变的过程中，法兰克福学派的首领们有时以"极左的"和接近无政府主义的革命主义代言人形象出现（格·马尔库斯），有时以彻底悲观主义的代表者的面目出现（特·阿多诺），有时以改良主义派别的反共产主义者的面目出现。法兰克福学派的观点是所谓的"新马克思主义"的最集中的反映，并不是对现代资本主义的实际否定，而是在反共产主义体系中作为破坏现实社会主义威信的手段。

学、各种修正主义和机会主义、无政府主义左倾思想的影响）蛊惑性地宣称，他们愿意更紧密地联系青年和工人阶级，并借助学校准备社会、政治和精神上的变革。如佐林根市教育界的倡议小组制定了工人子女学校的方案——学校合作社（方案公布于1972年，标题是"没有阶级障碍的学校"），作为对现有学校制度的否定。

学校合作社的方案要求：取消资产阶级对教育的垄断，并以阶级团结和自我决定的精神教育儿童；确立学校和生活的紧密联系；使教学过程由传授知识的工具变为社会化的过程；取消固定的教学计划和大纲；制定能保证理论和实践、学校和生产的经常联系，反映工人阶级直接利益的教学方案；积极支持学生的革命化；为消除社会等级的形成创造条件；克服教师和学生间的传统的关系和矛盾；吸引家长和社会参与学校事宜；实行全学日制；在反权威教育的基础上组织教学教育工作。

学校的佐林根模式倡议者们尖锐地批评资本主义阶级社会中学校和社会教学的反人道实质，但他们的学校大纲脱离现实条件，它是空想的、不可能实现的。

社会批评教育学事实上对所有的教育基本问题都做了批评性的分析，如教学和教育的目的、任务、内容、组织形式和方法，学校教育制度，等等。但是，社会批评教育学的代表们的小资产阶级和修正主义立场、他们观点的不彻底性和矛盾性使他们不能正确地解释教育和社会问题。他们把教育看成是个人和社会的解放和民主化的最重要手段，他们要求先解放个人，然后解放社会。他们使教学和教育问题服从于解放的思想，不去解决教育问题本身，而以社会政治问题代替教育问题。他们企图用趋同思想构成一个解决全人类的教育和发展问题的普遍途径，他们鼓吹"解除"社会主义教育学的思想"武装"。

近年来，解放的教育思想与资本主义国家的官方学校政策及占统治地位的资产阶级教育理论日益明显地相互靠近。

资产阶级教育学的反共产主义方向

意识形态斗争的尖锐化使反共产主义的观点加强并积极活动，它反映在教育理论的各个方面。

来自资产阶级哲学流派（实证论、实用主义、存在主义等）各种观点的教育理论具有共同的基础——主观唯心主义。对哲学的根本问题——思维与存在、意识与物质的关系问题和认识论问题，主观唯心主义是从与科学共产主义根本对立的立场来解决的。在主观唯心主义的轨道上发展起来的教育理论对主观唯心主义的基本观点做出独特的解释，并使它们适合于资本主义国家的教育理论和实践，否认科学知识体系的必要性，把儿童个人及其自生兴趣作为教育过程的中心，肯定自然界和社会的发展规律是不可认识的论点。

因此，哲学唯心主义学派的教育学的所有基本原理是与马列主义教育理论思想尖锐对立的。资产阶级教育学散播唯心主义哲学的恶劣反动观点，并把它们渗透到教学过程中去，这就为反共产主义做积极的辩护和宣传。

心理教育学派（实验教育学、行为主义、弗洛伊德主义、教学论观点的现代论据）也有同样这些特点。心理教育学派主要宣扬生物因素，即个人的天生品质、本能、固有的内在意向、天生的兴趣在儿童发展中起主导作用。心理教育学派在把人的心理归结为独特的、独立自存的东西时，常常把庸俗的唯物主义和主观唯心主义结合起来，使意识脱离现实，把现实与社会条件分开，这都与历史唯物主义和辩证唯物主义关于人是社会和自然界发展的产物这一主要论点矛盾。心理教育学派在资产阶级教育学中的观点同样必然导致积极的反共产主义立场。此外，不能不看到教育理论中的折中主义加强了，它们相互交织、相互渗透，这再一次证明了当代资产阶级教育学观点的研究缺乏任何统一的理论基础。

反共产主义的方向最鲜明而清楚的表现是在社会学派的教育理论中。趋同、社会竞争、"东方教育学"的理论以及解放教育学、批评教育学都公开用自己的思想阵地宣扬反共产主义。

在当前的条件下，帝国主义资产阶级把东西方之间竞争的思想提到首位，进行心理战、思想战，妄想通过它来削弱共产主义对群众的吸引力，企图用"腐蚀""静悄悄的革命""架桥"来进入社会主义世界，来"制止共产主义"，"从内部冲掉它、炸毁它"。

美国、德意志联邦共和国和许多其他的资本主义国家建立了培养政治观点的体系，这个体系从学校开始，通过职业教育、高等学校和军队，直至利用青年组织、教会、文学、艺术等施加经常性的影响。

德意志联邦共和国、美国和其他资本主义国家有大量的研究共产主义的中心，大量设在大学和高等师范学校进行比较教育研究的科研机构，包括教研室、组和实验室，其中很大一部分是研究苏联和欧洲社会主义国家的教学和教育问题。在德意志联邦共和国的科研所、协会和"东方研究"[①]讨论会的系统中，很重视所谓的"东方教育学"（指的是东欧社会主义国家的学校和教育学）。

"东方教育学"的产生首先是企图制止社会主义教育学在世界上的影响，表示对它的对抗。1957年后"东方教育学"大大地活跃起来，其理由就是所谓的"卫星震荡"。如耶·莱姆贝格在《苏联教育制度中若干有教益的现象》一文中写道："苏联的教育制度突然引起了西方的兴趣。卫星的成就才打开了许多人的眼睛……那里在教育领域中已经做到的和要求做的事情，与其说是范例，不如说是警告。"

"东方教育学"既有理论方面，也有实践方面。实践方面是培养"苏联通"、"克里姆林通"和研究教师的制度；"东方教育学"是高等师

---

① 东方研究：这里指的是研究东欧和东南欧。

范学校和大学比较教育学课的组成部分。"东方教育学"是"东方人"的理论依据和这个反共产主义教学原则在德意志联邦共和国学校中的体现；在政治教育体系内"研究"社会主义国家的历史、政治、经济、文化，以及教育的建议、指令、教学法指导、教学用具和直观教具、参考书目和其他材料。资本主义国家的统治阶级提出的政治教育的任务是"巩固资产阶级民主并从精神上反映出国内外共产主义的不断威胁"。

"东方教育学"根据反共产主义的策略和方法制定出了自己的研究课题、反对马列主义教育学和社会主义学校的斗争方式和方法：从对马列主义教育思想的置之不理和沉默转入对它的诽谤，从拙劣地捏造到精细巧妙地反共产主义，并企图把资产阶级教育学的某些论点说成是具有"科学"和"客观"性；怀着投机的目的，采用事先经过阉割并适当处理的、对帝国主义有利的马列主义教育学的个别原理和术语（综合技术教育、统一学校等）；有时以"改进"社会主义学校中的教学和教育的理论和实践的"朋友"和"谋士"的身份出现。

资产阶级思想家企图形成"解放的""人道主义的""批评的""社会批评的""个体化的""反权威的"教育学的论点，形成"新教育""无学校的社会"，借助各种手段宣传独立学习等思想，这一切都证明了他们对解决教育问题缺乏统一的科学观点，反映了教育中的折中主义。对无数的"新"论点所做的仔细分析令人信服地说明，在资产阶级教育学中没有也不可能有彻底的思想。把它们的实质与"古典的"资产阶级教育理论（实证论、实用主义、行为主义等）做比较可以得出结论：所有教育上的"更新"都来自传统资产阶级教育学中早已知晓的论点。与此同时，在现代教育思想发展中可以看出克申施泰纳的"劳动学校教育学"的思想影响。这种影响表现在企图对一些儿童减少普通基础知识量和加强劳动实践训练，这些儿童在测验或观察的基础上被送到不完整的学校：主要学校、初级中学、现代学校、美国和英国的"能力弱"的班或组。

从20世纪70年代开始，资本主义全面危机加深，它加强了回到保守的民族主义、军国主义、权威甚至种族主义派别的教育理论的趋势。教育学中这个派别的代表们反映了最反动势力的思想体系，企图寻找使陈旧的教育理论现代化，并在现代条件下能更有效地利用它们以稳定资本主义制度的途径。他们主要的注意力集中于从理论上说明能力的不等和受教育机会的不等，根据学生的社会出身采用不同的教育途径的必要性和不可避免性，加强对青年的思想影响，使青年成为被国家垄断资本主义驯服的工具，促使青年形成"正统的国家意识"，以资产阶级的道德标准及其价值观来规定行为的标准和价值。

近年来，在资产阶级教育著作中经常谈到有必要认识"人的活动限度""教育的限度""人的天生不平等""发展优秀天赋的权利""天赋差异的生物学依据"等各种"早就证明为正确的"教育程度的价值。在资本主义国家的教育政策和实践中，这反映在放弃或完全拒绝在20世纪60年代广泛吹嘘过的普通教育和高等学校的改革，拒绝"教育机会均等"。

在使过去的思想和理论适应现在条件的过程中，资本主义社会最反动的思想家们公然加强了自己学说中的反共产主义倾向。

现阶段马列主义教育学和资产阶级教育学思想的斗争有范围扩大和进一步尖锐化的趋势。

围绕着年青一代的教学和教育问题展开的意识形态的斗争要求社会主义的学者、教育家们高度重视、保持警惕、积极揭露资产阶级教育理论和国家垄断资本在教育方面的政策的反动实质。

第五章 社会主义、资本主义和发展中国家的教学内容和教学组织问题

社会主义国家的教学内容和教学组织

教学内容问题

根据科技进步的要求制定出教学内容是当代世界上所有国家的学校的最重要任务；教育部、专门的组织和委员会，各种科学委员会和不同水平的专家联合会都在着手解决这个问题。在当代，当科学成为直接的生产力的时候，普通学校的教学内容问题必然不只带有全国性，而且带有全球性。任何一国学校的教学水平和科技发展水平之间存在着联系，必须彻底改变几十年来在学校发展中形成的相当稳定的、传统的教学内容，这已是很清楚的事。必须深入改变教学内容已为公众所承认，并无异议。但是，根据社会制度和国家教育政策方面的不同，解决这些任务的途径不同。

只有社会主义制度才有可能有计划地发展学校和教育并具体体现人的全面和谐发展的思想。国民教育制度的国家性和集中管理能在确立明确的科学标准的基础上完善教学内容，这些科学标准同等程度地考虑科技进步的要求、科学知识的范围和手段、儿童发展的心理教育规律及现代学校中教学过程的可能性。只有在对学校制度实行国家规划和国家领

导的条件下，才能考虑影响教育的一切因素，用这种综合法解决教育的最重要问题。科学地制定教学内容的基本概念，是与"所有社会主义国家走向社会主义的道路是共同的"这一原理紧密相连的。

近几十年来，在社会主义教育学的科学教育研究中，教学内容问题最受重视。这一问题也在许多教育家的著作中得到阐述，如姆·恩·斯卡特金的《教学过程的改进》（1971），格·诺内尔的《社会主义普通教育的理论》（1973），格·诺内尔的《社会主义普通教育的理论问题》（1975），姆·伊·马赫穆托夫的《问题法教学》（1975），尤·克·巴班斯基的《教学过程最优化》（1977）等。在无数的研究中可以找出确定教学内容的概括性原则。

科学和技术幂数（巨量）式地发展使科学知识量不断扩大，而知识对于积极参加一切社会生产领域是必不可少的。学校在科技革命以前形成的传统教学体系不能满足当代教育的要求。为了消除出现的"脱节"现象，不能机械地增加学校中每门课程的科学知识量，而必须对所有学校课程的内容选择和结构问题制定统一的科学处理方法。

教学过程不应是学习并机械地记住无数的事实、定理、论证和理论结构，而应是掌握科学知识的主导思想。社会主义学校教学的主要目的在于发展创造性思维的能力，使人以后会独立地研究科学问题和实际问题的实质，这些问题在人的各种活动过程中正在产生或将要产生。根据这些观点所谓的继续教育就出现了，即从学校毕业后系统地提高业务。

当代科学发展的特点为统一确定教学内容提供了某些看法。科学的发展伴随着科学的分化和综合过程。在每门科学中，随着新思想和新事实的积累，出现了独立研究领域的新分支。另外，在早先单独隔绝的科学之间出现了边缘联系，两个或几个科学部门特殊地综合为统一整体，这就产生新的整体知识部门，如生物化学、生物物理学、分子遗传学等。同时还要注意科学中的普遍化或概括化的过程：许多早先要求独立研究的概念、方法和个别论点现在组成了新的理论，被概括起来了，并且成为把早先孤立的现象综合成统一的科学体系的基础。属于这种普遍化的有：门捷列夫的周期表，它从统一的总体观点出发，以解决许多化学、物理、生物和其他自然科学的问题；把算术的成分加入学校数学的一般课程中；等等。当代学校的教学内容不能不反映科技发展的客观趋势。这些趋势又指出了解决问题的途径。

在无数研究的基础上，社会主义教育学的教育和教学理论要求用系统结构的观点来确定教学内容。系统结构的观点要求确定把每一门科学的结构因素联结成统一体系的那些基本思想，并且根据每个教学阶段学生的心理和教育的可能性，在学校的各科课程中改造这些思想。社会主义国家的学者们在教学心理学方面最新的研究有力地说明，儿童在掌握科学系统知识方面的潜力还很大，还未用尽。苏联和其他社会主义国家在采用新的教学计划方面进行的大量试验表明，学龄初期儿童在理解和掌握那些过去被认为不能接受的概念方面，他们的思维具有相当的灵活性，并有适应的能力。

社会主义国家完善教学内容的现实途径反映在国家的指导性决议和文件中，这些决议和文件也指出了普通学校课程结构改革的途径。

苏维埃学校面临着建立统一衔接的教育体系的任务，这个体系从普通学校的一年级至毕业班由共同的思想和原则牢固地联结在一起。只有在社会主义国家才有可能这样解决当代教育中最重要的问题。欧洲的所有社会主义国家在修订教学内容方面做了大量的工作，建立了由著名学者，教育家，心理学家，教师，党政机关的代表，国民教育、工业企业、农业合作社的工作人员等组成的国家委员会。改用新教学计划和大纲，从1966—1967学年逐渐地开始，并应当在20世纪70年代末完成。但是当代科技发展阶段的特点要求经常地完善教学大纲，并根据需要加入新的资料或对新思想做出解释。随着新教学大纲的运用，教学实践本身提出了对确立的教学内容做某些修改的必要性。

科学知识的不断增长不能迅速地反映在教学大纲上。因此社会主义教育学特别重视发展独立掌握知识的能力。如德意志民主共和国的教育家们强调，今天完全不可能在一个人的童年和少年时期教给他一生所需要的全部知识和技能。社会主义教育的观点是不断学习的观点，它超出了普通教育、职业教育和高等教育的范围。为了连续地、进一步地学习，需要打下牢固的基础，必须为经常的学习做好准备，即有目的地发展所有那些为独立掌握知识所需要的能力和技巧。

教育预测的任务日益成为社会主义国家教育家们注意和讨论的对象。格哈尔特·诺内尔在《社会主义普通教育的理论问题》一书中强调，学校和生活统一的原则"应当理解为一种表现，它需要经常按照新的社会条件，并考虑社会主义社会未来发展路线来调整教学和教育目的。同时这个原则表明，需要经常检查所选择的教学内容，并进一步发展建立教育过程的方法和组织形式"[1]。

教育预测应当考虑到社会主义国家社会发展的远景和趋势。科学技术进步将要求在对教学内容进行系统结构处理的基础上不断改进教育，揭示科学发展的趋势，并逐步把新思想加入到学校大纲中去（同时去掉陈旧的或不重要的材料），更广泛地发展学生的教学和职业定向体系，进一步改进职业技术学校、中等专业学校和高等学校的教学。在工农业生产的所有部门广泛实行自动化和机械化，能完成消灭体力劳动和脑力劳动之间、城乡之间本质差别的任务，并将对普通学校和其他学校提出对生产过程的管理方面进行相应培训的要求。而这同样也要求教学内容要有一定的改变，要提高其科学水平和加强教学和生活的联系。

教育的这种有计划和有远景的发展只有在社会主义社会条件下才有

---

[1] 格·诺内尔：《社会主义普通教育的理论问题》，50页，莫斯科，1975。

可能，在那里学校的所有问题从全国统一的角度来解决。

普通学校教学计划的一般评介

教学内容反映在教学计划和课程大纲中。

苏维埃学校的教学计划经常是在全苏联学校制度统一的原则基础上制订的。统一苏维埃学校的教学计划由国家领导机关批准，所有共和国都必须执行；个别共和国根据民族传统和特点做某些修改。教学内容和教学过程统一的原则反映了苏维埃制度的特点以及在全苏联建设共产主义社会的共同目标，并保证所有劳动人民，不论其社会地位、种族和民族，都有受到良好教育的平等权。这些保证已固定在苏联宪法中。

在科技革命的影响下，选修课被补充到一般苏维埃学校的教学计划中，允许学生按他们感兴趣的问题选择课程。

欧洲社会主义国家的教学计划在人民政权的头几年保留了传统性和中学高年级的分科，主要分为人文学科和自然数学科，而这些科在具体课程上又分成不同的小组和方面。

以社会主义学校统一的观点为基础的当代教学内容的改革使教学计划在一定程度上形成统一，这种统一反映了对学校所有阶段的普通教育要求相同的原则。德意志民主共和国、波兰、保加利亚、匈牙利、捷克、南斯拉夫的教学计划都经历了这样的改革。

以德意志民主共和国中学的教学计划为例。德意志民主共和国十年制的普通综合技术中学的教学计划包括了19门必修课。此外，六年级有手工选修课，每周1小时，从七年级开始设第二外语。除了普通教育课程外（德语、俄语、数学、物理、天文、化学、生物、地理、历史、公民、图画、音乐、体育），还包括这样一些课程：生产教学、学校实验园地作业、综合技术教学、社会主义生产概论、技术制图、生产劳动。一至四年级是在学校实验园地上的生产教学和作业，七至十年级是综合技术教育、社会主义生产概论和技术制图。每周的总学时从一年级的21

学时到十年级的34~35学时（包括选修课）。德意志民主共和国十年制学校教学计划可以说是将普通教育课程和各种类型的生产教学相结合，并为从事劳动做准备的典型例子。德意志民主共和国的学生在十年义务教育后，或是进入通向中等专业教育机构的职业教育学校，或是进入具有中等教育水平的职业学校，或是进入能升入高等学校的二年制的延长中学。应当指出，德意志民主共和国具有成人进修系统，它保证了教育的连续性，在延长中学、中等专业学校毕业后，在成人进修系统的训练班学完后，可以入高等学校。这使所有愿意受高等教育的公民都有可能入学。

保加利亚的学生在八年义务教育期间按统一教学计划学习，有这样一些课程：保加利亚语言和文学、俄语、数学、历史、道德和法、美学、社会学、地理、生物、物理和天文学、西方现代语、化学、控制论、造型艺术、唱歌和音乐、综合技术学科（工艺学、劳动实习、技术制图）、体育。除必修课外，在所有教学阶段都有选修课，每周2~4小时。学校高年级（九至十年级）实行分科：数理、生化、文史、生产。分科的具体形式为仅仅在普通教育课程和专业性课程的时数上稍有差别，可以肯定对普通教育有统一的要求。如数理科的数学每周6小时，而在其他各科为4小时。在理科各科，人文课程保持了大约相同的时数。

波兰正在向十年义务教育过渡。学校将按统一的教学计划教学，在十年义务学校的基础上是各种不同专业的二年制专门学校，毕业后可上高等学校。应当指出，近年来社会主义国家倾向于使教学计划更全面统一，包括完全中学的高年级在内，这可以在德意志民主共和国的十年制义务学校和二年制完全中等教育学校的教学计划中看出来。

社会主义国家（包括苏联）的教学计划表明，各国在文理科的训练上（如果除去图画、唱歌、音乐、生产教学、劳动这样一些课程）差不多花同样的时数。这说明：第一，这样划分时间是最合适的；第二，在现代条件下，对学生的普通教育和一般文化修养来说，文理科教育具有相等的意义。

学生的分科学习和定向问题

分科教学要求把学生分成班或组，较深入地学习学校的个别课程或科学技术的某些部门。

社会主义国家的学者、教育家在分科教学方面的主要观点说明了在这个问题上许多出发点是一致的。

社会主义教育学的出发点是，统一普通学校不是把学生拉平，不是使他们的个性划一，而是最大限度地促进其个人能力、倾向、兴趣和才能的发展，为以后独立发展，在所选择的事业方面加深知识并为使知识日益完善打好基础。在一般的苏维埃学校中，从七年级开始在教学计划中设有选修课（每周2.5学时）。对选修课的选择往往带有稳定性，并决定了以后的方向和生活道路的选择——就业或入高等学校。除了一般学校外，还有专门学校：数学、物理数学、语言、艺术、音乐等。有时建立仅仅由高年级平行班（九至十年级）组成的专门学校。那些从八年制学校毕业并对学习这些学校所侧重的科目有兴趣、有才能的学生，可以进这些学校。也可以用这样的方式分科：如在一个学校的高年级按文理科建立几个组，或是在一个年级深入学习某些课程。近年来可以看到扩大具有中等教育程度的职业技术学校的趋势，目的是使所有学生有可能获得良好的普通教育和职业训练。普通学校正在改进职业定向制度。

欧洲社会主义国家的分科教学和职业定向在相当程度上保证了学生能在他们最感兴趣的领域做出选择和定向。广泛运用按科学领域分为理科、文科、社会科学、现代语、化学生物等的分科方式。还应当指出，可以学习必选课和选修课，建立着重讲授数学、物理、生物、化学、外语、音乐、体育等个别课程的专门学校和班级，建立加深学习个别生产部门的学校和班级。在普通学校范围内，知识领域或兴趣的选择不具有绝对性，如果学生在学校里对数学感兴趣，并比别的学科学得深，这不能成为进入高等学校文科系、入职业技术教育系统或直接到生产部门就业的障碍。社会主义教育学总的原则是保证每个学生自由选择未来的事业，并且考虑到学生的兴趣不仅在学校学习期间，而且在学校毕业后都能发生变化。

除那些在学校范围内确定的分科教学的形式外，还有许多其他帮助学生选择未来职业的定向方式。有时职业定向是由学校本身的结构决定的，如德意志民主共和国的十年制普通学校，这从上述对教学计划的分析中可以看出。

除了在教学计划中规定的定向形式外，社会主义国家的学校还组织多样的俱乐部、协会、组、学科小组，按兴趣把学生结合在一起。在这方面校外机构做了大量的工作，如少年之家和学生之家、少年技术家站、航模制造家站、少年自然科学家站、儿童剧院等。青少年校外机构的工作面是如此之广，能够在帮助儿童发现自己的才能时满足他们任何方面的兴趣。

为了改进职业定向，学校和校外机构广泛组织学生同各种职业的代表人物及先进工作者会见和座谈，到高等学校参观，参加各种竞赛，在青年刊物上发表一系列有关职业的谈话，等等。

在社会主义国家，学校一般和生产联系紧密：到生产部门的必修性参观，在工厂的附属教学联合体、教学车间和教学实验园地劳动，以及支援国民经济的各种形式。

用以改进职业定向途径的全部措施有力地说明，社会主义国家的学生有广泛和自由的选择，这种选择由普通学校的教学内容和分科教学的性质，由各种形式的课外和校外活动，由积极参加生产活动予以保证。

教学的形式和方法

教学内容的深刻变化要求制定更现代化的教学方式和方法，以发展学生的逻辑思维和智力。除了传统课堂教学外，对课堂教学做了更广泛和灵活的分类，以提高教学效果。社会主义国家的教育家们制定了发展性教学的理论，作为掌握知识的基础。

教学方法由于运用了程序的因素和教学技术手段，由于提高了学生的独立工作的作用和学生认识活动的积极性而丰富起来。在基本形式，即课堂教学的范围内运用多种教学方法，是为了发展学生的创造性思维、独立性和积极性，显示他们的个人才能。

研究社会主义国家学校教学工作的经验和教育的著作有力地表明，在对待教学形式和方法问题上，社会主义教育学的理论和实践具有共同的出发点：基本形式是课堂教学，而多样化的方法用以最大限度地促进学生个性的积极发展，养成学生独立地解答教学过程中提出的问题的愿望。"问题教学"或"问题方法"的名词出现，它要求在课堂上形成问题的局面，以发展学生对所提出的问题寻找答案的积极愿望。

社会主义教育学面临着要极大地发展学生的创造性思维和认识的任务，在作为教学过程的基本组织形式即班级授课制的范围内，广泛采用积极的教学方法。班级授课制是和系统顺序地学习各门课程紧密相关的，即保证掌握系统知识并大大加强课程间联系的作用。在使教学过程积极化的方法中，探索性的启发式、提高教学中的独立性的作用愈来愈被认为具有重要意义。在教学体系中广泛运用各种技术手段，如练习器、教学和检查机器、投影器、程序教具和材料。

在统一的普通学校范围内，社会主义国家所采用的教学形式和方法完成着人的全面和谐发展的任务，并为学生表现各种兴趣和才能创造条件。

资本主义国家的教学内容和教学组织

教学内容问题

教学内容的修改及其完善问题成为资本主义国家学者和教育家们的研究项目。资本主义国家学校的教学内容受到许多世纪以来传统的影响，而这种传统是与剥削阶级社会提出的教育目的相一致的。这些传统是在二三百年间形成的，而且在社会制度中具有牢固的基础。在这种社会制度的条件下，特权阶层的子女和劳动人民的子女被指定执行社会中不同的职能，因而应当相应地受到不同的教育。这个总方针即使在当前条件下也继续保持了其作用，虽然在外表上发生了一些变化。

给学生以"选择今后事业的自由"的无数教育类型、方向和领域以及教学的个体化，成为资本主义世界当代教育的官方观点的基石。"选择的自由"和个体化被宣称为最进步的思想，它不可避免地造成社会的富裕阶层和贫苦阶层子女在受教育中的极大差别。

20世纪50年代末在资本主义国家开始了对实用主义教育学和行为主义主要思想的批判，进行了某些尝试以形成更完善的、有关普通教育内容的学说。在美国，杰罗姆·布鲁纳的教学论可以归在这些学说之中，它要求彻底改变教学内容和教学方法。但是布鲁纳的思想没有反映在美国一般学校的教学改革中，仅在高级中学的学术科中得到有限的运用。

资本主义国家开始成立专门的科学委员会，其任务是编制新的、完善的教学计划，特别是理科的教学大纲。这是由两方面原因引起的：一是第二次世界大战后科技的发展，二是中学教学计划中文科课程一向占优势。从20世纪50年代末开始，这些委员会做了大量工作，使理科教育现代化并使其内容成为更科学、更清楚的体系。但是，各种委员会以及个别学者的建议对改变资本主义国家一般学校的教学内容没有起到什么影响。新思想主要只是在培养"经过选择的人"，即培养尖子的那些学校或在普通学校的那些班组范围内实现。

因此，资产阶级有关教学内容的学说仍然在于保持完整的普通教育的上层性，以及在统一学校、综合学校范围内的筛选性。近年来在教学内容的修改中，特别在组织对广大劳动群众的教学中，实用主义教育学观点的影响十分明显地日益加强。

美国编制的、以儿童智力的不平等为基础的教学体系在世界上得到广泛的传播。它对英国、加拿大、澳大利亚、日本的学校，以及对过去是殖民主义列强的殖民地的国家和附属国的学校都有影响。

教学计划的一般评介

美国的教学制度中分析制订教学计划的原则最有意思。

美国历史上形成了各州在学校制度管理上的分权和自治，即各州有权拨给学校经费，选择学校的结构、教学计划和教学大纲，这就排除了统一地、科学地解决教学内容问题的可能性。形式上，可以说小学和初级中学是按统一教学计划进行教学的，但实际上即使是同一类型的教学计划都能有极大的差别。如在初级中学，按典型的教学计划，普通自然科学和数学每周5学时，但学校领导可以从普通自然科学这门课中选出某些把自然课和物理、化学、生物课的成分合在一起的综合性题材，并以单独课题的形式教给学生。

数学的学习不带有系统性，数学题往往与生活中的运用结合在一起，如"顾客的算术"，儿童应当学习家庭预算所需要的算账或与税务和银行业务有关的计算。[1]

高年级一般通用的必修课包括：英语和文学，自然科学，数学（代数、几何、三角），社会科学（历史、社会学），外语，体育和个人卫生。大多数城市学校按不同的大纲进行所谓平行教学，即准备升学的大

---

[1] 兹·阿·玛勒柯娃:《当代美国学校》，莫斯科，1971。

纲、准备从事商务及事务工作的大纲、手工业和一般的培训大纲。学生有权自己选择按什么大纲学习。规定了每周必修课的时数，但也和小学和初级中学一样，课的内容在不同的学校可能是不同的。高年级学生有权选择超出必修大纲之外的课程和学习题材，这使教学计划极为形形色色和多种多样。因此，美国学校无论在哪个教学阶段对教学计划和大纲都没有统一的要求。

在法国、比利时、德意志联邦共和国、瑞士这样一些国家，制订教学计划的基础是另一些观点。法国在这方面是古典式的，对系统的中等教育提出相当严格的要求。法国在历史上形成了管理国民教育制度上严格的中央集权，教育部制订的必须执行的教学计划和大纲保证了教学内容的统一性和对每门课程知识水平的明确要求。法国学校长期以来是在统一的教学计划和大纲、在对每一类学校的学生应掌握的知识有明确要求的基础上工作的。测验法在法国学校不被广泛运用，只在中学高年级，即国立中学和市立中学才分组。特权阶层受到完整的教育，而劳动人民子女仅限于初级教育阶段范围内，包括小学和保证义务教育至14岁的小学以上的几个年级。

1958年前，法国的国立中学和市立中学都是完全中学，它们的教学计划中传统的人文学科的课程占优势，希腊语和拉丁语、古文化、人文学科的课程在教学中占重要地位；同时教学计划严格按教学上分的各组来制订。只有小学才采用统一的教学计划。目前，由于学校结构的一系列改革和改进，教学计划表面上发生了一些变化。但是，不同类型学校教学大纲中的传统差别在比较统一的教学制度内部得以保留。在小学后的普通市立义务中学阶段，学生就已经根据学校委员会的建议按不同的大纲学习，这种上哪个组学习的建议是学校委员会通过对学生的观察做出的。

当代德意志联邦共和国学校的教学计划特别明显地表现出歧视和不

平等。每个州①有权选择学校的类型和教学计划，德意志联邦共和国的高级中学是普通中学，高级中学的教学内容的方向和教学计划具有很大的差别。

高级中学的教学计划、课程表及必修科目和职业科目的时数都有很大的差别。至于主要学校和综合学校的教学内容、它们的教学计划的差别是不大的。所有教学计划都有的统一课程——宗教、德语、历史和公民，其他的课程则随着学校类型的不同而不同。此外，引人注目的是德意志联邦共和国各种学校明显的不平等，这说明了对普通教育缺乏任何统一的要求。

日本的学校基本上按统一的教学计划进行。但是普通教育科目的统一教学计划仅在小学和初级中学实行。高级中学有两个主要分科——普通教育科和职业科，有不同的教学计划和大纲。普通教育科和职业科本身也包括几个专业小组，也为它们制定了专门的大纲。日本学校的特点不是系统学习个别教学科目，而是学习综合课程。这个特点主要表现在初级中学，近年来开始扩展至高年级。把各种课合起来的综合课程大大降低了普通教育的水平，并破坏了陈述课程的逻辑和体系。

对资本主义国家学校教学计划所做的一般评介可以说明，它们的结构是用以保持不同社会阶层受不平等教育的原则。资本主义国家学校与社会主义国家学校制度的深刻本质的区别就在于此。

学生的分科学习和定向问题

资本主义国家儿童分科学习、按教育的不同方向进行选择和定向、为生活做准备的制度反映了资产阶级教育学的基本方针。分科教学最初是在普通中学里实行的，那里主要是有钱人的孩子在学习，它的目的是为学生进入高等学校的各种不同的系和学院做准备。分科的具体方式在

---

① 德意志联邦共和国分10个地区行政单位，称为州，并有一定的自治权。

现阶段由于学生数量的增多和义务教育年限的延长而有所改变。根据不同的传统和占优势的教育理论，在不同的资本主义国家分科各有特色。

美国在初级学校阶段的早期分组要求根据儿童的智能做独特的分化。各个不同组的教学在知识程度和分量方面大不相同。

"弱"组的儿童按简化了的大纲学习，对他们的知识不提出任何严格的要求。在低年级他们已经习惯于认为自己是属于"无才能"的一类，不能妄想进入高等学校。

"强"组学生的教学是较系统和高深的。但是根据美国学校的基本原则，即使对"强"组也不提出统一的普通教育的要求。除必修课外，有大量选修课（在美国的高级中学，这种选修课的数量超过1 000种）。这里包括这样一些学科：戏剧、心理学、美术、打字和速记、电子学、汽车驾驶、无线电和电视新闻业原理、比较国家制度等。为了方便起见，选修课可被归成14类：英语和文学、社会科学、数学、自然科学、外语、卫生和体育、贸易、生产教学、家政、音乐、艺术、农艺、手工艺教学、其他课程。每一类包括大量形形色色的课程，供高年级学生选择。

"中"组和"弱"组的学生只能选择那些保证毕业后就业的大纲和学习方案，这可以是训练从事商务、事务和手工业工作的大纲，可以是选学会计、速记、公文处理、贸易、摄影、木工、食品生产、缝纫、油漆、印刷等。

因此，美国学校中实行的分化形式是为职业定向的目的服务的，即培养学生从事各种生产和实践活动。在学校里，专家顾问们举行关于各种职业的座谈，以便帮助学生正确选择自己以后的道路。定向实行得相当早，在依据智力发展的系数确定了儿童的才能与对他们最合适的教学性质时就开始了。

研究美国普通学校的分科教学和职业定向的最典型和稳定的特点时

应当注意，这里谈的是一般学校，在这种学校学习的是不同种族和民族的儿童和青年。上层社会阶层的子女上的近郊区的特权学校和私立学校，对教学内容提出较严格的要求。分科教学的形式和定向的性质被改变了，其目的在于培养青年进入高等学校学习。

英国的分科教学的形式有其特点。最近，英国的学校和美国的学校一样，采用了按天赋的系数指标分组的制度。分组在五年制的小学就开始了，大多分成3或4组，有时分成5组（ABCDE）。小学毕业生可以进入文法学校、现代学校或技术学校。只有文法学校给予学术性的完全中等教育。学生进一步的学习是按智力天赋的指标进行分配的，最有才能的被分配到文法学校。

在20世纪60年代和70年代，测验制度遭到激烈的批判，在批判的影响下许多学校拒绝再用测验。在这种情况下，进入中等教育的不同方向是根据学生个人的情况和教师的推荐，学术性的成绩是学生被分配到中等教育的不同阶梯时的基本标准。

所谓的综合学校的出现，即在一个学校里把文法学校、现代学校和技术学校合在一起，理应保证学生有更大的可能从一种类型的学校转到另一种类型的学校。但是关于必须根据儿童的能力分配他们受不同的教育的传统观点仍然起作用，因而文法学校，甚至已经归入综合学校的文法学校，仍然是有威信的，用以授予完全中等教育，并主要是为进入高等学校做准备。决定学生的方向和去向实际是在小学毕业以后：上文法学校是为了取得完全中等教育，上现代学校和技术学校是为了准备从事实践活动或技术工作。上这三种学校中的一种就决定了今后道路的选择；从一种类型学校转到另一种类型学校是"下去"比"上来"容易，也就是容易从文法学校转到现代学校，相反则不行。

实质上只有在文法学校才存在按学术方向分科的情况。文法学校的教学计划极不一致，它们可以在内容上、在各门课程的教学时数上、在分科教学的方式上各不相同。头两三年学生大致按一个大纲学习，而从三四年级开始分科，它起初反映在几种教学计划和个别课程的学时上。从六年级开始学生根据能力选择某个科：人文科（A组），理科（B组），其他人进入C组和D组。①

英国中学的教学具有个别性，在分科教学的每一科的范围内可以选择不同的方案和题目。近年来为了改进定向制度，英国出现了由具备"混合才能"的儿童组成机动组的趋势：儿童可以暂时合在一起，暂时分开，成立新班。文法学校、当代学校和技术学校都极大地重视个人和小组的方法。在高年级经常由3～5人组成不大的组，加深学习数学等课。中学考试分阶段进行：第一次考试是为了取得中学毕业证书，第二次考试是为了取得有权进入高等学校的证书。

分科教学的制度在法国具有最明确的性质和详细的规定，第二次世界大战后分科的具体形式由于1959年和1965年的学校改革而稍有变化。所谓的观察期和定向期是为了确定学生的才能和智力水平，它们分几个阶段：小学以后，不完全中学以后，以及完全中学的第一年后。

小学后的学习分成所谓的长期教育和短期教育。按照1965年改革的思想，第二阶段的市立中学应当和七年制国立中学的前4个年级、普通市立中学和小学以上的几个年级合并。第二阶段的市立中学按其内部结构来说保留了这种学校所固有的教学方向。长期教育的两个组，即古典组和现代组，就是国立中学；短期教育的两个组，即现代组和实践组，相当于普通市立中学和小学以上的几个年级。小学的观察委员会对学生提出他们在市立中学最好学习哪个方向的建议（承认可以从一个组转到另一个组）。市立中学的4年被认为是观察期和第二个定向阶段。在市立

---

① 弗·普·拉普钦斯卡娅：《当代英国的普通中学》，莫斯科，1977。

中学的三年级以后①，学校定向委员会根据观察和学生档案中的材料，参考班级委员会的意见，决定下一步教学的性质。班级委员会也考虑学生家长的意见，学生的兴趣、年龄、学习成绩和发展前景，做出鉴定。

学校的定向包括三个主要方面：三年制的中等教育的第二阶段（现体系的国立中学本身）；二年制的中等教育第二阶段（国立中学的头两年）；就业。就业指的是转入职业技术教育体系或是为市立中学实践组的学生准备的一年制的职业训练。班级委员会综合了有关学生的一切材料，包括家长的意见，并向学校定向委员会转交自己的鉴定，以便做出最后的决定。学生如果不同意定向委员会的决定，只有在他通过想去学习的那个组的主要科目的考试后，才能改变决定。

实际上约有50%市立中学的毕业生进入国立中学的二年级，这里按三个方面分科：人文学科、理科和技术（工业）科。一年级有5个组：A——古典人文组；B——现代人文组；C——数学和物理；D——生物和应用数学；T（或E）——技术组。在结业班同样分这5个组，最后通过考试，获得分科（A、B、C、D、T或E）的学士学位。

不能不看到，法国近年来出现一种倾向，即在这些确定了的组的范围内，学生有更大的自由选择不同的学习方案，更重视选修课、小班和个人的学习方式，可以看到各科间的严格界限稍有缓和，某些学校出现了新科目。

所有实行分科教学的组，原则上规定了普通教育知识的总量。但是不同组的普通教育课程时数有很大的差别，结果由于加深学习科学或技术的一个或两三个方面，而在一定程度上降低了对教育水平的要求。法国学校采用的分科形式是为了挑选最有才能的学生入国立中学，这是一

_____

① 应当指出，法国年级的编排顺序是相反的。市立中学的第一年称为六年级（在五年制的小学以后），相应地，市立中学的最后一年是三年级。国立中学按顺序为二年级、一年级、结业班，用字母"T"来表示。

种上层的学校，用以进行社会筛选，并为进入高等学校做准备。

在法国，除了学校定向（其任务是分配学生接受不同类型的教育）外，还设有学校和职业定向视导处。视导处领导各行政中心的工作，这些中心帮助那些在义务教育后被迫去就业的学生选择职业和安排工作。

最近的学校改革——1975年的哈比改革不仅在教育制度方面，而且也在学生的分科教学与定向方面带来了很大的变化。哈比改革要求"实用化"和加强法国学校教学的实利性，遭到了法国共产党和资产阶级进步势力的尖锐批评。但眼前的趋势是使一般学生的教育走向实利化，同时加强国立中学高年级和结业班的上层性。按改革的思想，国立中学的教学建立在选修课的基础上，而学士学位的考试分成两个阶段。正如法国学校的研究家们所指出的，法国学校开始遭受教育"美国化"的有力影响。

中学高年级分科教学的制度在日本广泛采用。在第二次世界大战前，日本不实行分科教学。战后日本按美国的模式（6+3+3）建立了学校制度。20世纪40年代末，高级中学的教学计划中除了必修课外还有供选修的课程。到20世纪60年代分科具有更明确的性质，并按照教学计划明确规定的科目来分配学生。日本不采取对教学科目做多种方式的选择，而是确定了按两个主要方向进行分科——普通教育科和职业科，而它们又分成许多组或分科：普通教育科有两个分科：学术科和普通科。这两个分科又分成几个组，有不同的教学计划，侧重于人文学科或理科课程，侧重于一门课或一类课。职业科包括五个组：农业、渔业、工业、商业、家政。每个学校根据自己的条件可以把这两个科配合起来，也可以只有其中一个科或者限于培养某种职业。多年来的统计材料表明，增加中学职业科的工业组或商业组的比例是一种稳定的趋势。这种趋势受到政府和教育部的支持，这是因为生产对受过中等普通教育和专业训练的熟练干部的需要增长了。日本没有专门职业学校网，中学的职业科实际上完成着这个任务。大约有40%高级中学的学生在职业科学习，其他在普通教育科的学术组和普通组。

日本学校分科教学的性质要求学术定向或职业定向。选择职业科的某个组就是定向于从事某种工作。高级中学的普通教育科基本上通向高等教育。

概述资本主义国家学校的分科教学制度和学生按不同的教育方向和活动方向定向，清楚地表明了所有这些制度具有阶级性，并且是为了保证在普通学校阶段进行社会筛选。资本主义国家学校的分科教学是劳动人民子女在获取完整的中等教育和进入高等学校道路上的又一障碍。

教学的形式和方法

资本主义国家学校的教学形式和方法与剥削阶级社会对学校提出的教育目的和任务紧密相关。以美国学校为例可以看得特别清楚。

从外表来看，美国学校的学习主要采取上课的形式。但是这样一个出发点，即学校不能也不应遵循统一的教学计划和大纲，使课堂教学组织在很大程度上放弃了班级授课制的原则。在班级或学校的范围内把学生分成小组，因而不可能系统而顺序地学习课程，因为对不同组的学生来说教学是高度个体化的。在高年级选择各种学习大纲和方案的做法破坏了普通教育的系统性。美国当前改革学校的方案和计划没有改变这些原则，也没有改变一些形式和方法——班组教学和个别教学，按综合题材进行教学，根据儿童的兴趣和才能用不同的大纲进行教学，按指定的题目完成作业，学生独立地收集必要的资料以解决单独的题目，演剧——在课堂上表演各种场面。表演生活的场面和历史题材获得了"社会剧"的名称。

劳埃德·特拉普计划很有意思。它建议大题目、新教材的讲述应当在100～150名学生组成的大班上以讲演的方式进行，并广泛运用教学技术手段，它应当占40%的学时。在10～15人的小班，应当对题目加深学习和讨论，这占20%的学时。其他40%的学时用于独立学习，它比和教师在一起的小组学习的时间多一倍。特拉普计划实际上取消了班级授课制（不过，美国中学里的"课"已被50分钟的"节"代替）。特拉普计划建议由教师队进行教学，队长是最好的教师，和大组的儿童一起学习，队员和学生进行个别工作。按特拉普计划工作的是少量的实验学校，一般学校仅采用计划中的个别部分。

英国普通学校的教学形式和方法从其根本原则上来说与美国的差别不大。中学的教学内容和方法决定于主要的分科类型。现代学校和技术学校很重视实践教学法，从事各种活动的训练，但主要以上课的形式进行学习。在文法学校，个别学习和小组学习用得更广泛些。此外，讨论、表演也被广泛采用，并大大加强了教学技术手段的作用。近年来，中学开始恢复设计法作为组织教学过程的一种形式（由个别孩子或小组完成同一题目的各个部分，并在教师指导下讨论在班里准备好的材料）[1]。在教学过程中检查知识或在学完中学某一阶段后的总检查主要是用书面方式进行，这种检查方式被认为是最客观的。在投考完全中学时，学生的答卷被封上，并常常被寄到另一个城市，由地方学校的教师来批改。

法国的学校生活具有更明确的组织。与其他资本主义国家的学校相比，法国学校更多地实行教学中的班级授课制。

法国学校长期以来是传统的口头教学法占优势地位。在小学和普通市立中学，多次重复并背诵教材是主要的方式。法国对国立中学提出了最大限度地发展学生的智能和逻辑思维的任务。国立中学的教学方法更为多种多样，很重视学生的主动而独立的工作。学生准备报告，发言，常常练习口才，这被认为是有教养的人不可缺少的品质。

当前，由于对学校和教学内容提出了新要求，教学的形式和方法也

---

① 弗·普·拉普钦斯卡娅：《当代英国的普通中学》第三章，莫斯科，1977。

发生了某些变化。小学开始更广泛地运用积极的方法——观察、最简单的实验、教学技术手段，较少背诵或读死书。在国立中学可以看到更广泛地运用个别和小组教学法的趋势，特别是在一年级和结业班。法国一直很严格地对待知识的评定，不及格者留级。应当说明，采纳哈比的学校改革方案可能有力地影响法国学校中惯用的学校制度、教学形式和方法的严密规定。

对社会主义和资本主义国家学校中教学内容的观点、编制教学计划的原则、分科、教学形式和方法做分析比较，可以得出普遍的结论。社会主义和资本主义国家教学内容的主要理论和观点是从完全相反的立场出发的：教学过程个体化、普通学校的内部关卡、资产阶级社会不同社会阶层受教育的不平等思想，与社会主义学校的统一性基本原则相对立。

这个基本矛盾反映在教学内容和教学计划的编制上：社会主义国家是统一的，而资本主义国家的各种学校是极为多样的。基本矛盾也反映在分科的具体形式上，在社会主义国家，分科要求对所有学生进行普通义务教育，而在资本主义国家，分科成为进行社会筛选的又一关卡。解决综合技术教育和劳动教育问题的原则也是完全不同的。

社会主义世界的教学方法追求的目的是极大地发展儿童的创造性能力和才能，而资本主义世界则是为实现教学过程个体化和个别化而分成不平等的班和组。因此，当代普通学校发展的所有主要方面都明显地表现出社会主义和资本主义国家在解决主要问题中的对立。

发展中国家的教学内容和教学组织[①]

教学内容、教学方法和形式的问题对发展中国家也具有头等重要的

---

① 详见阿·耶·希林斯基：《发展中国家的教育》，莫斯科，1977。

意义。克服从过去的殖民地和附属国时期以来的长时落后状况是和发展现代教育紧密相连的。但是如果说发达的工业国家，包括社会主义国家和资本主义国家，对解决这个问题具有足够的经验和物质基础（与社会制度的性质相适应），那么，发展中国家在这条道路上则遇到更多严重的困难。

为了加快社会经济发展的速度，获得独立的年轻国家政府和人民应当在国民教育方面解决许多重要的任务。除了广泛地开展扫盲和发展小学网外，年轻的国家应当修改传统的教学内容，使它接近民族的社会经济发展的迫切需要，并与科技革命的要求相适应。由于客观的原因，发展中国家的政府目前不得不更多地考虑扫盲和小学教育，而不是普通中学的问题。

在印度共和国，目前小学教育在各邦是免费和强迫性的，但11岁以前的学龄儿童中5个只有4个上小学。成年人中文盲的比例还很高。除了采取措施使所有学龄儿童都能学习外，许多邦在成年人中间开展了扫除文盲的活动。这种情况也可以在缅甸联邦社会主义共和国看到，那里也通过了关于小学义务免费教育的法律。这说明即使在那些教育发展水平处于前列的获得独立的国家里，扫除文盲和小学教育普及问题也远未解决。

发展中国家的完整的中等教育机构是按宗主国——英国、法国、比利时、荷兰、西班牙等学校模式建立的，在当地居民中培养行政干部的混合学校（法国—伊斯兰、英国—印度、英国—缅甸）只授以低质量的、不完整的教育（与欧洲模式的完全中学相比），具有实利性。独立前这些学校只容纳1%～2%的当地居民的子女。

年轻国家的政府当然理解必须按照国家发展的任务和科技进步的要求修改教学内容。当然，具有较高社会经济发展水平的国家能较顺利地解决这些问题。但即使在这种情况下，也不能忽视独立国家的政治方向和性质。社会结构的极度复杂性和政治、经济制度上的较大差别使分析教育现状极为困难。但是较为仔细地研究问题后可以明确一些趋势，并在一定程度上对教育领域内产生的现象加以系统化。

在所有发展中国家，特别是在具有社会主义方向的国家里，大量工作正在进行以使教育现代化并符合民族发展的任务。同时应当强调，在这些国家实行教学内容的现代化并使其完善，要比发达的工业国家困难得多。现代化的任务不能只限于修订和改变现有的教学大纲。年轻的民族国家应当首先解决这样一些问题，如选择教学语言并相应地对教学大纲和教学计划做彻底的修改，它们的结构和内容应当建立在民族的基础上。

年轻的国家面临一系列完全新的问题：改用本族语进行教学（或在多民族组成的国家里选择几种教学语言）；编写如民族史、文学、地理、动物、植物、生物等这些课程的内容；确定民族文化的起源；加强理科在教育中的作用；编写新的民族课本、教学参考书和教学资料。根据联合国教科文组织和地区本身的创议，非洲和亚洲建立了专门的科学研究中心，积极地探索用地方民族语言编写新教学内容并印刷教材（在拉丁美洲这样的任务不是主要的，因为除少数外，西班牙语是统一的国家教学语言）。欧洲语言作为与世界文化交流的手段，是教学中必修的第二语言。

走资本主义发展道路或尚未十分明确自己的社会前景的国家同样面临这些问题。但与原来的宗主国的紧密联系和经济上的依附减缓了过渡到新的教育制度和新的教学内容的进度。走向资本主义的国家，从过去的传统中解放出来的过程要慢得多，并继续保持着殖民主义时期确定的经济、社会生活和教育的性质。当然，不论发展中国家的政治方向如何，不能忽视所有这类国家正在发生的那些变化。但是社会主义方向大大加速了社会经济发展的进程，对教育的进步变革起着决定性的影响。

对具有不同政治方向的三个马格里布国家（阿尔及利亚、突尼斯、摩洛哥）所进行的研究有力地表明，选择了社会主义作为发展前景的阿尔及利亚民主人民共和国解决教育问题时要比历史上和领土上和它接近的摩洛哥王国和突尼斯共和国快得多且彻底得多。

可以以选择了社会主义方向的几内亚共和国的教育制度发生的那些改革为例。学校和教学内容的改革规定：要彻底摆脱殖民主义，加强学校与生活的联系、教学与政治教育的联系，为自己和为社会培养和谐的个性。教育被视为社会改革的基本目的，按国家领导人的意见，应当和重工业相提并论。在教育中，所有学科的学习应当与技术和生产劳动紧密联系，这只有通过教学内容和方法的现代化才有可能。学校制度应当在结构上、内容上、教学计划和方法上与殖民主义时期的学校有很大的差别。在第一阶段（六年制小学），教学用本族语开始，到三年级加入法语，即第一外语；在教学计划中劳动教学占重要地位，包括农业、畜牧业、渔业、民族手工业。在第二阶段的学校，即普通中学里，较注重政治教育和实践教育、商务（与普通教育并列），到高年级学习社会主义建设原理。按照改革的意思，普通学校应当既是培养从事职业活动，又是准备接受高等教育的场所。几内亚共和国的改革方向表明其脱离了殖民主义时代的传统方式，并在教学中重视职业训练和劳动训练，和其他许多发展中国家一样，几内亚与必须迅速地为国民经济各部门培养各种水平的干部。

发展中国家普通中学教学内容的改变主要是在教学计划和大纲中注入民族成分，用本族语进行教学，加强理科的地位。在长期殖民统治期间，中学（为数不多）具有稳定的传统性。在10～20年的短短的民族独立期间，年轻的国家没有足够的时间和必要的条件对中等教育进行较为重大的改革；较为简单的是保留中等学校原来的样子，从民族的角度对教学内容做某些修改。

发展中国家建立了不完全中学，在独立前它们具有混合性，并用来培养地方行政干部。这些学校在教育制度中保留了作为主要学校或基础学校的作用，与职业学校一起，培养学生从事某一种工作。许多年轻的国家甚至力图使小学教育具有实践的方向，这可以在几内亚的例子中看到。这些措施是由必须快速地使学校适应国民经济的需要引起的，国家不能长时间地等待暂时是少量的、专门培养专家的学校把专家培养出来。可以看到发展中国家力图用小学和不完全中学的教学来迅速培养低级和中级的工农业工作人员。在十分缺乏教师的情况下，主要学校和完全中学常常分派毕业生去从事教育工作（不经过专门的教育训练）。中学高年级常常按法国、英国、美国学制的模式进行分科，很重视技术科和实践科。

　　发展中国家的中等学校的教育水平还不高。有水平的教师不足，缺少校舍和必要的物质基础，不得不在一定程度上降低对知识水平的要求。教室常常容纳过多的学生（有时达100~150人），以致实际上不可能正常掌握教学大纲。

　　教学的形式和方法、评价知识的制度还受殖民时期的教学制度的严重影响。只是应当指出，教室内学生极大地超额使坐落在边远和农村地区的单班制小学主要采用口头教学方法，机械地背记。但近年来可以看到有较彻底地改革学校、放弃旧的教学形式和方法的意图。可以说，独立国家的普通学校有两个主要发展趋势：一是在民族的基础上编写新教学计划、大纲和教材；二是教学内容现代化，使其符合民族利益和当前科技进步的要求。虽然在完成这个教育的发展规划时遇到了很多困难，但随着战胜社会经济上的落后和实现文化革命的任务，发展中国家的教育能达到这样的水平，使它们大大接近发达的工业化国家。

第六章　青年学生的政治教育

政治教育的作用和意义

政治教育是社会主义国家和资本主义国家年青一代教育理论和实践中界线最为分明的领域，两者之间的矛盾在这里表现得尤为剧烈。

关于政治教育的作用与它在学校教育中的意义，这两个问题的提出本身就其性质来说就有原则上的分歧，是互相对立的。

19—20世纪的资产阶级教育理论家站在学校不参与政治的立场上，企图用学校的围墙把青年与周围社会生活隔开，使他们不受先进社会思想的影响，不让他们参与反对剥削者统治的尖锐的阶级斗争。列宁在揭露资产阶级理论的实质时说："学校可以脱离生活，可以脱离政治，这是撒谎骗人。"[①]马克思主义教育家指出，所谓学校不参与政治乃是资产阶级在教育领域中实施真正的阶级政策的掩饰。

实际上资产阶级学校从未实施过不问政治的教育。他们禁止学生参加政治组织，但又建立了童子军组织、为文化而文化组织等。他们还在历史、法律常识、宗教和道德课上培养学生忠于现存制度、资产阶级

---

① 列宁：《1918年8月28日在全俄教育工作第一次代表大会上的演说》，见《列宁全集》第28卷，69页，北京，人民出版社，1956。

道德、资产阶级沙文主义和民族主义。20世纪阶级斗争的尖锐化证明了不问政治的教育理论是站不住脚的，它促使资产阶级用军国主义、反共产主义、法西斯主义精神加强学生的政治教育。但即使是现在，在继续加强这种趋势的同时，资产阶级教育学中还流行着"非意识形态化""趋同"的理论，否认在学校范围内进行有目的的政治教育的必要性。

马克思列宁主义教育学对青年学生的思想政治教育和道德教育，对培养他们忠于共产主义理想、爱国主义和无产阶级国际主义的任务赋予极大的意义。列宁在共青团第三次代表大会上的演说中说，学校应当使青年"自己能够养成共产主义的观点"，应当"使人们成为推翻剥削者这一斗争的参加者"，"应该使培养、教育和训练现代青年的全部事业，成为培养青年的共产主义道德的事业"。[①]

列宁的这些论点是所有社会主义国家教育政策的基础。社会主义国家的共产党和工人党在自己的文件中不止一次地指出学校在青年的思想政治教育上的成绩，提出了加强、提高这种教育的效果的任务。

资产阶级学校的实践中也不可避免地增强了政治教育的作用。政府一方面在进步力量的压力下被迫做出一些让步，允许高年级学生参加政治活动、政治辩论，如法国1968年以后的国立中学那样。另一方面，资产阶级政府为了不丧失对青年的影响，加强了资产阶级意识形态的政治教育。在正式文件中、在教育理论家的发言中日益尖锐地提出了培养"公民的天职""热爱祖国和天皇"（日本），培养不仅能"适应"现存制度（正如几十年前资产阶级教育学所要求的那样），而且相信现存法制的绝对正确性，积极忠于它的"好公民"的任务（美国）。

以这个或那个符合统治阶级的阶级目的的意识形态为基础的学生政

---

① 列宁：《青年团的任务》，见《列宁全集》第31卷，262、257页，北京，人民出版社，1958。

治教育和道德教育一般通过几个渠道进行：在教学过程中进行，在课外活动、校外机构的活动过程中进行，在儿童和少年的政治和文化组织中进行。

教学过程中的政治教育和道德教育

在教学过程中，学生的政治教育和道德教育或多或少地在讲授学校教学计划的所有课程中进行。学习本族语和外语的课文内容、数学和物理习题的内容能充实学生有关国家社会生活的知识，给这些知识以一定的方向性。当然，在学生的政治教育过程中起基本、主导作用的是社会政治课程：历史、社会学、文学、经济、地理、哲学、道德、公民。

在社会主义国家的教学计划中，除历史、地理、文学课外，在中学高年级教这样一些课：共产主义原理（保加利亚），社会学，苏维埃国家的基础和法律（苏联），世界观基础（匈牙利），公民教育（德意志民主共和国、波兰和罗马尼亚），政治经济学，社会政治知识（罗马尼亚），哲学（捷克），道德和社会关系，社会学原理和国家政体（南斯拉夫）。

尽管有差别，但在教这些课时有许多共同的任务。它们应当综合学生在低年级学习时获得的具体的社会经济知识，给予某些马克思列宁主义哲学和社会学的基本原理，帮助学生形成马克思主义的信念，认识本国的国家生活和社会生活的基本因素，认识公民的义务，促使学生积极参与社会生活和政治生活。

在社会政治课上，学生学习马克思列宁主义的基本原理。这些课的教学过程很重视共产主义世界观的形成。学习马克思列宁主义原理是和当前的现实、社会主义建设的实践紧密联系着的。这些课使学生了解社会主义国家的工人阶级在建设发达社会主义的斗争中所表现的劳动英雄主义，给他们指出资本主义国家的工人阶级为自己的权利、为从剥削和压迫中解放出来而做的斗争，引导他们理解社会发展的相互联系、原因和规律。学习社会政治课有助于学生形成科学的辩证唯物主义世界观，有助于学校青年的思想政治教育。

在资本主义国家学校的教学计划中，为道德教育和社会政治教育目的服务的首先是讲授宗教的课。学校与教会的相互关系、宗教与非宗教的教育和教学问题，一直是思想斗争的一个尖锐的问题。尽管一般学校都被称为是世俗的，并归属于国家，但大多数资本主义国家都开设宗教课。在英国、德意志联邦共和国、意大利、西班牙的所有学校里，宗教是必修课。例如在英国的小学，宗教课的时数比算术课的时数多，比自然课的时数多3倍。在法国、美国、日本，国立学校的教学计划不包括宗教课，但在法国来自信教家庭的儿童在每周的第二个"休假日"——星期四接受宗教教育，而在美国许多学生在星期日学校听讲或在普通学校听读圣经。虽然在大多数资本主义国家，学校在法律上与教会分离，但除国立学校外还有大量私立的、属于教会和其他宗教组织的教会学校。意大利有近50万学生在私立的、主要是教会学校里学习。法国有近200万孩子在私立学校学习，其中85%属于天主教。日本的法律允许私立学校用宗教代替每周一小时的"道德"课。

至于说社会政治课程，除了历史和地理，还应当指出这样一些课：道德和公民学要素（法国、日本），哲学（法国），社会学（德意志联邦共和国、日本），时事（德意志联邦共和国），社会学，公民学，国家管理（美国）。哲学课在法国占重要地位，它的任务是形成青年的资产阶级世界观。课的内容和结构决定了叙述各种问题时的思想方向性。对马克思主义的捏造和歪曲以及哲学课的反共产主义方向性戳穿了法国国民教育领导人所宣称的"教育中立性"的原则。法国的进步力量把这个"中立性"看成是不让学生在学校里学习进步的哲学观点的手段。

相比而言，社会政治课程在英国一般学校的教学计划中占不大重要的地位。但对于英国培养社会上层的私立特权学校（"公学"）就不能这样说了。这种学校的高年级学习这样一些课程，如经济学、不列颠宪法、著名人物传、时事。这一类课程在教学计划中占有重要地位。

美国学校对待社会经济课程同样具有这种倾向。美国学校反对不问政治和孤立主义，企图用社会政治课程对"好公民"进行积极的政治教育。社会政治课程在许多学校的教学计划中占总学时的15%～20%。在高年级上这样一些课，如"民主问题""美国国家政体""共产主义、其方法及毁灭性后果"等。制订教学计划的选择性原则允许除了必修课外，还有大量社会政治方面的专题课。

在学生的政治教育中，具有决定性因素的当然不是社会政治课程的数量和分量，而是它们的内容、它们的思想方向性。资产阶级学校中的一切社会政治课程都是从唯心主义观点出发来学习的。法国国立中学的哲学课是脱离具体的历史条件来熟读个别哲学家的论点，而且主要是学习唯心主义的理论。

资本主义国家学校的社会政治课的特点首先在于它们只给学生少量有关社会主义国家及其历史、地理、文化的知识。初等学校根本不教这些知识。法国小学只学习本国的历史和地理；六年制的美国学校和日本学校也是这种情况。虽然美国学校的社会学课占总学时的20%，但主要用来让学生了解自己州的、本国的历史和地理，美洲大陆上的一些国家。只是到七年级才浏览世界地理。英国的大多数学校的头5年只学习英国历史。

英国中学高年级给学生一些关于苏联和其他社会主义国家的历史的知识，但这些知识少得可怜，而且大部分是被歪曲了的：欧洲社会主义国家被当作苏联的"殖民地"；学习第二次世界大战的材料时，歪曲并千方百计地贬低苏联在战胜法西斯中的作用；等等。

在美国学校里，当材料涉及苏联、社会主义国家的历史或现代政策时，就给学生灌输关于来自苏联的"战争威胁"的思想，把十月革命说成是"少数革命家夺取了一个巨大的多民族国家的政权"，反苏维埃主义渗透到社会政治课程的内容中去。有些美国教育界领导人被迫承认，在历史、社会学课中，"共产主义被说成是不现实的，仅强调其弱点和缺点"[1]。

法国的中等学校相当重视苏联历史。在法国几个进步人士写的教科书中，材料比英美写得更全面和客观。但即使是这个也不能让学生形成有关俄罗斯历史的正确概念：教科书中完全不讲俄罗斯的音乐家和艺术家，不讲俄罗斯的学者（除了门捷列夫），对俄国革命运动史说得很少。而反动出版社出版的教科书则普遍使用伪造和片面叙述苏联和其他社会主义国家的历史和现状的手法。一个广泛使用的方法是大量摘录反苏的"文件"，而不说明自己对这些文件的看法。

资本主义国家学校在讲授历史和地理课时，在教学大纲和教科书中，也歪曲直接涉及本国或世界其他国家的材料。很少谈到或者根本不谈革命运动和人民起义（如关于斯巴达克、瓦特·泰勒等人的起义）。美化帝国主义的殖民政策。不列颠帝国被描绘成把文化和进步带给了被它征服和奴役的人民。美国学校八年级学习美国早期历史时，闭口不提灭绝印第安人的事，而是歌颂征服新土地的美国开拓者的浪漫主义精神，客观主义地叙述南北内战（"南方和北方都是对的，因为都是为自己的理想而斗争"[2]）。

美国学校的社会政治课程千方百计地宣扬"美国生活方式"、"自由企业"和资产阶级民主。统治美国的社会制度被看成是理想的制度，是

---

[1] 兹·阿·玛勒科娃：《当代美国学校》，240页，莫斯科，1971。
[2] 兹·阿·玛勒科娃：《当代美国学校》，184页，莫斯科，1971。

社会发展的顶峰。与此同时，美国学校考虑到青年们由于看见社会生活中的矛盾而产生的疑问，考虑到发展着的青年运动，被迫把研究如种族歧视、失业、社会不平等、犯罪率增长等这样一些当代资本主义社会的尖锐问题列入社会政治课程中。但是安排内容和材料的讲授时，使青年学会"从理智的立场"来讨论这样的问题，而不触及这些问题产生的真实原因。

应当指出，近年来在社会经济课程的学习中，军国主义、民族主义的倾向加强了，特别是在那些第二次世界大战的战败国的学校（德意志联邦共和国、日本）。在历史课本中，在课堂上，教师们企图复活法西斯主义思想，宣传法西斯统帅们的英雄气概和殉难的光荣，号召复仇。

与此相反，社会主义国家学校中的社会经济课程宣传和平和人民友谊的思想、社会主义思想；培养年青一代的人道主义和国际主义，确保学生不仅具有关于本国的，而且具有关于世界其他国家的历史、经济、文化的广泛知识，对历史事实做马克思主义的、真正科学的解释，使学生掌握了社会发展规律后，能够有准备地积极参与新社会的建设，反对任何敌对的意识形态。

课外和校外活动中的政治教育

政治教育在课外和校外活动中也占重要地位。与此同时，课外活动能扩大学生的知识范围，发展智力和创造性才能，培养体力和审美能力，组织空闲时间，等等。

社会主义国家认为课外和校外活动具有特殊意义，为这类活动建立了相应的物质和技术基础。学校转入全日制，扩大延长日学校网，建立寄宿学校和儿童校外机构网（少年宫、儿童技术站、少年自然科学家站等），这一切为对学生进行教育工作创造了极大的可能性。苏联在1976

年有4 501个少年宫和少年之家，1 085个少年技术家站，7 723个儿童图书馆，158个儿童剧院，641个少年自然科学家站，153个儿童公园，等等。[①] 举出这些，就足以说明一切。波兰的"明亮的屋子"、捷克的青年大队、德意志民主共和国的青年学生俱乐部都有助于在课外时间对大部分学生进行教育指导。

社会主义国家的共产党和工人党、共青团组织的决议多次指出必须加强校外和课外教育工作，许多国家编制的教学法材料——教育工作大纲、各种小组活动大纲、班主任参考书等有助于加强这个工作。许多社会主义国家的学校设立了课外教育工作组织的专门岗位，师范院校加强了对这方面工作人员的培养。

如果学校的课外活动在过去一个时期主要是充实教学活动，局限于组织学科小组、学科晚会等，那么近年来则特别加强了政治思想教育工作。这样一些活动方式，如红色探险家运动，学校博物馆，学生与卫国战争英雄们、抵抗运动英雄们、先进生产工作者会见等活动，开展得极为普遍。在和老共产党员们，和那些建设了并正在建设社会主义社会、保卫了这个社会的人们的生动交往中，儿童们感到本国人民革命、战斗和劳动的传统，在"谁也不会被忘记，什么也不会被忘记"的口号下积极参与社会运动。研究列宁及其战友的生活和工作、研究社会主义国家共产党的光荣道路的活动具有特殊意义。学校对学习祖国边区、社会主义建设的历史、社会主义国家的内外政策也很重视。

思想政治教育的最重要部分是与社会主义国家当前生活的联系。通过政治报告、讲话、座谈、报纸、广播和电视，学生经常了解他们祖国的日常重大事件。

社会主义国家课外和校外教育工作的特点是它与成人劳动集体的生

---

① 《苏联国民经济六十年》，见《纪念统计集》，584、600、608页，莫斯科，1977。

活及整个国家的生活紧密联系。

这种联系首先通过学生的社会公益劳动来体现。苏联的学生农业生产队实质上是集体农庄和国营农场的一部分，完成它们计划的一部分，与成人集体一起劳动。德意志民主共和国的许多少年技术家站建立了儿童设计和合理化创议局，受工厂委托或自己主动研究各种合理化建议，以后运用于生产实践。德意志民主共和国、捷克和其他社会主义国家的许多学校与工厂签订合同。一方面，工厂有责任帮助学校，为课外小组分派辅导员，提供材料和设备；另一方面，学校集体完成一些社会公益劳动，如照管小花圃、公园，帮助工厂学前教育机构工作，等等。

积极参加全民节日、政治运动，在社会主义国家的学校里是很普遍的。学生参加游行、群众大会，在学校组织节日或纪念日的晚会、音乐会、展览会、比赛、竞赛。学校为庆祝伟大十月社会主义革命60周年做了大量工作。这个节日不仅在苏联，而且在所有社会主义国家都庆祝了。波兰的学生积极参加了准备庆祝波兰建国1 000周年的活动，建立了陈列馆、历史地志博物馆。人民担负起到波兰建国1 000周年建设1 000所学校的任务。学生自己积极参与建设这些学校、体育设施等。社会主义国家的学校为纪念战胜法西斯30周年和纪念其中的大多数国家成立新的人民共和国30周年做了大量的工作。

在各国资产阶级学校里，课外教育活动因国家在历史中形成的传统、学校的物质条件等的不同而占有不同的地位。如法国教育家指出，教育活动在法国学校经常处于第二位。英国学校对课外教育活动较重视，这主要是指私立的特权学校，那里有经过周密考虑的、有教育依据的课外教育活动制度。

德意志联邦共和国在10年以前对课外教育活动和法国一样不很重视，现在由于增加了全日制和延长日制学校的数量，开始研究课外教育活动制度的理论和实践的基础。

课外教育活动在美国和日本的学校里极为普遍。日本学校的教学计划甚至为课外教育活动划出专门的时间，而课外活动的负担算作教师的工作量。

在资产阶级学校的课外活动中，我们可以看到两种倾向：一方面，课外活动用来吸引青年脱离校园外的社会政治生活，用体育运动、脱离政治的文化活动等占据学生的空闲时间；另一方面，主要企图利用课外教育活动来进行反动的政治教育。美国和英国举办"西方反共产主义联盟"一类的政治报告和辩论会，德意志联邦共和国学校举办关于"德国的分裂"的座谈，日本组织参观收集了日俄战争和第二次世界大战的"纪念品"的靖国神社，所有这些证明了资本主义国家的学校加强课外教育活动中的反共主义与复仇主义的倾向。

在学校里这两种倾向经常交织在一起。日本的课外活动正式分成两个部分：一是"特别教育活动"，包括班级、俱乐部和课外小组的儿童集体活动；二是按行政系统直接在教师领导下进行的"全校活动"（典礼、节日、会议等）。第一种活动的内容的特点是不问政治，因为日本教育学认为，儿童的社会积极性不应带有政治性。至于说第二种课外活动的内容，近年来它日益具有反动的、民族主义和军国主义的性质。

课外活动的方式是多种多样的，它在不同国家在许多方面是很相似的。如根据学生的特殊兴趣和爱好组织的课外活动——体育、技术、科学、艺术等方面的小组、小队和俱乐部。

英国私立的特权学校的体育课外活动特别发达，这是英国学校的传统。体育运动成为活动的主要方式。每个学校一般都有几个体育运动队（足球、橄榄球、网球、板球等）。有钱的、物质上有保证的学校还发展这样一些体育运动，如自行车、摩托车、划船、帆船。一般学校以那些不需要昂贵设备的运动为主。这种情景在大多数资本主义国家是有代表性的。

近年来，学生社团和俱乐部等形式在中学发展得特别快，它们吸收大量学生参加，含有游戏因素，并以此吸引学生。

在班集体和全校范围内实行的各种各样礼仪对解决教育任务也具有重大意义。教师们认为这样的礼仪对学生在情感上起作用。教育工作中的直观性、情感，特别对低年级学生，具有决定性意义。如在英国、法国、西班牙及其他国家的学校里，宗教教育占重要地位；重视学校教堂的外部装饰、集体举行华丽的仪式、学校小教堂里的晚祈祷，这造成一种特别亲切的气氛。

美国学校极力使政治教育色彩鲜明、动人。每一班级里有美国国旗、总统像，学习日以唱国歌和对国旗宣誓尽忠开始。在日本学校里，节日典礼经过精心安排，并且所有学校是统一的。

社会主义国家教育学的主要原则是在集体中和通过集体进行教育的思想，集体主义深入社会主义社会的全部生活。在社会主义国家的学校里，学生在教师指导下取得集体相互关系的经验。

在社会主义国家的学校里，思想政治教育和道德教育最有效的方式是在班主任指导下班集体的课外活动。以政治题材和道德题材为内容的座谈会、政治报告是活动的主要方式，在这个过程中班主任对学生的意识施加影响，使他们形成共产主义观点和信念的体系。

在资产阶级学校里，班内以及全校的关系建立在完全对立的思想上。英国的寄宿学校采用所谓"家"的制度（由各年级不同年龄的学生组成一个班，住在宿舍的一个单元里）。这种"家"的任务是模仿家庭，在学校里存在年长者专制和年幼者无条件服从的不平等关系的特殊制度，目的是培养学生会服从和会领导。资产阶级学校的思想政治教育，以及训练儿童在对抗性社会条件下走向生活的手段是自治。

现在世界几乎所有学校都有这样或那样的自治，但它的性质、方向、方式在社会主义国家的学校和在资产阶级学校是不同的。在社会主义国家，学生的自治不仅是组织儿童的学校集体和班集体生活的手段，而且是在社会主义民主、社会主义劳动集体的条件下训练儿童走向生活的学校。在资产阶级学校，自治主要用来作为培养"领袖"和"普通群众"的手段。这一点在英国学校表现得最明显，那里实行所谓的地方长官制，从高年级学生中任命长官，每个长官对某一地区工作负责，并在许多方面代替了教师、教导员，他们维持秩序，有权惩罚有过失的人。

此外，许多资产阶级国家学校的自治的任务是以游戏的方式，使学生了解国家社会政治生活的结构、国家机关的活动、选举制度。为此，自治制度模仿国家机关的制度在学校里成立"议会"，议会"代表"提出自己的要求，举行"选举运动"，等等。

因此，课外教育活动既是社会主义国家，也是资本主义国家教育年青一代的重要手段。内容的方向性和形式上的差别决定于社会本身（或是社会主义，或是资本主义）对教师提出的完全相反的教育目的。

儿童和少年的组织

对儿童和少年进行思想政治教育的一个最全面而有效的途径是让他们参加儿童和少年组织。列宁不止一次地谈到儿童的无产阶级政治组织的意义。他说："儿童的组织是培养公社社员的最好途径。"

儿童和少年的民主组织是社会主义、资本主义和发展中国家的共产党和工人党、进步组织建立起来的。这些组织是儿童和少年参加劳动人民争取社会主义和共产主义，争取和平和民主，争取民族独立和社会进步的斗争的形式，被看作是取得政治活动和社会活动初步经验的学校。

社会主义国家有大量的儿童组织，这些组织具有同样的目的，其活动的基础是一些统一的原则：自愿性；积极参与国家的社会政治生活；以社会公益劳动为教育因素；以战斗英雄和劳动英雄的生活和工作为榜样的教育；为获取知识、争取高度文化水平而积极奋斗；广泛开展体育运动和游戏；少先队的理想，鲜明的标志。这一切对于社会主义国家的所有共产主义儿童组织来说都是共同的。儿童和少年组织在自己的活动中应该考虑到本国的民族特点和社会特点，这反映在工作的内容、方式和方法上，反映在标志和特征上。

这样一些群众性运动在青年思想政治教育中起重要作用，如苏联组织的探险家的行军和远征、铁木尔小分队、军事爱国主义游戏"闪光"及其他活动，波兰少先队组织的社会公益劳动"无形的手""格隆瓦尔德""扎莫尼特"（保护历史古迹），捷克少先队员纪念捷克共产党成立50周年的"红星"政治活动，等等。

在社会主义国家少先队组织的活动中，国际主义教育占很重要的地位，培养对他国人民的尊重、与社会主义国家少先队员之间的友谊。纪念列宁诞辰100周年、战胜法西斯30周年等都是少先队的大事。社会主义国家及其他国家的少先队员们会聚一起的"阿尔特克"（苏联）、"皮克共和国"（德意志民主共和国）、"克拉涅沃"（保加利亚人民共和国）、"契列别尔兹"（匈牙利人民共和国）等少先队夏令营就是为培养国际主义服务的。

少先队组织的思想政治工作的一个任务是培养少先队员加入共青团，少先队组织是在它的领导下工作的。高年级学生的思想政治教育是在共青团和其他组织中进行的，这些组织在所有社会主义国家都建立起来了。

大多数资本主义国家建立了在共产党和工人党领导下工作的少先队和共青团组织。这些组织按居住地点活动，因为在学校里它们的活动是受到禁止的。学生们——共产主义儿童组织的成员们在政治斗争中帮助自己的党，参加选举运动，参加游行和罢工，取得政治斗争的经验。这些组织举办体育活动，组织旅行行军，学习本国和外国的革命运动史，与外国的少先队组织建立国际联系。资本主义国家的现行组织有"法国少先队员"（1945年建立），奥地利的"青年近卫军"（1946年建立），"芬兰民主少先队员联盟"（1945年建立），挪威的"少先队员"（1952年建立），瑞士的"领跑者"（1961年建立），比利时的"少先队员联盟"（1945年建立），以及英国的"森林人"（1925年建立），等等。

在资本主义国家，为了对抗共产主义儿童组织，资产阶级建立了自己的儿童和少年组织。受政党控制的学生组织有"奥地利中学生社会主义联盟""德国社会主义青年——鹰"（德意志联邦共和国），以及许多由天主教会建立的组织，例如德意志联邦共和国的"天主教青年联盟"，所有资本主义国家都有的"基督教青年联合会"。此外，在天主教和其他资产阶级青年组织中都设有儿童部。

有些资产阶级的组织和少年组织公开宣布自己的政治目的，如奥地利的"中学生讨伐团"，丹麦的"年轻的右翼"和"保守的中学生"，芬兰的"青年中心联盟"，等等。有些组织表面上是非政治性的。属于这一类的有许多宗教组织、文化组织、体育组织、儿童联盟、业余爱好俱乐部。美国的"男孩子俱乐部""未来的家庭主妇"就是例子。全世界所有资本主义国家都有的、联合了1 000万人以上的童子军占有特殊的地位（男孩和女孩有单独的组织）。这些组织在宣布自己是非政治性组织，主要从事文化、体育、远足活动的同时，企图吸引青少年脱离社会生活，使他们不受社会上进步力量的影响。这样他们就用符合资产阶级统治集团的要求和利益的思想对青年学生进行政治教育。有些组织虽然形式上也算作是非政治性组织，但是实际工作也包括讨论和研究政治问题。虽然童子军组织认为自己是非政治性的组织，但是又宣布"忠于当局"是自己的首要法则。

第七章　当代世界的师资问题

师资的一般状况

师资问题永远是个关键问题，年青一代教育的成效在很大程度上取决于这个问题解决得如何。教师是"过去和未来之间的活环节"（乌申斯基）。国家的政策在年青一代教育领域中的具体贯彻，教学大纲、教科书、整个教学和教育过程的效果在很大程度上取决于教师，取决于他们的水平、政治方向、文化和道德面貌以及他们的个性品质。

由于培养足够数量的高水平教师很困难，在美国和其他一些国家出现了削弱教师在学校中的作用，用教学技术手段、教学机器来"代替"教师，改革教学过程以便尽可能少用有水平的教师的倾向（特拉普计划等）。轻视教师在青年教育和教学过程中的主导作用的根源是实用主义教育学。

但多年来学校的经验说明，这种倾向是不现实的，因为人的教育和教学过程是两方面的事，它应当在专家、教育能手的领导下进行。近年来师资问题在许多国家，特别是发展中国家和资本主义国家的社会生活中显得特别尖锐（虽然表现为不同形式并有不同的原因）。

师资队伍的数量和质量决定于社会在当前历史发展阶段的需要、本国学校政策的特点及其历史和民族特点。

20世纪下半期，最主要的、全球性的、决定解决师资问题方向的因素有：科学技术革命，因为它对社会每一成员的教育水平，对教学内容、方法和制度提出了新要求；社会主义和资本主义意识形态斗争的尖锐化，而处于这个斗争中心的，除了其他施加影响的手段外，就是对年青一代有直接思想影响的教师；许多亚洲、非洲和拉丁美洲国家在经济和文化发展中的飞速进步。

　　走资本主义发展道路的国家的所有这些客观因素激起了人民群众为教育的民主化、为提高教育水平而进行的斗争趋于尖锐化。共产党和工人党领导着这个广泛的人民运动。在这些因素的影响下，竭力维护上层社会垄断高质量教育的统治集团，被迫扩大劳动人民受教育的机会，提高广大人民群众的教育水平和质量。

　　社会主义制度国家的教育政策自然而有机地出自人民群众的利益，是为了人民的福利，基于马列主义对当代社会，特别是对教育发展的主要客观因素所做的科学分析。

　　近25年来，全世界学校各级教师的总数增长很多。增加的速度在亚非拉发展中国家特别快，因为那里开始实施群众性的初等教育。8年中（1960—1968）它们的教师数就从450万增至720万。①

　　社会主义国家教师数飞速增长。如20世纪50年代至60年代保加利亚教师数几乎增加了1.5倍，匈牙利和德意志民主共和国为1.8～1.9倍，波兰为2.3倍。

　　甚至在早就实行普及小学义务教育的发达的资本主义国家，教师总数近年来也大大增加了。这种增加主要是由于延长了义务教育的年限，因此基本上增加的是中学教师。日本在20年间（1956—1976）普通学校的教师数增加了34%。

---

① 斯·阿·坦格扬：《发展中国家：教育与联合国教科文》，116页，莫斯科，1973。

尽管教师队伍普遍增加，目前世界上许多国家仍感到教师不足。特别在发展中国家，师资状况很困难。日本每10万居民中有普通学校教师84名，而阿富汗只有5名。在20世纪70年代初阿富汗共有8 000名教师。为了实施普及小学教育，阿富汗必须培养近9万名教师，为此需要30～35年。[①]应该补充一句，大部分现有的教师并不具备应有的业务水平。同时，阿富汗有55%的小学教师既没有受过专业教育，也没有受过中等教育。泰国的小学教师中有46%、中学教师中有36%没受过相应的训练。很自然，学校聘用这些教师是由于极端缺乏教育干部。

发展中国家缺少教师是由于下列一些原因：必须尽快地解决几乎全体居民为文盲的问题，实施哪怕只包含小学的义务教育，即达到为发展国家的经济、为满足人民的需要所必需的最低文化水平；必须以本民族的教师替换来自宗主国的教师；宗教学校转变为世俗学校，以世俗教师代替来自宗教界的教师（这一过程在东方伊斯兰国家特别明显）；许多亚非国家在独立以后由于提高了出生率、降低了儿童的死亡率而人口迅速增长。

许多发达的资本主义国家也感到教师不足。英国缺少约3万名教师。法国、意大利和其他国家教师也不足。这首先是由于提高了一般的教育水平，延长了义务教育年限，并由此而使学生总数大量增加。大多数资本主义国家主要缺少中、高年级的科任教师（特别是理科，因为在学校教学计划中这些课程的比重增加了）。

资本主义国家小学教师的不足是由于师范院校及其学生数量不足。如法国培养义务学校师资的师范学校学生数几乎一直没有增加，不超过3.4万人。师范学校为四年制，这意味着每年的毕业生不超过8 500人，而同时仅仅小学每年就需要不少于1.5万名新教师。值得注意的是，波

① 《东方国家的教育和民族干部的培养》，63页，莫斯科，1971。

兰的人口比法国少三分之一，培养小学师资的师范学校毕业生每年超过3万人，德意志民主共和国的人口只是法国的三分之一，而师范学校毕业生每年为13 500人。因此，法国和其他大多数资本主义国家一样，教师的不足是由政府的"教育节约"政策的人为保持造成的。

资本主义国家教师不足的主要原因还在于教师工资低、负担过重造成的教育干部的极大流动性。法国的小学教师在校内直接和学生在一起的时间是从早上8点到晚上6点。日本教师的周负担量为63小时。已证实，英国师范学院的女毕业生中（女生占学生数的三分之二），每5人只有1人在学校工作。日本在20世纪60年代末每年解雇的教师数几乎和新雇用的一样多。大量教师离开学校的重要原因是教师职业在资本主义国家的社会威望低。

在社会主义国家，政府重视扩大培养教师队伍，提高教师的社会威望和物质福利水平。但这里也存在教育干部的流动问题，存在保证学校有足够数量高水平教师的问题，特别是农村学校，以及某些学科的教师（物理教师、外语教师等）。需要扩大教师的数量是由于学校教育，特别是中、高年级的迅速发展，完全中等教育的普及，教育水平的提高，整个教育社会威望的增强。

在有些发展中国家，政府企图用广泛吸收没有教育专长的人，甚至只是小学毕业生来从事教育工作，以弥补教师的不足。经过短期的师训班（1~3个月）训练，这些人就被派到学校去工作。

有些发展中国家用行政的手段来吸引干部。伊朗于1963年由受过中等教育、被征入伍的青年组成了所谓"教育团"。团员们不服兵役，经过短期准备，有时甚至不经准备，就去农村从事教育工作。但在服役期满后，他们大多数丢掉教师的职业，并离开了农村。

社会主义国家普遍动员有文化的力量来扫除成人中的文盲，实施普及小学教育，形成了广泛的社会运动。苏联20世纪20年代和30年代以及古巴20世纪60年代的扫盲群众运动就是这样的范例。

　　某些资本主义国家被迫采取特别的措施以填补教育干部的不足。英国从1965年开始吸引过去因结婚而脱离教育工作岗位的女教师，到学校当教师的助手和编外的按钟点取酬的教师。为了恢复她们的教育业务，英国成立了短训班。德意志联邦共和国在20世纪60年代末也为家庭主妇成立了这样的训练班。

　　在某些国家开展的职业定向工作对提高教师职业的威望和增加师范学院的学生数起了一定的作用。如在美国成立了《美国未来教师》组织，它在学院里成立了2 500个小组和600个分会。这些小组和分会的目的是宣传教师的职业。

　　社会主义国家的经验证明，在短训班培养师资的制度在一定的形势下是不可避免的，并对解决教师问题是必需的。但是训练班制度显然只能是暂时的紧急措施，而且这些训练班的毕业生以后应当通过函授或夜校教育来获得系统的师范教育。不论是解决师资的数量问题，还是解决质量问题，其主要途径是在拥有足够数量的师范院校网，具备科学制定的培训教育干部的内容和方法的固定、严整的师范教育制度。

师资培训制度

　　师资培训制度是为一定的国民教育制度服务的，因此它取决于教师所服务的学校类型，取决于学校的教学内容、教学原则和方法。

　　从历史上看，在剥削阶级社会的条件下，在国民教育中形成了两种决然分开并彼此对立的学校：为人民群众开设的死胡同式的初等学校和为上层社会开设的、直接通向高等教育的中学。与此相适应，师资培训也通过两种途径。初级的国民学校的教师由中等师范学校培养，建立在初级学校基础上，最多是在提高班、不完全中学的基础上。法国的师范学校、日本的教师讲修班等就是这一类学校。中学教师一般在综合大学，在专门的教育系或一般的系里（理科或文科）培养，一般系的毕业生有时受到少量专门的教育训练，有时根本没有。此外，还有专门的高等师范院校，如法国的高等师范学校。

在当代科技革命的条件下，社会对知识水平，对社会每个成员、每个普通工人的发展要求提得很高，使得义务教育的一般内容也很大地提高了。社会一切阶层要给自己的子女以广泛的教育的趋势开始占优势。如果在20世纪初许多国家还根本没有实施义务教育，或者义务教育仅限于3～4年，那现在义务教育已有8～10年，通常不仅包括小学，而且包括不完全中学。

一些社会主义制度的国家（波兰、保加利亚）在社会主义改造前没有实施小学普及义务教育，在社会主义发展进程中则实施了小学义务教育、不完全中等义务教育，义务教育的年限不断增加，目前为8～10年。扩大义务教育的年限是全球性的趋势。这使得中、高年级学生数量增加，从而对这些年级教师的需求量也增加了。

在科技革命、科学发展的影响下，不仅义务教育年限改变了，教学内容也改变了；不仅在高年级，而且在低年级都增加了课程的数量，提高了教材的科学水平，开始广泛使用教学技术手段。教学内容和方法之所以能如此扩大和复杂，与学生迅速增加，学生不仅在学校而且从各种来源（广播、电视、报刊、电影）获得知识这些现象是联系着的。也不能不考虑到现在学生家长的文化水平比过去的家长提高了。所有这些最终归结为，要求现在的教师对所教的科目具有更深的科学知识，受过多方面的专业教学法训练，包括做少年和高年级学生的工作。这些同样提出了师资培训组织要适应当代需要的问题。

当前在师资培训制度中可以看到有三种主要方向：培养小学教师；培养初级中学或"中间"学校教师（七至九年级，12～15岁）；培养传授完全中等教育的高级中学教师。

培养小学教师

大多数国家是在中等师范学校或"半高等"的师范院校（师范学校、师范学院）培养小学教师。这些师范院校首先在学习年限的长短上和建立在什么样的基础上有差别。

可以有条件地把有中等师范教育的国家分为两类。

第一类是亚、非、拉发展中国家。这些国家的师范学校大多建立在小学的基础上，学习年限为2～7年。学习年限上如此大的差别说明学校本身不同的性质。墨西哥、巴西的六、七年制的师范学校实质上是一种把普通教育和职业师范教育结合起来的中学；至于说尼日利亚的两年制师范学校，它建立在小学基础上，并仅仅为小学的两个低年级培养教师，实际上接近于短训班，是一种临时的类型，是由于特殊情况、本民族的教师干部配备上的困难引起的。但发展中国家也有建立在不完全中学基础上的师范学校。它们的学习年限一般不太长：阿富汗三年制，加纳和伊朗两年制，摩洛哥一年制。

第二类国家的小学教师是由以不完全中学为基础的中等师范学校培养的，这是一些西欧拉丁语系的国家（法国、意大利、西班牙、比利时），以及斯堪的纳维亚国家（瑞典、挪威、丹麦）和澳大利亚。一般这是四年制的所谓师范学校（西班牙除外，那里是两年制的）。在这些经济文化发达的国家里，如法国、比利时、瑞典等，师资培训制度保持在较低的普通教育水平（如不完全中学），在一定程度上是旧时代的残余，但传统的习惯在很大程度上促成了这一点。师范学校制度在100多年以前形成，有自己的稳固的基础、干部、工作作风和传统。此外，在四年的教学过程中有两年用于普通教育，这就引导部分青年在义务教育结束后不走通向高等学校的道路，因而有助于保持统治阶级对高等教育的垄断。

建立在不完全中学基础上的四年制中等师范学校在一些社会主义国家还存在（如罗马尼亚）。但社会主义国家这种学校的过去和未来与资本主义国家的不同。在社会主义形成阶段建立的师范学校在实施普及小学教育、达到全民识字方面起了重要的作用。近年来，这类学校的数量减少了，或正在转为在完全中学基础上的两年制学校。师范学校逐步让位于高等师范学院。此外，在师范学校学习的学生并不被剥夺上高等师范学院及综合大学的机会。

许多发达国家都有提高小学教师培养水平的趋势。如在英国、德意志联邦共和国、美国、日本，培养小学教师的师范院校早就转为以普通中等教育为基础，并逐步延长了学习年限。这种转变最普遍的途径是建立以中学为基础的两年制初级学院。据资本主义国家的官方统计，这种学院属于高等学校，但当然，它们不可能用两年的时间进行高等教育，只是"半高等"学校。实际上它们与以中学为基础的那些师范学校、学院没有什么差别。但两年的学习时间显然不能符合对培养小学教师提出的要求，因此在一些国家学习将年限增加到3～4年。英国两年制教育学院从1961年开始增加了1年，目前正逐步转为四年制。四年制的教育学院的数量增加缓慢，因为在缺少教师的条件下这个计划实施起来很困难。

其他资本主义国家也有延长小学教师的培养年限和逐步使这些学校接近高等教育的情况。在德意志联邦共和国，这种趋势表现为高等师范学校（开始是两年制，后来是三年制）与综合大学在组织上的接近与结合。在德意志联邦共和国各州，这种接近采取不同的形式：师范学校成为综合大学的系或专业、分校，或多或少保留了一定的自治。有时这种结合纯属形式，并不促进师范学校培养水平的提高。

社会主义国家（匈牙利、波兰、捷克）是在综合大学三年制的教育系培养小学教师的，但也提出了时间不够的问题，特别是考虑到未来的小学教师也应当专于一门学科，以便使他们能在义务学校的高年级（六至九年级）讲课。

苏联的师资培训制度最彻底而明显地反映了为未来的小学教师建立完全的高等教育的趋势，正在逐步实行在师范学院设立四年制的培养小学教师的系。

四年的学习时间，与其他各系有平等地位，可以使用学院的科学教育干部的力量，这一切就使小学教师的培养真正提高到高等学校的水平。

苏联正在计划把小学教师的培养完全转到高等学校。由于目前大部分小学教师没有受过高等教育，所以规定他们要通过师范学院的函授或夜校来获得这种教育。

培养完全中学的教师

对于培养中学高年级教师的问题，解决的情况是比较稳定和明确的。这些年级按学科进行教学，高等学校要求考生有良好的水平，这一切使所有发达国家，不论是社会主义国家还是资本主义国家，都只在高等学校培养这个阶段的教师。

但这里也有两种培养途径——综合大学和高等师范学校（师范学院、教育学院等）。第一种途径在大多数国家是传统性的，综合大学毕业生在教学科目方面、在科学（他们以后将在中学讲授这门科学的基础知识）方面受到较好的训练；但同时综合大学毕业生一般在教学法上、教育专业方面训练不够，对到中学工作的心理上的准备不足。高等师范学校（师范学院）的毕业生与综合大学的毕业生相比，在教学科目上所受的科学训练较少，但在处理教育专业问题上要强得多。

一些国家对哪一种制度（综合大学还是师范学院）最优越的问题经常展开讨论，做了改进这两种制度、消除各自缺点的探索。当然，这些改进大多数涉及教学内容——教学计划和大纲、教育实习的性质和分量，但对教师培养本身也做了一些修改，以消除现有的矛盾。

如在法国，大多数中学教师是通过综合大学培养的（高等师范学校的学生数很少），所以规定了以下程序来培养具有综合大学教育程度的教师。综合大学的学程本身不授予毕业生在中学教书的权利。愿意当中学教师的综合大学毕业生要通过竞争性考试，并要经过一年的试用期，在有经验的教师指导下进行教学。这种试用期纯粹是实践性的，教育科目的理论学习在试用期中只占很少分量。试用期结束，候补教师要上考查课，并通过考试。只有通过这些考试，而有时还要经过竞争，根据对试用者在学校工作所做的鉴定，他们才有权当中学教师。

在法国综合大学的某些系，教育职业的确定是在二年级以后。愿当教师的大学生进入附设在综合大学的师资培训学院。但是这些学院培训大学生的内容和性质与其他系几乎没有差别。大学生先结束其大学课程，然后通过一年的试用期。这种学院的特点是，在整个学习期间学生领取津贴，为此在毕业后必须在中学工作10年。师资培训学院的招生也要通过竞争。

德意志联邦共和国的综合大学和高等师范学校也有同样的试用期制度。

美国综合大学培养教师有其特点，这是与高等教育的多阶段性有关的。美国没有培养教师的统一制度，也没有国民教育的统一制度。不但是在不同的州，就是在同一个州的范围内也存在着各种培养中学教师的学校。这种培训是在四年制的教育学院、文学院，五年制的综合大学，多科性学院进行，在那里大学生在头两年受到普通教育训练，后两年在大学部学习。在有些综合大学，部分学生在大学学院经过两年的普通教育后，转入设在大学里的两年制师范学院。需要指出，在许多学院、综合大学、师范学校里，除了培养中学高年级教师的部以外，还有培养小学教师的部。有时这种专业化是在一个部的范围内实施的。但这并不是说在美国的条件下师资培训制度失去了阶级性，和社会主义国家一样是统一的。如果在法国，为人民大众培养教师和为上层社会的学校培养教师在本身制度中、在师范院校的本身类型中（一个在师范学校，一个在综合大学）就已经显示出它们的决然不同，那美国高等师范教育的阶级性不在于类型之间的差别，而在于各个院校之间的差别。有的综合大学和学院是有特权的，具有很高的威望，但要付极高的学费，这就对经济条件不好的考生关上了大门；有的则是很小的，没有名的，虽然学费不高，但教学组织得很差。在这样的条件下，又没有毕业生的计划分配，到小学去（特别是农村边远地区）的必然是那些最差的教师。

在社会主义国家，中学高年级教师的培养既在综合大学的一般系（文科和理科），也在师范学院进行。未来的教师不论在哪种情况都能在专业学科和心理教育学科方面受到良好的训练，并能进行各种教备实习。

发展中国家极度缺少教师，补充中学教师的重要来源是派遣学生出国学习。至于说自己的师范院校和综合大学的类型，它们主要是仿效过去宗主国高等学校的模式，或选择与社会主义国家高等学校相同的发展道路。

培养不完全中学的教师

培养不完全中学或初级中学教师的制度是最复杂和不同的。这种学校一般包括五至七年级或七至十年级。

在资本主义国家的国民教育制度中，正是这类学校是社会矛盾最复杂的焦点，这里展开着激烈的教育领域的阶级斗争。正是在这一阶段，统治阶级企图把本国年青一代的生活道路分开，保证自己的后代能进入高等学校、走向知识顶峰的通道，而把广大人民群众的教育限制在符合现代技术和经济增长的要求，但又不足以在高等学校继续学习知识的水平上。

一些资本主义国家建立的不是一类，而是几类不完全中学和初级中学，它们在教学水平、教学方法、生活方式等方面都不同。这些类型学校的教师也按不同方式培养。这一点在英国的师资培训制度中反映得最明显。文法学校（数量不多的学生，主要是社会上层的代表，在通过了"11岁考试"后进入的学校）和其他高级中学一样，其教师主要在综合大学培养。现代学校，即一般的死胡同式的学校，其教师的培养则和小学教师一样，虽然他们要进行分科教学并要教育12～16岁的少年。

法国的情况也相仿：14岁的国立中学学生由综合大学毕业生教，而14岁的普通市立中学或小学提高班的学生则由师范学校的毕业生教。

在某些资本主义国家，如日本、美国，有统一类型的初级中学。这些国家的小学教师和不完全中学的教师一般是在同样的专业、系、学院中培养。毕业生获得为在小学工作所必要的训练以后，专攻一两门学科，以便有权在高年级讲授这些学科。当然，这样的条件造成负担过重，以致既不能培养好小学教师，也不能培养好不完全中学的教师。同时，除了一般的初级中学外，还有私立的、设备良好的、学费昂贵的学校。这些学校教师的工资很高，因而可以选择受过综合大学教育、有良好业务水平的教师。

一些资本主义国家不完全中学的教师培养水平低引起了进步力量的不满，要求各级学校的教师都在高等学校培养的呼声愈来愈高涨。

社会主义国家培养中年级教师的问题是按另一种方式来解决的。这里起作用的是社会主义国民教育的基本原则，即学校统一的原则，因而中学的中年级是和高年级有机联系着的，因此，对不完全中学的教师（有时唱歌、图画、体育教师除外）和中学高年级教师是同样地培养的。这一点在苏联、保加利亚、德意志民主共和国实施得最彻底。捷克和匈牙利还保存着这样的制度，即未来的小学教师同时获得在统一义务学校的高年级（六至九年级）讲授一两门课的训练。今后中学所有年级的科任教师都将在高等学校培养。

大多数资本主义国家的高等和中等师范学校都是国家机构，或属于地方权力机关——市政府和省政府（日本、美国除外）。英国大多数学院，法国所有的师范学校都是国立的。日本的76所国立综合大学中有54所设有教育系或师资培训系。同时在300所私立综合大学中（不算最大的私立早稻田大学）总共有10个体育系和2～3个不大的教育专业。师范教育的国家性，一方面是由于教师起着国家对年青一代、对人民群众施加影响的传导者的特殊作用；另一方面是由于师范学院、师范学校的学生队伍主要是靠社会上民主性较强的、经济条件差的那部分人来补充，这就不能规定昂贵的学费，也就限制了利用教育作为一种做生意的手段和发财致富的来源的私立院校的可能性。

教会和其他宗教组织在建立师范院校中起了不小的作用。它们拥有许多私立学校。英国157所教育学院中有119所属于国民教育机关，其他属于教会组织。意大利有一半以上的教师学院属于天主教会。德意志联邦共和国的师范学校是国立的，但它们按学生属于天主教或基督教而分开，而这些学校的领导问题要取得相应的宗教当局的同意。

法国师范学校的全体学生，英国教育学院的大部分学生的食宿都免费，为此他们必须至少在学校工作10年。这一点显然吸引考生，引起竞争。统计表明，法国的师范学校每年每4个考生竞争1个位置。英国和法国的师范院校提供大学生宿舍，不仅是为了吸引足够数量的学生和使毕业生固定在学校工作，也是为了对学生施加经常的教育影响。此外，英国这一点在很大程度上取决于住宿院校的传统制度。

发达资本主义国家的教育学院和师范学校既有男女分校教学，也有混合教学。法国法律规定，每一个省应当有一所男子师范学校、一所女子师范学校。由于所有发达国家的普通学校教师大多数是女性，所以女生在相应师范院校的学生中占大多数。英国157所教育学院中有18所是男校，16所是男女合校，其他都是女校。日本培养小学教师和初级中学教师的初级学院的学生中有80%是女生。

培养教师的师范院校不大。英国的教育学院一般有150～250名学生，法国的师范学校平均不到200人。私立的师范院校更小。如意大利在1970年每个国立的教师学院平均有600名学生，而每个私立学院平均为150名学生。

师范院校的教学内容

师资培训制度的效率不仅是，甚至主要不是取决于师范院校的类型、学习年限，而是取决于师范教育的内容。

师范院校的教学内容包括普通教育和教育专业训练，以及学科的专业化。据此，教学计划一般由三类课程组成：普通教育科目、专业科目和教育科目。在不同的国家，这几类科目按学年的分配也不同。在法国的师范学校、美国的一些学院和综合大学里，普通教育科目集中在头两年。在大多数社会主义国家以及英国和日本的院校里，普通教育科目以各种方式与专业科目和教育科目相配合，均匀地安排在整个学习期间。教学计划规定，在每类科目内必修课与选修课相结合。

未来教师的普通教育训练

普通教育科目除了提高学生的一般教育水平外，还应当保证未来教师的思想政治教育。

社会主义国家培养教师时，通过党史、哲学、政治经济学、科学共产主义课学习马列主义理论，这在教育训练中占重要地位。社会主义国家共产党和工人党的文献重视研究改进和加强师范院校马列主义理论的学习的问题。

资本主义国家要求包含在普通教育科目内的社会学科和社会政治课程对未来教师的政治教育起一定的作用。资本主义国家师范院校以各种配合方式讲授这样一些课程：历史、地理、社会学、法律、哲学、政治经济学、社会思想史等。它们都是用官方资产阶级意识形态来讲的。如美国师范学院的社会学科对社会发展给以资产阶级的、反马克思主义的解释，颂扬"美国生活方式"、美国的对外政策，歪曲其他民族，特别是社会主义国家人民的历史和地理。

在意大利、西班牙、英国和其他一些国家，宗教在未来教师的道德政治教育中起一定的作用。宗教不仅在属于教会的学院里，而且在某些国立学院里是必修课，占总学时的10%。

普通教育科目包括外语和体育。在有的国家，师范学校和学院的普通教育科目几乎包括所有普通中学的课程。这对那些建立在不完全中学基础上、其任务包括使学生学完完全中等教育的师范院校（法国的师范学校，一些社会主义国家的师范学校）来说是理所当然的，而且是必要的。但是美国的师范学院也学习这些课程，尽管招的学生都是受过中等教育的。在美国不仅对师资培训制度，而且对高等学校来说也是很典型的一点是：在头两个年级，学生一般上普通教育课。这就可以补上由于教学实行选择性原则，某些中学毕业生因没有学习重要的普通教育课程而产生的知识上的空白。虽然英语在普通学校是必修课，但在它的讲授中有很大的缺点，所以美国的所有学院，不论其专业或系别，都要上英语课，从96个学时至224个学时不等。

当然，在师范学院讲授普通教育课程不仅为了消除学生知识上的空白，它的目的还在于在更高科学水平上给予学生各门学科的知识，扩大普通教育眼界。除英语和社会学科外，还有数学和生物，而在有的学院，生物物理学、地质学、天文学等都是必修课。

未来教师的专业训练

师范学院的专业科目经常与普通教育科目紧密联系，前者建立在后者的基础上，补充并发展后者。对未来教师来说，关于某个问题的渊博知识不仅是个人的精神财富，而且也是教育职业的专用工具。

小学教师必须掌握小学里教的所有学科的知识，尽管这些知识可以是不太深和不太广的。中学教师必须掌握一两门学科的知识，但这些知识按当前的要求应当是相当深的，具有当代科学发展的水平。师范院校的专业科目教学计划就是根据这一点制订的。

在培养小学教师的那些学院、专业、师范学校里，高年级专业课的教学计划包括所有小学的学科，常常就是那些在低年级时学过的普通教育科目，但是现在学得更深、更认真，与教学法配合起来学。

在把不完全中学的教师和小学教师放在一起培养的国家里，学生一般可以选择1～2门，有时甚至3门学科作为专业科目。这里把专业科目分得很细，专门培养中学科任教师的综合大学和高等师范院校把专业科目分得更细。这种选择的原则与教师的专业无关，因为它早已由选择的科系所决定。但是许多国家在系里保存了这个原则：学生不必学习所有与其专业有关的课程，而是要选学一些课程。相比之下，社会主义国家选修课的比重不大，选课制主要涉及专题课和专题讨论课，这与其说是为了提高大学生的教师专业训练水平，不如说是为了提高科学水平，发展科学兴趣和才能。许多资本主义国家高等学校由于选课制占优势，使学生常常在专业科目方面挑选过分狭窄的课程。这妨碍了广泛系统的科学教育，使未来教师的专业训练不完全，带有实用性。

教师专业训练中很复杂的问题是培训的专业面宽窄的问题。显然，从教师掌握其所教科目的知识的广度和深度，从解决学生负担过重的角度来看，最合理和有效的做法是培养只教一门课或相近课（国语和文学，物理和天文学，历史和社会学）的专业教师。但是有些客观情况迫使要培养能教2～3门课，有时甚至是4门课的科任教师。在社会主义国家，这是与人口的分布，与存在许多规模极小的农村学校、单班的初级中学有关，教师只教一门课则工作量不够。社会主义农村文化和经济的进一步改革、学校的合并和扩大使在不久的将来能够放弃这种培养科任教师的制度。

资本主义国家也存在规模极小的农村学校的现象。但那里还有要培养专业面宽教师的其他原因，主要是社会的而不是教育方面的原因。统治集团压制一般初级中学教学水平的倾向表现在创造出所谓的综合课上。如日本的初级中学在七至九年级教自然科学的综合课，包括生物、物理、化学、地质、天文学的片断知识。社会学课包括历史、地理、伦理、公民等课的内容。当然，能教这样一组课程的教师要有较宽的专业面，但实际上，师资的培训水平和教学水平都很低。必须培养专业面宽的教师也是因为教学计划包含的课程太多，学科分得太细。如果把美国所有中学的各种教学计划汇集起来，可以从中数出几百种中学高年级的极端狭窄和实用性的课程。

因此，不仅给小学而且给高级中学培养专业面宽的教师，在资本主义国家的条件下是和教育政策、普通学校教学内容的某些特点有关的。

未来教师的教育职业训练

所有国家培训教师的教育科目既包括理论部分，也包括实践部分。社会主义国家科目的理论部分，不论在中等还是在高等师范院校，包括一门或几门心理学（普通心理学、儿童心理学、教育心理学），教育学，教育史，各科教学法，以及心理学、教育学和各科教学法的专题课和专题讨论课。从教育学课中有时分出"专业导言""教学论""教育论"等作为独立的课，但基本上已形成了教育科学的严整体系，在这个体系中，教育的马列主义哲学基础、对过去教育的历史经验的研究是与具体而实际地培训大学生从事教师工作结合起来的。

资本主义国家师资培训制度中的教育科目的一般特点是轻视教育理论，课程分得太细，重视实用性，广泛实行选课制。第一点在培养中学高年级的教师上表现得特别突出。法国和其他一些国家的综合大学在教学计划中根本不设教育学课和各科教学法课，大多数系不设心理学课。法国的师范学校传统上是以良好的职业训练出名的，这里各门课的讲授都有很强的教育方向性，教育实习组织得很好。但即使在师范学校，教育学和心理学的理论课也只占教学计划的9%～10%。在教育史课上只学习法国教育史，忽视其他国家的教育经验。

像日本和美国这样一些国家，教育课程分得非常细。如日本许多综合大学的小学教师培训系学习这样一些课程：初等教育原则，中等教育原则，儿童心理学，教育心理学，教学内容，教学方法，学生指导，学校管理，学校行政，社会教育，教育哲学，教育史，教育社会学，学校卫生学，教育评定，教育社会心理学，等等。其中只有3～5门是必修课，其他分成类，学生从每一类中只需选学一门。因此学生可以完全没学过教育史或教学内容问题就从师范院校毕业，这就不能不影响师资的培训质量。

在学习教育理论时广泛运用选课制使学生受到的师范教育不够系统、不够科学。不久前美国的许多综合大学和师范学院根本没有教育科目方面的必修课。例如哥伦比亚大学师范学院要求学生从10门心理学课程和10门教育课程中进行选择，学生从每一类中任选两门。近年来有些心理教育科目成为所有学生的必修课。

同时，在一些欧洲国家选课制加强了。在保留必修课的同时扩大了选修课的范围。

各科教学法是学生在高年级学习的课，与教育实习同时进行，并与它紧密联系。在中等师范学校，各科教学法是在低年级与专业课，甚至与普通教育课程的学习结合进行的。如法国的师范学校在三年级学习"算术及其讲授法"课。

改进师范教育内容的一个重要问题是有关教育实习的问题，有关其性质、分量、时间长短、与理论课学习的相互关系等问题。

教育实习的分量在不同国家和不同类型的师范院校是不一样的。法国师范学校教育专业的两个高年级的实习总共20周，而在意大利的教师学院，学生在两年期间总共只有6周实习。英国的教育学院有12周实习。教育实习在美国的学院里占重要位置，虽然其分量在不同的学院是不同的。如在华盛顿州的一个教育学院，三年级学生就已经每周有几天上中学去；而到四年级教育实习占一学季，如果其效果不好，则在下一学季再重复进行。

综合大学学生——未来的中学教师的实习训练就少得多。设有教育系或师资培训部的综合大学，实习甚至总共才4～6周，虽然其一般的学习年限要比师范学院长。

资本主义国家的其他各系是根本没有教育实习的。不错，为了取得教师证书，毕业生应当通过一两年试用实习，但这个实习实质上已在教学过程范围以外，大学不对它进行指导。

社会主义国家采用各种方案组织教育实习。苏联的师范学院的教育实习被放在两个高年级进行，共14～15周。此外，学生在夏令营进行教育实习，在低年级时和中小学生组织社会教育活动。综合大学（在那些授以教师文凭的系）的教育实习占6～8周。在匈牙利，教育实习主要和理论课同时进行。在培养中学教师的综合大学里，学生在二年级进行心理实习（每周4小时），在学校从事少先队工作。大学生在三年级除继续这个工作外，还必须听5节课和参加5小时的班主任工作。五年级的大学生每周有12小时的实习，并在邻近学校实习3周。其他社会主义国家的实习也与理论课的学习配合进行。

实习的内容多种多样：从简单地观察学生、观察教师的工作、观察学校的整个工作方式，直至完全取代一个教师在一个班，甚至在几个班的工作。如在匈牙利，大学生在邻近学校实习3周期间，上课应当不少于40节。

教师业务水平的提高

教师职业的一个特点是它比任何其他职业更需要系统提高业务水平，系统进行培训和再培训。一方面，科学的发展要求教师不断更新自己的科学知识，传授给自己学生的不是过去的而是当前科学发展阶段有代表性的东西。另一方面，人的个性发展过程在改进，对学生施加教育影响的方法、教学方法、教学的物质技术基础在改变。这些便要求教师不断更新他们的教育专业知识、技能，与不断发展着的教育科学同步前进。

在所有国家，教师的进修是一个尖锐的问题。各国都建立了进修中心、进修学院，制定了定期组织进修班的制度，加强了学校中的教学法工作。

由此函授教育制度问题被提出了。在社会主义国家，教师的函授教育制度在建立社会主义社会新的教师队伍中起了重要作用，它帮助重新训练在旧制度下受过教育的教师，提高了教师的业务水平，是顺利实施文化革命的条件之一。当前函授制度面临的重要任务是授予一般小学教师高等教育。同时，由于教师队伍问题尚未完全解决，教师中还有不少人不具备应有的业务水平，函授教育制度的工作对培养中学教师也具有重要意义。

函授教育制度、教师进修系统、常设的师范院校制度都面临着完善教学内容和方法，提高教师培养的质量问题。顺利解决这个问题能保证成功地培养出具有符合当前需要的专业面和业务水平的教师。

结束语

比较教育学的研究工作、在师范学院里设置专题课和专题讨论课以及学生撰写有关比较教育学的学年作业和毕业论文的经验表明，比较教育学作为教育科学的一个分支，对改进未来教师心理学、教育学方面的训练做出了贡献。比较教育学促进了学生对教育理论、对创造性地运用知识和研究教育科学的兴趣，有助于他们形成科学地分析教育理论和年青一代教育教学实践的技能和技巧，有助于他们掌握科学研究的方法，提高独立钻研文献资料的能力。

在比较教育学的研究工作中具有重要意义的是：阐明打开了人类历史新纪元的伟大十月社会主义革命对世界革命进程，包括对国民教育的巨大影响；深入研究崭新的社会主义教育制度，它的建立和发展；总结马列主义关于年青一代教学和教育的理论和实践的历史经验；阐明建立和完善社会主义学校和教育学的共同特点和规律，同时阐明由于历史和民族条件不同，不同国家和不同阶段年青一代教学和教育制度的不同特点。这一切工作都有助于总结和掌握社会主义教育学的理论和实践。只有在科学地分析典型现象和事实的基础上才可以形成有关国民教育状况的客观印象，并根据实际情况，揭示其进一步发展的趋势，突出社会主义教育制度相对于资本主义教育制度的优越性。

社会主义国家在扫除了早先受压迫的居民中的文盲并结束文化落后

状态以后，给予劳动人民子女获得符合现代社会要求的科学知识的权利和现实可能性。

普通学校授予学生科学基础知识、科学的思维方法和科学的智力劳动方法，实现教学与生活、教学与社会主义建设实践的联系。社会主义学校应该培养学生具有科学世界观和共产主义道德品质，也就是培养作为社会主义和共产主义建设者的新人所应有的品质。

社会主义国家积累了在各种不同的历史和民族条件下实现马列主义关于对青年进行综合技术教育和劳动教育理论的丰富经验。综合技术教育和劳动教育是普通教育的重要组成部分，是在社会主义国家培养新一代的工人阶级、劳动农民和人民知识分子的重要组成部分。

在资本主义国家，我们看到完全不同的情景。没有一个资本主义国家把通向科学和文化的道路的门向劳动群众打开。甚至在最发达的美国，也有2 300万所谓"功能性文盲"，即那些知识水平不能满足日常生活最低要求的人，其中八分之一是17岁以下的学生；5 100万成人没有受过完全中等教育，1 500万人受的教育低于八年级。资本主义国家儿童和少年的犯罪已达到灾难性的程度。

劳动人民子女上的学校旨在给学生最低限度的知识。由进步力量的要求所引起的20世纪60年代教育制度的改革，实际上没有对资本主义国家的教育制度带来什么新的变化，仍然保留了资产阶级对教育的垄断。由于青年、教师和其他有文凭的专家的失业率增长，有些资产阶级教育学的代表人物公开宣称"60年代教育犯下的一个最大最惨的错误是推崇大学的高等教育，忽视在职人员的教育"。

资产阶级教育学在承认资本主义国家的学校处于深刻危机这一事实的同时，没有把教育危机看作是资本主义总危机的组成部分，没有揭露它的社会根源。资产阶级思想家企图把教育危机和资本主义总危机分开，提出了各种有关教育危机的观点："教育制度不适应现代要求"的观点（菲里普·库姆斯、琼·托马斯、罗德·博伊森、迈克尔·贝卡利斯、肯尼思·里奇蒙、伯纳德·斯·沃森、查尔斯·耶·西尔弗曼、詹姆斯·克·韦林顿等）；社会的"惰性"和教育制度对革新和变化的"抗拒性"的观点（艾弗·莫里斯、诺曼·戈布尔、詹姆斯·波特、格雷戈里·尔·法雷尔、戴维·里斯曼、保罗·莫特、琼·托马斯、菲里普·库姆斯等）；"感到经费极端不足"的观点（菲里普·库姆斯、勃·奥塞内尔·史密斯、唐纳德·奥尔洛斯基、诺曼·贝斯威克、托马斯·耶·乔丹、欧内斯特·勒·博耶），等等。

资产阶级思想家们借助各种反动的政治理论、社会学理论、教育理论及其他理论，又公然谈论起仿佛是受生物因素制约的"教育的极限"来，开始积极宣传"开放学校""非正式教育""引入劳动世界"是培养未来工人的手段，这样的工人能为企业主带来最大利润并适应资本主义生产条件。资产阶级教育学为了以反共产主义的精神来加强控制青年学生的思想，重新把"教育优先于教学"提到首位。资产阶级思想家害怕知识的革命力量，在青年学生的教育体系中灌输最反动的思想和学说——民族主义、沙文主义、复仇主义，竭力培养青年的恐惧感和侵略性。

如同其他社会科学一样，比较教育学处于正在世界舞台上进行着的教育领域内社会主义和资本主义思想斗争的最前列。批判地分析资产阶级有关青年教学和教育的观点，揭露对马列主义教育学和社会主义教育制度所做的反共捏造，对一切和任何类似的攻击给以最坚决的回击，积极宣传有关社会主义教育学和学校、有关它们胜于资本主义的真相是社会主义国家教育家的根本义务，是他们为和平、民主和社会进步而进行的斗争的重要组成部分。

人是教育的对象[*]

第一卷　第三十八章

*　［苏］乌申斯基著，顾明远译，北京，科学出版社，1959。

物质和力的概念的形成

物质概念的形成。物质的物理定义及其矛盾（1～4）。原子学的假设与隐藏于其中的矛盾（5～8）。穆勒对于这个理论的态度及在其"逻辑学"中的矛盾（9～12）。物质概念的心理史（13～18）。力的概念的形成（19～24）。

物 质

1. 为了解释物质这个词，最好是请教物理学，因为它研究各种物质的属性。物理学告诉我们："物质是所有一切（处于物体的形态）在空间中占有位置的东西。"但同时它又提出另一个与第一个不完全相同的定义，那就是："物质是所有一切属于我们感觉的东西。"① 这些定义不完全相同，所以我们应该分析它们彼此之间存在什么关系。

2. 上面我们已经知道了空间概念在心理上的起源，并且看到，人之所以能产生这个概念，仅仅是由于人把空间作为物质的反面，即作为空虚的概念来跟物质对比起来，而空虚则是跟妨碍我们行动的物质相对立的那种不能妨碍我们行动的东西。因此，用物质所占有的空间来给物

①　甘诺特：《物理学初阶》，1页。

质下定义，就等于用它妨碍我们行动来给它下定义，即是说："物质就是使我们的手足在其中受到妨碍的东西。"很明显，这个物质的定义并不是从我们五个外部感觉器官的感觉而产生的，而是从肌肉运动的感觉产生的，我们把阻止肌肉运动的这种由外部来的、而不是由我们的意志来的原因叫作物质。这样在给物质下定义时，我们当然应当从它的范围中去掉被它（物质）阻碍着产生运动的东西，去掉被它所抵抗的一种能使用力量的东西，应当去掉精神；因为我们正是谨以物质对精神力量的抵抗来为物质下定义的。

3. 当我们采用了第二个定义——物质是所有一切属于我们感觉的东西，我们也会得出同样的结果。因为不从物质范围内除去我们的感觉或其总和——意识，我们就不得不得出一个很荒谬的定义——物质是所有一切属于物质的东西。如果我们认为意识仅是物质的属性之一，情况也不会更佳，那时物质的定义就更奇怪了：物质就是属于自己属性之一的东西。可能我们应该把意识和我们的外部感觉分开并把物质确定为就是属于我们五个外部感觉的东西。那么我们必须承认意识是非物质的，否则就得出意识属于五个外部感觉中的一个，或者，按照亚里士多德的说法，区别者可能就是被区别者本身。穆勒说："假如精神这个词意味着什么，那就是意味着感觉着的东西。"[1]但是，我们补充地说，假如精神的唯一的定义是说它是感觉着的实体，那么就不可能把它放在被感觉者的领域内，感觉者常常出现在被感觉的领域之外。外部感觉本身不是别的，而是进入意识的门户，并且以五个外部感觉来努力捉摸意识——也就等于努力把房子带入它自己的门户中去。

4. 无论我们用物质所占的空间来给它下定义，还是用它能为我们

---

① 穆勒：《逻辑学》第6编，428页。"直接在感觉之前的是身体的状态，而感觉本身则是精神的状态。"

外部感觉所接受这一点来给它下定义，在本质上是一样的：我们给物质下的定义是我们所不知道的我们印象的原因，我们不能下别的更为精确的定义。任何超出这个物质的纯粹主观的定义范围，并在它所引起的各种感觉之外去探知它自身在彼处到底是什么的企图，都仅仅是一些假设。假设的价值仅能以其作为物理现象的一种便利的分类方法的教学意义来衡量。著名的原子理论也是这样的假设，由于没有更好的理论，因此虽然这个理论在逻辑上不可靠，但直到现在，在最后解释物理学上，化学上，甚至把一切归到原子或神经微粒振动的生理学上的物理现象的原因时，都还继续依靠这个理论。

5. 按照原子理论的假设，每一个物体由原子组成，原子是非常微小、不能分解的微粒，这些微粒虽然堆积成或多或少拥挤的一群（分子），但是从来不互相接触。原子在空间的这种不可克服的分离状态对于解释化学的结合以及用来解释许多物理现象，如物体的弹性、运动、振动、扩张等都是必要的。因此，原子理论的假设给我们说明了处于空虚的特别外层之间的每个原子和每个物体，在这个空虚中，物质的力量起着作用。这个围绕着物体和原子的奇怪的外层能无穷尽地扩大和缩小，但任何时候都不能完全消减。假设给我们指出，当讲到关于结实的物体的原子之间的部分引力时，这个空虚的外壳的厚度就无限地小，当讲到关于天体的相互吸引力时，这个厚度就无限地大[①]，因此费希特是非常正确的，他把关于原子的学说仅仅称为是天文学的补充。[②]天体，正如物体的原子，没有直接的接触而彼此起着作用。这些在宇宙的无止境的空间中移动着的星体，这些没有感觉的巨物"感觉"到，它们之间隔几十万万千米，互相权量着，并由某种看不见的、非物质的、不可理解的

———————

① 附带地说，原子理论体系的著名拥护者费赫纳说，应当设想在物体内的原子对于分隔它们的空间说来是无限地小。（费赫纳：《物理学中的原子学说》，第2版，1864页，94页。）
② 《物理学中的原子学说》，90页。

锁链互相曳引着。①如果催眠术士对我们说，一个人用某种灵感、没有任何物质的接触就能作用于另一个隔着几百千米的人，并且不用电线就能猜到他的愿望，那么我们可以完全公正地称催眠术士为骗子或空想家，因为他没有给我们提供这种作用的事实。但是如果天文学家对我们说，彼此相隔巨大空间的无生气的天体彼此间存在着动力的和合理的相互关系，同样没有任何物质的接触，那么我们能不承认自然伟大的、虽然是难于理解的事实吗？我们能不能给自己解释这个事实，或者至少在直观形式上想象它呢？这是事实——这就是我们所知道的一切，而且不管这个事实对我们说来多么奇怪。如果我们不愿否认这些建筑在这个奇怪的事实上的正确的科学，如物理学和天文学的话，我们就不能否认它。

6. 这种想象一个物体相隔着距离，通过空虚的媒介，作用于另一个物体的不可能性（这是现在每一个人感到的，正如牛顿在叙述地心引力的定律时所感到的不可能性）是由于我们上面所指出的心理的原因而产生的。我们能较容易和清楚地想象出我们自己能全部或局部完成的东西。我们作用于无生命的物体时不能用别的，只能直接地接触它，或者至少我们觉得，我们是这样作用于它们的。这也就是为什么我们对于隔一定的距离能吸引铁的磁铁的作用、太阳对于地球的作用觉得很奇怪。于是我们竭力解释这些作用，设想出：或者是作用于磁铁和铁之间的磁性液体，或者就是这种看不见的、没有重量的以太，它充满在所有的空间，在宇宙内充满于天体之间，而在每一物体内充满于它的原子之间。但是不单是一个想象的习惯（如果可以这样说）引起了牛顿在叙述了引力的现象和定律之后接受了以太存在的假设，同时也是存在于作为在空间占有位置的并且是我们所感觉得到的物质的这个定义，跟隔着距离而

---

① 在古代，对行星运动的解释是在每一个星球上有着精神的主宰（精神之长）。当然现在我们很清楚行星运动的定律，但是关于什么东西使这些盲哑的巨物相互吸引着，我们也和古代一样，知道得很少。

没有媒介物体的一个物体能对另一物体起作用的理解之间的矛盾所引起的。实际上，如果物质就是在空间占有位置的东西，而同时它又在其所占有的位置之外起作用，那就要问：物质到底真正在哪里？是在它起作用的地方，还是在它不起作用的地方？是在我们感觉它的地方，还是在我们感觉不到它的地方？在它不起作用和我们感觉不到它的地方，即在它所占的位置的地方，它到底是什么？物体间空虚的空间与物质是我们所能感觉的定义同样是不相容的。相反地，按照原子理论的假设，物质正是我们所不能感觉的，因为任何物质都被空虚的不可思议的外皮所包围。就是这些"荒谬"使牛顿和尤勒尔否定了空虚的空间，认为它充满以太，而不是像穆勒所认为的仅是一个陈旧的偏见。

7. 但是当穆勒说到，承认没有重量的以太丝毫不能使我们更容易想象物体隔着距离的相互作用时，他是完全正确的，当然，如果我们把以太这个词不理解为什么很神秘的和非物质的而是物质的话。为了解释假设的原子之间的假设的空虚而采纳了假设的以太以后，原子理论就成为下列的形式：有重量的物质是被空间分割的单独部分，在它们之间有着无重量的实体以太，以太的性质和它对有重量的物质的关系还有许多是不明确的、不清楚的；①但是无论如何，人们所想象的以太不是别的，而是占着一定的空间和同样是被分为许多部分的东西，在这些部分之间则是绝对的空虚的空间。所有这些有重量和无重量的物质的微小的粒子

---

① 值得注意的是，甚至于伟大的学者和思想家，在接受了假设并给它起了希腊名称后，很快就忘了这仅仅是假设，例如尤勒尔说："如果假设世界上有这么一回事，两个物体互相吸引，假设在它们之间的空间没有充满着以太，那么应当承认引力作为特殊力量是存在的；但是这样的事情是没有的。"（《书信集》，第2编，第11书信）但是，当我们想出了以太而关于它我们什么都不知道，怎么把它放在所有我们所需要的地方呢？让采用以太的学者在实验中排除它吧，并证明，没有以太物体就不服从地心引力的定律。看来，在科学上采用任何假设的词时应加上特别的记号，这种习惯是很有益的。

（原子）通过相互作用的力量，在相互间组成了与天体间一样的关系。最后的原子（原子区别于原子群或分子）是不能破坏的，或者至少在化学和物理方面没有破坏它们的方法。[1]

但是如果以太还是由原子组成，而这些原子同样在被认为是空虚的空间中隔着距离，不经过物质的接触互相起着作用，那就要问：采纳了以太以后，我们有没有使自己易于想象在空虚的空间隔着距离一个物体作用于另一物体，一个原子作用于另一个原子呢？因此，我们看到，为了要避免必须承认在物质以外作用于物体间的力而采用了以太是毫无用处的——以太在这个假设的锁链中对我们来说只是一个多余的和完全没有用处的环节。自然科学应当承认作用于物质以外并在我们好问的特性中掩盖了物质本身的力。[2]

8. 但是如果没有物质，力本身又是什么呢？在随时随地掩盖着物质本质的非物质实体后面是什么东西？当然，对于这一点仅仅物理学是不能给以回答的。这简直就是创造新的假设来调和以前的矛盾。物体，其全部本质都由其所占的位置所决定，在这个位置上根据自身的压力。它对我们说来是难于理解的，因为它是通过空虚空间的物体对物体的相互矛盾的作用——于是就臆想出力。这力仿佛是处于物体之间而不占有空间。但是这是什么？什么东西存在着并作用着而不占有空间？由于这个表象难于理解，因而不得不用"物质的属性"或"法则"（费赫纳所用）等词来代替"力"这一词。但是这表示着用一个不明白的词来代替另一个不明白的词。对于这一点许多自然科学家都很深刻地感到了，但是什么办法也没有。至少，"力"和"物质"作为个别的实体，在给物理现象分类和力所能及地解释它们时很好地发挥了自己的作用。但是在

---

① 费赫纳：《物理学中的原子学说》，93～95页。
② 席涅耳说："物理学家只与力和惯性有关系。必须拿力来紧着的实质上存在的东西，只能在形而上学中含有。"席涅耳：《唯物主义所争论的问题》，32页，1858。

近代，当黑格尔哲学恣意放肆以后，哲学界的舞台变成了空淡无味的舞台。而自然科学急于去占领这个舞台时，它们（自然科学——译注）就需要比较严整的世界观，而首先，无论如何，应当跟物质力量的非物质存在划清界限，并且取消力的概念，留下一个物质的概念。但是费赫纳完全公正地指出，接受了这种立场的唯物主义应当试图将这种立场贯彻到物理学上去[①]，那么就可以看到力和物质，作为随时随地共同存在于空间的概念，毁灭了不但暂时支持着整个物理学，而且是整个化学——唯物主义的这两个最主要的支点——的原子理论[②]。承认在原子和物体之间有空虚的空间，而同时又承认哪里有力哪里就有物质，这就是承认物质存在于物体所占的位置之外，即存在于自身之外。力和物质不能分离的原理除了表示在空间不可能有没有物质而存在着的力，难道还能表示什么别的吗？但是物理学的主要解释都是根据力和物质在空间有这种分开存在的可能性。

9. 对于我们说来非常有趣和大有教益的是，著名的英国逻辑家穆勒在"论错误"一章上是如何对待错误问题的，并且正好这些错误是这样发生的：当一个原理对于我们说来是十分明显地先验的，我们常常把它作为必需的要求搬到现实中去，可是相反地，却想到我们认为先验

---

① 费赫纳：《物理学中的原子学说》，118页。

② 我们指出，为了避免误会，提出了不可能用很清楚的概念来表达物理学和化学建立于其上的假设，然而我们完全同情费赫纳的这种说法，他说："假如哲学家觉得现在的原子理论软弱无力，那么让他送给物理学家另一个理论，但是物理学是不能拿自己的银钱去换一个空钱包，这个钱包假如装满了的话，那可能比这些银钱值钱些。"（费赫纳，99页）原子理论的假设把物理和化学现象分类归入一个严整的体系时，完成了自己的任务。当然，正如穆勒所说的："一个假设如果永远是一个假设，就没有用处了。"（穆勒：《逻辑学》，第2卷，14页）但是当假设还是假设的时候，那么，我们认为把它转移到另一个研究领域中去，而转移时不把它当作假设，却作为完全证实了的、能作为另一门科学的出发点的真理的话，那就是完全错误的，并且是非常有害的。

的是不可能的，而在现实里也是不可能的。作为这种错误的例子，穆勒引用了牛顿的话，在这些话里，这位著名的天文学家表达了逻辑的必要性，这个必要性引起了他采用以太的假设。牛顿说："我觉得，认为地心引力是天生的和物质所固有的这种想法是天大笑话，所以一个物体隔着距离，经过空虚的空间能作用于另一物体，而不必借助于任何其他通过它和借助于它的作用和力就可能传到另一个物体上去的东西，我不认为具有合格的能力来思索关于哲学题目的人能陷入这个错误中去。"穆勒在牛顿的这些话中只看到以前的、人类已遭受的偏见。穆勒说："现在已经谁也不感到有任何困难来这样想，地心引力，如同所有其他属性，是物质所固有的；现在谁也不会认为，由于以太的假设，这个理解多少容易些，并且完全不认为天体能在没有它们的地方（在它们所占有的位置之外）运转而且确实运转着是难以想象的。①现在我们对物体不通过相互接触而能互相作用再也不会感到惊奇，正如对它们接触着起作用不感到惊奇一样。我们很熟悉这两个事实，并认为它们同样地难于理解和同样地容易相信（我们发现它们同样难以解释，但是同样易于相信）②。"

10. 但是，承认物体能作用于别的物体，因此也能隔着距离不通过直接的接触作用于我们的感觉器官是不容怀疑的，虽然是难于理解的事

---

① 值得注意的是，对于尤勒尔说来，正如对于牛顿一样，以太好像是必不可少的，并且还根据同样的理由："认为引力是所有物质最主要的这一思想导致这样荒谬的结论（正是导致物体在本身以外的作用），以至于应该同意，被称为引力的是包含在细小的物质里的力，这种物质填满了空间，虽然我们不知道其究竟。"（《密信集》，第2编，第7封信，256页）请问，我们承认以太以后得到些什么好处？是否直接转到尤勒尔最后说到的思想更好一些："应当习惯于承认自己的无知。"这和穆勒所说的一样，但是说得更为直爽。但应当警戒，运用"引力"一词的习惯不要在我们身上养成认为我们确实理解什么叫引力的思想。我们在这方面，从牛顿时代以来丝毫没有进步，虽然穆勒指出了这个进步。可能是我们习惯了运用"引力"一词，并在它要求思考的地方满足于这个词。
② 穆勒：《逻辑学》，第5编，第3章，第3节，313、315页。

实，我们是否就有权利用物体在空间占有位置这一点来确定它？我们只是靠着物体对我们的感觉的作用而认识它们，正如穆勒自己在另一处所肯定的一样，由于它们是隔着距离起作用的。那我们是否知道，物体自身是什么？它在它停留的地方，但不作用于我们，这个我们不易理解的地方是什么？往往物质的作用由于地区与物质分开，我们应当认为它是我们的感觉难以理解的，但是这还不够。假如物质经常隔着距离起作用，正如物理学所证明的一样，也像穆勒在自己"论错误"一章中所同意的一样，那么有何理由我们必须假定物质是在我们不感到它的作用且在它对我们是难以理解的地方呢？为什么我们不能假定它是在它作用于我们的地方呢？穆勒在认为地心引力这一事实是难以理解的同时，也和牛顿一样，竭力想解释它，所不同的只是牛顿为此提出了以太的假设，给物理学带来了很大的好处，而穆勒提出了物质存在于我们感觉不到的地区的假设，这是完全没有益处的假设。但是这两个假设都不能给我们解释地心引力的奇妙。至于我们从牛顿时代在运用"地心引力"一词时所造成的没有什么别有用意的习惯，这确是心理事实。人们经常运用一个什么词，到最后完全失掉了它的意义，讲到自己所创造出来的词时，好像在讲存在于它们之外、与其无关的东西。但是思想家的意义，如果我们没弄错的话，正在于这里，如卡莱耳所指出的一样，他们抛弃这个习惯，并在人们早已不再觉得惊奇，似乎完全明了和十分简单的地方找出疑惑或惊奇的东西。

11. 但是穆勒的错误并不止于此。在深信我们主观认为可能就是真正不可能的类似的错误中，穆勒加入了物质不能思考、空间无限和无中不能生有等信念（ex nihilo nihil fit，拉丁文，即"无生于无"）。这些假定是否正确，如穆勒说，人类的智慧能否解决这些问题——这一点我们不在这里谈。但是这些论点不能被认为是很明显的真理，正如认为物体不能在没有它的地方起作用这一老论点一样，而这一点现在在欧洲没有一个有学识的人会相信。物质不能思考。为什么？因为我们不能设想有与物质微粒的排列相关的思想[1]。

空间是无限的，只是因为从来没有看到过一部分空间后面没有紧跟着另一部分空间，我们不能形成绝对界限的概念[2]。Ex nihilo nihil fit（无生于无），因为从未见过不存在的物质的物质产物，我们不能想象无中生有。但是这些东西本身是可以设想的，正如没有中间媒介物的引力，牛顿所认为的也如此荒谬，以至于没有一个有能力思想的人能够同意[3]。

12. 穆勒在自己书中不但犯了错误，而且更坏，他陷入了自相矛盾中。他承认了我们从外界除了所感受到的感觉以外一无所知，也不能有所知；确定物体是外部的，而且是隐蔽的原因（the hidden external cause），我们把我们的感觉归之于这种原因，承认物体是某种神秘的东西（something），它激动着精神中的感觉，而精神是某种能感觉、能思想的神秘的东西[4]，这样穆勒就不能不陷于自相矛盾，把认为物质是不会思考的想法列入逻辑错误之中。物质能思考，但是这就不是穆勒所确定的那种物质，因为穆勒给物质下的唯一的定义为物质是被精神所感觉的，而给精神的定义为精神是感觉物质的，因此，感觉物质已经不是物质，而是精神；而被感觉的精神已经不是精神，而是物质。或是穆勒在其书开首给物质下的定义不恰当，或是认为物质不能思考的想法荒谬无

---

① 不，不是因为这个，而是因为我们不能设想有这样一种物质微粒的排列，它能给我们解释意识和思想的可能性。因此，说意识是产生于物质微粒的众所周知的排列中，这就等于什么也没有说，因为对这个微粒的"众所周知"的排列我们毫无所知，我们甚至不能幻想能解释感觉表现的那种微粒排列。很奇怪的是，甚至在科学上和在各种文字上（certain，即英文"确实"；gewiss，即德文"确实"——译者注），如何经常发生在我们毫无所知的地方方去无意义地运用着"知道的"一词的情形。
② 又是一个错误：为了要相信空间有止境，我们必须看到整个空间，而不是部分空间。
③ 穆勒：《逻辑学》，第5编，第3章，第3节，315页。
④ 穆勒：《逻辑学》，第1编，第3章，第7~8节，67~68页。

稽①，二者必居其一。难道不是穆勒自己说的吗？在我们感觉之外我们一无所知，因此，也不知道物质，而在我们感觉中我们知道的物质也只被当作引起我们感觉的原因，因而不是感觉的东西。我们能随便给物质下定义，但是，毫无疑问，新的逻辑学也承认老的逻辑学的规则，即一旦下了定义，我们就应当对它忠实。我们可以容许不可理解的事实，但是没有理由容许不可理解的想法。我们可以指出事实上的矛盾，与这些矛盾绝不调和，但是不能容许在我们的论断中有矛盾，因为论断的全部意义就在于它是在极力消除矛盾。

13. 如何在物质的定义上调和所有这些矛盾呢？到底物质就其实质上来说是什么呢？毫无疑问，读者是不期待我们在这个问题上给予一个断然的回答的。依据我们采用的方法，我们满足于我们描绘物质概念的心理历史。

只要人在完成其第一个随意动作时遇到了外部的、妨碍其动作的物体，那就应该在他身上产生物质的第一个感觉。假如人当时能表达出自己的感觉，那他一定把物质定义为妨碍随意动作的东西。但是那些学者，例如尤勒尔、席涅耳等不也是这样给物质下定义吗？他们称惯性为物质主要的属性，这个属性使物质成为我们可以感觉的东西。②当然，这些学者把惯性的理解扩大到不只物质对于人的动作的对抗，而是对所有其他运动的对抗。这种扩大，一个普通人也能做到，不过须在扩大了自己的经验和观察以后。但什么是惯性呢？尤勒尔说："惯性是物体本性中的属性，依靠它物体意图永远处于同一状态中，不管是静止还是运

① 值得注意的是，洛克确定物质中不可能有思维，但是又认为上帝能赋予物质以感觉和思考的能力，如对所有其他实体一样（洛克：《人类理解论》，第4卷，第3章，第6节）。关于这一点尤勒尔十分公正地指出，在这种场合思考的是神，而不是物质（《尤勒尔书信集》，第12封信，270页）。
② 《尤勒尔书信集》，第2编，第6封信，252页。

动。"①不难看到，在惯性的这个定义中意图这词有假借的意义。人只能在他自己身上感觉到意图；假如这里讲到物质的意图，那已经纯粹是滥用心理术语。物质是否意图什么，这一点我们无从知道，只知道它（物质——译者注）实际上有一个否定的特征，即在处于静止的状态时，它自己不能摆脱这个状态，而被动地进入运动的状态后，它自己不能转到静止的状态。②但是当然，有否定的特征则必定已经设想有肯定的特征，对于这个肯定的特征来说它是否定。在这种情况下，肯定的特征是人们从自身内部经验中所获得的，用惯性来给物质下定义，人们只能把它与自身区别开。把这个定义译成简单的语言，就是说："物质是不能想移动就移动，也不能想要停止运动就停止运动的东西，有如我和类似我的生物能做到的那样。"因此，在这个定义中人只能把物质看作是一个本身没有意志并能妨碍人的随意动作的东西来和自己对比。

14. 以后，当观察和经验扩大了，人必须改变对物质的这种最初的感觉，他看到他认为是惯性的物体也是不随其意志而运动着和停止着的。这里就开始了人们的一系列的解释，一系列的似乎折中的想法，以及由此而来的一系列的错误。第一个折中的想法是人不多加思考地赋予物质以生命：赋予了它类似自己的意志。这一点我们在儿童身上可以看

---

① 所谓实证哲学对物体惯性问题的态度是十分奇怪的，路易士在叙述孔德的哲学时说："孔德（他对力学内容的叙述）是从详细研究在力学里所运用的、十分重要和必要的哲学方法开始，没有这个，哲学方法关于平衡或运动的抽象定律的原理一个也不能确定。说所有物体都是惯性的，不是由于为了使它们属于所谓的惯性定律（这是完全另一回事），而是由于它们不能随意改变加之于它们的力，这是一种假定。在事实上这是纯粹的假定，因为每一个活生体或非活生体，在或大或小的程度上，具有随意的活动或运动。"（路易士、穆勒：《孔德》，77页，1867）这两个假定，物质是惯性的和任何非活生体具有随意活动——这种活动按照路易士的理解甚至人都具有，毫无疑问，第一个正确一些，假如路易士称它为"古老形而上学的残余"，那么第二个就是更古老的拜物教和关于坐镇在每个物体中的精神主宰的中世纪炼金术概念的残余。
② 路易士、穆勒：《孔德》，250页。

到，他们很明显地使玩具和一切对他们有影响的事物生命化；这我们在没有受到过教育的人的大量偏见中也可以看到；我们在处于原始状态的整个民族中也能看到这一点。野蛮人看到哪里有运动，就认为哪里有灵魂，特别是当这个运动对他说来是新奇的时候。例如，野蛮人第一次看见钟表时，误认它为活的生物。利德说："野蛮民族完全深信太阳、月亮和星辰、土地、海洋和空气、泉水和湖泊都具有理智和意志。"①整个道教（它也是中华民族宗教的一个基础）就是以这种给自然界一切事物赋以生命为基础的，而这，当然除天启教以外，毫无疑问，是人类最古老的一种宗教。正如利德所指出的："所有语言都带有它们当相信这种信念时形成的痕迹。"这一点在那些人自己不能挪动的自然界物体上表现得特别明显。例如我们说"太阳落下和升起""风吹动着""白天来到""炎热将临"等等，因此，利德并非毫无根据地下了结论，他说："这些概念是在人相信无生命的物体也具有生命和意志时形成的。"②

15. 随着经验和观察的扩大，这种信念也必定被破坏。因为这种信念太笨拙，人的生活是不会靠它的。在无数次经验中人获得了许多操纵自然界运动的方法，并在进一步认识事物以后，人在它们身上既没有找到感觉，又没有意志，这时就出现了操纵运动的精灵鬼怪，地神，翻腾海洋的龙王，呼风的风神，放出闪电的雷神，吞食月亮的神龙，震动土地的龟甲，等等。所有这些人格化，毫无疑问，是历史上的进步。但是与我们毫不相干，以后观察了自己的身体，人们很快就相信，他的身体也不是永远按着他的愿望在行动的，而相反，身体往往违反和妨碍着人们想要引起的那些运动。这时终于在人身上形成了关于精神和作为随意动作的源泉的意志，以及关于物质作为这些运动的基体的概念。但是如

---

① 《利德全集》，第1卷，292页。
② 《利德全集》，第1卷，363页。

何给人们解释那些在物质中看到的运动？那些运动的起因他没有在自身或其相似的生物中看到，而他已经相信了龙王和风神是他自己的幻想的创造物。这里就开始了对一系列长期运动的原因或对一般现象的原因的探索，因此正如我们在上面已经解释过的，任何现象不是别的，而是处在运动的状态之中的。最近的原因确实暴露于这些现象之中，它们经常先于正在探索原因的东西，而且还是幻想出来的，只不过已经是另一性质的幻想。但是关于原因的探索我们将在下一章谈到，现在我们再转向关于物质概念的构成。

16. 由于渴望解释运动或现象的原因，人们又形成了互相制约的两个概念：作为能引起其自身随意运动的力的意志的概念，作为位于人的精神之外且不以其为转移的意志的力的概念。物质，或者更确切地说，物质的运动对人来说是不以自己的任性而转移的且是感受到的所有感觉的原因。这时物质的定义就有了另一种形式："所有能在人的精神上引起视觉、听觉、触觉等的都是物质。"换句话说："物质是一切属于我们感觉的东西。"但是细看了物质的这个定义后，我们看到，这里主要的思想也是那些最初的思想：人身上感到的任性的思想，和否认任性的物质的思想，任性作为物质的否定和物质作为任性的否定。直到后来，当人们开始用科学的方法感受自然界并发现至少在绝大多数的情况下两个物体在同一位置上是不相容的时候，就产生了物质是占有空间位置的东西的定义。这个定义受到把物质当作是与不妨碍运动的空虚相对立的某种妨碍着运动的东西的这一定义的支持。人们只能通过哲学的途径才能理解运动所必需的物质。人只能通过哲学的途径才能相信，物质对随意运动的干扰，物质的惯性也好，破坏这种惯性的力也好，都是完成运动所必需的。

17. 这些对抗的思想组成了物质的广泛和不定的概念。说它是思想还不如说是广泛的感觉，也就是直到现在科学枉费心机而无结果地企图找到并用确切的定义表达出来的感觉。到现在为止，关于物质的概念是以人对物质的直接感觉为基础的，在这种感觉中既说出精神的思想，又说出了物质的思想，所以物质的思想假定着精神的思想，精神的思想也假定着物质的思想。任何企图分裂这种每个人所固有的感觉，不管持哪种理论，只要是把它分裂成两个部分，并把它们以独立的定义表达出来，这种企图直到现在看来都还是徒劳无益的。我们只能把精神理解为物质之否定而非别的，物质为精神之否定而非别的。如果物质世界对我们说来比精神世界要容易理解，那只是因为我们能够想象出物质世界，例如我们以触感和视觉来感受它，使自己产生被缪勒称为"感觉之能"的神经活动，而忘记我们在这种情况中是以物质可被感受这一能力来给它下的定义，即是说，我们确定物质是精神的否定。

18. 唯心主义的鼻祖柏拉图在这上面受到了责难，说他只是用否定的特征来给精神下定义——"精神是非物质的、看不见的、不死的、无空间的，不能分割的"，等等[1]。这个责难是完全公正的，但是我们肯定它同样适用于物质的定义，我们除了用否定的符号外不能用别的来给它下定义，不管给了它们什么样的肯定的形式。例如，在物质占有空间位置这个定义中也只有一个意思，即物质妨碍我们的随意运动。在以惯性给物质下的定义中只有这一个意思，即物质本身不能任意开始和停止自己的运动，它与作为随意运动的起因的精神相反，即不是运动的起因。在把物质看作属于我们感觉的定义中也只有一个意思，即物质是被精神所感受到的东西，而精神是感受物质的东西，穆勒在其《逻辑学》的开篇也得出这样的定义，虽然后来把它忘记了。这就是每个人所固有的物质和精神的对立的概念，这个概念表现在人们的语言和行为中，但是当然，并不经常表现在他们的形而上学的理论上。穆勒完全公正地指

---

① 福特勒纪：《心理学的体系》，第1章，第28节。

出，泰勒斯和阿那克西敏已经试图跳出这个精神和物质的对立的圈子。[①]穆勒同样还能指出斯宾诺莎、黑格尔和唯物主义者（例如斯宾塞）想调和这个心理的对立而把整个精神变为物质，或把整个物质变为精神的企图。但是穆勒应当表明，这些幻想是否来得及深入人类的一般信念，以及它们是否来得及打破人们相信的其精神中有着意志而在物质里没有意志这一点，是否从这些企图中得出物质和精神的任何定义。穆勒的《逻辑学》本身就是什么也没有的最好的证明：穆勒熟悉泰勒斯、阿那克西敏、马勒伯朗士、斯宾诺莎、莱布尼茨、黑格尔和唯物主义者们的见解，却没有考虑以我们曾想说明的物质和精神概念的心理对立来作为自己《逻辑学》的基础。穆勒也认为精神是感受物质的东西，而物质是被精神感受的东西。他只是没有得出从这个对立的概念中必定得出的逻辑结论，即物质的概念不包括感受的概念，精神的概念不包括被感受的概念。假如物质的概念包括感受的特征，而精神的概念包括被感受的特征，那么这些概念本身就消失了，同时穆勒的《逻辑学》的基础也就崩溃了。混淆了精神和物质的概念，我们就削减了这些概念，因为其全部的意义、其全部存在的原因（raison d'etre）就在于它们的相互的对立。同时我们就破坏了人类关于外部世界的思维的基础，消灭了任何一种以经验而不是以幻想为基础的世界观的唯一可能的支点，因为任何经验最终被分解成感觉，而在每个感觉中有着感受的和被感受的，对人说来把它们合并起来是不可能的。

力

19. 在分析物质概念形成时，我们就已说明了力的概念的形成，因

---

① 穆勒:《逻辑学》，第3编，第5注释，400页。

此我们这里只剩下来说明它的定义了,并且除了用著名的天文学家约翰·赫希尔的话,我们无法把它说明得更好些。他在《论天文学》里说:"当我们为了使物质运动起来,或为了抵抗运动和抵消一种力而使用力的时候,我们对用力的直接意识使我们得到力或原因的内在的信念,由于它属于物质世界并使我们相信。在所有我们发现物体由静态变为动态的地方,或者物体从笔直的道路旁逸斜出,或者运动的加速或延缓的地方,到处都是类似我们出自某处的用力的结果,虽然它不带有我们的意识。"①

20. 把我们自己的用力的念头变为决定于我们用力的外在世界现象是能够很自然地实现的。为了克服物质惯性以使它运动起来而使用自己的力,人们感到这个惯性的抵抗,因而自然地在这个抵抗中看到了与自己的力相似的力。感到物质的惯性并确信它没有独立引起运动或静止的能力,一个人将其在自然界所看见的物质的运动——以及他理解为运动的所有现象——解释为一种动因的惯性物质的附属品,这种动因是当他使惯性物质运动起来或停止物质已有的运动时所亲身感受到的。因此人们就形成了两个思想:与其精神对立的物质的思想以及与精神类似的力的思想。这又是两个物质和力的对立的思想,其中一个是人对物质的直接感觉的结果,而另一个是企图理解人的意志所不能引起的那些惯性物质运动的结果。这两个思想带着多样的形式,有时是神话性的,有时是科学的;已经在人类间存在了和人类本身存在着和思想着同样之久的时间,一直存在到目前,只是外表改变了,而在本质上一直保留着原来的样子。

21. 假如我们看一看物质和力的关系,那么可以看到,人们从它们的相互作用中解释着自然界的所有现象。但是从力的本身不能解释

---

① 《论天文学》,第7章;白因:《意志》,473页。

这些现象，它们也不能单独从物质得到解释。著名德国物理学家席涅耳说："要使外部现象的世界能够产生，必要的条件是抵抗力，是惯性。"[1]换句话说，如果没有抵抗运动的惯性物质，那就没有了运动本身，也就没有什么可以运动的了。但是反过来，如果没有推动物质的力，那就没有运动；因此也就没有任何现象，因为正如我们上面已指出的[2]，人只有在运动的形式中才能理解现象。但是要问，这里什么是现象的原因，是力呢，还是物质呢？在一般的概念中，人想象物质是被动的因素，而力是主动的因素。但是很清楚，这仅是人本身对物质的关系转化为外界现象。物质和力同样是现象的原因。但还不止于此，物质的性质和附属于物质的力的性质完全同样地制约着现象本身。但是假如我们想象的是另一回事，即只是因为我们想象物质是和我们精神相反的东西，而相反地，想象力便是和我们精神相近的东西。

22. 人对自然界的现象研究得愈多就愈相信，他在开始时认为是飘浮于物体之间并在自己各种想象中神化了的力是和物质联系着的，并且是它不能分割的特性。最后，他确信，只有当一个物体作用于另一个物体时，力在外界才表现出来，力只有在物体的相互作用中才能被发现，并在这个作用中两个物体相互地来说既都是主动的，又都是被动的。因此，力的概念和物体属性的概念就等同了，而这个属性只有在一个物体作用于另一个物体时才能被发现。但是以前的问题仍旧没有解决，而只是采用了另一种方式：不是问力是从何处来，而是问是什么东西把物体引入这种相互关系，使它们开始互相作用，开始在力中发现自己的属性。按照这个系统，物体永远存在于世界中，永远是一个作用于另一个。现象是从何开始？它们是从何变化？我们称为现象的运动是从何而

---

① 席涅耳：《唯物主义所争论的问题》，第31～35节，1858。
② 参看本书（《人是教育的对象》）第三十六章，第7节。

来的呢？

23. 如果现象仅依赖于充满宇宙的各种各样的物体的相互作用，那么这些现象早应该全部完结了，或者（反正一样），从来未开始过。放在桌上的一块磁石和一块铁互相吸引着，但是这个引力已经完成了，那么和磁石相连的铁就不再有运动的现象，或者从未开始过运动现象。为了要完成铁到磁石的运动，需要第三个动因的干涉：或者需要它们接近一定的距离，或者去掉地心吸力对二者的影响，或者使铁接近磁石，使它们相互吸引的力大于二者的地心引力。总之，需要能重新引导物体运动的动因——这是现象开始的原因，而现象的继续已经可以依赖于物体本身的属性。

24. 在最近，希望把力变为物体的属性的愿望表现得特别明显，而物体表现出来的属性本身或是力的各种形态，是以运动来解释的。也就是说，从何处来，又回到何处去了。人们相信，为了要使现象开始和继续完成只需要运动，但是因为所有各种不同的现象只是物质的各种不同的运动，那就可以看到需要不少运动。科学指出这些运动的来源是在太阳中，在它的赤热的核心里。但是因为太阳的高热本身又是用组成太阳的原子的运动来解释，那么又产生了问题：什么东西在组成太阳的原子里引起了这样有力的运动？这个问题在这里与我们有关的只是自己心理的一面，就是说，对于我们重要的，只是要知道为什么人们那样深信没有原因的运动是不可能的？为什么人们对所有现象的因果关系（而这种因果关系本身是科学上各种运动的根源）产生那种不可抗拒的信念呢？

学校卫生学[*]

第一章至第九章

---

* ［苏］索维托夫著，顾明远译，北京，人民教育出版社，1958。

第一章 学校卫生学的对象及其跟有关学科的联系

第一节 学校卫生学的对象

苏维埃学校卫生学是关于保护、增强和发展儿童、少年及青年的健康的科学。

苏维埃学校卫生学十分紧密地联系着教学和教育的实际工作，研究和发展保护、增强和发展儿童、少年及青年健康的工作的理论和方法，积极地协助教育行政机关来解决新生一代的共产主义教育问题。

学校卫生学是在生理学的基础上，首先是在伟大的俄罗斯生理学家巴甫洛夫关于高级神经活动的学说的基础上发展起来的科学。它的内容、研究方法及其发展的全部历史过程都证实了这一点。学校卫生学的知识对于正确地组织和实施对新生一代的教育和教学是不可缺少的。

学校卫生学是在与生理学和教育学的有机联系中发展起来的科学，它是普通卫生学的一部分。

卫生学（гигиена）这个名词是从远古流传下来的，源自于古希腊健康女神Гигия的名字。当然，在远古的时候并没有现代意义的卫生学。只有当卫生学开始使用实验、统计和其他研究方法时，它才成了科学。卫生学是跟其他有关的科学，如生理学、物理学、化学、微生物学同时发展的。

在我们现代的社会主义社会条件下，卫生科学的面前摆着巨大的任务。它不仅应该寻求办法来缓和那些影响人体的不良因素（气候的、气象的、生活的，等等）的作用，并且要从自然和人工的因素中探索和利用对身体有益的东西，提高人的工作能力并增加对疾病及其他有害影响的抵抗力。

苏联为人的身体的正常而全面的发展创造了一切条件。学校卫生学应该积极地利用各种可能性来改善人的素质，人的完整的生理和心理的素质。

学校卫生学的任务是研究正在成长着的身体，但在研究时要密切联系身体的生存条件。不能像魏斯曼学派、摩尔根和孟德尔学派那样把身体与环境隔离开。不能避开了环境和教育来单纯地研究身体。

俄国唯物主义生理学之父伊·米·谢切诺夫早在1861年就写道："机体如果没有维持它生存的外界环境是不可能存在的，所以在机体的科学定义中必须包括对它有影响的环境。因为没有后者机体就不可能存在，至于生命中什么最重要——环境或是机体本身——这样的争论是毫无意义的。"①

苏维埃学校卫生学的发展是从伟大的俄罗斯生理学家巴甫洛夫的唯物主义学说出发的，这种学说说明了机体是统一的整体，机体和环境是统一的，高级神经活动在机体发展和生命活动中起着主导作用。人体不是本身生存着的、像机器的部件一样互相联系着的细胞、组织和器官的总和。

---

① 伊·米·谢切诺夫、伊·彼·巴甫洛夫、恩·耶·符维甸斯基：《神经系统生理学选集》第1卷，142页，医学出版社，1952。

人体不是简单的整体，而是统一的整体，在整体中细胞、组织和器官有机地互相联系在一起。这种统一是通过神经系统和它的最高部分（脑）来实现的。中枢神经系统调节着、指引着和领导着作为统一整体的人体的所有生命活动。

巴甫洛夫说："因此，大脑半球是分析刺激的器官和形成新的反射作用、新的联系的器官。它是为了实现机体与外界环境完全平衡而专门化了的动物机体的器官，是为了对外界现象的各种结合和变动做出适当的和直接的反应的器官，在某种程度上是为了动物机体不间断地进一步发展的专门器官。"[①]

从这里可以看到，巴甫洛夫不仅从大脑半球活动的机能的观点来认识它的活动，而且要深刻得多，他是从决定论的唯物主义的基础出发的。这种观点不仅是为机体与外界环境的完全平衡，即人的健康，而且为人的不断发展，为他在各方面的无限地改善（其中当然包括心理方面）开辟了宽阔的前景。

创造了较优越的环境条件并积极地加以利用，我们就可以保持和增进健康，培养身强力壮、生气蓬勃、活泼愉快的人，使人的素质更趋完善。

我国现在正广泛地开展着体育和运动。共产党中央委员会在1925年7月13日关于体育的决议中指出：体育"……不应该只限于运动、体操、活动性游戏等项目的身体操练，还应该包括公共和个人的劳动和生活卫生、利用自然力量、具有正确的劳动和休息的生活制度等"。

大家早就知道，机体在生活中获得的后天性状可以遗传。巴甫洛夫指出（在这方面已经有个别的具体指示）："极有可能，新产生的反射作用在连续几代处于同一生活条件的情况下会逐渐变为经常的反射作用。

[①]《巴甫洛夫全集》第3卷，216～217页，苏联科学院出版社，1949。

因此，这就是动物机体发展的活动机能的一种。"[①]在增强新生一代的健康、提高机体的抵抗力和发展体力和脑力的同时，我们也给后代培养了新的、更完善的特点和性质。

由此可见，社会主义国家中卫生学的目的不仅是保护人的健康，而且要增强他的健康，改善他的体力和脑力。苏联创造性的达尔文主义的材料，首先是巴甫洛夫先进的生理学学说、卫生学（特别是学校卫生学），对于改善人的素质和提高其生命潜力具有巨大的可能性。卫生学的目的就要使人的发育更完善，生命力更充沛，使衰颓更缓慢，使死亡期更遥远。卫生科学的这种崇高的目的只有在已为人的全面发展和改善人的素质创造了一切可能性的社会主义社会中才能实现。

承认外界环境对人体影响的重要性的同时，必须特别强调社会环境条件，尤其是共产党和苏联政府为了保护、增强和发展儿童、少年及青年的健康，为了改善他们的体力和脑力所采取的卫生措施的巨大作用。

除了卫生学这一术语之外还有卫生（санитария）这个术语，这个名词源于拉丁字sanitas，即健康的意思。所谓卫生意思是指把卫生科学的材料在实践和生活中应用。

学校卫生学是保护和增强儿童、少年及青年健康的科学，它研究外界自然的和人工的生活条件的影响，以及劳动和生活条件对成长着的身体、它的发育和健康的影响。学校卫生学利用这些研究材料拟定保护、增强和发展儿童、少年及青年的健康的措施和标准。学校卫生学研究和总结这些措施在学校、儿童之家、少年先锋队夏令营等校外儿童教育机关以及在家庭中应用的经验。

正在发育着的人的成长过程是在学校和家庭中发生的。这个过程是统一的，并且应该在教育者和父母的共同努力下完成。学校卫生学有责

①《巴甫洛夫全集》第3卷，222页。

任把先进经验推广到教育机关和家庭实践中去。

学校卫生学作为一门科学，它不仅研究、保护和增强学龄儿童的健康，而且研究直到23岁的新生一代的全部发展过程，包括学前教育过程、在学校学习时期以及从中学毕业一直到身体完全成长的时期。

学校卫生学由三个重要部分组成：（1）入学前的幼儿卫生；（2）在普通学校、技工学校、工厂学校、苏沃洛夫军事学校和纳希莫夫海军学校中学习的儿童和少年的卫生；（3）在高等学校、青年工人学校和青年农民学校学习的青年以及在生产部门工作的青年的卫生。特殊学校的学生，即有发育障碍的，如盲、聋、智力落后儿童和少年的卫生，以及儿童医疗预防和疗养机关的卫生，是学校卫生学的特别部分。

学校卫生学研究的对象有下列几个基本问题。

1. 学校卫生学是一门科学，包括它与有关科学的联系，它的研究方法，学校卫生学和学校卫生工作的历史，苏联在保护增强儿童、少年及青年健康方面的国办事业的组织和发展。

学校卫生学和社会主义社会中的所有科学一样是具有党性的。在马克思列宁主义方法论的基础上研究学校卫生学的基本问题是正确地解决学校卫生科学中和实践中所有具体任务的重要的理论前提和主要条件。

2. 成长着的机体的发育和卫生。有关身体发育的特点的知识能够揭示这方面的规律性，并可能在学校和其他教育机关的实践中利用它们，来确定正确组织教导工作和保护增强儿童、少年及青年健康的办法。这里包括作为整体的成长着的身体的解剖学和生理学方面的问题，这些问题跟研究病态中成长着的身体的儿科学不同，它们是跟身体正常的发展过程（神经系统和感觉器官、肌骨系统、血液和心脏血管系统、呼吸器官、消化器官、皮屑和分泌器官以及内分泌腺）有关的。

有关儿童、少年及青年解剖生理特点的知识是构成学校卫生学其他所有部分，特别是成长着的身体的卫生这一部分的重要前提。这一部分在具有公共卫生的条件下有特别重要的意义，因为集体卫生在很大程度上是由个人卫生状况决定的。恩·阿·谢麻什科的观点为，公共卫生补充了个人卫生，而不是相互矛盾的。个人卫生提出这样的问题：应该在什么基础上实施公共措施来保护居民，特别是儿童的健康？

3．外界环境的自然因素对儿童、少年及青年的影响。机体和外界环境的相互作用对生命过程有巨大的影响，并且在相当程度上决定着人对身体的感觉及其健康状况。从缓和它们对身体的不良影响这一观点出发，尤其是从提高身体的抵抗力和增强健康这一观点出发，关于这些因素的知识是非常必要的。因此，利用空气、日光和水来锻炼身体就具有特别的意义。只有在社会主义国家才可能积极地改变环境条件，用它们来改善人们的身体和精神的素质。

4．学校和其他儿童教育机关的卫生。这部分包括跟儿童教育机关中卫生设备有关的一系列的问题：这些机关的设计原则，场地，学校、保育院及其他儿童机关的房舍，对它们的基本要求，室内气候、通风和取暖，自然和人工的照明，儿童教育机关的水源和下水道，对各种房间的要求（教室、休息室、寝室等），对学校和其他儿童教育机关的校舍和园地的管理。

5．学校和其他儿童教育机关的设备卫生。这一部分与上一部分是联系着的，也是上一部分的补充。这里包括对学校和其他儿童教育机关家具的要求，坐的生理卫生原理，课桌椅的制作，学生的坐姿，对实验用桌、教室黑板和别的教学卫生和总务设备的要求。在这一部分也包括对教学用具（教科书、儿童读物、直观教具、地理和历史挂图等）、学校文具和玩具的卫生要求。

6．教育过程的卫生。这部分对教师有特别的意义，它包括下列几个主要问题：儿童、少年及青年脑力劳动的卫生，教导工作的卫生（其中包括预防学生疲劳，特别是预防过度疲劳），制定不同年龄班级生活制度的卫生原理，讲授的卫生，上课的卫生，读、写、图画、歌唱的卫生，体育课的卫生，教学电影的卫生，考试前和考试期间的卫生，综合技术教育的卫生原理，儿童、少年及青年的课外活动和社会活动的卫生，教师工作的卫生，等等。

7. 儿童、少年及青年的校外活动的卫生。这里包括下列问题：成长着的身体的休息的卫生和生理原理，在学校和校外教育机关中（少年宫、儿童俱乐部、儿童文化休息公园、剧院、电影院）举行少年先锋队活动和校外活动场所的卫生，儿童游戏和娱乐的卫生，对校外体育活动和儿童运动的卫生要求，儿童、少年及青年技术和园艺劳动的卫生，儿童旅行、游览等的卫生。这部分还包括另一些问题：儿童和少年在家庭中和宿舍中的生活制度的卫生组织，在寒假、春假和暑假中为了增强儿童、少年及青年的健康所举办的活动的卫生要求。

8. 儿童、少年及青年的营养卫生。合理的营养问题跟个人卫生有关，它包括代谢作用的特点和成长着的身体营养的卫生学和生理学原理，不同年龄的营养标准（卡路里量的问题、成长着的身体所需的维生素及矿物质的作用，每日营养口粮，等等），学校、其他儿童教育机关以及家庭中营养的组织，给儿童准备食品时的卫生要求，食品中毒预防，等等。

9. 儿童、少年及青年的疾病预防。这里包括下列问题：周围环境条件对产生疾病的影响，神经系统和身体的一般状况对疾病的产生和患病期的意义，不同年龄疾病的特征，急性小儿传染病，儿童中传染病传播的途径，身体对于传染病的自卫作用和提高身体抵抗力的方法，儿童机关、学校及宿舍等的预防措施；儿童、少年及青年的非传染性的疾病及其预防。

10. 儿童、少年及青年的卫生教育和卫生启蒙。这部分包括：在幼儿园、学校、儿童之家中培养儿童卫生习惯的方法，在儿童、少年及青年中传播卫生知识，在学校中讲授卫生学，在家长和社会人士中进行卫生教育宣传工作。

11. 儿童、少年及青年的医疗卫生设施。这里包括下列问题：有关保护和增强儿童、少年及青年健康的组织工作，保健机关、教育行政机关、劳动后备系统以及其他为新生一代服务的医疗卫生机关的工作组织形式，作为学校及其他儿童教育机关中的成员——校医的工作内容和形式，儿童医院、农村医务区、卫生防疫站、国家的学校卫生检查处负责的学校卫生方面的工作。共产主义青年团、少年先锋队及社会团体（红十字会等）参与保护和增强儿童、少年及青年健康工作的作用和形式，学校卫生事业方面的立法问题。

由上述各项看来，显然，所有这些问题跟教导工作都有有机的联系。这些知识是每个教师都必须知道的，因为如果不遵循学校卫生学的要求，就会不仅在肉体方面，同时还在精神方面使身体的正常发展受到损害。

学校卫生学对教师来说是极为重要的一门课程，因为它会在学校和其他儿童教育机关的实际工作中给予教师们许多帮助。

第二节　学校卫生学跟其他科学的联系

我们认为学校卫生学是儿童、少年及青年的卫生学，它首先是以生理学的资料为基础并在这个基础上发展起来的科学。它跟教育学有有机的联系。因此，学校卫生学是医学教育科学，它跟生物学、医学、教育学联系着，也跟技术科学部分地联系着。

学校卫生学跟一些生物科学联系着，人体解剖学和生理学，首先是跟巴甫洛夫关于高级神经活动的学说联系着。没有关于成长和发育着的人体的解剖学和生理学方面的知识，特别是它的高级神经活动的知识，就不可能科学地解决儿童、少年及青年的个人卫生、学校教导工作的卫生组织、课外活动的卫生及营养卫生等问题。

学校卫生学在医学科学方面是跟普通卫生学、社会卫生学、劳动卫生学、公共卫生学和营养卫生学相联系的，并且也跟普通病理学（病态生理学）、儿科学、流行病学和微生物学等联系着。

学校卫生学跟普通卫生学的联系在于学校卫生学采用普通卫生学的资料，即关于研究的原则和方法、外界自然因素和人工创造的因素（气候条件、空气、自然和人工照明等）对身体影响的资料。学校卫生学把它们应用在学校和其他儿童教育机关的特殊条件下，应用在儿童、少年及青年的年龄特点方面，并在这个基础上制定出相应的措施和标准。

社会卫生学是研究社会经济条件对居民健康的影响，研究保健组织问题。学校卫生学跟它的联系在于学校卫生学研究儿童、少年及青年健康和体力发展，研究新生一代的医疗卫生设施，以及有关保护和增强儿童、少年及青年健康方面的立法问题。学校卫生学从社会卫生学中借用卫生统计方法，没有这种方法就不可能研究儿童人口的变动，儿童中的发病率、死亡率和他们的体力发育的情况。

劳动卫生学、公共卫生学和营养卫生学，正像它们的名称所指出的那样，各研究成人和团体生活中的一个方面。学校卫生学则是研究儿童、少年及青年生活和活动的各个方面。因此，它所研究的问题在某种程度上涉及公共卫生学（居民中的儿童部分、学校校舍的建筑及设备等）、劳动卫生学（跟综合技术教学有关的儿童、少年及青年的劳动活动的卫生，技工学校中的生产教学卫生）、营养卫生学（成长着的身体的营养问题）。因此，学校卫生学是综合性的卫生科学，它在研究适用于成长着的身体的特点和教育机关的特殊条件的原则和标准时采用卫生科学的专门资料和标准。

学校卫生学与病理学也有很重要的联系，特别是跟成长着的身体的病理学，也就是跟研究病因学（原因）、病源学（病理过程的发生和发展）及儿童、少年和青年的疾病预防的儿科学（关于儿童疾病的科学）的一部分有联系。在学校、幼儿园、儿童之家及家庭里教育儿童的过程中，可能具有某些对于成长和发育着的身体不利的个别因素，因此也可能引起某些病理变化。轻视卫生设施就可能使成长着的身体在发育中产生不正常的现象。此外，在儿童教育机关的日常生活中，可以遇到所谓"实际上是健康"的儿童和少年，他们处在正常和病态的交界状态，需要特别的个别卫生设施。由此可见，如果不跟有关成长和发育着的身体的儿科学及病理学联系，学校卫生学的许多问题就不可能科学地得以解决。

在预防儿童、少年及青年的传染病和研究儿童教育机关的防疫工作这方面，学校卫生学就跟流行病学及医学微生物学有联系。

但是，学校卫生学和医学科学的联系还不限于这些，它几乎跟医学知识的所有部门都有联系，并在自己的理论和实际工作中运用着它们（眼科学——关于眼病的科学，耳病学——关于耳、喉、鼻的科学，肠虫学——关于肠虫的科学）。

学校卫生学跟另一些知识部门，尤其是跟教育科学，如教育学、各科教学法、学前教育学、特殊教育学和心理学等有密切的联系。学校卫生学和教育学的联系就在于，它用卫生学上的一定的原则和标准来武装教育学，遵守了这些原则和标准就能保证儿童、少年及青年生理和心理的正常发育，并促使教导工作的顺利进行，对他们的行为和学业成绩起良好的影响。学校卫生学和特殊教育学（盲人教育学、聋哑教育学、智力落后儿童教育学）在研究盲、聋和智力落后儿童和少年的校舍及宿舍的卫生要求以及这些机关的设备和生活制度时，二者就发生联系。

学校卫生学跟心理学，特别是跟以关于儿童、少年及青年的高级神经活动的学说为基础的教育心理学有很重要的联系。学校卫生学研究脑劳动的卫生问题。这种研究不可能不估计到儿童的整个的心理发展状况，他们的注意力、知觉、记忆和其他心理机能的特征。心理学从自己方面来说也不能不利用儿童脑力劳动卫生及其神经心理卫生的资料。

从上述有关学校卫生学和教育科学的联系可以看到，现代学校卫生学的工作者和研究者应该不仅是生理卫生学家，而且在一定程度上还应该是教育家和心理学家。

学校卫生学也跟技术科学，如跟建筑学和卫生技术学有联系。建筑学从学校卫生学中采取关于对学校和其他儿童教育机关的房舍、场地、内外设备等卫生要求的资料。建筑师根据这些材料设计儿童教育机关的房舍及其内外装置。儿童教育机关房舍的设计、建筑和改建等问题只有在建筑师、学校卫生学家、教育家和建筑人员的共同努力下才能得到完满解决。

学校卫生学和卫生技术学的联系涉及下列一些问题：儿童教育机关房舍的通风和取暖、人工照明、给水和下水道。卫生技术学在研究儿童教育机关房舍的卫生技术设备时运用学校卫生学的一般资料。

学校卫生学在保护和增强儿童、少年及青年的健康和培养健康的全面发展的新生一代方面研究着他们生活的各个方面。因此它跟别的科学有各方面的联系。

第三节　学校卫生学简史

从19世纪中叶起，作为实验科学的学校卫生学跟普通卫生学同时发展起来。但是作为实际的活动领域的卫生学有悠久的历史。有关儿童、少年及青年的粗浅的卫生知识早在人类历史初期已众所周知。

在俄国，学校卫生学的发展也跟普通卫生学的发展一样是独立进行的。俄国人民在很早以前就有了初步的卫生学知识。我们祖先在远古时代就已经是经过锻炼的、体力发达的人。在民谣和叙事诗中，我国民间诗歌就歌颂了古代俄罗斯勇士依里亚·穆罗美茨、多勃累尼亚·尼基提奇、瓦西里·布斯拉耶维奇等的伟大功绩，歌颂了他们的武力和胆量。古时候人们以射箭、角力、游泳、骑马及其他体育练习来锻炼和发展身体。

古代，作为卫生手段，俄罗斯人民非常喜欢沐浴后露天用冷水淋身，在风雨严寒天也这样做。这件事在勒夫廉契耶夫斯基和别人著的编年史中可以得到有力的证明。这种沐浴的特别方法无疑具有锻炼的作用，因为它可以锻炼血液循环系统，并对皮下血管和神经系统起着良好的影响。

阿·菲希尔认为，古代罗马的浴室在中世纪的西欧已经衰颓并失去了过去的卫生意义，变为淫乱的巢窟和性病的苗床。

在俄罗斯，几百年来浴室保存了自己的主要意义，它是卫生机关，它的作用不仅是保持身体的清洁，而且可以锻炼身体，使身体从小就习惯于温度的变化。

由于基辅王国的成立，我国人民生活在文化的成长和发展方面发生了巨大的变革，从那时起开始成立了学校，但是关于它们的设备和卫生条件方面的资料很缺乏。在13至14世纪的某些学校中组织了学生的伙食，甚至还组织了走读生的伙食。

第一次提到学校专用房舍是在13世纪。关于建筑学校专用房舍的记载开始于17世纪，当时，在1665年，当代教育活动家锡米昂·波洛茨基在莫斯科建立了斯巴斯克学校。根据建筑这个学校校舍的契约手稿可以判断，这个学校的规模相当宏大，两层楼房，有两间教室，有学生宿舍和教员住宅。更早一些，基辅学校（它不仅对乌克兰教育的发展起了巨大的影响，同时对全俄国教育的发展起了巨大的影响）的创建人彼得·莫吉拉在1635年开始建立这所学校，并在几年内建成了两层楼的校舍作为这个学校的教室，随后又修建了学生宿舍。保存到今天的它们的蓝图（见图1、图2）还可以使我们看到这些校舍的大概的样子。

图1　基辅学校教室楼（17世纪）

图2　基辅学校的学生宿舍楼
（17世纪）

17世纪时，在莫斯科公国出现了初级读本，这些读本中不仅有教材，并且有学校规则、教师指南和关于校内秩序、学校生活制度和教师及学生生活的各种资料。所有这些材料从卫生方面来看是让人很有兴趣的。

在这些初级读本中，对于儿童、少年的个人卫生有一系列的指示，其中有：起床后要洗脸、漱口和梳发，同时要保持房间的清洁，打扫房间，擦桌椅，到校后留心脱下帽子和外衣，等等。在初级读本中关于校舍取暖、给水和学生用水制度等都有指示，对学生的坐姿也提出了意见。

这些卫生方面的指示不只是在某一种的初级读本中，而是在许多读本中都有。这个事实说明，在莫斯科公国的学校中有了给学生进行卫生教育的因素。

从17世纪的教育活动家（基辅学校的教员）拉扎尔·巴兰诺维奇的书信集中可以知道，他在1663年提出了各种器官的相互联系和机体统一的说法。巴兰诺维奇说："如果一个器官受到损坏，别的器官也要和它一同受到痛苦。"他还提出素质可以改变和进化的学说。他说:"素质开始时不太完善,以后才逐渐达到完善的。"他还说到春季植物的生物学价值及其能滋养人体的观点。

俄国在17世纪就知道了儿童的年龄特征,就根据生理学材料把人分为各个年龄时期。按照这个分期,"幼儿"时期延长到7岁,即到牙齿(乳牙)脱落的时候;"少年"期到14岁,即到遗精的时候——性成熟期为止。因此,远在那个时代,年龄的分期已经根据了生理学的资料。

17世纪后叶在莫斯科出版了耶皮范尼·斯拉文涅茨基(死于1676年)的有名的著作《儿童卫生习惯的文明性》。斯拉文涅茨基是当时著名的俄罗斯科学家,他具有高度的文化水平,精通生理学和医学。他这本书主要叙述了儿童卫生和儿童的体育。书中阐明了个人的卫生规则:洗颈部、面部、眼睛,保护头发和牙齿,注意衣着,进餐时的卫生行为,儿童营养制度特别是饮水制度,活动性游戏,儿童的睡眠,等等。这本著作证明在17世纪的俄国,卫生教育问题已经为当时进步人士所注意。斯拉文涅茨基还把一本拉丁文的医学巨著《医师用书》译为俄文,这本书对于17世纪在莫斯科传播医学生物学知识有重大的意义。

因此,在俄国,早在16—17世纪就开始发展学校卫生的思想,而在学校实际工作中实行了卫生措施。

当代先进教育家在他们关于教育和训练新生一代的著作中都把卫生设施看作教导工作的重要部分。特别要提到的是著名的捷克教育家杨·阿姆斯·夸美纽斯(1592—1670)的指示,夸美纽斯是与俄罗斯教育家锡米昂·波洛茨基和耶皮范尼·斯拉文涅茨基等同时代的人。在夸美纽斯的名著《大教学论》中,夸美纽斯用很大的篇幅叙述了儿童的身体发展和健康的问题。夸美纽斯关于劳动和休息交替的必要性的思想更让人有兴趣且富有价值。夸美纽斯谈到人的生活时说:"每天有24小时,假如为了生活的日常使用,我们把这24小时分为三部分,拿8小时来睡眠，拿8小时来供给身体的外部的需要（如同健康的照料、饮食、着衣、脱衣、赏心的娱乐、友谊的交往等），我们还有8小时来做生活上的正经的工作"。夸美纽斯十分清楚，健康是所有工作的基础，教育和训练儿童时，最主要的目的之一是增强新生一代的健康。夸美纽斯对于营养卫生、教学卫生、关于学校作业必须在晨间（这时候最能"避免学生过度疲劳"并获得较好的成绩）等问题也有叙述。夸美纽斯的许多卫生思想到现在还有它的价值。

英国哲学家、医师和教育家洛克（1632—1704）对于儿童卫生思想的发展也起了作用。他的作品《教育漫谈》于1693年问世，这本书从《体育》这一章就开始阐述儿童卫生学。洛克叙述了儿童体育的理论，这个理论是符合当时卫生知识水平的。同时洛克并未把体育的概念局限于单纯的身体操练和运动，而把它视作在教育的条件下对成长着的身体起全面的卫生影响的方法。

洛克关于空气卫生、住宅卫生、儿童身体的锻炼、衣着卫生、营养卫生等都有阐述。在《智力教育》一章中洛克对讲授卫生，对投枪、骑马，对儿童和少年的娱乐及旅行的卫生要求提出了意见。洛克发表了体力劳动对于成长着的身体的必要性的观点，他认为体力劳动是教育和增强健康的最有效的手段。洛克的下面的一段话是极为著名的："谈到健康问题，我不预备对你们说医师应该如何对待患病或者虚弱的儿童，而是说，父母亲不依赖医学，应该怎样来保护和增强儿女的健康。"

但是，无论是夸美纽斯、洛克或其他该时代的先进人士，都未能使该时代的学校走上他们所指出的道路。

在18世纪初叶，俄国的学校卫生学就有了显著的发展。等级制俄罗斯帝国的组织者彼得大帝把建立等级制的、同时又是职业的教育机关当作首要的国家任务，这些教育机关确实能成为国家的文化策源地。卫生措施，特别是接收贵族、官吏、商人及僧侣子弟学习的中等教育机关的

医学卫生设施在彼得大帝时代的
俄国获得了巨大的发展。

诚然，俄国学校的部分医疗
设施已在17世纪就有了。我们知
道，早在17世纪，在许多教堂里
已经设有医师和药剂师，甚至还
设有医院。这些医师和药剂师除

图3　在彼得堡的贵族学校

了为僧侣服务以外，还为患病的学生，特别是寄宿生看病。但是用法律
规定教育机关中必须设置医师还是由彼得大帝在1721年确定的，当时颁
布了由先进人士和彼得大帝的同僚费奥范·林罗科波维奇所制定的《宗
教条例》，在《学校房屋》一章中规定在寺院的神学校中必须设有药房
和医师。因此，药房和医师已经跟寺院处在相同的位置，这在当时是颇
为进步的现象，它表现了承认在教育机关中组织医疗设施的必要性。

在《宗教条例》中有很多卫生指示。例如谈到学校和中学的地点
时，它说学校的地点必须不在城市里，而是要在幽静的地方，那里没有
市井的喧嚣。这里还谈到必须根据学生的人数修建专门的校舍。在校舍
范围内必须有园地。在园中散步是严格规定了的，学习和休息是相互间
隔转换的。"每日两小时为学生散步时间，午饭后和晚饭后各一次，这
时候谁也不许学习，更不许阅读小书；夏天在花园里散步，可以做些高
雅的活动性游戏，冬天还可以到校园的木房子去。如此，既有益于健
康，也可消除寂寞。最好做某种有益于教育的事情。例如，驾船航行，
几何度量，建造城堡，等等。"

此外，条例规定每月（特别在夏天）要有一两次的到海岛、田野、
郊外"幽静"的地方的旅行，至少一年到圣彼得堡去游览一次。因此，
这里把增进健康跟增进普通知识的措施结合起来了。

在18世纪后期，学校卫生学得到进一步的发展。天才的俄国科学家

米·瓦·罗蒙诺索夫（1711—1765）在确定保护儿童健康和跟儿童疾病及死亡做斗争方面起了很大的作用。他在自己的著作《论俄罗斯民族的繁荣和强健》（1761）中提出了一系列社会卫生问题。根据罗蒙诺索夫的意见，国家的富强就在于民族的繁荣和强健。在这部著作中，罗蒙诺索夫论及了日常生活卫生、营养卫生等问题。他主张必须建立教养院，在这里，一方面可培养技师和手艺人才，另一方面也可以预防儿童死亡。

在俄国，发展学校卫生学的特别功绩应该属于18世纪后期的国家活动家和教育家伊·伊·别茨考伊（1704—1795）。别茨考伊在《莫斯科教养院总计划》（1763）、《贵族女子教育协会章程》（1764）、《商人子弟商业学校计划》（1772）以及其他文件中详细地论述了在教导工作中运用卫生学的问题，他把这些问题看作整个教育工作的有机组成部分。

当时，在为特权阶级居民子弟设立的教育机关的编制中有医师，他的主要职务是学生的"保健"工作。

1766年，别茨考伊出版了俄国的第一本学校卫生学作品《由优秀著作中选出的、关于儿童从出生到青年期间教育体育方面注意事项的简单规则》。在这本作品中有关于儿童从断奶到五六岁卫生的指示（衣着、食物、预防齿病、情感、睡眠、照料儿童、身体活动）。关于5～10岁的儿童的一章里讲到衣着、食物、睡眠、保护健康、药物、种牛痘、安定精神、学习卫生和惩罚。随后是关于10～12岁、15～16岁儿童的一章。在结尾的一章中有关于衣着、饮食、睡眠、感受性的材料的内容，关于对教育、特别是对音乐的卫生要求，关于热情、游戏、气质、劳动的卫生，关于"爱情的危险后果"、烟草、清洁和澡堂的材料。仅列举包括在这部作品中的问题就可以看到，这部作品关于儿童和少年卫生问题的提出十分全面。同时，这些问题已经在当时就按年龄的分期被叙述了。

学校卫生，特别是儿童卫生的问题在18世纪后半期在俄国科学家和医师们的著作中都得到了反映。卓越的科学家、莫斯科大学的第一位俄国医学教授斯·格·崔勃林（1736—1802）的著作在儿童卫生思想发展中起着巨大的作用。他写了一系列的卫生著作：《论穿着过分暖热的害处》（1773），《论从婴儿期开始在体格发展上进行有益于社会人口繁荣的正确教育》（1775），《论人口增涨缓慢的重要原因——在幼儿出生最初几个月内给以恶劣的食物——及其预防方法》（1780），等等。

革命启蒙者亚·尼·拉吉舍夫（1749—1802）在俄国儿童卫生学发展中有巨大的作用。在另一位革命启蒙者纳·伊·诺维柯夫（1744—1818）的著作中，也有不少儿童卫生学的思想被表述在《莫斯科新闻附件》（1783）中。拉吉舍夫和诺维柯夫的卫生学思想对进步的俄国社会有很大的影响，并促进了俄国学校卫生在以后的发展。

18世纪后半期在俄国不仅出现了一系列有关医学和卫生问题的书籍，并且出现了一系列有关新生一代教育的书籍，在这些书籍中也反映了卫生问题。例如，在教学参考书《论人和公民的职责，俄罗斯帝国城市国民学校必读书籍》（到1791年出了第五版）中叙述了卫生问题（第二部分《保护身体》的第一章《论健康》、第二章《论体面》）。

在18世纪，学校卫生学的问题不只是在俄国，而且在西欧也有所发展。著名哲学家和教育家卢梭在自己的著作《爱弥儿》一书中发表了许多有关卫生方面的有趣的思想。

在18世纪法国唯物主义者的教育著作中也有关于卫生问题的论述。爱尔维修（1715—1771）认为儿童身体必和他的智力同时发展。狄德罗（1713—1784）特别叙述了儿童脑力劳动的卫生。

法国革命时，国民教育的草案非常注意学校卫生，特别明确地提出根据儿童居住的地区分配学校位置的问题，以及提出必须在学校中设立专门的校医的问题。

值得指出，在1794年国民会议通过的中心学校教学计划草案中，卫生学是教学科目之一。众所周知，所有这些进步的草案最终未能实现。

应该讲到瑞士教育家裴斯泰洛齐（1746—1827）关于卫生和卫生教育的观点，这些观点明显地反映在他的小说《林哈德与葛笃德》以及其他作品中，裴斯泰洛齐提出了在分配儿童座位的时候要遵守一定规则，要根据儿童的年龄、学习卫生、儿童个人卫生、预防传染病、在学校房舍内空气良好的情况等来考虑儿童的力量——这些就是在裴斯泰洛齐作品中阐述过的问题。

这一切都说明，学校卫生学的思想从18世纪后半期和19世纪初期开始逐渐受到重视，并被视作教导工作的必要部分。当时的先进人士已经认识到教师进行卫生教育的必要性，部分地区已把卫生学列入师范学校教学计划。

19世纪，受困于封建农奴制度、不平等制度及剥削枷锁的俄国，学校卫生问题成为当时一些著名的先进人士如别林斯基（1811—1848）、车尔尼雪夫斯基（1828—1889）、杜勃罗留波夫（1836—1861）、皮沙列夫（1840—1868）等的宣传对象。别林斯基说："智力的发展和知识的获得是跟健康的发展和身体的强壮相伴并进的。"他指出全面教育的必要性，他说："要对儿童讲解关于整齐和外部清洁……"教养好的儿童是身体健康、柔软和敏捷的。别林斯基认为，儿童过度的和过早的发育是有害的，因为"它有害于健康——一切生活幸福中最宝贵的东西"。与此同时，他认为单一的身体发育而损害理性发育是不能容许的。别林斯基特别注意儿童和少年正确的生活制度、营养、睡眠和游戏。

车尔尼雪夫斯基谈论儿童体育问题时，强调人的体力和智力发展的相互依存性。他认为，身体操练和体力劳动相结合是特别重要的。他在萨拉托夫中学当教员时，很关心学生讲求卫生。

杜勃罗留波夫指出："身体中的任何变化都会反映到他们的脑中。"因此他对增强成长着的身体的健康予以很大的注意，并指出了作为增强身体的方法的体操和体力劳动的作用。杜勃罗留波夫深刻地懂得健康的本质。他说："所谓健康，不能仅仅理解为身体外表的良好状态，而应该理解为整个身体的自然的和谐的发展和它的所有机能的正常的发育成熟。"在身体的生命活动中，他认为大脑及其与其他器官及身体各系统的相互联系是特别重要的。

皮沙列夫也十分注意保护和增强新生一代健康的问题。根据皮沙列夫的意见，合理的营养、劳动教育、体操和教导工作的卫生对增强儿童的健康很有意义。皮沙列夫认为观察学生的健康情况特别有意义，并且尖刻地反对不卫生的学校作业条件。皮沙列夫是连续课堂作业的坚决反对者，因为这些作业使脊柱弯曲，易引起各种慢性病。皮沙列夫的功绩之一是在俄国社会中宣传了卫生学的思想和它的意义。他在1865年发表的文章《学校与生活》中说："众所周知，优秀的现代医师……认为……聪明人的一切努力不是像修缮和填补破漏的船只那样来填补自己的身体，而是为自己建立合理的生活方式，在这种生活方式下，身体可以尽少地处于涣散的状态，因而，也就可以尽少地去修理它。卫生学，或者对保护健康所必需的条件的研究工作，目前在每个动脑筋和通情达理的人的眼中都具有十分重要的意义。国家经济的各种各样的部门也愈来愈不可能完全忽视卫生学了。"

在俄国学校卫生学的发展上，著名的外科医师和教育家尼·伊·皮洛戈夫（1810—1881）起了巨大的作用。他兼具医师的学问和教育家的职务。皮洛戈夫早在19世纪50年代，当时是基辅和敖得萨学区的教育工作领导者，他就使教导工作体系纳入了学校卫生学的基础。他很有远见地证明，未来将属于预防医学。皮洛戈夫提出了要使教学和教育的方式严格按照个别对待的原则，并且要使它们跟儿童的心理和生理的本质相适应。他认为必须郑重地研究儿童和少年的生理和心理状态，并且为教师提出了要经常关心学生健康的要求。

在19世纪的前25年内，许多中学都有了医师。在皮洛戈夫领导下的中学更加强了医疗工作，皮洛戈夫认为，校医，特别是在寄宿学校里工作的医师，应该是医师兼教育者。他在自己的文章《论医师兼教育者》里说："我想，在寄宿学校的教育职务里，没有任何人能有跟医师一样的权利……寄宿学校里的医师能够同时成为学生的道德方面的良好的监督者，又是高年级医学科学百科知识（实际上是卫生学）的教师，又是中学医务室的医师。"

伟大的俄国教育家康·德·乌申斯基（1824—1870）指出了生理学和卫生学在儿童教学和教育事业中的巨大意义。例如，他说："我们相信，教育一旦完成，可以使人们的力量——体力、脑力和道德力——的限度扩展得更远。"

乌申斯基认为卫生因素对心理活动有特别的作用。乌申斯基关于这个问题曾说过如下一段话："一个人越健康，他的身体和外部世界的关系越良好，生活机能的活动越快、越正常，那么，从这方面培养愉快情感也会越顺利……大家都知道，身体活动，特别在阳光照射下和新鲜空气中的活动能减少精神上的颓丧情绪。"

乌申斯基对体操评价很高。关于体操他这样说："体操作为能合适地改变身体的各种随意活动的体系来说还只是一个开始，因此就很难看出它的可能性的限度。体操不仅对增强身体和促使某种器官的发展有影响，而且对预防疾病甚至对于治疗疾病也有影响。我们想，不久的将来，体操甚至也将成为严重的内科疾病的有力治疗手段。"乌申斯基不是医师，尽管如此，他在体操方面的话是有先见之明的。

根据以上简要的历史叙述我们可以看到，教育理论和实践的优秀代表人物曾提出并且曾企图解决（或在某种程度上解决了）学校卫生学上的问题。

19世纪，在生理学、物理学、化学和微生物学发展的同时，普通卫生学和学校卫生学开始发展了。19世纪，学校卫生学获得了科学的基础，学校卫生问题的研究成为卫生学专家的工作。1813年出版了莫斯科"贵族寄宿学校"医师弗·德·卡拉多维奇的作品《论保护健康或卫生学简要规则》，1829年军事教育机关的主治医师耶·恩·斯美耳斯基的作品《青年营养学或儿童教育时期保护健康的科学》，以及1843年至1845年克·伊·格鲁姆-格尔日马洛的三卷集《教育和保护儿童健康指南》。发展学校卫生学特别巨大的功绩要属于俄国科学家、卫生学家兼儿科学家斯·弗·霍托维茨基（1794—1885），他是两本优秀作品《神学校国民医学指导》（1836）和《儿科学》（1847）的作者。在后一部作品中霍托维茨基说："儿童身体的特点并不在于儿童器官的微小，而在于儿童器官的构造和机能的特点……儿童的组织的和机能的特点不是不变的，相反，在发展过程中的任何时刻都不会停留在同样的状态中。器官的构造和机能的量变和质变，从儿童出生到成年都在不断地进行着。"霍托维茨基是卓越的科学家，他非常重视儿童身体的发展和卫生的问题，并把它们跟儿童教育的实践紧密地联系起来。

俄国实验卫生学的奠基人是彼得堡军事医学科学院第一个卫生教研室（1872年）的教授阿·朴·杜布罗斯拉文（1842—1889）和莫斯科大学第一个卫生教研室（1882年）的教授弗·弗·艾里斯曼（1842—1915）。他们所奠定的卫生学的科学基础对后来学校卫生学这门科学思想的发展有很大贡献。

杜布罗斯拉文认为卫生学的主要任务是研究在社会活动的不同条件下身体的永久性的生理平衡法则，研究保护和发展身体生产力的最合适的条件。杜布罗斯拉文不仅讲到人的体力活动的卫生，而且早在1871年就提出了必须从生理学和卫生学方面研究人的心理活动，并把这个问题跟教育学紧紧地联系了起来。此外，杜布罗斯拉文曾在儿童、少年以及寄宿学校学生的营养卫生方面进行了深刻的研究。

艾里斯曼十分清楚地确定了卫生科学的目的。他在学校卫生学方面的功绩特别巨大。早在他的作品《脑力和体力劳动的职业卫生学》（1877）中，艾里斯曼就十分注意儿童和少年的卫生问题，特别是他们的脑力工作的卫生问题。艾里斯曼出版了许多有关学校卫生学的作品，特别是他研究了课桌椅的设计，这种设计经过了某些改进，已被我们大部分学校所采用。他还研究了标准的教室的设计图样。

　　在19世纪70年代的俄国，医师兼卫生学家和教育家的协作加强。这种协作在教育杂志以及在专门的有关教学和教育问题的代表大会、会议和展览会里都可以找到。最可以说明问题的是，俄国有关学校卫生学的第一个科学中心是在教育科学研究机关，即军事学校教育博物馆里产生的。1875年在那里建立了学校卫生委员会，后来改组成为一个科。这个委员会自成立的一开始就有著名的卫生学家杜布罗斯拉文、艾里斯曼和列士葛伏特等人。已经很清楚，所有这些工作者都跟儿童、少年和青年的教学和教育实践有紧密的联系。重要的是，教育博物馆的这个学校卫生学科不仅研究学校建筑物和设备的卫生问题，并且研究教导工作的卫生，在这方面应该特别提到著名的学校卫生学家阿·斯·维廉尼乌斯的功绩。这个科管理了体育问题，第一次实验性地研究学生的疲劳也是在这个教育博物馆的学校卫生学科中进行的。

　　恩·朴·贡多宾（1860—1908）在俄国学校卫生学的发展事业中有巨大的功绩，他是军事医学科学院儿科学的教授，是著名的作品《儿童年龄特征》的作者，在这个作品中他收集了有关年龄形态学和生理学（学校卫生学的理论基础）的新的丰富的材料。

　　1905年在国民教育部设立了以卫生学教授格·符·赫洛品（1863—1929）为首的医疗卫生部门。在这个部门里成立了学校卫生学实验室，在实验室里进行了许多研究，其中也包括教科书卫生的研究。

　　学校卫生学在国际的和全俄的卫生和教育会议、代表大会和展览会

图4　喀山中学

图5　革命前的俄国的乡村学校

中始终是一个独立的部门。

　　我们仅仅从学校卫生学史中援引了主要的、最重要的东西。

　　在伟大的十月社会主义革命以前，学校卫生问题的探讨和科学研究的结果在学校实践中的运用是很有限的。学校卫生学的科学知识仅仅在有产阶级的子弟学习着的特权学校里，即在陆军学校、国立中学、"贵族女子学校"、商业学校等学校中才被采用；在普通文科中学和实科中学里用得少一些，而在劳动人民子弟学习的初等学校中几乎完全没有被采用（图5）。农村学校、地方学校，特别是教区学校，还有大部分的市立学校，都远不能符合学校卫生学提出的最低的要求。在这种条件下，先进的医师和教师想把卫生学推行到国民学校中去的良好意图是很难实现的，是很少有成效的。

第四节　苏联学校卫生学的现状

　　在伟大的十月社会主义革命以前，我国的学校卫生学不能成为也不可能成为国家保护儿童、少年和青年的健康的独特的部门，也不可能成为为增强新生一代的健康而广泛采取的预防措施的体系。

　　代表国家统治阶级（地主、厂主和商人）的沙皇政府，正像对国民教育一样，很少注意到人民的健康。在这些需要上只拨发极少的经费。

沙皇政府对广大人民群众（工人和农民）中的儿童、少年和青年的体力发展和健康状况的问题是不感兴趣的。

只有在苏联，在社会主义取得胜利的国家里，保护和增强所有儿童、少年和青年健康的工作才得到了最广泛最全面的开展。只有在苏联，学校卫生学才有了一切条件来发展科学研究工作和进行实际应用。

无产阶级的伟大导师马克思和恩格斯在他们的伟大著作中都十分注意卫生问题，特别是儿童、少年和青年的卫生问题。马克思说，资本"……侵夺了身体得以生长、发育和健全维持的时间。它偷去了消费新鲜空气和阳光所必要的时间"。①

马克思和恩格斯在他们的著作中指出了住所饮食的卫生、个人卫生、休息和睡眠的卫生、儿童和青年的体力发展以及体操的卫生的意义。他们指出，对于正在成长和发育着的身体来说，卫生制度是必要的。马克思认为休息和余暇是在培养健康一代的事业中的必要条件。

马克思和恩格斯指出，在资本主义社会的条件下，对于被剥削的劳动人民及其子女来说，卫生措施是不能实现的。同时，他们指出了在人的生活中保护健康问题的重大意义。马克思和恩格斯把儿童的体力发展和增强健康看作共产主义教育的任务。

苏维埃国家和共产党的伟大创始人列宁非常关心人民的健康，特别是增强新生一代的健康。在科学卫生学的基础上保护人民健康的问题被列入了1919年第八次党代表大会上通过的联共（布）党的党纲中。

"俄国共产党认为，首先推进以预防疾病的蔓延为目的的广泛的保健和卫生工作是自己在人民保健事业方面活动的基础。无产阶级专政已使在资产阶级社会的范围内从未实现的一系列的保健和医疗措施的实现

---

① 马克思：《资本论》，第1卷，306页，北京，人民出版社，1954。

成为可能……"①

共产党、政府和全体苏联人民十分关心着整个新生一代的健康。在1918—1919年间，在内战年代，曾经按照列宁的指示公布了两个关于加强儿童营养的指示。

在1918年初俄罗斯联邦教育人民委员部设立了学校卫生处。当年七月由于成立了保健人民委员部并把整个苏维埃医学合并为一个部门，学校卫生处也并入了保健人民委员部。但是这个事实并不能使教育人民委员部及其地方组织推卸关心学校及其他儿童教育机关改善卫生设备的责任。儿童的体育和卫生教育以及保障他们的营养仍是教育行政机关的工作。

在苏维埃条件下，学校卫生学以及卫生科学和卫生实践的其他部门在我国得到了广泛的发展。苏维埃保健事业在设立的头几年，就在保健人民委员部的第一任部长、伟大的卫生科学家恩·阿·谢麻什科的直接参加下，制定了在苏维埃学校卫生学和学校卫生事业方面的基本方针。

苏联整个国民教育系统的变更，儿童教育和教学内容及性质的变更，决定了苏维埃学校卫生学的内容和性质上的变更。我们的学校是要培养健康的、全面发展的、积极和勤勉的共产主义建设者，它对学校卫生学提出了高度的要求：保证卫生措施普及千百万的儿童、少年和青年。

苏联的学校卫生学跟革命前俄国的学校卫生学的区别就在于，前者有一切可能来使自己的

图6　以卓娅·柯斯莫捷绵斯卡娅命名的莫斯科第201女中

---

① 《俄国共产党（布）党纲》，见《联共（布）关于宣传鼓动的决议和文件》，31页，北京，人民出版社，1953。

措施普及千百万儿童和少年，因此它就成为保护和增强新生一代健康的有利因素。目前正当由社会主义进入共产主义的时代，正当在人及其身心的全面发展方面已打开了更广阔的前景的时候，学校卫生学的任务就更加重了。

在伟大的十月社会主义革命以后，学校卫生学就有了群众性。它的内容也有了根本的不同。这种不同关系到整个学校卫生学，也关系到它的个别部分。例如，教学工作组织在性质上的变化和学校的大量建设就按新的方式提出了学校建筑物的卫生问题。目前按新的方式提出了关于学校位置的问题，关于学校建筑物的组成部分的问题，关于学校场地问题，等等。教导工作的卫生这一部分当然也有极大的改变，因为已教育过程的性质及其组织从根本上改变了。

由于党和政府对于儿童及其健康的关怀，由于教导工作的内容和组织的改变，产生了学校卫生学的完全新的部分，例如儿童中少年先锋队工作和校外工作的卫生等。学校卫生学的许多问题还处在探讨和研究的阶段。首先是关于年龄解剖学、年龄生理学和儿童少年的高级神经活动的卫生问题。在学校卫生学的新的部分中应当指出的还有综合技术教育的卫生学、学前卫生学、技工学校和工厂学校的卫生学、陆军学校和海军学校的卫生学。

苏联学校卫生学的成就表现在：实施了保护和增强儿童、少年和青年的健康的大量措施；根据学校卫生学的要求建设新的学校和其他儿童教育机关的建筑物；在学校和幼儿园里，在扩展儿童的公共营养方面实行了明确的卫生制度；组织学生校外生活的卫生；发展体育和卫生教育；组织林间疗养学校；等等。

儿童诊所、儿童医院以及为成人开设的诊所和医院中的小儿科，它们的数量在逐年增加着，这是苏联在保护和增强新生一代健康方面的最大成就之一。

在我们国家里建立了各种类型的儿童疗养院（结核患者的，关节炎患者的，神经精神病患者的），疗养性和群众性的少年先锋队夏令营、幼儿园、保健站，等等。

在儿童和青年中，学校卫生学知识的主要传授者是教师。因此苏联所有的师范学院、师范专科学校和中等师范学校都把学校卫生学列为必修课，师范学院的学前教育系和幼儿师范开设学前卫生学课程。教师进修学院在各种讲习班的教学计划中也包括了学校卫生学。在苏联，医学院也培养掌握学校卫生学这门知识的学生。例如在卫生系，除了普通卫生学以外还专门讲授学校卫生学，而在其他各学系，学校卫生学被包括在普通卫生学中。医师进修学院也举办学校卫生学的讲座。许多医学院和师范学院设立了专门的学校卫生学教研组。

目前苏联开展着学校卫生学的巨大的科学研究工作。在伟大的卫国战争年代里俄罗斯联邦教育科学院设立了学校卫生学科学研究所。

学校卫生学的科学研究工作也在其他地方，例如在莫斯科、列宁格勒（今圣彼得堡——编者注）以及省中心城市的医学科学研究所里进行。学校卫生学的问题也在医学院和师范学院的学校卫生学教研组里被研究。苏联有专门的、培养学校卫生学科学工作者的研究院。

在苏联学校卫生学的发展上，许多苏维埃科学家有着很大的功绩。探讨学校卫生科学先进思想的荣誉是属于俄罗斯科学家们的。但是只有在伟大十月社会主义革命以后学校卫生学才走上了创造性发展的道路，并且它的成就变成了千百万儿童、少年和青年的财富。下面我们谈谈在学校卫生学方面最有名的苏维埃工作者。

恩·阿·谢麻什科（1873—1949）是杰出的卫生学家和最老的布尔什维克之一。谢麾什科在研究苏维埃卫生科学，特别是学校卫生学和苏联的体育基本原理上有极大的功劳。他是一系列关于社会和学校卫生学问题及体育著作的作者。

符·耶·伊格纳吉耶夫（1867—1927）是艾里斯曼的学生和最亲近的助手，学校卫生学方面的杰出的专家。还在革命前，他就发表了许多关于学校卫生科学各类问题的科学著作。伊格纳吉耶夫的特别大规模的和多方面的活动是在苏维埃年代展开的，在这时期他发表了一系列学校卫生学的伟大著作。

符·耶·哥里涅夫斯基（1857—1937）在1888年就以《关于卫生学的教育和教养的意义》为题发表了公开讲演。这个作品具有巨大的理论性意义。哥里涅夫斯基写了一系列关于学校卫生学，特别是关于锻炼和体育的著作。在苏维埃政权下他为体育和运动的卫生学论证做了许多工作。

德·德·别卡留科夫（1861—1934）是著名的医学工作者，还在革命前就研究了许多学校卫生学的问题，他是1905年作为《教育通报》杂志的附件出版的《学校卫生学指南》的作者，在俄国建立苏维埃制度后，别卡留科夫在学校和学前卫生学方面开展了全面的工作。

阿·符·莫尔科夫（1870—1947）在革命前曾是莫斯科地方自治局的卫生视察员。在莫斯科大学第一分校的医学系中组织苏联第一个学校卫生学教研组是他的功劳（1924年）。他撰写了医学院用的学校卫生学教科书。

耶·阿·阿尔金（1873—1949）是在学前卫生学方面的杰出的工作者，是这方面的许多著作（《学前期》等）的作者。

目前在苏联，当我国在共产党的领导下从事共产主义建设的艰巨工作的时候，学校卫生学的作用更是增大了。党提出要对预防问题、把医学科学的成就运用到实践中去的问题以及体育和运动的今后发展的问题加强注意，这个任务要求在学校卫生学方面必须扩大和加深科学工作，并要在儿童教育机关里实施群众性的卫生措施。中学普及教育的实现和综合技术教育的实施增强了学校卫生学的意义。儿童和少年的体力、智力的全面发展，首先要求新生一代的教学和教育要有充分的卫生保证。

共产党所指出的苏联文化建设的纲领应当成为学校卫生学今后在我国发展的基础。

儿童、少年和青年的教育和教学工作是委托苏维埃学校教师进行的。教师负责进行正确的共产主义教育，负责使学生很好地掌握科学基础，负责儿童的健康和行为。在苏维埃教师面前有一个重要任务，就是培养全面发展的、健康的、勤勉的和乐观的共产主义社会的建设者。

第二章 儿童和少年的身体发育及其 个人卫生

第一节 儿童身体的发育特点

为了对健康的、正在发育着的儿童进行正确的教育工作，就必须了解儿童身体发育的各个基本特点，换言之，必须了解儿童的解剖生理特点。

当谈到身体发育时，人们通常将它理解为肉体发育，并将身长、体重、胸围、身体的各部分的比例、内脏器官的状况等理解为身体发育的标志。因此，到目前为止，很多人认为肉体发育（或称身体发育）只是跟体育问题有关，而跟整个教导工作无关。这种观点是不正确的。之所以不正确是因为精神（心理）和身体是和大脑分不开的。

列宁曾不止一次地强调指出："思想是头脑的机能，感觉是人的中枢神经系统的机能……"[①]，并指出这种状况是生理学的基本的真理。

儿童和少年的意识和思维（这种意识和思维是由教师加以培养和发展的，人以此获得知识和技能）是大脑的产物，而大脑是一个跟整个身体密切联系的统一而完整的器官。必须记住这一点，就是大脑两个半球

---

① 列宁：《唯物主义与经验批判主义》，77页，北京，人民出版社，1956。

在整个身体、各个器官及其系统的发育和生活活动方面起着主要作用。可是，身体、各个器官及系统的发育和生活活动对大脑也起着影响，身体的内部与外界环境之间也有密切的联系。大家知道，有许多疾患能损伤整个身体的活动，使大脑的正常活动遭受破坏，使高级形态的精神活动也遭受破坏。大家知道，有许多疾患能使儿童及少年的精神机能活动（注意力、记忆力等）衰退。当然，上述的一切都直接跟教导工作有关。各个器官及整个身体的训练对大脑的发育，也就意味着对精神机能的发育，都起着巨大的作用。

唯物主义科学将人的精神活动当作特殊形式的有组织的物体——脑的高级产物。脑是意识和思维的物质基础，大脑皮层是从外来存在中、外界环境中感受到作为客观现实的感觉、观念、概念的刺激，这种客观现实的感觉、观念、概念制约着人的精神活动的最高形态——意识。由此可知，人的精神活动，也就是说人的精神发育，不能跟人的生理状态和身体发育隔绝。与此相反，唯心主义的资产阶级科学把身体与精神看作对立的，我们应当完全地彻底地清除这种观点，因为身体和精神是统一的。

必须承认，到目前为止，在生理学中，特别是在卫生学中，基本上只是狭隘地对"身体"发育进行了研究，而对于正在成长着的身体的发育状况，对于把它作为一个整体来进行全面研究的工作，往往是被遗忘了的。这就会自然地使人把身体发育完全理解为高级神经活动的发育，理解为成长着的人的主要系统的发育。这种主要系统在颇大程度上制约着作为统一整体的身体的发育（其中也包括精神方面），并制约着身体与外界环境的平衡，身体与外界环境相适应。

克·姆·贝柯夫院士曾在1950年苏联科学院和苏联医学科学院的联合会议上说："毕霞（Bichat）的唯心主义的概念，到今天还常常在心理学和卫生学中产生影响，即认为卫生学主要是身体的植物性过程的卫生学，而未考虑到中枢神经系统具有协调性和制约性的作用，有时连中枢神经系统的主导作用也都不加考虑。"如果将人的发育问题仅理解为身体发育，或相反地仅理解为精神发育，都是片面的。如果不愿将人的身体作为跟周围环境有相互影响的统一的整体来进行研究，等于忘却中枢神经系统此时所起的主导作用，这是不能使人同意的，因为这对新生一代的教育和教学事业是起着阻碍影响的。

人成长着的身体的发育实质的知识，以及人的解剖生理特点的知识，是教师在解决许多教育理论问题及实际问题时所必需的。首先，这些知识是在儿童身体的各个发育时期（从幼龄期起到青年期末）对儿童进行合理的组织工作和教导工作所必需的。至于像正在成长着的人的发育特点这种知识，则不论在学校中，还是在其他儿童教育机关或在家庭中，在制定或实施关于个人方面或公共卫生方面的某些措施时也是必需的。

马克思曾指出，在对儿童和少年进行教育和教学的时候，必须考虑到他们的年龄特点。马克思说："逐渐复杂化的智育、体育和技术教育，应当适应于按年龄组区分的儿童和少年的特征。"[①]在我们社会主义胜利了的国家里，人民的教育事业获得了在历史上未有的发展，对儿童和少年所实施的一切教导工作日趋完善，同时对成长着的少年和儿童的健康也予以极大的注意。因此，教师们就必须了解儿童发育时的年龄特征。

共产党和苏维埃政府在关于中、小学校的决议中指出必须根据儿童及少年的年龄特征来进行教导工作。例如，1932年8月25日联共（布）党中央颁布的《关于中小学教学大纲和教学制度的决定》曾指示把学科教学大纲内的教材重新分配，"使这些教学大纲中所包含的教材的范围

---

① 马克思：《第一国际文件》，23页，莫斯科，国家政治书籍出版社，1939。

和性质能完全适合各年级儿童的年龄特征。"

1935年9月3日苏联人民委员会和联共（布）党中央所颁布《关于小学、不完全中学和中学教学工作的组织和内部规则的决定》，规定了儿童和少年的学习时间及休息时间的分配应与他们的各个年龄期的发育特点及卫生要求完全一致；在同一决定中又规定校长应负责了解入学儿童的发育水平、健康状况等事项。每个教师了解学生们的发育水平及健康状况，这不仅是对学生进行体育教育时所必需的，也可使教师易于使儿童和少年获得优良的学业成绩。

儿童、少年及青年男女的身体，跟成人的身体在各个特点方面都是不同的。基本特点是儿童、少年及青年男女是在不断地全面地发育着（从出生日起，大体上到22～25岁为止）。发育的复杂过程的特点是通过许多现象表现出来的，如儿童身体在长度方面的增长，体重的增加及其他多种过程。但是不能将儿童的身体发育只认为是他的成长，也不能将儿童看作成人的缩影，更不能认为儿童身体的成长主要是量的变化，而不是质的变化。这种观点是极端错误的。

人的身体的成长发育过程中，发生着许多极重大的质的变化，各个器官及其系统的发育以及它们之间的相互关系，其总和就构成作为统一整体的身体的发育。

身体的发育是一个复杂过程，在这个过程中说明着三个相互交错的因素：①生长，也就是身体的大小和质量的增加；②发育——组织与器官的分化；③形态构成。生长不是平衡地进行着的，而且是由快速的生长期变为缓慢的生长期。在缓慢的生长期中，各个组织和器官发生着最剧烈的分化和形态的构成过程。

各个器官的组织和整个身体的成长和发育都是飞跃地进行着的。身体的成长并不是组成某个器官的要素的增大和增多的简单总和。身体的成长是由于细胞成长、细胞繁殖及细胞间物质的增加而发生的。生长的各个过程，各组织和器官的分化以及形态的构成，都是在神经系统、内分泌系统跟内在因素、外界环境因素的相互作用下进行的。同时必须指出，中枢神经系统的高级部位——大脑皮层，按巴甫洛夫的话来说，"制约着机体内所发生的一切现象"[1]。

每个人的机体、各个器官及其系统的发育过程是不相同的，也是不均衡的，因此，有时会产生发育停滞或发育不正常的现象。这些发育过程是由正在成长着的身体的周围环境、生活条件、教育和教学的条件以及身体本身的状况决定的。

儿童的全部生活不正常，对儿童所进行的教导工作及其组织不合理，特别是不符合卫生要求，这些会使身体、各个器官及其系统的发育遭受影响。如果儿童和少年的周围环境条件符合卫生要求，他们的身体就能正常地发育，因为此时身体跟外界环境是均衡的。在这种情况下，生长、组织分化及形态构成，也就是我们所称的发育，彼此间的相互联系也形成一个统一协调的过程。

如果没有适当的环境条件，特别是在教育和教学方面缺乏卫生条件时，那就很难使身体跟外界环境保持均衡，很难跟外界环境相适应，这就会使身体的正常发育遭到破坏。

如果身体的正常发育遭到破坏，那么在这种过程中的个别环节可能发生偏差，因此，某些器官及其系统的发育就会出现缺陷，归根结底，这种缺陷会反映在作为统一整体的身体上。

各个器官及其系统的发育不是彼此孤立地进行，而是相互关联和相互制约的。恩格斯引证达尔文创立的"互相助长的规律"，并指出了"一个有机生物个别部分的特定形态经常是和其他部分的某些形态相关

———————————

[1]《巴甫洛夫全集》第1卷，410页，苏联科学院，1940。

联的"①。继之，在发展这个论点的时候，恩格斯断言："身体某一部分的形态之改变，引起其他部分的形态之改变……"②。

必须特别强调指出，人的身体构造和机能方面的现代知识，由于搜集了解剖学和生理学方面的大量的事实材料，特别是由于有了巴甫洛夫关于高级神经活动的学说，就使我们有可能将身体作为一个统一的整体来看待。这特别明显地表现在我们将各个器官及其系统看作是相互联系和相互作用着的这一点上。

巴甫洛夫说："机体是由许许多多的个别部分以及由数以亿计的、能相应地引起许多个别现象的细胞组成的，但是这些细胞彼此又紧密联系着，形成机体的完整的机能。反射学说把机体这种一般活动分成组别活动，使之跟内在的和外在的各种影响相联系，然后又重新把这些个别活动联合起来，这就使我们越来越清楚地理解机体的整个活动，以及机体跟周围环境的相互关系。"③

显然，某些器官的发育以一定的形态影响其他器官的发育，这样就促进了机体这个统一整体的发育。例如，呼吸器官的发育有利地影响心脏血管系统，而反过来，后者的状态，即心脏血管系统的状态也能影响呼吸器官的发育及活动。脑的发育对感觉器官的发育起着良好的作用。某些器官、系统跟另外一些器官、系统的相互制约、相互关联和相互影响在某些器官、系统活动时能特别清楚地看到。所以，借助于各种运动来锻炼肌肉系统，对脑的发育是有良好影响的。具柯夫对肌肉活动的作用给予极高的评价，他说："实在地说，没有肌肉的活动就不可能认识自然，更谈不到在劳动过程中来改造自然，也不可能在人的教育过程中使人更趋完善。"

---

① 恩格斯：《自然辩证法》，139页，北京，人民出版社，1955。
② 恩格斯：《自然辩证法》，139页，北京，人民出版社，1955。
③《巴甫洛夫全集》第3卷，437页。

恩格斯在《劳动在从猿到人转变过程中的作用》这篇论文里用以下这些话说明了肌肉活动的作用："首先是劳动,而后是语言和它一起成了最主要的动力。在它们的影响下,猿的脑髓就逐渐地变成人的脑髓。后者和前者虽然十分相似,但是就大小和完善程度来说,后者远远超过前者。和脑髓的进一步发达相并行,它的最亲密的工具——感觉器官也进一步发达起来了。和语言的逐渐发展同时发生的必然是听觉的相应的完善化,同样,和脑髓的发达同时发生的无论如何就是所有感官的完善化。"[1]恩格斯所谈的关于脑的无止境发展的可能性,就为教师们开辟了改善发展着的人的个性的最宽广的远景。在儿童的教育和教学过程中严格地遵守卫生要求,是保证脑的无止境发展的一个必要条件。

由此可见,相互助长的规律,以及某些器官跟另外一些器官的相互关联的法则,有巨大的卫生学意义和教育学意义。更进一步地研究这个法则,发展和改善这个法则,将它应用到对新生一代的教育和教学上去,就将为人类开辟光辉的远景:提高正在成长发育着的身体的抵抗力,改善它的本质和高级神经活动,也就是改善它的精神特性。这个断言是有力的,这正是因为在研究高级神经活动的基础上研究跟周围环境相互作用着的、正在发育着的身体,就能够有目标地有组织地影响身体的发育。

在中枢神经系统指导、调节、监督下的新陈代谢作用,是人的身体跟外界环境相互影响的一种表现。在成长发育着的身体中所产生的新陈代谢过程比成人的剧烈。因此,对儿童、少年、青年的神经系统的卫生及发育问题就必须予以特别注意。

成长着的人的发育和形成有赖于决定着新生一代教育和教学总情况的社会制度。在对儿童和青年的教育和教学问题上,我们能够而且应该

---

[1] 恩格斯:《自然辩证法》,140页,北京,人民出版社,1955。

充分利用社会主义制度的一切优越性来保证身体的发育。

在伟大的苏联共产党领导下所实现的我们祖国的社会主义的改造和共产主义的建设，不仅改变了社会环境条件与外界的自然环境条件，而且对人的心理和生理的各种性质的变化、对新生一代的健康状况的根本改善都起了决定性的作用。

医师和教师是教导机关和家庭的卫生活动的领导者，他们经常给予新生一代卫生的影响。在完成这个崇高的任务中，医师和教师是起着主导作用的。

第二节　人体测量的主要标志及其在身体发育过程中的变动

要了解成长着的身体的发育情况及其解剖生理特点，通常先从研究主要的人体测量材料着手，这些人体测量材料说明着身体的外形、身体各部分的比例、大小及体重等。这些材料在各个年龄成长期中不是没有变化的，而是有变化的。也就是说，在身体的成长和发育过程中，身体的各个部分的比例是在变化着的。归根结底，这种变化是受以下因素决定的：作为统一整体的身体中所发生的质的变动，各个器官及其系统的改造，以及在周围环境影响下各个器官及其系统间的相互关系的改造。

从外形上看，婴儿有许多的特征与成人的不同。新生婴儿和成人的区别是：头颅大，躯干长，两腿短。新生婴儿的头颅的长度为整个身长的1/4，2岁幼儿的头颅长度为身长的1/5，6岁儿童的头颅长度为身长的1/6，12岁少年的头颅长度为身长的1/7，成人的头颅长度为身长的1/8（见图7）。随着年龄的增长，头颅在大小的增长上逐渐缓慢下来。相反的，四肢随着年龄的增长而迅速地增长。新生婴儿的手比躯干短些，而脚比手又稍短些。2岁幼儿的手跟躯干的长度相等，脚的长度则超过躯干。假如把新生婴儿的躯干、手、脚的长度跟成人相比，则婴儿身体的

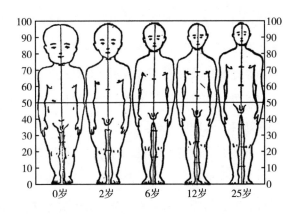

图7　身长与年龄的比例变化

最长的部分是躯干，手较短，脚最短。成人则恰恰相反，脚最长，其次是手，而躯干最短（"手"、"脚"均为俄文原文的直译——编者注）。

男孩与女孩的身体比例，在性成熟期开始前几乎相同；可是到性成熟期末，男女在身体的比例上有着特异的差别。比如，少女与少年相比，少女的躯干要相对地长些，骨盆较宽，而四肢较短。

实际上，不仅是身体各部分的相互关系的变化有显著的巨大作用，而身体本身的发育变动也具有同样的巨大作用。身长、胸围、体重等是对身体发育进行人体测量的所谓外表标志。

身长是表示身体的长度。了解身体的长度就易于对其他人体测量的标志，特别是对体重做出正确的评定。至于测量坐高，就更便于测定身体的比例。

胸围表示胸廓的容积、胸部肌肉和背部肌肉的发达情况、皮下脂肪层的发育情况，以及肋骨和肩胛骨的配列等情况。

体重是表示身体的重量，特别是表示骨骼、肌肉组织、皮下脂肪层的发育程度，而且在某种程度上表示着身体的肥满程度。

在儿童教育机关的实际工作中，对这些人体测量标志的变动进行观察，不仅可以按上述的标志来对个别儿童或儿童集体做长时间的身体发育变动的评定，而且也可做短时间的身体发育变动的评定，例如，可以对生活在少年先锋队夏令营里的儿童进行身体发育变动的评定。同时，除了对儿童的身长、胸围、体重等的变动进行观察外，还必须对儿童的肺活量，即在深吸气后呼出最大限度的空气量，以及对肌肉力进行研究。

此外，如果了解了儿童和少年的身长，就可以正确地按其身体的比例来选择合适的课桌椅。

在对儿童进行人体测量的时候，特别是在统计身长、胸围和体重等的测量数字的时候，可能发生某些显著的个别偏差，所以在评定这些测量标志时，必须极为谨慎，而且不能认为它们是决定性的东西。除了根据上述的这些人体测量的标志以外，还应当考虑到肌肉组织、脂肪沉着、充血、内脏器官状态等特点，还必须考虑到每个儿童和少年的一般状态及个别状态。

身体的成长不是均匀一致的。身体在剧烈增长期以后增长稍缓慢，随后再迅速地增长起来。1岁婴儿的身体增长最剧烈。新生婴儿的身长平均为50厘米，在将满1周岁的时候，身体的长度增加25厘米，即达到75厘米。2岁幼儿的身体增长的速度比较缓慢，然而还是在增长着，约增长10厘米，因此，2岁婴儿的身长为85厘米。2岁以后到6～7岁，身体的增长速度逐年降低。6～7岁儿童身体的增长速度稍有增加，随后直到性成熟期开始，身体的增长速度又趋缓慢。

男孩和女孩的成长速度在10岁前相同，可是女孩从11～12岁起，由于性成熟时期已经开始，成长的速度显著加快，她们超过了男孩的成长速度。女孩从12岁起成长的速度最快，每年平均增长约8厘米。男孩因性成熟时期开始较迟，所以成长的速度要从13～14岁起才开始增加。男孩到15岁的时候，成长速度追上女孩，随后又超过她们。不久，成长速度又变得很缓慢。少女约在18岁时，少年约在20岁时，成长基本上已告停止。然而某些人还可能有些微小的成长（妇女的成长到21～22岁止，男子的成长到23～25岁止）。

在各个年龄期中，身体体重的增长也不同。在1岁时，体重的增长最多。新生婴儿的平均体重约为3～3.5千克。1周岁婴儿的体重平均约为9～10千克。2周岁幼儿的体重约为12～13千克。其后体重的增长每年为2.5～3.5千克。直到性成熟期开始前，体重每年平均增长2千克。从女孩的性成熟时期（11～12岁）开始，体重的增长约为4～5千克，到14～15岁时，体重每年约增长5～8千克。少女自17岁起，体重的增长速度降低，每年约增长2～3千克。男孩的体重迅速增长期自13～14岁开始，每年约增长7～8千克。在以后的成长中，不论是少年或是少女，体重的增长速度就减慢了，而且几乎处在完全停止增长的状态中。

身体的身长和体重的增长，在每一年不是均匀一致的，而在一年中的各个时期是有所差别的。在春夏季，即自3月到8月，成长着的身体受到太阳光的剧烈辐射，身体成长的速度也就最迅速。严格遵守日常生活制度并注意合理的营养，对身长增长和体重的增加有重大的意义。

表1　各个不同年龄儿童的身长、体重及胸围

男孩							
年龄	身长（厘米）	S	体重（千克）	S	胸围（厘米）	S
1个月	53.92	2.19	4.01	0.56	35.40	1.78
2个月	57.09	2.39	4.85	0.68	37.76	1.88
3个月	60.06	2.30	5.63	0.67	39.43	1.72
4个月	62.39	2.32	6.36	0.75	40.90	1.99
5个月	64.29	2.40	7.06	0.85	42.12	1.92
6个月	66.27	2.40	7.65	0.86	43.19	1.73
7个月	67.70	2.24	8.09	0.86	44.16	2.00
8个月	69.42	2.35	8.61	0.90	45.15	1.80
9个月	70.68	2.30	8.89	0.88	45.65	1.68
10个月	71.74	2.89	9.23	1.13	45.87	2.16
11个月	72.56	2.74	9.41	0.93	46.39	1.92
12个月	74.42	2.71	9.82	1.01	46.81	1.97
1岁6个月			10.95	1.31		
2岁			12.02	1.36		
3岁	91.1	4.2	14.06	1.74	51.7	2.0

男孩						
年龄	身长（厘米）	S	体重（千克）	S	胸围（厘米）	S
4岁	98.3	4.6	15.9	1.6	54.2	2.0
5岁	105.6	4.5	17.9	1.6	55.5	2.0
6岁	111.8	4.5	18.8	2.0	57.3	2.1
7岁	118.4	4.8	22.1	2.5	59.1	2.5
8岁	122.6	5.1	23.9	2.7	60.0	2.2
9岁	126.6	5.6	25.6	3.2	62.0	3.1
10岁	131.4	6.1	28.1	3.4	63.7	3.1
11岁	135.7	6.5	30.5	4.3	65.5	3.4
12岁	140.0	6.2	33.4	4.4	67.5	3.7
13岁	144.8	7.9	36.4	5.9	69.5	4.3
14岁	151.4	8.5	41.7	7.3	73.1	4.9
15岁	157.5	9.3	46.8	8.4	76.2	5.6
16岁	163.6	8.1	52.9	8.4	79.3	5.4
17岁	168.3	7.3	58.0	8.2	82.8	5.2

女孩						
年龄	身长（厘米）	S	体重（千克）	S	胸围（厘米）	S
1个月	52.88	2.04	3.76	0.48	34.74	1.69
2个月	56.57	2.22	4.60	0.56	37.02	1.62
3个月	58.85	2.00	5.26	0.61	38.42	1.40
4个月	61.02	2.13	5.97	0.70	39.94	1.61
5个月	63.14	2.23	6.59	0.77	41.28	1.81
6个月	64.97	2.35	7.19	0.82	42.42	1.97
7个月	66.25	2.14	7.55	0.86	43.11	1.86
8个月	67.98	2.58	7.95	0.83	43.84	1.85
9个月	68.82	2.58	8.21	0.95	44.19	1.92
10个月	70.17	3.01	8.62	1.06	44.61	2.07
11个月	71.15	2.61	8.88	0.86	45.00	1.98
12个月	72.84	2.58	9.12	1.00	45.50	1.89
1岁6个月			10.19	1.17		
2岁			11.68	1.14		
3岁	91.3	3.4	13.67	1.77		
4岁	96.9	4.2	15.3	1.6	53.0	1.8
5岁	105.2	4.0	17.8	1.9	54.7	1.9
6岁	112.1	4.5	19.8	2.3	56.3	2.25
7岁	116.9	4.8	21.4	2.6	57.5	2.85
9岁	121.9	5.6	23.2	2.9	58.4	3.2

女孩						
年龄	身长（厘米）	S	体重（千克）	S	胸围（厘米）	S
10岁	130.7	6.2	27.5	4.1	62.2	3.6
11岁	135.2	6.9	30.0	4.5	64.1	3.6
12岁	140.9	6.6	33.8	5.6	66.5	4.5
13岁	146.4	7.8	38.5	6.9	70.3	5.3
14岁	152.2	6.7	43.7	6.6	73.7	5.1
15岁	155.1	6.2	47.3	6.4	76.1	4.3
16岁	157.5	5.3	51.2	6.7	77.6	4.6
17岁	158.6	5.4	53.2	6.4	78.9	4.6

注：S（СИгМа）表示平均标志在其增长或减少方面的变动。

对胸围的测定有很大的实际意义，因为胸围的正常发育在颇大程度上标志着呼吸器官、心脏和大血管等的正常发育。表1引用的是不同年龄儿童的身长、体重及胸围的数字材料（德·德·列别捷夫的调查材料）。

身体的发育，其中包括身长及其他的人体测量标志，取决于许多因素（环境条件、遗传素质等）。可是，其中具有决定性意义的因素是儿童和少年借以成长发育的社会条件。

1935年1月28日莫洛托夫在苏联苏维埃第七次代表大会上所做的政府工作的总结报告中说："我国境内生活情况根本改善的表现，即是劳动人民增进了健康……自莫斯科、列宁格勒、莫斯科省及伊凡诺夫省、高尔基边区及乌克兰等地应召到陆军中的工人们的医师证明书就能充分说明。医师证明书上说，上述地区在最近6～7年间，工人们的平均体重增长了1.5～2千克，胸围增加了1.5～2.5厘米。"[①]

在斯·厄·爱凯利、耳·阿·塞尔金、伊·姆·乌里扬诺维等对莫斯科和苏联其他许多居民点（列宁格勒、哈尔科夫、格鲁霍夫、图拉等

①《莫洛托夫言论集》，48页，莫斯科，国家政治书籍出版社，1937。

地区）的学生做的人体测量标志变动的研究中，表明了学生们的身体发育较革命前有显著的良好的变异。比如，儿童的身体的身长、胸围、体重都有显著的增长（见图8）。这充分说明苏维埃国家的儿童的生活状况跟革命前劳动人民的儿童的生活状况相比，已有了根本的改善。

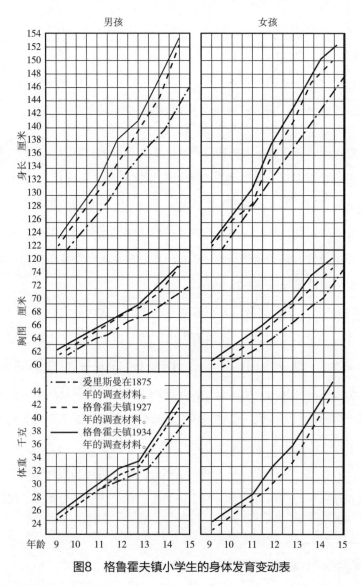

图8　格鲁霍夫镇小学生的身体发育变动表

学校和其他教导机构的实际工作对儿童和少年的人体测量标志的变化进行研究，这有巨大的意义，因为这可便于评定每个儿童和少年的健康状况和发育水平。

借助特制的器材（身长计、体重计等）可测定人体测量标志。在进行测定工作前，应当把测量器械调整好。应当在早晨进行测定工作，而且被测定的人应当是裸体的，同时是空腹的，否则，由于在一昼夜间身长、体重可能会发生某些变动，而使获得的测定材料不精确。

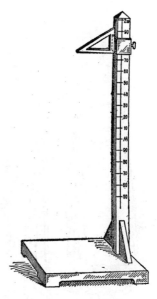

图9　木架身长测量计

测量身长，通常采用木架身长测量计（见图9）来进行，木架身长测量计是用一根两米长的木支柱构成，而且在该支柱上刻画有厘米度数。有一个平板测量器紧紧地靠住木支柱，且极易沿着木支柱上下移动。在进行测定时，儿童（少年）应当站直，并使踵部、臀部及肩胛骨与身长测量计上的木板相接触。头部应当保持正直，使耳郭的上端及眼窝外角成水平。这样进行测量的精确性可达到0.5厘米。

测量坐高的时候，应当在身长测量计上放置一个固定的长凳，或者放一个方凳（少年及少女用的方凳的高度为40厘米，儿童用的方凳为25厘米）。被测量的儿童的坐姿应当保持挺直的状态，然后在这种状态下测定其坐高。同时要扣除方凳或长凳的高度。

测量身长的时候，也可以采用金属身长测量计（见图10）来进行。在缺乏身长测量计的场合，也可以将厘米度数刻在墙上或门的旁边。同时，测量身长时，也可采用特制身长测量计来进行。在这种情况下，可以用尺替代能移动的平板测量器。

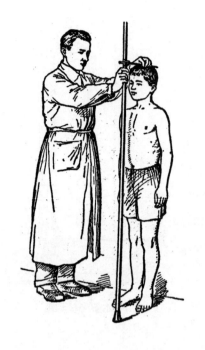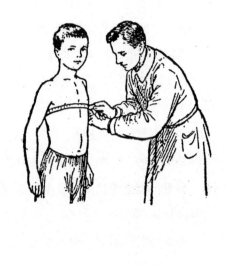

图10　用金属身长计测量身长　　　　　　图11　测量胸围

　　测量胸围可以用刻有厘米度数的钢卷尺或普通的印有厘米度数的绢制测量尺来进行。如果采用绢制测量尺，必须按标准尺度核整。对儿童进行胸围测量的时候，在前侧位于其乳头下端，后侧位于其肩胛骨的下角（见图11）。测量已临近性成熟期的、乳腺已开始发育的女孩的胸围时，则测量其乳腺下端（沿着第四肋骨）的一周。在测量胸围时，受检者应当两手下垂，呼吸要均匀。

　　测量体重，必须用特制的体重测量计（见图12）来进行。测定体重必须在饭前，或者在肠和膀胱的预先排空后进行。

　　测定肺活量时，要应用一种特制的仪器——肺活量测定器（见图13）。在测定儿童和少年的肺活量的时候，应当先让他们做几次强力的深吸气和深呼气，然后记录其最大的肺活量的数字。

 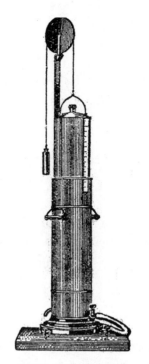

图12　测量体重　　　　　　　图13　肺活量测定器

测定左右两手的肌肉力时，须用测力计来进行。而测定背肌力及部分脚肌力（躯力）时，须用躯力测力计来进行。

人体测量的材料应当记录在各人的体格检查卡上。为了使获得的人体测量材料能够科学地实际地应用，除了对测量器械进行严格的正确的调整以外，还必须保证实施测量的技术是一致的。

可是必须注意，人体测量材料不能顾及儿童和少年的身体（各器官及相应的各系统的统一整体）的发育特点和发育状态。由此可见，每个教师必须了解正在成长和发育着的人的解剖生理特点。我们要研究这些特点，首先应当从研究神经系统着手，因为神经系统对身体的许多器官及其系统的发育和生活机能起着主导作用。

第三节 神经系统

神经系统统一和调节着整个身体的生活机能。它的最高级部分——脑是意识和思维器官。

大脑皮层自生活过程中获得了新的神经联系、新反射弧的联结，并形成条件反射过程（先天性的，即无条件反射弧，是在延髓下端部分及脊髓部分发生的）。在大脑皮层上形成概念并产生思维，这里还进行着意识活动。人的语言和劳动活动的发展是跟大脑皮层的复杂化和完善化，同时和人的精神活动密切相关的。

最接近大脑皮层的皮下中枢和脑干中枢实现着复杂的无条件反射活动，各种本能为其最高的形态。这种活动在大脑皮层的不断调节影响下进行。

神经组织不仅具有兴奋的特性，而且还具有抑制的特性。虽然这两种特性是对立的，但总是彼此伴随着的，而且不断地变化并彼此交错，成为统一的神经过程的不同的形态。兴奋和抑制永远是相互作用着，而且是中枢神经系统一切活动的基础。兴奋和抑制的产生有赖于人的周围环境和身体的内部过程对中枢神经系统，首先是对大脑的影响。外界环境和劳动条件的改变，能引起在人的无条件反射或早先获得的已经牢固的旧的联系的基础上产生的新的条件联系，并能引起在新的情况下并无任何作用的其他条件联系的抑制。在大脑皮层的某部分产生较显著的兴奋时，则在另外部分就产生抑制（负诱导）。在大脑皮层的某部分产生的兴奋或抑制，能继续传布、扩散开来，之后又能重新集中到某一点（扩散和集中）。

兴奋和抑制的过程在教育和教学工作中具有重大的意义，因为了解这些过程并熟练地运用它们，就能发展和改善新的神经联系，新的联想、技能、技巧和知识。

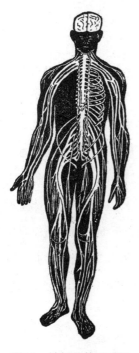 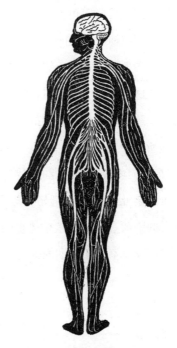

图14 神经系统正面图   图15 神经系统背面图
（根据沃罗比尧夫的材料）   （根据沃罗比尧夫的材料）

　　人的大脑皮层具有在各方面识别周围生活现象、形成概念、将概念巩固为意识（领会、记忆等）和复杂的精神机能（思维）等的特性。所有这些过程都是以大脑皮层作为物质基础，而且跟神经系统的一切机能密切联系着。在形成高级精神机能上，跟第一信号系统相互发生作用的大脑的第二信号系统具有决定性的作用。巴甫洛夫学说的这个最重要的部分，使我们能认识到人的精神活动的最高表现。在认识人和动物的高级神经活动（行为）规律方面，以天才的创始者谢切诺夫、维金斯基，特别是巴甫洛夫及他们的学生们为代表的这个俄罗斯生理学派做出了卓越的贡献。他们使心理学成为唯物主义的学说，同时驳斥了唯心主义的伪科学的理论。有了巴甫洛夫在高级神经活动方面的天才的科学发现，才有可能创造性地发展教育学这一门实验科学。为了要在教育学上能应用并创造性地发展巴甫洛夫学说，必须了解神经系统的发育特点，首先必须了解高级神经活动的发育特点。

儿童和少年的神经系统的发育，首先是大脑的发育，是有极重大的意义的，这是由于在儿童时代、少年时代和青年时代的整个进程里都在形成着人的心理特性。心理的定型和改善是大脑皮层的发育及其直接参与活动所致。婴儿在出生时，中枢神经系统和周围神经系统尚未发育（特别是大脑皮层及其附近的皮层下神经节尚未发育）。

新生婴儿的脑的重量相对地说是很大的，它占了整个体重的1/8，而成人的脑的重量仅占整个体重的1/40。根据下面的材料可以看出儿童和少年在各个不同年龄期的脑的重量的增长情况。脑的一般重量如下。

新生婴儿……………………………………400克

7岁儿童 …………………………………1 250克

15岁少年…………………………………1 350克

18岁青年…………………………………1 380克

成人………………………………………1 400克

这些数字对某些个别的人可能有很显著的差别。但上述的这些数字是非常重要的，因为这些数字说明各个不同年龄时期脑的重量的增长情况。幼儿的脑的形态构成基本上由出生日开始到5岁完成。在随后的成长中，脑的重量的增长比较不显著。

儿童的大脑皮层表面在其出生后的最初几个月比较平滑。主要的沟虽然能见到，但是不深，而且第二级沟和第三级沟尚未形成。脑回仅稍稍出现。新生婴儿的大脑皮层的神经细胞数量跟成人相等，但是这些神经细胞还是极原始的。幼龄儿童的神经细胞为单纯的梭状并带有少量的神经突起，而且树状突触才开始形成。

神经细胞及其突起的构造复杂化，也就是神经元的构造复杂化进行得极慢，并且不能跟身体的其他器官及其系统的发育同时完成。这种过程在随后的整个生活中总是继续着的。神经细胞跟身体的其他细胞的区别，就在于神经细胞不增殖、不再生，而且在出生时所有的神经细胞总量在一生中是没有任何变化的。可是，在身体的成长过程中，随着年龄的增长，神经细胞是会增大的，是会逐渐发育的，轴突及树突也会伸长，且后者形成树状分支（见图16）。

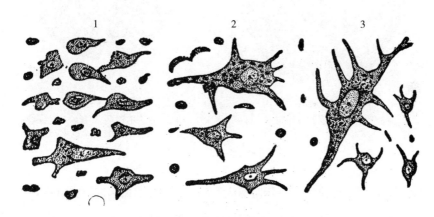

图16　神经细胞的发育期

幼儿的神经纤维，其绝大部分尚未被白色髓膜覆盖，因此，大脑半球、小脑以及延脑就不能像成人那样明显地分成灰质和白质。

从脑的各部分机能来说，新生婴儿的大脑皮层的发育是极差的，因此，幼龄儿童的整个生活过程主要依赖皮层下中枢来调节。随着婴儿的大脑皮层的发育，儿童的知觉和运动进步了，而且逐渐分化，变得复杂了。

在婴儿出生的时候，大脑半球的皮层虽然尚未成熟发育，然而在机能方面几乎已经能形成内外条件的联系，也就是条件联系了。可是婴儿在2～3个月时皮层神经分布还未充分发展，因而往往很难形成条件反射。

同时，新生婴儿的大脑皮层只有极短的时间是处于兴奋状态的。因

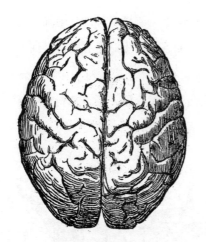

图17 大脑两半球

（上部的形状——根据沃罗比尧夫的材料）

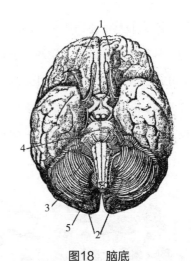

图18 脑底

1. 大脑；2. 小脑；3. 延脑；4. 脑桥；
5. 脊髓（根据沃罗比尧夫的材料）

此，恩·伊·克拉斯诺哥尔斯基认为，新生婴儿的大脑皮层在日常刺激的作用下，会迅速地降低其兴奋性而进入生理睡眠状态。这一点在衰弱儿童身上表现得最突出。

儿童大脑皮层在先学前期，即在3岁前成长得最快。随着脑的不断发育，各皮层区、脑皮层各层变得完善起来，脑髓层和皮层内纤维的总

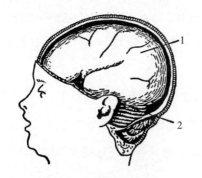

图19 八个月胎儿的脑

1. 大脑两半球；2. 小脑

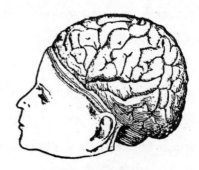

图20 新生婴儿的脑

数也增多起来。

在1岁的后半年，儿童凭借全部感觉器官（眼、耳、皮肤等）产生的条件联系，发展得比较快，然而比之后的时期仍要慢一些。随着大脑皮层的发育，觉醒时间也增多了。这就促使新条件联系的形成。在此期间也奠定了以后语言声音的基础，这是跟一定的刺激相联系的，并且是刺激的外部表现。儿童语言的形成，是完全按条件反射联系的形成规律进行的（按照克拉斯诺哥尔斯基的观点）。

在第二年，随着儿童的大脑皮层的发育及其活动的加强，形成了更新的条件反射系统和各种类型的抑制。在第三年，从机能方面来看，大脑皮层发育得特别快。在这个时期，儿童的语言发展很显著，3周岁的幼儿平均有500个词语。

学龄前（4～6岁）儿童大脑皮层的机能已经巩固并且仍在继续发展。在这个时期内，大脑皮层的分析活动和综合活动已相当地复杂化了。同时，情绪也有区别了。由于这样年龄的儿童具有促成新的皮层联系的模仿性和重复性，他们的语言发展就很迅速，而且能逐渐地复杂化和完善起来。6周岁的儿童已具有一些抽象的概念了。

学龄初期儿童和性成熟时期儿童的脑还在不断地发育，各个神经细胞已趋完善，新的神经通路发展了，整个神经系统的机能也在继续发展。同时，额叶的成长很迅速。这就使儿童的大脑皮层的联想联系得到改善。在此时期，在本性反应及低级情绪反应上很明显地表现了大脑皮层的调节作用。因此，克拉斯诺哥尔斯基认为，有计划地教育儿童的举止行为，并从各方面来发展大脑的调节机能就具有特殊的意义。

在性成熟时期，特别是在性成熟末期（青年期），脑体的增长是不太显著的。这时候主要是发生着脑内部构造的复杂化的过程。脑内部发育的特征就是：大脑皮层神经细胞的完全形成，并且在构造方面发生了特别急剧的增长；脑回彻底形成及联系着皮层各区域的联络纤维发育。

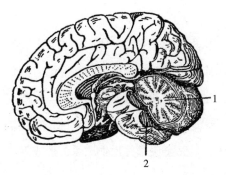

图21　右侧大脑（内部表面）

1. 小脑；2. 第四脑室（根据沃罗比尧夫的材料）

16～18岁青年的联络纤维量增多特别显著。这一切对联想、推论、抽象和概括等思维过程创造了形态学上的基础。

在性成熟时期，在内分泌腺上发生的那些剧烈变化对大脑的发育和生理活动有一定的影响。甲状腺和生殖腺的剧烈活动（参看第十二节《内分泌腺》），显著地提高了中枢神经系统的兴奋性，而首先是提高了大脑皮层的兴奋性。"由于反应性的加强和形成了不稳定性，特别是由于各种情绪过程，一切不良的环境条件，如精神刺激、过度的负担等都容易引起皮肤神经机能症"（克拉斯诺哥尔斯基）。对少年和青年进行教导工作的教师们应当注意这一点。

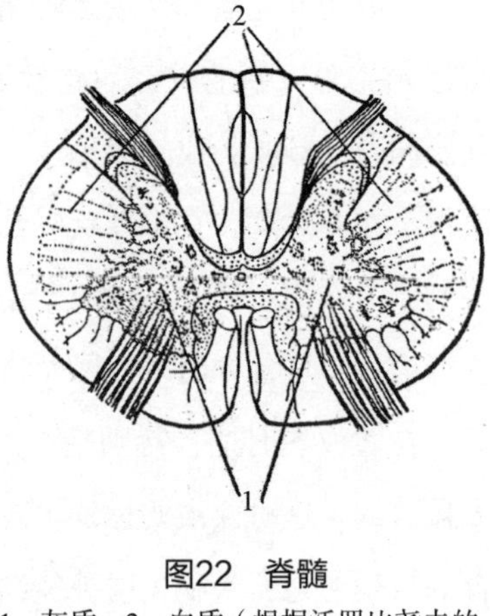

在18～20岁的青春期，大脑的机能发育已显著完善，并已有可能做更精细更复杂的分析活动及综合活动。

在随后的成年时期，特别是在人们经常做复杂的脑力劳动和体力劳动来锻炼高级神经活动的情况下，大脑皮层更趋完善，而且大脑皮层机能的发展还在继续着。这时，当

图22　脊髓

1. 灰质；2. 白质（根据沃罗比尧夫的材料）

然必须严格遵守高级神经活动的卫生条例。可是，大脑皮层的发育和改善总是在学前和学龄时期奠定基础的。

儿童的延脑在出生时就已十分发达，而且机能也已成熟。相反地，新生婴儿的小脑发育较差，脑沟也不深，而且脑半球也小。小脑从1岁开始就迅速成长，3岁幼儿的小脑已经跟成人的在大小上相仿，这是跟维持体位平衡和运动协调的机能的发展相联系的。

根据弗·伊·瓦耳克尔的材料，新生婴儿的脊髓的长度为14～16厘米；到10岁时，脊髓的长度增加一倍。成人的脊髓的长度约为43～45厘米。新生婴儿的脊髓重量为3～4克，到6个月时，脊髓的重量增长1倍；到11个月时，脊髓的重量增长2倍；到3岁时，脊髓的重量增长3倍。6岁儿童的脊髓重量约为16克，而20岁青年的脊髓重量为30克。婴儿在出生时的脊髓通路已十分发达。儿童的脊髓神经和觑内神经（俄文的直译——编者注）的成髓在3个月时形成，而末梢神经的成髓要到3～5岁时才形成。在随后的年代中，髓鞘仍继续成长。

儿童的植物神经系统机能的发展（虽然在1岁时这种神经系统已经在机能方面基本上形成）是跟中枢神经系统的发展同时进行的。

皮层下节是管制植物神经系统活动的中枢。植物神经系统是处在大脑皮层的调节作用下的。当儿童和少年由于某些原因而使大脑皮层的监督活动遭受损伤或减弱的时候，植物神经系统的皮层下节的活动就较明显地表现出来。

正如伊凡诺夫–斯莫连斯基、克拉斯诺哥尔斯基和其他学者所指出的那样，儿童的高级神经活动有多种多样的个别特征，也有某些一般的特征。学前儿童和学龄儿童的大脑皮层机能不是十分坚定的。越是幼小的儿童，兴奋过程比主动性的内抑制过程就越占优势。儿童和少年大脑皮层的长时间的兴奋，会引起过度兴奋和所谓"超限"抑制的现象。

儿童的兴奋过程和抑制过程容易扩散，也就是容易沿着大脑皮层扩散，这会破坏要求兴奋过程和抑制过程高度集中的脑的工作。与此有关联的还有儿童和少年的注意力的涣散及神经系统的虚弱，因教学工作布置不适当而负担过重时更是如此。假如考虑到儿童和少年在学习过程中中枢神经系统的活动必然会很紧张，那么很明显地就必须特别注意对学生的神经系统采取卫生措施。

为了使儿童及少年的神经系统，特别是使它的高级部分——大脑皮层正常发育，合理地组织生活制度、规定脑力劳动的标准、正确地制定各种有意义有趣而且是能胜任的体育活动具有巨大的意义。假如儿童能于规定的时间内在学校学习，在家准备功课，假如他们能于规定的时间内饮食、就寝、起床，假如他们每天的生活制度有规律，那么身体内的一切过程就会正常地有节律地进行。

儿童和少年有了这样明确的生活制度，就能形成一定的条件反射，而且时间就会成为主要的刺激物。例如，将近中午一点钟时通常是儿童进午饭的时间，到这个时候儿童就会有食欲并开始分泌消化液，这样，机体就表现了准备用饭的动作。同样，到了习惯睡眠的时间，大脑皮层的抑制过程就极容易扩散，这也正是睡眠状态来临的一种特征。在这种情况下，时间就成为睡眠的信号，这和钟声成为进教室开始学习的信号是相同的。

儿童和少年的神经系统的卫生，跟一切教导工作（参看第八章《教导工作的卫生》）的卫生组织有着密切的联系。

周围环境的条件和作用在很大程度上能影响儿童和少年的神经系统的正常发育。周围环境应该没有那些过度刺激、扰乱及威胁儿童和少年的神经系统的因素。学校和家庭环境应当使儿童养成富有朝气的、生活乐观的情绪，这是健康的正常发育的儿童所必需的。家庭和学校保持清洁、整齐，教师和家长对儿童和少年的态度永远非常和悦，这能促使他们的神经系统得到正常的健全的发育。

学校和其他儿童教育机关的教师和校医，在工作中对待每个儿童和少年的态度必须以他们的特征、高级神经活动类型、体力和智力的发育水平及健康状况等作为依据。

儿童和少年的神经系统跟其他系统和器官一样，需要锻炼以达到全面的充分的发育（游戏、身体训练、练习讲话、计算、书写、观察、理解等）。可是，这些训练都应当是很适度的，因为过度的紧张状态会使儿童的神经系统过度兴奋，就会不可避免地引起神经的过度疲劳。过度疲劳是妨碍并减弱儿童和少年的神经系统正常发育，特别是大脑皮层正常发育的主要因素之一。

要使儿童和少年的神经系统正常发育，就必须有合理的营养（吃含有磷、卵磷脂、B族维生素等的食物）。绝对禁止儿童饮用含有酒精的饮料（即使是不过量的也不允许），因为酒精对一切器官起着有害的作用，特别是对神经组织有不良的影响。酒精首先会引起神经系统的过度兴奋，然后又会使它处于衰弱状态。经常（即使是适量的）饮用含有酒精的饮料能使神经细胞和脑血管发生变性，对神经活动有不良的影响，并成为产生各种神经疾患的根源。

少年吸烟也极有害。烟内所含的尼古丁对少年的神经系统有不良的影响，能引起头痛、呕吐、流涎症等疾患。因此，学校和家庭应当同心协力不允许少年吸烟和饮用含有酒精的饮料。

从卫生方面来看，正确地组织睡眠对儿童和少年的神经系统的正常

表2　不同年龄的儿童和少年的睡眠时间

	年龄								
	出生后的头几个月	1岁	2～3岁	4～5岁	6～7岁	8～10岁	11～12岁	13～16岁	17～18岁
一昼夜的睡眠小时数	20～22	16～17	14～15	13	12	11	10	9	8.5

发育以及对保证神经系统的活动有特别重大的意义。正常的睡眠能保证身体的充分休息，特别是保证中枢神经系统、感觉器官和肌肉系统的充分休息。根据伟大的俄国生理学家巴甫洛夫的学说，睡眠是抑制作用沿着大脑皮层扩散，然后到调节骨骼肌肉组织活动的大脑下部中枢的过程。这个过程能引起骨骼肌的衰弱（紧张力减退）。

当然，在睡眠时，并不是整个中枢神经系统都处于抑制状态。调节呼吸、心脏血管活动及其他内脏器官的中枢于睡眠时仍在工作。此外，在睡眠时，中枢神经系统内（大脑皮层上）有时还保持着兴奋灶，根据某些条件（神经系统的一般状态、睡眠的情况、熟睡前的情绪等），某些人程度较深些，而某些人则浅些。中枢神经系统的兴奋灶有时在睡眠中引起惊动不安、跃起、叫喊、说梦话、梦游等现象，这种现象有时跟初期传染疾患、肠虫、过度疲劳有关，特别是神经质的儿童常会发生这种现象。梦也是大脑皮层出现兴奋灶的结果，并且也可说明大脑不是处于熟睡状态，而是处于熟睡与假寐之间的状态。

对儿童和少年的睡眠的基本要求，就是睡眠时间要跟他们的年龄相适应（符合标准）。某些年龄的儿童和少年的睡眠时间，因为他们的身体的特点，特别是因为神经系统发育程度的不同而有所不同。年纪越小的儿童，睡眠时间就应该越多。上面的不同年龄儿童和少年的睡眠时间表，表示不同年龄儿童和少年在夜间的一般睡眠时间，同时还说明幼龄儿童的昼间睡眠时间。

对于儿童和少年的睡眠，应当有一定时间的睡眠和觉醒互相轮换的明确制度，这能使他们在一定的时间非常容易入睡。儿童和少年的睡眠不足能引起衰弱、容易疲劳、精神机能下降、神经系统疲倦以及身体抵抗力显著减弱等现象。

因为睡眠要沿着大脑皮层广泛扩散抑制作用，所以一切影响抑止的因素沿大脑皮层扩散时，人就不能熟睡。在大脑皮层中出现的强力的兴奋灶是抑制扩散的主要障碍。因此，在睡眠前必须避免使神经系统兴奋。

从卫生方面来看，为了正确地组织儿童和少年的睡眠，在晚饭后必须使他们处在安静的环境中，以避免神经系统的兴奋或过度兴奋。不注意这一点就会使睡眠不安稳。必须注意的就是在熟睡前的一小时里，儿童（少年）的中枢神经系统和一切精神运动器官尚残留着少许兴奋的迹象，入睡前如果增加兴奋，就会增强中枢神经系统的兴奋状态。

在睡眠前应当避免做剧烈的脑力劳动，不看能引起痛苦的、伤感的或会发生幻想的书籍（一般在阅读这种书籍后会做噩梦），不喧闹叫喊，不做剧烈运动等。在睡眠前的时间，最好在新鲜空气中做15～20分钟的散步活动，也可以利用这个时间阅读文艺书籍，听听轻音乐，或跟父母谈谈话，等等。

一般不允许儿童在就寝前吃晚饭。胃饱满时，横隔膜上升，就会压迫心肺并阻碍它们的正常活动，同时会使睡眠时做噩梦。在睡眠前不能给儿童吃刺激神经系统的食物——巧克力、纯咖啡和浓茶。晚饭时应当让儿童吃一些软的食品，进食的时间不应当晚于就寝前一小时。

创造一个使儿童能安静睡眠的环境是非常重要的。儿童和少年的寝室应当在儿童和少年睡眠前很好地通风。

睡眠时儿童的呼吸要比觉醒时均匀和浅一些，所以特别需要有良好的新鲜空气。要使儿童和少年习惯于在温暖的季节里开腰窗及小窗睡觉。在炎热的房间里睡觉是有害的，因为被褥通常会能使身体过分温暖，房间里温度高就会使身体的温度调节发生困难。寝室的空气温度不应超过15～16摄氏度，并且尽可能在睡眠时间使空气保持均匀的温度。

第四节　感觉器官

感觉器官跟中枢神经系统密切联系着。人借助于感觉器官来感受他周围的、对他产生作用的环境里的现象。人的教育和教学过程是从人出生那天起在感觉器官的不断的直接的参与下实现的。随着感觉器官的发育和完善，人用以制约从外界环境感受来的声音、光线等刺激（音调、艺术形象、自然形象及科学观察等）的许多感觉技能也随之发展和完善起来。相反的，某个感觉器官受到损伤或它的正常活动发生变化，就会破坏人对生活的全面感受，就会使感觉不完善。

可是，决不能认为感觉器官是跟大脑，特别是跟大脑皮层，毫无联系而独立存在的器官。必须指出，感觉器官是从外界环境中感受各种刺激的感受器。

巴甫洛夫在解释反射活动的实质时说："我们的出发点是笛卡儿的概念，也就是反射的概念。当然，这个概念是完全科学的，因为这个概念所表现的现象是严格地被规定了的。这就是说，身体外在的或内在的一定动因，冲击着某一个感受性神经器。这个动因的冲击变换成一种神经过程，即变成神经兴奋的现象。这个兴奋像沿着电丝一样沿着神经纤维进行，直达中枢神经系统，并且由于这里已经形成的联系，再沿着另一条线路传导到某一个活动着的器官，于是这个兴奋本身又变换成该器官细胞的特殊过程。因此，某一动因规律地跟身体的某一活动相结合着，这正是跟原因和结果互相结合的关系相同。"[1]

由此可见，感觉器官除了跟传入神经（向心神经）和大脑皮层的感觉中枢有密切联系以外，它在总体中是巴甫洛夫所称的分析器的组成部分。这就使我们能够将感觉器官看作是跟神经系统有机统一的。

---

[1]《巴甫洛夫全集》，22页，莫斯科，苏联科学院出版社，1947。

在下列两种情况下对外在世界的识别可能受到影响：在第一种情况，某个感觉器官，如听觉器官受到损伤或听觉器官的正常活动失调；在第二种情况，跟大脑皮层有关的各个中枢或听觉神经受到损伤。比如，人的听觉器官可能是完全完整的或未受损伤的，它能够感受声音和语言，可是他的听觉不很好，甚至一点也听不见。在这种情况下，我们将这种人称为听觉迟钝的人；假如他又不会讲话，就称他为聋哑人。这个事实最能说明感觉器官和大脑的统一性。这也可说明锻炼某一感觉器官能增进人的某种能力，这种能力是大脑皮层活动的产物。

新生儿味觉器官的发育程度比其他感觉器官强得多。新生儿能很好地区别出甜的、苦的、酸的和咸的味道。苦味和甜味能引起新生婴儿特别敏锐的反应。如用这几种味道的物质溶液滴在舌的各个部分，新生儿会现出蹙额等不喜悦的表情，相反地则会呈现喜色。以后味觉器官只是在更精细地区别各种味觉方面有进一步的发育。

儿童和少年的味觉有时因各种原因而减弱，例如在发生炎症时、在营养失调时和得佝偻病时。然而儿童对咸味的感觉通常是不变的。

在为幼儿选择或准备食物的时候，应该考虑到他们的味觉发育状况。已习惯于甜食的幼儿，往往拒绝食用新的、其身体虽需要可是缺乏甜味的食物。给儿童食用过于多种多样的食物，特别是过于精选、美味的食物，也能养成儿童的味觉的坏习惯，结果造成儿童不愿意吃味道较差的食物。味觉跟嗅觉是有密切联系的。

幼龄儿童的嗅觉比年岁较长的儿童要发育得差些，这是因为他们的鼻腔尚未发育完全。可是新生儿已经有嗅觉，并且能区别各种有强烈作用的有味物质，呈现特殊的表情动作——颜面扭曲及鼻皮皱缩。假如母亲将恶臭物质涂在乳房上，即使是出生不久的乳儿也会因恶臭而避开。学前儿童和学龄儿童的嗅觉通常要比成人的敏锐些。

儿童嗅觉的训练具有无可争辩的美的和卫生的意义。在花园、田野和森林（尤其是在针叶树林）里的花香感觉，启发了儿童对自然界的观念，往往还会使儿童留下一种终生不忘的愉快情绪。

儿童的嗅觉发育，从辨别对健康有害的食物（腐坏的鱼、肉等）和饮料的不良气味来说也有很大意义。在某些情况下，特别是在经常训练嗅觉的情况下，味觉能得到显著的发展。

在伤风，特别是在患慢性鼻炎的时候，嗅觉会显著地变得迟钝起来。吸烟也能减低嗅觉。

新生儿已经能充分表现出皮肤感觉力。①儿童的触觉或压觉很早就发展了。关于这一点可以用接触他的皮肤和黏膜时所引起的反射来证实。比如轻搔几个月乳儿的手掌，他会立刻将手收缩。儿童的颜面皮肤和口唇黏膜具有特殊的感觉。假如触摸乳儿的面颊，他便会转向受刺激的方向并想用口来咬住。假如接触乳儿口唇，他便开始做吸吮动作。②新生儿已经有温觉。这可以用婴儿对温暖和寒冷的反应来证实。比如，新生儿在温水浴中有愉快的感觉。③新生儿的痛觉还没有较明显的发展。

触觉的发展跟适当的训练是有关系的。幼龄儿童的触觉在其精神观念的形成上起着很大作用。盲人的经验证明，训练能使触觉得到充分的发展。一般幼龄儿童的触觉训练不是随意进行的，而是借助于触摸各种各样的玩具和其他物品进行的。

从卫生方面和教育方面来说，触觉的发展对幼龄儿童或对学龄儿童都是极重要的。因为触觉的发展具有很大的现实意义——触觉能有助于更好地了解跟生活有关的所有的物品。这方面的培养工作表现在用手指触摸大小和厚薄不同的各种物体、灌木和树木的各种叶子和其他物质上。压觉是在练习用柳条编制各种物品、用黏土或蜜蜡雕塑各种物品以及在玩球的时候逐渐发展起来的。

全面发展了的触觉能使人的生活知识更加丰富，并能使人了解现实环境里的一切细微的东西。

对视觉器官必须特别注意，因为只有用眼睛才能看见整个客观世界。

新生儿的视觉器官还不能很好地做正常的活动。新生儿在最初的2～3星期内，眼睛的共济运动也不够好，而且某些乳儿的眼睛回转相互间没有关联。未满2个月的乳儿，眼睛还不能长时间地固定看某个物体，因此也就不能看清楚物体。此外，新生儿还没有很好的视神经末梢跟大脑皮层的通路。经过2～4个月的时间，他才产生跟视觉器官神经路相通的成髓。所以，2～3个月乳儿的视觉反射基本上是跟支配动眼肌肉的皮肤下中枢相关的。

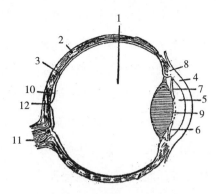

图23　眼的构造
1. 玻璃体；2. 巩膜；3. 脉络膜；
4. 角膜；5. 眼前房；6、7. 虹膜；
8. 睫状体；9. 晶状体；10. 视网膜；
11. 视神经；12. 黄斑

儿童的眼睛构造跟成人的不同。儿童的眼窝和眼球，相对地说，比成人的大。儿童眼睛的巩膜比成人薄，角膜比成人厚，脉络膜比成人薄。乳儿的晶状体在头6个月里相比于以后几年要凸出一些，6个月以后的晶状体变得比较扁平。

儿童的视力是逐渐发展的，并且是依靠大脑皮层的发展而发展的。新生儿怕亮光。只有在黄昏时他们才睁开眼睛。这种怕光的现象通常到满月时便消失。

新生儿在第二个星期里开始用眼睛从某个发光物体转向另外一个发光物体，可是他在此时不仅转动眼睛，而且也转动头。只有经过一些时间后，婴儿才习惯于用眼睛看移动着的物体而不转头。婴儿眼睛的固定力、会聚力和调节力在出生后头3个月中就有迅速的增长。

儿童对颜色的辨别力并不是同时出现的。最初的辨色力（黑白、明暗）通常是在1周岁以后出现，以后相继地能辨识红色、绿色、蓝色，最后能辨识黄色。3周岁的幼儿完全能辨别各种颜色。如果能经常加以训练的话，这种辨色力还可以出现得更早一些。

新生儿的眼睛还没有调节力。眼睛看不同距离的物体时的调节力是逐渐产生的。学前儿童和学龄儿童的晶状体较成人的稍凸出，而且晶状体的前后轴较短，这就保证儿童有较大的远视力。根据爱里斯曼的材料，8～10岁儿童呈远视的占67.8%。

儿童的晶状体是极有弹性的，所以能保证其形状的迅速变化。这就说明儿童眼的调节力比成人大。

随着年龄的增长，眼的调节力逐渐下降，晶状体就显著地失掉了它的部分弹性。因此，年纪大的人，特别是老年人，如不戴眼镜，即便隔很近的距离也不能看得清楚物体，而看细小的物体则感到更困难（比如刊载在书籍上和报上的文章）。

儿童的远视眼极容易变成近视眼，这是由于儿童的眼睛在其内压方面比成人的更容易发生变化并且轴也更容易伸长所致。眼睛的长时间的劳累，头部极度倾斜时眼的经常的充血现象，眼内压的增高等等，都能促使儿童产生近视眼现象。个别个体的遗传因素对近视眼的发生也有作用。

儿童和少年的视觉通常要比成人敏锐。长时间进行紧张的视力工作，在近距离看细小物体（读书、写信等），特别是在光线不足或不正常的时候看这些东西，会使儿童和少年的视觉敏锐度降低。

熟悉儿童和少年视觉器官的特点就能知道眼睛卫生的重要意义。在这方面最重要的措施，就是不论在学校还是在家庭中，读书、书写、绘图、缝纫时都要保证有充足而合适的自然照明和人工照明。在保护儿童、少年学生的视觉方面，正确地安装学校课桌椅（课桌椅上带有斜面的桌盖，这样在读书和书写时不需要很大地调节力的变化）有极大的意义。

出版儿童教科书和儿童读物时须考虑到保护儿童眼睛的卫生要求，特别要禁止印刷小字体的不清楚的书籍，因为它能使儿童和少年的眼睛过度紧张。这不单就教科书和儿童读物而言，在出版其他的儿童教材——儿童画片、图表、地理和历史图解等的时候，在印刷上也要保证清晰而明确（参看第七章《儿童教育机关的设备》）。

从卫生方面来说，规定儿童和少年眼睛紧张工作的时间也是极重要的。在书写时，特别是在读书时，眼睛长时间的紧张会引起睫状体（调节肌）的过度疲劳，增加眼内压而产生的痉挛现象。因此，在进行教学工作的时候，不要在整一堂课的时间内都使儿童的眼睛进行紧张的工作（读书、书写等），应当采取多样化的教学环节（提问、叙述、讲解等）来进行教学。

在近距离的眼睛紧张操作以后，应当让儿童和少年休息片刻（1～2分钟），让他们向远处眺望。这样能保证眼睛得到休息。所以，在结束视力紧张的课程以后，应组织他们到野外、林间和花园里游览。

对于儿童的视觉，如果从幼龄时起即施以适当的训练，就能使它有显著的改进。给幼龄儿童以球形、立方形、圆柱形等玩具，他们就能对物体的各种形态间的区别做视觉的训练。通常这些视觉是跟触觉相结合的。随后可利用儿童游戏中的建筑材料来训练视觉，这些材料能使三角、水平、垂直等易于视觉理解并掌握。

除了使儿童熟悉物体形态的视觉训练以外，实施发展儿童颜色感觉的训练也是极需要的。利用涂有各种颜色的玩具、球，利用花园及野外的花朵等，都可以达到这个目的。对颜色玩具等的视察，不仅能使儿童的视力得到发展，而且能使他们有优美的体验。所以，在春季、夏季、秋季携带儿童到野外或林间去旅行是极有益处的，在这里能观览自然界中的各种花草及其色彩。采集蘑菇、药草等尤其能使视力得到发展。

对年龄较大的儿童,应当使他们在绘画上、画片上、图案上,在周围环境中、房间内,特别是在自然界中(野外及林间)发展观察力和对细微东西的辨别力。所以,去文化博物馆和画片展览会等处是极有价值的。发展下列的视力也是极重要的,如训练目测力的某些活动性游戏(打球、抛球、打靶),用纸或木头制作几何图形,绘画,等等。

青少年的视力训练具有比较复杂的性质,天文观测在这方面是很有价值的。狩猎和游览也能发展视力,并能使视力的改善达到最高的程度。可是以上这些训练必须注意遵守适可而止的原则,避免使眼睛产生过度疲劳的现象。

借助于听觉器官可以感受各种声响。

鼓膜感受空气中的声波而形成波动,中耳的听小骨也同时波动,声波由此传达到内耳液,使得跟听神经纤维末端相连的、由特殊细胞构成的螺旋器①的感觉细胞进入兴奋状态。听神经将兴奋传导到大脑。

新生儿的听觉器官并不十分发达,有人竟认为新生儿是完全听不见声音的。可是这种见解是错误的。新生儿在出生后最初的一些日子听觉相对迟钝的现象是跟他的耳朵的构造特点有关联的。新生儿的耳道短而窄,最初处于垂直状态,而鼓膜处于水平状态。新生儿的中耳腔充满着黏液,以后才被吸收。替代黏液的是由鼻咽腔经过欧氏管进入的空气。随

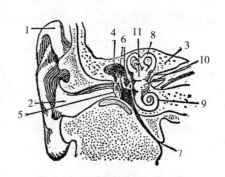

图24 耳的构造

1. 耳壳;2. 耳道;3. 颞骨;4. 中耳;
5. 鼓膜;6. 听骨;7. 欧氏管;8、9. 内耳;
10. 听神经;11. 平衡器官和半规管

———————————

① 即柯替氏器官。——译者注

着黏液被吸收，婴儿才开始对听的刺激有敏锐的反应。

婴儿在两个月末和3个月初的时候，听觉变得非常敏锐。此时，婴儿已能把头部转向发出声响的方向，并且已能听出由于自己的动作（例如，自己衣服的沙沙声，玩具掉到地板上等的声音）所产生的噪声和陌生的声音。满3个月的婴儿，已能用眼睛"寻找"他所听到的声音。在以后的几年，健康儿童的听觉已经充分发展了。

上述的关于听觉器官的特点，要对它们加以注意，并要求尽可能排除引起疾患的一切要素，即能使听力降低的要素。

基本的卫生规则之一就是保持耳内的绝对清洁。耳内不清洁，在外耳道积聚许多能引起痛痒和刺激的耳垢，这时儿童和少年有时就会用硬的或者尖的物品（钢笔，铅笔，钢笔尖，发针）来清除耳垢，这样不仅会损伤外耳道及鼓膜，而且会产生内耳感染。所以，必须说明，用硬的或尖的物品来清除耳道中积聚的耳垢是有害的，是绝对不允许的。在发痒时要小心地洗外耳道，同时用毛巾的边缘或清洁的手帕清除耳垢。

当因患某种痒患（或在患病后）而可能发生各种并发症的时候，特别是在患中耳炎（猩红热、麻疹、流行性感冒等）的时候，对儿童和少年的耳朵必须加以特别的注意。细心地保护耳朵和观察耳朵，以防患耳疾后产生严重的后果——听力减弱、听觉迟钝和耳聋现象。

过度的强烈声响对儿童的听觉器官是有害的，因为强烈声响能损伤听觉。特别是对幼龄儿童更为不利。因此，对于儿童要避免一切强烈的突然的噪声。

听觉的训练对儿童和少年的听觉器官的发育有巨大的意义。对幼龄儿童可以用简单的有节奏的曲调（例如催眠曲）来训练。年龄较大的（学前和学龄儿童）除了听音乐外，他们还可以自己唱各种歌曲来训练听觉。唱歌和音乐教学也能充分发展儿童和少年的听觉。区别各种自然界里的声音，例如树叶的沙沙声、风声、鸟语等，也能充分发展听觉的敏锐性。

外部感觉器官跟大脑皮层的统一性在之后的几年，由于受大脑支配的各个感觉器官之间的相互联系而特别显著。符·阿·藤梅什金研究光对在实验室或在教室中的学龄儿童的听觉的影响作用，证实了这两个向心性系统之间的一定的联系。显然，用加强照明度的方法增强对视觉分析器的刺激会使听觉得到改善。可是这种联系在感觉器官或向心性神经中不能产生，而只有在大脑中才能产生。

在对完全健康的儿童或对某个分析器的正常活动遭受破坏的儿童进行教育和教学的工作中，分析器的相互作用问题有巨大的卫生学意义。在对某个分析器的活动进行经常性的适度的训练的情况下，大脑皮层的某个部位会产生兴奋。这种兴奋不是固定的而是扩散的，是通过大脑皮层扩散的，这样的途径在某种程度上来说夺取了跟其他外部感觉器官相联系的包含在其他分析器中的中枢。通过这样的途径使某些感觉器官跟其他感觉器官发生联系。这样就有极大的可能使感觉器官和大脑皮层都得到改善。

在身体中除了外部感觉器官外，还有"内部感觉器官"，即身体的内脏器官和组织中的神经末梢。巴甫洛夫在谈到跟外界有关的分析器的研究时曾这样指出："必须承认在大脑半球中还有特殊分析器，其目的在于分析身体内部产生的内在现象的巨大综合。无疑地，对于身体来说，不仅对外在世界的分析是重要的，而且把身体内部产生的一切信号向上传递并加以分析也是必需的。总之，除了外部分析器（即视觉分析器、听觉分析器、皮肤分析器等——斯·索维托夫）之外，还必须有内部分析器。运动分析器就是内部分析器中最重要的一个。我们知道运动器官的所有部分（关节囊、关节面、肌腱等）都导出向心神经，随时报告着关于运动活动的精确细节。所有这些神经的上面的部分都到大脑两半球的细胞中集合起来。这些神经的各式各样的边缘末梢和这些神经本身，以及它们在大脑两半球中的终点细胞，形成一种特殊的分析器，可以把具有极端复杂性的动作分解成大量的最微细的部分，由此我们的骨骼运动才获得多样性与精确性。"[①]

巴甫洛夫曾指出，必须认为其他内部分析器是存在的，这些分析器实现着内脏器官跟大脑皮层的联系。贝柯夫院士发展了巴甫洛夫的关于机体的外部和内部环境的相互作用的学说，并采用了各种条件反射方法。他不仅令人信服地证实了伟大生理学家的关于机体有内部分析器的这个见解，而且还指出机体的内部环境不间断地将信号送到中枢神经系统，证实了这些信号对大脑的机能状况所产生的影响，同时在其活动中反映着内脏器官多样性的工作。

"同时应当认为这个被正确地查明了的事实是一个重要的情况，即内脏器官的刺激能够形成条件反射，而在自然界中这些内部的（内感受的）条件反射在原则上跟巴甫洛夫所发现的机体的外界刺激是同样的。"（贝柯夫）由此可见，除了外部分析器、外部感觉器官以外，还有"内部感觉器官"，它跟大脑皮层密切联系着，而且借助于大脑皮层的主导作用实现着跟机体的联系和统一，实现着外部和内部环境的联系和统一，换言之，"内部感觉器官"使机体跟外界自然和社会环境相适应。

从婴儿身体的卫生观点来看，这种情况具有巨大的意义。

第五节　骨骼系统

骨骼是整个机体的支柱。各个部分的骨骼是用来保护像脑、心脏、肺等这些重要的器官的。此外，骨骼系统和肌肉系统结合构成人的各个

[①]《巴甫洛夫全集》第3卷，169～170页。

运动器官，并且借助于固着于骨骼上的肌肉，使骨骼成为引导动作的杠杆。神经系统刺激肌肉使之收缩。

儿童的骨骼在胎内时期就已有了基础，最初是由软骨组织构成（见图25）。在胎内时期软骨组织就开始变为骨组织。骨化过程是逐渐进行的，而不是所有的骨骼都同时骨化。骨化过程到20～25岁才能完成。

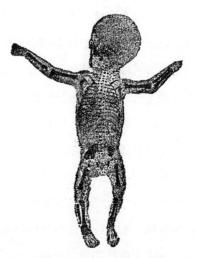

图25　新生儿的骨骼

骨组织的化学成分在人的一生中都在发生着变化。儿童骨组织内所含的钙盐和磷很少。由于儿童骨组织内所含的钙盐少且有机元素占优势，而且骨化过程还远没有完成，所以儿童的骨骼富有弹性，并且容易弯曲。

儿童到12岁的时候，骨组织才能形成跟成人一样的结构。成人的脊柱有四个弯曲（见图26B）。第一为颈部弯曲，向前凸起；第二为胸部弯曲，向后凸起；第三为向前的腰部弯曲；第四为向后的骶的弯曲。新生儿的脊柱几乎是一点也不弯曲的（见图26A）。婴儿首先产生颈部弯曲，这是在他开始独立支撑头部时所形成的，并且是向前凸起的。其后是腰部弯曲，这是当幼儿开始站立和走路时形成的，也是向前凸起的。向后凸起的胸部弯曲是在3～4岁幼儿的脊柱形成成人性质的弯曲时发生的，但弯曲部分尚未坚定。因为脊柱具有极大的弹性，所以当儿童在仰卧时这些弯曲状态便会消失。只有随着年龄的增长，脊柱的弯曲才能逐渐地坚固。到7岁时，颈部和胸部的弯曲才坚固起来，而在接近性成熟期时腰部弯曲也逐渐固定。

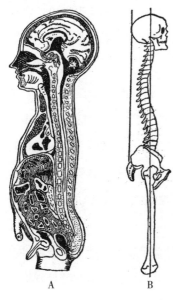 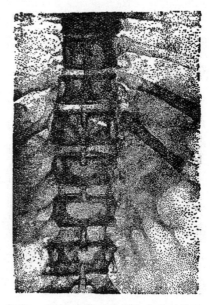

图26　新生儿和成人的脊柱　　　　图27　9岁儿童的下胸部和上腰部椎骨

A. 新生儿的脊柱；B. 成人的脊柱　　　（根据沃罗比尧夫的材料）

　　脊椎骨的骨化过程随着婴儿的成长而逐渐地发生。在14～15岁时，脊椎骨中间出现新的骨化点，它们位于脊椎的上部表面和下部表面，成薄板形状。在18岁时当脊椎的横突和棘突的尖端出现骨化点时仍然覆盖着软骨。在20～22岁时，这种板状物才能和脊椎体结合起来。

　　儿童和少年的脊柱发育的这些特点决定着他们的柔软性，并在体位不正确和长期紧张（尤其是一侧的）时可能会发生弯曲的现象。特别是坐在椅子上的姿势不正确，或者学校的课桌椅制作得不适当或不适合儿童的身长，以及睡眠时身体长时间只向一侧弯曲等情况，都能使脊柱变为畸形。脊柱畸形可能表现为头部（尤其是用手抱婴儿的姿势不适当时）及胸部脊柱的侧弯（脊柱侧凸）。胸部的脊柱侧凸在学龄期中是最常见的，这是由于坐姿不正确所引起的。胸部脊柱的前后弯曲（脊柱后凸）也是由长期坐姿不正确引起的。脊柱的弯曲也可能是在腰部以过度向前弯曲的形式出现（脊柱前凸）。因此，学校卫生学认为正确地制作课桌椅以及要求儿童和少年的坐姿绝对正确等问题是有巨大意义的（参看第七章《儿童教育有关的设备》）。

胸骨各部分的愈合发生得较晚。比如，胸骨的下部在15～16岁愈合，而上部要到21～25岁时才愈合。胸骨的剑突、胸骨柄和胸骨体在25岁以后才愈合。当儿童和少年将胸部靠在书桌面的边缘上，而且长时间坐姿不正确时，即可能发生胸廓的变形且使胸廓的发育受到障碍。这首先对胸廓内的肺脏、心脏和大血管的正常发育及其活动起着不良的影响。

儿童的骨盆发育问题，特别是女孩的骨盆发育，在卫生学上来讲也是极有趣的。成人的骨盆是由两块无名骨和一块插入其中的骶骨所构成的。骶骨由5块相结合的盆骨椎骨所形成。儿童的骨盆的特点就是每块无名骨都有3块彼此互相接合而又独立活动的骨：髂骨、坐骨及耻骨。大约从5～6岁开始，这些骨才开始接合，而且接合的过程基本上要到17岁才完成，彼时无名骨才成为一个整体。髂骨、坐骨和耻骨骶到22～23岁时才结合。关于这一点特别是要考虑到女孩的问题。

少女们穿高跟鞋也会促成骨盆形态的变化。人类的足掌为弧形，跟骨的后支柱为其基础。弧形具有弹力的伸张性，因而可减轻碰到地面上的冲击。窄小的鞋，一方面束缚足掌，同时会妨碍弧的工作而形成平蹠足（平弧）。高跟鞋能改变弧的形态和足掌的负荷量，使躯干的重心向前，因此须将躯干向后倾斜，这样才可使走路时不向前跌倒。长期间穿高跟鞋能使骨盆形态发生变化。当骨盆的接合骨尚未十分坚固的时候，躯干的倾斜和重心的转位都会引起骨形态的变化，并且因耻骨接近骶骨而使骨盆髂的出口缩小，这很显然，当女孩出嫁后，骨盆的弯曲必然会对其生育机能起有害影响。

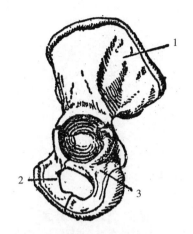

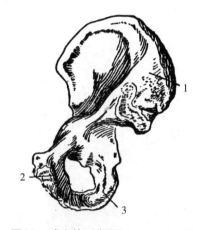

图28　儿童的未愈合的无名骨
1．髂骨；2．耻骨；3．坐骨
（根据沃罗比尧夫的材料）

图29　成人的无名骨
1．髂骨；2．耻骨；3．坐骨（根据沃罗
比尧夫的材料）

新生儿的颅骨也是处在骨化阶段中，而且彼此间尚未愈合。颅骨由柔软的结缔组织膜联系着，其中还有不是骨组织覆盖的地方，这就是以结缔组织覆盖着的前囟和后囟。后囟于2～3个月时长满，而前囟于1～1.5岁时已经长成骨组织。颅缝要到3～4岁时才完全接合，有时还晚些。儿童在幼龄时期，颅骨比面骨发育得好。

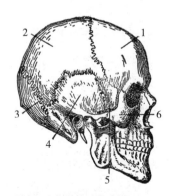

图30　成人的头颅侧面
1．额骨；2．顶骨；3．枕骨；
4．颞骨；5．底骨；6．颧骨
（根据沃罗比尧大的材料）

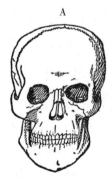

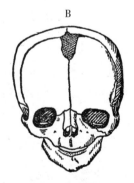

图31　成人的头颅（A）和新生儿的头颅（B）

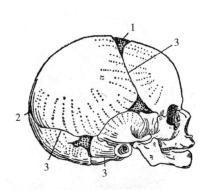

图32 新生儿的头颅侧面
1. 前囟；2. 后囟；3. 颅缝（根据沃罗比尧夫的材料）

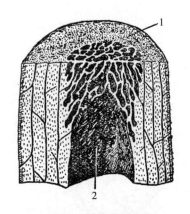

图33 管状骨的断面
1. 骨膜；2. 骨腔（根据沃罗比尧夫的材料）

在1岁时颅骨的发育最迅速。面骨的最显著的发育是从13～14岁开始，其后是性成熟期，彼时头骨和面骨之间的最终比率已经确定。

组成四肢骨骼的管状骨的骨化过程在子宫内就已开始，然而是极慢的。管状骨中间部分（骨干）内形成空腔，腔内充满骨髓。长管状骨末端（骺）具有个别的骨化点。骨干和骨骺间的充分愈合要在15～25岁能完成（见图34）。

手骨的骨化过程在卫生学方面来说极有意义，因为儿童依靠手腕学习书写和做各劳动活动。新生儿还没有腕骨，它们只是显现出来。腕骨的发育过程是逐渐进行的，1岁时用X射线透视可清楚地看到腕骨，是还没有充分发育。只有到10～13岁时，骨的骨化过程才完成，而手指骨的骨化至9～11岁时即完成。

手骨骨化的这些特点，对正确安排儿童的书写和劳动的教育过程有重要的意义。由此可知，决不能让低年级的儿童书写草楷字体，可是手骨的骨化过程已经完成的少年，经过逐步的系统的练习，是可以书写草楷字体的。

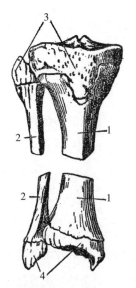

图34 儿童胫骨的上部和下部骨骺（未与骨干愈合）

1. 胫骨的骨干；2. 腓骨的骨干；3. 上部骨骺；4. 下部骨骺（根据沃罗比尧夫的材料）

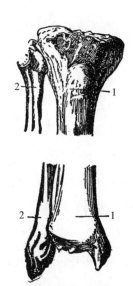

图35 成人的胫骨

1. 胫骨；2. 腓骨（根据什帕帖哥列茨的材料）

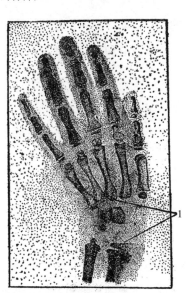

图36 5岁儿童的右手

未充分发育的腕骨（X射线像）1. 腕骨（根据沃罗比尧夫的材料）

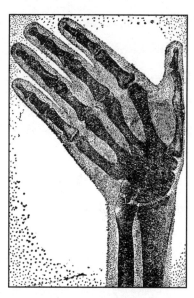

图37 处于外展状态的成人的左手（X射线像）

（根据沃罗比尧夫的材料）

由上述可知，不仅是幼龄儿童，甚至是少年或高年级学生，他们的骨化过程尚未充分完成，而且骨骼的很多部分的骨化过程一直要继续到成熟期。根据儿童和少年骨骼发育的这些特点所提出的若干卫生要求，已部分地在上面叙述过了。因为学前儿童和学龄儿童的骨骼骨化过程尚未完成，所以不合理地实施教导工作和强制儿童做他们不能胜任的摩托装置实习，对他们有极大的害处，而且会成为儿童骨骼变为畸形的原因。在这方面特别危险的是过度的肉体紧张。

相反地，适当的和可能做到的身体练习对儿童来说是加固骨组织的方法之一。跟呼吸运动相关联同时又能引起胸廓扩张和收缩的这些身体练习，对正在成长着的身体来说是特别需要的，因为这样的身体练习能促使骨组织的成长和巩固。

上肢和下肢的训练能增强长骨的成长过程，相反地，如果不做任何运动，对骨组织的压束（由于衣服、鞋靴等压挤身体），身体的不正确姿势等等，都能引起骨组织的不正常的生长。儿童和少年的营养条件和周围环境条件，对骨骼的发育、骨骼的化学成分和坚固性都有一定的影响。

为了使儿童的骨组织正常发育，新鲜的空气、充足的阳光（特别是阳光经常直接照射）、身体各部分的自由活动和身体的合理营养等是非常必要的。

第六节　肌肉系统

肌肉系统跟骨骼是有机地联系着的，它们共同保证着人体的运动。同时，肌肉的活动跟大脑的工作也是有机地联系着的。正如上述，肌肉的训练能促进大脑和感觉器官的发展。精神机能的训练，例如识别力、记忆力和意志等，跟合理的体育教育是联系着的。当供给大脑的血液增强时，大脑的工作会产生较好的效果。相反地，大脑的血液供给恶化时，则会影响大脑的工作能力。由此可见，运动、身体练习和体力劳动的作用极大，它不仅能发展肌肉组织并健全精神活动，而且对各个器官及其系统的改善，以及对个性的协调的发展，都起着巨大的作用。

儿童的肌肉系统的发展较差。儿童的肌肉重量跟整个体重的比例比成人小一些，这可用下面的材料来说明。

新生儿……………………………………23.3%

8岁的儿童 ……………………………………27.2%

15岁的少年……………………………………32.6%

17～18岁的青年……………………………………44.2%

儿童的肌肉跟成人的肌肉的区别在于其结构、成分和机能的不同。儿童的肌肉从外形上看比较白嫩柔软，水分多，但是蛋白质、脂肪以及可提出的物质[①]和无机物质较少。只有到15～18岁时，肌肉内的含水量减少，肌肉比较结实，肌肉中的蛋白质、脂肪及无机物质等的含量增多了。

儿童的肌肉发育是不平衡的。首先是比较大的肌肉，例如上臂肌和下臂肌开始发育，但手的肌肉尚未发达，这是跟该年龄的儿童还不会用手指做细微工作相关联的。手肌肉组织的机能到6～7岁才开始发育，彼时儿童已经能做一些像编织、塑模等种类的活动。在这个年龄期，儿童手肌肉组织的发育渐渐地使儿童能书写了，可是，在这个年龄期的书写应该是短时间的，不要使尚不坚强的手肌肉感到疲劳。

8～9岁以后儿童肌肉发育的速度和肌肉力均在增加着，那时韧带坚强了，肌肉的容积也在显著地增长着。在以后的年龄增长中，肌肉力在不断地增长着。而在性成熟末期，肌肉力的增长急剧地进行着。同时肌

---

① 可提出的物质包括碳水化合物及其他可浸出的有机物质。——译者注

肉量也急剧地增长着。

在性成熟末期，不仅手的肌肉力在增长着，而且背、肩和足的肌肉组织也在急剧地发展着。根据台曼乞也夫的研究，躯干力量①最大的增加是在15～18岁。15岁以后，小肌肉也急剧地发育起来，同时，细小动作的精确性和协调性提高起来，并且在（手的）体力劳动时能减少力量的浪费而获得最大的效果，同时还能改进动作的技巧。

儿童和少年们的肌肉疲劳要比成人快些。但是儿童肌肉疲劳的消失也是极快的，这是由新陈代谢作用较迅速且氧（氧含血红蛋白——见下节）的供给充足所致，氧能恢复疲劳肌肉的兴奋性并增高暂时松弛的肌肉的弹性。这一切都说明，在组织和实施儿童及少年的身体练习、竞技活动、体力劳动时，不应当超过他们肌肉系统的负担，必须使负担均匀化，以缓慢的速度并且配以适当的休息来进行这些活动。

儿童和少年的运动器官的发育不是平衡的，而是飞跃地进行的。6～7岁的儿童已经能自在地支配其肌肉，可是要他做精确的动作还是有困难的，要费很大的力气。如果强迫儿童做精确的动作，他们很快就会感到疲劳。这个年龄期儿童的动作还未完善，这是跟中枢神经系统的协调机制的发展还不充分相关联的。

8～12岁的儿童在精确性和敏捷性上所表现的动作的协调性比较完善了。同时，儿童的活动能力在增强，他们已能做各种各样的动作。可是，学龄初期的儿童和部分学龄中期儿童还是不能做长时间的体力劳动和使肌肉长时间地紧张。对于这种情况，在组织儿童的体育活动和劳动活动时必须加以考虑。

10～13岁的儿童，动作已稍能协调。但到性成熟期，这种协调又遭受破坏，因为这时少年的运动器官有所变化，而这是跟在此时期少年的

---

① 躯干力量指一种可利用拉力计来测量的体力（肌肉力）指标。——译者注

神经系统（见上，第三节）的发育特点相关联的。外形上表现为少年的动作多、不敏捷、不灵活、协调性不足和抑制性的破坏。到性成熟期末期，少年运动器官的这些缺点便会消失，运动器官的发育基本上才宣告完成。

上述儿童和少年的肌肉组织和运动器官的发育特点提出了一系列卫生要求：一方面要保护他们的肌肉系统，另一方面要使肌肉得到发育和增强。考虑到儿童和少年的肌肉组织比较容易疲劳以及尚未经过充分锻炼，所以必须避免长时间的，特别是过度的肉体紧张。即使是短时间的肉体紧张也应避免。这不仅对学前儿童和学龄初期儿童是极重要的，而且对在中学高年级学习的少年和在技工学校学习的少年来说也是极重要的。

伟大的苏维埃作家高尔基在《在人间》一书中曾写道："青年人常常凭一股血气之勇，羡望大人的气力，试着去举起对自己筋力来说过重的东西……我也直接从肉体上，或者说从精神上去做一切这类的行动。所以没有受到致命的重伤，没有变成一生的残废，就不能不托赖偶然的机遇。"

为保证儿童和少年的肌肉组织得到正常的发育，就必须使他们进行适当的身体练习，比如使他们从事运动、农业或其他的体力劳动。在工作时，肌肉能获得含有营养物质和氧的大量血流。在肌肉工作时流来的血液不仅滋养肌肉，而且也滋养骨骼和韧带。肌肉的工作会给骨髓内红细胞的构成过程以良好的影响，同时还能改善血液成分。肌肉的工作对整个身体，特别是对心脏、肺等器官有良好的影响，而且还能加速新陈代谢过程。

使整个身体各部分肌肉都能受到训练的体力劳动，是改善各个器官和培养个人协调动作的必要条件。

"只是由于劳动，由于和日新月异的动作相适应，由于这样所引起的肌肉、韧带以及在更长时间内引起的骨骼的特别发展遗传下来，而且由于这些遗传下来的灵巧性以愈来愈新的方式运用于在新的愈来愈复杂的动作上，人的手才达到这样高度的完善，在这个基础上它才能仿佛凭着魔力似地产生拉斐尔的绘画、托尔瓦尔德孙的雕刻以及帕格尼尼的音乐。"①

可是，过度的肌肉紧张，特别是长时间的肌肉紧张，对整个机体的生活机能有极坏的影响，同时会引起心脏、肺及其他器官的严重疾患。在过度的长时间的肌肉紧张时，心脏的跳动会显著地加剧，心肌也会疲劳。在手的肌肉长时间紧张时，如弹钢琴、缝纫或书写，有时会引起书写性的痉挛疾患，其症状为上肢肌肉剧痛且不可能再继续工作（见第八章《教导工作的卫生》第七节）。所有这些都应当在实施儿童和少年的教导工作时予以注意。

不仅是过度的长时间的肌肉紧张对机体有不良影响，而且个别肌肉群的非全面性的劳动也会对机体有不良影响，对整个机体有危害性的身体各个部分的疾患就是这些影响的后果。如果长时间地坐着不活动，不使整个机体得到积极的休息，则腹部器官（胃、肠和肝脏）的血液循环会遇到障碍，因而也就会产生便秘。所以，如果所从事的工作需要长时间地坐着，就应当安排适当的休息，这种休息要尽可能使全身的肌肉组织都得到自由活动，这是十分重要的。如果这种休息能在新鲜空气中进行则更有效果。

儿童和少年的肌肉系统在卫生方面最重要的是肌肉练习，练习能使各个肌群（在相互联系中）逐渐地活动，并能保证肌肉组织的发育和运动器官的改善。学习各种新的动作，例如开始学习书写、体操、玩乐器以及各种体力劳动等，儿童不仅需要消耗大量的肌力，并且会造成神经

---

① 恩格斯：《自然辩证法》，138页，北京，人民出版社，1955。

和心理上的极度紧张，因而就会引起身体和心理的疲劳。

在完成上述作业的过程中，有步骤的、逐渐增加的、又能严格进行锻炼的各个肌肉的动作，能使这些动作成为习惯，并感到轻松而有趣。假如这些作业不是过度负担的和长时间的，也就不会使正在锻炼的儿童和少年有过度疲劳的感觉。由此可知，肌肉系统的锻炼是有巨大的卫生意义和教育意义的。

从卫生学方面来看，极其重要的是保证儿童和少年的肌肉组织的全面发育和避免某个肌群的过重负担。当某个肌群有过重负担的时候，就会产生过度发育的现象，而使其他肌群不能得到充分发育。只有全面地锻炼肌肉组织，才能保证正在成长着的整个身体的正常发育，并促进各个器官及其系统的形态性能和机能性能的完善。

对学龄初期儿童来说，主要的身体练习就是各种活动性游戏。在这个年龄期的儿童已经可以做一些带有强力性质的练习活动，然而这些练习活动只限于那些不至于使儿童太紧张的活动。学龄初期儿童做体操活动要比学前儿童做体操活动更有意义，可是，对学龄初期儿童来说，体操也不是一种主要的体育活动。只有对学龄中期儿童和学龄晚期儿童来说，体操和运动才是一种主要的体育活动，因为在这个年龄期，肌肉系统和神经系统已经充分发育，足能做各种动作了。

在解决儿童和少年的体育问题时，只考虑到骨骼系统和肌肉系统的特点是不够的，因为儿童的心脏血管系统特点在这方面也有巨大的意义。只有考虑到身体发育的一切因素，才能保证正确组织儿童和少年的教导工作，正确实施儿童和少年个人卫生方面的各项措施。

第七节 血液和心脏血管系统

血液的任务是供给各个组织、各个器官和整个身体的营养。血液将本身所带的营养物质送到整个身体内部，并且参与气体交换。血液通过肺吸收了氧，并把氧送给各组织和各器官。同时由各器官和各组织分解出来的分解物（尿素、碳酸等）进入血液。血液将尿素、碳酸等送到排泄器官，借助于排泄器官把它们排出体外。

儿童的血液相对量要比成人多。人体的全部血液量跟体重之比如下。

新生儿……………………………………约15%

1岁幼儿 …………………………………约11%

14岁的少年………………………………约9%

成人………………………………………约7%～8%

儿童毛细管流着的血液量几乎超过成人的两倍，而毛细管腔是比较宽的。因此，血液滋养组织和毛细管中的氧化过程，儿童的比成人的旺盛。儿童的血液跟成人相比较是富有水分和提出物的，但是盐类较贫乏。虽然在儿童的血液里含有大量的血细胞，但是比重比成人小，这是由于其中含有较多的水分。

遇有切伤时，儿童的出血时间和成人是一样的（2～4分钟）。而血液的凝固需4～5.5分钟。新生儿的红细胞沉降率要比年龄大的儿童慢些，每小时约为2毫米；乳儿每小时为4～5毫米；而较大的儿童跟成人一样，每小时为4～10毫米。

儿童造血系统机能的特点是极不稳定和容易变动，甚至遇到极轻微的外界环境的不良影响也容易遭受损伤。红细胞的数量在减少着，尤其是红细胞中的血红蛋白在减少着，出现了不成熟的血色素，儿童白细胞的数量频繁增加，血液成分中的变化要比成人快。这一切都表明在儿童生活中实施各项卫生措施的巨大意义。

红细胞是氧的搬运者。红细胞的90％以上的干燥物质是血红蛋白，它是一种含铁的蛋白质。红细胞中的血红蛋白量的减少能引起贫血。血红蛋白对机体的生活机能有极重要的作用。它具有容易跟氧结合和容易放氧的特性。在肺毛细管中红细胞的血红蛋白吸收由肺泡渗入血液的氧。饱含了氧的血红蛋白被称为氧合血红蛋白。在各组织和各器官里的氧合血红蛋白又重新被还原为血红蛋白，同时将氧运送给周围组织。

成人1立方毫米血液中含有450~500万红细胞。乳儿的红细胞数量多得多，比如，新生儿1立方毫米血液的红细胞达550~650万。可是在以后红细胞的数量就逐渐减少了。

白细胞在机体跟传染病的斗争上起着极重大的作用。成人1立方毫米血液中含有6 000~10 000个细胞球。乳儿的白细胞数量比成人多至两倍。3~4岁儿童的血液中差不多含有跟成人等量的白细胞。在感染某些传染病的时候，白细胞的数量就迅速增加。当感染脓毒症时，白细胞数量能达到8万个。从数量上来说，淋巴细胞和嗜中性粒细胞在成人的各种白细胞中占优势。淋巴细胞跟其他的白细胞相比活动性较小，因此不能和进入人体的病原微生物做斗争。相反的，嗜中性粒细胞的活动性则很大，它们伸出突起，向病原微生物聚集处移动，捕获并消灭这些病原微生物。因此，嗜中性粒细胞被称为吞噬细胞（伊·伊·曼乞尼科夫）。

儿童的白细胞数量跟成人一样，要比红细胞数量少。儿童自出生日起到5~6岁，血液中的淋巴细胞占优势，而嗜中性粒细胞则少些。

为了保持儿童和少年血液的正常成分及避免发生贫血，必须保证学生们能在新鲜空气中、在阳光下有足够的逗留时间，有关于散步、合理地做活动性游戏和运动的生活制度。规定儿童和少年的睡眠标准时间和学习负担，以及注意在教室和寝室内保持良好空气等都是极重要的。

血液循环的最微小的障碍会对整个身体有影响。脑的血液循环遇到障碍，能使精神活动减弱，例如知觉、注意力及记忆力，学习成绩低下。当血液循环发生障碍时，肌肉系统就会迅速疲劳并且很难恢复。

儿童（特别是学龄初期的儿童）的心脏血管系统具有极强的机能，

它比成人的更具有坚韧性。这是因为儿童的心脏血管系统并不因各种传染疾患和中毒而遭受损坏。

儿童的血液大循环要比成人快。这可以用下列的材料说明。

新生儿·······························12秒

3岁幼儿·······························15秒

14岁少年·····························18秒

成人·································22秒

儿童的心脏较成人的相对地大些。心脏的成长是不均匀的。尤其到1周岁时（有时在2岁时），以及到14～15岁时，即性成熟期，心脏加速地成长着。

儿童的心搏出血量要比成人少。根据心搏出血量可判断出心脏在每一次收缩时所喷出的血液量。关于儿童和少年的心搏出血量见表3。

在1周岁末，心搏出血量增加到4倍以上，这是跟心肌发育直接相关联的。在性成熟期，心搏出血量也有很大的增加。

表3　不同年龄的儿童和少年及成人的心搏出血量

新生儿	1岁	7岁	12岁	成人
2.5立方厘米	10.2立方厘米	23.0立方厘米	41.0立方厘米	大于等于60.0立方厘米

儿童的心脏收缩要比成人频繁，因此儿童的脉搏要比成人的快（见表4）。

表4　不同年龄的儿童和少年及成人的每分钟脉搏次数

新生儿	1岁	7岁	12岁	成人
140次	120次	90次	80次	72次

学龄初期儿童的脉搏尚未固定，时常是节律不均匀的，并且脉搏的变化也相当大。7～8岁以后，儿童的脉搏开始固定，跳动次数也逐渐减少。但是少年在剧烈运动、体力劳动、激动情绪等影响下，脉搏的次数会显著地增加。

6～7岁以前儿童心脏的成长是落后于血管的成长的，之后，特别是在性成熟时期，心脏成长的速度超过了血管成长的速度。换言之，血管的成长落后于心脏的成长；表现在血压上就是在性成熟期血压显著地增高，这是心脏压力遇到相对狭窄血管的抵抗所致。在此年龄期的少年，常会发生心脏活动节律不均匀和心跳过速的现象。

儿童在性成熟时期前的血压要比成人低。同时，血压是变动的。

乳儿的血压是85毫米汞柱，5岁幼儿的血压是90毫米汞柱，10岁儿童的血压是100毫米汞柱，而15岁少年的血压是118毫米汞柱。但是，相同年龄儿童的血压也可能有显著的区别。

儿童心脏的神经组织分布基本上在7～8岁时完成（斯乞夫柯的数据），此时心脏肌肉尚未充分发育。这种情况在一定条件下可能引起心脏活动的负担过重。

精神状态对心脏活动有一定的影响。某些精神情绪，如欢乐、惊愕、痛苦、恐惧、羞耻，特别是当这些精神情绪突然出现时，就会引起心脏跳动的加速或减慢。我们见到儿童由于激动而颜面发红，这是皮肤血管的扩张所致；还见到儿童在惊愕时脸色发白，这是皮肤血管收缩所致。严重的精神刺激对心脏活动有极坏的影响，尤其是在儿童和少年时期，情绪和其他精神因素对心脏活动起着特别的影响。

为使心脏能正常发育和正常活动，一方面要使儿童和少年的肉体和精神不过分紧张，因为过分紧张会破坏心脏的正常的工作速度；另一方面要使某些年龄的儿童以合理的能胜任的体操活动来锻炼心脏，这是非常重要的。心脏活动的逐渐锻炼能保证改善心肌纤维的收缩性性能和弹性性能。

有许多身体练习和运动竞赛仅对成人是适宜的。因此，为儿童和少年拟定身体练习和运动作业的特殊标准时，就必须跟该年龄期的身体的各个解剖的生理特点相适应。早在1935年，全苏职工会总会书记颁布了一项关于禁止少年跟成人一起进行运动竞赛的特别决议。

心脏血管活动的锻炼需要依靠每天做身体练习活动、运动作业和适度的体力劳动，特别需要在新鲜空气中进行这些活动。所有这些身体练习都需要校医和教师们的特别注意并进行监督。

儿童的血液循环器官的卫生对其衣服提出了一定的要求。狭小的衣服能压迫胸廓，使儿童呼吸困难。狭小的衣领会压迫颈部血管，使脑部的血液循环受到影响。紧缚腰带会压迫腹腔，因而会影响消化器官的血液循环。吊袜带、狭窄的鞋靴对下肢的血液循环也都有不良的影响。

上述衣服的一些缺点，能阻碍身体各个部分的血液循环，妨碍各组织和各器官的正常营养，使这些器官的正常活动遇到障碍。因此，对儿童和少年的衣服及鞋靴的卫生必须予以特别注意，而且决不允许存在影响血液循环的不良现象。

正常的睡眠对心脏卫生有巨大的意义，因为在睡眠状态中，心脏的工作比在白昼省力且较宁静。

第八节　呼吸器官

呼吸器官能保证身体跟其周围环境之间的气体互换。没有呼吸就没有生命。人从吸入的空气中吸收氧，而把二氧化碳和水蒸气排出体外。身体假如得不到氧，在数分钟内就能死亡。因为有氧进入身体，身体的各细胞和各组织才能进行新陈代谢的氧化过程。氧化结果所产生的二氧化碳经过肺由呼气排出体外。

按呼吸器官的构造和机能来说，儿童和少年的呼吸器官具有许多跟成人的呼吸器官不相同的特点。儿童呼吸器官的主要特点就是组织柔嫩，呼吸道的黏膜容易损伤，并且在呼吸道的黏膜和壁上有大量血管和淋巴管。

儿童的上呼吸道比成人的窄得多，并有非常柔嫩的黏膜。幼儿的鼻腔很小并且发育不完善，副鼻腔也未充分发育，而额窦也是到15岁才开始发育和形成。

这些特点在很大程度上使传染病菌容易侵入呼吸道，并且引起急性炎症时的呼吸障碍。例如，当幼小儿童患伤风时出现呼吸困难（辅助肌参与动作，表现为鼻翼胀大），年龄较大的儿童则用口呼吸，这就形成了有利于传染病侵入儿童和少年身体以及尘粒侵入呼吸器官的条件。

幼小儿童的咽喉尚狭小。扁桃腺要到1周岁才开始发育。儿童经常会发生腺样增大（即咽部扁桃腺的淋巴组织的特殊增大）的疾病。少年也会发生这种疾病，特别是在4～10岁的儿童中是经常可以看到患这种疾病的。

儿童的喉的成长是从5岁开始加快的。少年的喉的急剧成长是从13～14岁开始。这时喉部按照性别的变化是很显著的。在性成熟末期，青年男女的喉的大小跟成人有很少的区别。

声音是随着真声带的发育和伸长以及喉软骨的坚固而变化的。鼻咽腔邻近部分形态有了发展和变化，声音的音量和音色也随之发生变化。

在性成熟时期，少年的声音有很大变化，尤其是男孩的"声音转变"。青年时期和成年时期的男人和女人的声音音量极不相同。男孩的声音是以胸音为主，女孩的声音是以喉音为主。

儿童和少年的个人卫生问题之一，就是关心保护他们的声音的正常发育。大体上一切有关儿童和少年的呼吸器官的卫生都应当加以注意，以便保护他们的声音（做呼吸练习及其他练习使呼吸器官得到发展，在学习讲演和唱歌时注意保护声音、防尘）。

对儿童和少年的发音器官特别有益的，就是准确地教他们唱歌和高声朗读（重音的发音正确和朗读的音调正确）。应当指出，发音器官的这种运动也能促进胸廓和肺的发育。

要关心发音器官的发育并加以保护，必须在整个成长期，特别在性成熟期的"声音转变"的时候加以注意。在这个时期不允许男孩和女孩过多地唱歌，防止发音器官受刺激或产生疲劳。忘掉这一点就会引起严重的后果：喉头炎症、声带的疾患、声调的损伤等。在咽喉出现红肿和声带发炎的时候，应当停止歌唱以避免体温的急剧变动。

儿童的气管的黏膜非常柔弱，贯通着许多毛细血管，并具有发育得不强的弹性组织。

儿童的支气管较成人的狭窄，软骨尚未硬固。支气管肌肉和弹性组织也尚未充分发育。儿童的支气管有较柔嫩的黏膜和大量的血管。

这一切都证明儿童的气管和支气管较成人的更容易受损伤。因此，尘粒和病菌的侵入对儿童来说要比对成人的危险性更大些。

儿童的肺的发育还没有成人那样充分。新生儿的肺泡的大小约等于成人的1/4～1/3。新生儿的肺泡的平均直径是0.07毫米，而成人的是0.2毫米。随着年龄的增长，肺泡也逐渐增大。儿童的肺毛细血管要比大血管发育得快，而且儿童的毛细血管腔要比成人的宽些。儿童和少年的肺的成长是在身体的整个发育时期内进行的，但是最剧烈的成长期是在出生后3个月，以及性成熟时期，也就是在12～16岁这一时期。在性成熟期肺剧烈成长的时候，需要特别注意少年的呼吸器官的卫生，在此时期如果卫生条件不良，便存在使肺患病，特别是患肺结核的危险性。

为使儿童和少年的肺得到发育，特别需要做胸廓肌肉的运动。儿童胸廓肌肉较成人的差些，因此，缺乏呼吸肌肉的运动就会使胸廓和肺的发育受到不良影响。

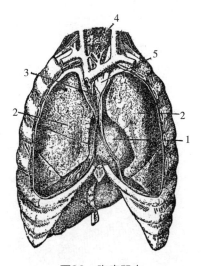

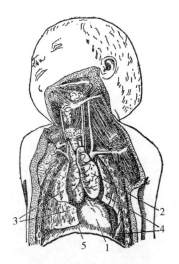

图38　胸廓器官

1．心（在心包里的）；2．肺；3．胸腺；
4．甲状腺；5．动脉（根据沃罗比尧夫
的材料）

图39　新生儿的胸廓器官

1．新生儿的心脏；2．胸腺；3．右肺；
4．左肺；5．横隔膜（根据沃罗比尧夫
的材料）

　　上述的儿童呼吸器官构造的特点制约着呼吸运动的性质。儿童的呼吸比成人短促而频繁。一分钟的呼吸次数如下。

新生儿······························30～44次

5岁儿童 ··························26次

14～15岁少年·····················20次

成人·····························16～18次

　　幼儿的呼吸不仅短促，而且不均匀，没有节律。这是由呼吸运动不协调和呼吸中枢容易兴奋等原因造成的。

　　儿童在5～6岁的时候，深呼吸和浅呼吸相互替换着，而呼气和吸气的间隔时间也是不相同的。儿童呼吸深度不足的现象是有重大的卫生方面的意义的，因为这样可以使儿童的肺不进行过强的换气。用表明儿童肺活量（呼吸肌力量和肺容量的标志）的数字也可以证实这种情况。在运动、做身体练习和体力劳动的时候，呼吸频率就增加。5岁儿童的肺

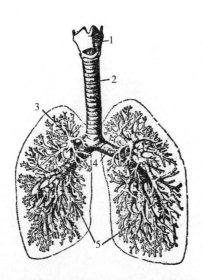

图40　喉、气管及支气管（正前面）
1. 喉甲状软骨；2. 气管；3. 右支气管；
4. 左支气管；5. 支气管分枝（根据沃
罗比尧夫的材料）

图41　肺叶图解
1. 细支气管；2. 肺泡（根据沃罗比尧
夫的材料）

活量一般是800～1 000立方厘米。各个不同年龄儿童的肺活量变化情况可从表5中看出（根据玛司洛夫的材料）。

　　这些数字都是相对的，因为每个人的肺活量跟其健康状况、锻炼程度、体格等相关。另外一些调查者所得的肺活量数字可能小些。因此，这些数字与其说是某一年龄的儿童和少年肺活量的绝对数字，毋宁说是各个不同年龄儿童肺活量的变化过程。少年肺活量的最大的增加是在性成熟时期，也就是在14～17岁这一时期。虽然在20岁以后由于适当的锻炼也能使肺活量增大，但肺活量的增大主要是在20岁前。必须注意儿童和少年的呼吸短促和肺脏未能得到充分换气这个事实，因此，必须尽可能地让儿童和少年长时间地在新鲜空气中做积极的运动，并且要保证室内的空气新鲜。

表5　不同年龄的肺活量变化（单位：立方厘米）

性别	年龄				
	8岁	10岁	12岁	15岁	17岁
男孩	1 434	1 626	1 974	2 593	3 521
女孩	1 362	1 456	1 905	2 532	2 756

可是，不能仅以呼吸的频率或深度作为判定肺换气量大小的标准。正确的判定肺换气量大小的方法就是以每分钟的呼吸量来计算，即以每分钟的吸气次数乘呼吸量。成人的每分钟呼吸量达10升（10 000立方厘米），有时可能少些。儿童和少年的每分钟呼吸量较少，他们的每分钟呼吸量如下。

新生儿……………………………………650～700立方厘米

1岁幼儿 ……………………………………2 600立方厘米

5岁儿童 ……………………………………5 800立方厘米

12岁少年……………………………………8 000立方厘米

成人…………………………………………10 000立方厘米

儿童的新陈代谢比成人要旺盛些，因此，儿童所需要的氧气量也比成人的多。这可以用儿童和少年的1千克体重跟每分钟呼吸量的比多于成人这一点来证实，但是这个比数是随着儿童和少年的成长而减少的。

谈到儿童和少年的呼吸器官的发育问题，首先应当指出必须经常注意胸廓的正常发育。在这方面最基本的要求就是：身体姿势正常，特别是在坐于课桌椅或在家庭中准备功课时身体姿势正常，要做呼吸体操及其他能发展胸廓肌肉组织的体操活动。在这方面特别有益处的就是游泳、划船、溜冰、滑雪等运动。

使儿童习惯于正常的呼吸是重要的卫生要求之一。正常的呼吸就是均匀的、有节律的呼吸。正常的呼吸只用鼻腔。儿童在伤风时，或者上呼吸道在患某种炎症时，或者在鼻咽腔有腺体增大时才用口呼吸。鼻呼吸能阻止侵入呼吸道的病原微生物和尘粒。此外,用鼻呼吸能使冷空气在鼻腔内变暖,使进入喉和下呼吸道的空气不是那种用口呼吸所吸入的凉空气。在冬季快速行进时用鼻呼吸显得更重要,因为此时的呼吸是深呼吸,如用口呼吸则呼吸道会感到非常寒冷。干燥的空气往往能刺激呼吸道,如用鼻呼吸就可减少这种刺激,因为鼻腔内的湿黏膜能将空气湿润。

儿童和少年呼吸器官的重要卫生要求之一,就是使儿童在走路或站立时养成保持端正笔直姿势的习惯,因为这样能促使胸廓扩张,使肺易于活动,并能保持深呼吸。反之,当躯干处于弯曲状态时,则会使肺的正常活动和发育遭到破坏,并且吸气量也减少,所吸入的氧气量也就随之减少。

在儿童和少年的生活和学习方面必须注意的就是使他们尽量地在新鲜空气中做各种活动。因此,在夏季及寒假里,有可能的话,使他们尽量地在新鲜空气中活动,例如带他们到野外别墅、少年先锋队夏令营和林间学校等地方去。

在冬季,学前儿童每天在新鲜空气中至少停留5小时(15℃以下的严寒天气,尤其是刮风天气时除外),但不是连续的,而是间隔的、有休息的;学龄初期儿童每天在新鲜空气中至少4小时,学龄晚期儿童每天在新鲜空气中至少3小时。为此,必须使学生有可能进行课间休息,尤其是使他们有可能在学校地段上进行大休息。考虑到这些情况,就必须使校舍和教室内保持空气清新,而且每天经常地给住屋和学校房舍换气。

上述的这些卫生措施,除了对呼吸器官的正常发育和活动有巨大意义外,也是锻炼呼吸系统的最重要的方法之一,而且从预防疾病这方面来说也是相当重要的。儿童和少年的呼吸器官的疾病在冬季和春季是最常见的。

必须指出，不能保持新鲜空气是使呼吸器官发生卡他性疾病（感冒，支气管炎，肺炎等）的主要因素之一。

第九节　皮肤

皮肤是身体的外皮，它防护机体使其免受外界环境的有害影响（外界极低极高的气温，温度的急剧变化，化学因素的作用，灰尘，等等）。皮肤还能防止病原微生物对机体的侵袭。同时，皮肤也是身体体温的调节器官，因为身体通过它散热。

此外，在皮肤内有分泌脂肪、滑润皮层和毛发的皮质腺。而且皮肤还是一个感觉器官。

皮肤在新陈代谢上也起着一定的作用，因为经过皮肤排泄出含有某些分解物质的汗。然而健康人的皮肤的这种分泌机能活动非常微弱。只有患肾病时，皮肤的分泌机能才剧烈地加强而具有重大的作用。皮肤的复杂构造说明它有众多的机能，因此在实施整个卫生措施时就必须保护其机能并加强其锻炼。

皮肤的主要作用是调节身体的温度。为使身体能正常地生活，就必须使身体保持一定的体温。体温和外界环境的温度不永远一致，而且有很大差别，除了患病的人以外，人的体温几乎没有多少变化（只有零点几度的变化而已）。

身体内热是由肌肉、肝脏和其他器官里的化学变化造成的。骨骼肌肉的运动显著地提高了体温。饮食后由于食物在消化过程中发生化学变化，因而也能在身体内产生热。

身体通过传热、散热和排汗将热传送到体外。当人接触寒冷的物体时身体就将热传送出来。身体与周围空气接触时也会传热或散热。外界空气的温度愈低，身体的运动愈剧烈，散放出的热也就愈多。假如外界空气的温度低而且有许多水蒸气，身体散热也就比较剧烈，因为在这种情况下空气极易传热；外界的温度愈低，身体散热也就愈剧烈。身体是由汗腺活动散发出热来的。在散热时，周围空气愈干燥，人愈活动，则热的散放也愈多。

人的身体具有温度调节的性能，由于皮肤内有庞大的血管网，所以它在调节温度方面就起着巨大的作用。外界的空气温度低，皮肤内的血管收缩，其中流着的血液量减少，因此，身体散热量也减少。相反，当外界空气的温度高时，皮肤内的血管扩张，其中流着的血液量就增多，因此，散热量也就增多。外界空气温度高的时候，由于汗腺的积极活动，热的散放增多，因此，皮肤表皮的散热也就加强。

温度调节机能发生障碍的时候，在某些情况下会使身体感到寒冷，而在另外一些情况下则会使身体感到过热。身体的过度发热往往会引起可以导致死亡的热射病。

皮肤及黏膜不只是防止微生物侵入的机械的屏障。附着在人的皮肤上的微生物经过一些时间即死亡，假如微生物着落在经过仔细洗净的皮肤上，则死亡更快。观察结果证明，落在不清洁的手的皮肤上的副伤寒菌，于10分钟内会减少5%；如将副伤寒菌移放在洗净的手的皮肤上，则在10分钟内会减少85%（根据符·耳·特罗伊次基的数据）。由此可知，洗手不仅能预防微生物的侵袭，而且也能促使手上的微生物迅速死亡，这就是手的自身消毒。

口腔、呼吸道、消化道、泌尿生殖器官等的黏膜都具有自净作用。皮肤和黏膜有这种特性，是因为它们有具有杀菌作用的特殊物质（溶菌酶等）。动物的泪、唾液和各种器官内都含着溶菌酶。溶菌酶能溶解和杀死许多种病原微生物。

儿童和少年的皮肤的主要特点之一，就是其皮肤面积较成人要相对地大。愈是幼小的儿童，平均每1千克体重的皮肤面积愈大。儿童皮肤的绝对面积比成人小，但是它随着年龄的增长而逐渐增大。反之，皮肤的相对面积是随着身体的增长而减少的。根据司切夫的材料，每1千克体重的皮肤面积如下。

新生儿·······················704平方厘米

1岁幼儿 ·····················528平方厘米

6岁儿童 ·····················456平方厘米

10岁儿童·····················423平方厘米

15岁少年·····················378平方厘米

成人·························221平方厘米

儿童和少年的这个皮肤特点具有重大的意义，因为它决定了在身体的放热量方面儿童和少年比成人大得多，而幼小儿童在这方面表现得更加显著。由于儿童身体的散热较成人多，所以儿童就需要产生更多的热。因此，儿童和少年产生的热（以体重为单位）要比成人相对地多一些。比如，乳儿的1千克体重每天可散发91卡；2.5岁幼儿的1千克体重每天能散发81卡；14岁少年的1千克体重每天能散发52卡；成人在安静状态下1千克体重每天能散发35卡，而在工作状态下则散发41卡。可是儿童和少年的温度调节不取决于这一皮肤特点，而且也受外界环境以及身体生活机能的许多因素的影响。温度调节是受中枢神经系统支配的。

由此可见，由于儿童和少年的皮肤面积跟体重的比例相对地大，因而新陈代谢作用要比成人旺盛些。

除上述外，儿童和少年的皮肤构造和生理机能还有许多其他特点。例如，儿童的表皮，特别是幼龄儿童的表皮比成人要显著的薄。儿童的这一皮肤特点会促使他的身体容易感到寒冷。此外，儿童的表皮容易剥脱，容易见到皮肤的深层，这就使皮肤有感染的可能，细菌借助于血管和淋巴管容易散布到全身去。由于儿童的皮肤表层薄、柔弱且易受损伤，所以极容易发生传染性的皮肤病（疖疮、发癣等）。

儿童皮肤的第二层（真皮）也比成人的薄一些。儿童皮肤里的毛细血管比成人的多，而且流经皮肤的血量也比成人多得多。流经成人皮肤的血液量占全部血液量的1/3，而儿童则为1/2，甚至达到2/3。儿童的皮肤毛细血管腔也比成人的宽。此外，儿童神经系统对血管活动的调节还不灵活。儿童皮肤的这些特点，能促使身体较迅速地变冷。儿童的温度调节没有成人那样完善。

儿童的皮脂腺很发达，在1岁时有特别剧烈的发展。儿童皮肤的弹性纤维在3岁前是不甚发达的。随后，儿童的皮肤有较大的弹力和弹性。儿童的皮肤如丧失这些特性，则表明儿童的身体是不健康的、缺乏营养的。必须特别指出，对11～14岁的儿童和少年施行适当的皮肤卫生保护与锻炼，会显著地提高他们对周围环境恶劣影响的抵抗力。米勒尔认为，儿童和少年在这个年龄期间的耐寒力要比成人强，并且不易患感冒，这个事实有重大的卫生学的意义，因为这能使儿童和少年的皮层及整个身体的锻炼工作进一步开展。

幼龄儿童的皮下脂肪层（皮肤的第三层）已相当地发展了。到3岁时，幼儿的脂肪层还在发展。从3岁到8岁，脂肪层处在停止发展的状态，8岁以后，儿童的脂肪层又逐渐地增长起来，女孩要比男孩发育得好。在这方面个别儿童由于其特点、一般健康状态、营养条件等而有显著的区别。

在性成熟时期，除了脂肪层的发育以外，皮肤呈现自然的色素沉着。这个时期，少年的皮脂腺的发育增强了，在腋窝及阴阜部也长出体毛了。

幼龄儿童、特别是乳儿的皮肤特点之一，是皮肤在身体呼吸方面的作用。成人作为呼吸器官的皮肤的作用极为微弱，皮肤所吸收的氧相当于肺吸收的氧的1/800，而乳儿皮肤的呼吸机能具有极大的意义。莫尔察诺夫认为这是由于表皮的角质层薄且皮肤内的血液循环剧烈所致。幼龄儿童的这个皮肤特点具有巨大的卫生学意义，对幼儿的皮肤必须特别注意要经常地仔细地保护。

很明显，上述的皮肤对于儿童和少年身体的生理机能的作用及其特点，要求必须使皮肤保持清洁。

皮肤会被汗液、由表皮细胞脱落的有机及无机组成物、过多的皮层脂肪以及附着在皮肤上的灰尘污染，因此而形成的脂肪层会闭塞汗腺及皮脂腺孔，同时会引起有机物质的腐败并发生臭味。这样，污染的皮肤就会成为病原微生物繁殖的良好环境，而且也易受感染。其后果是发生湿疹等皮肤病。在皮肤表面的病原微生物和肠虫卵极易传播，特别易由皮肤传到手上和口腔内，因而就会引起各种严重的疾患（寄生虫病，白喉，猩红热，肠伤寒，痢疾，等等）。在皮肤的褶皱处病原微生物特别多。这些病原微生物也能侵入毛囊口而不易被消除。这一切都要求保持皮肤的清洁。当然这不只是指外露的皮肤部分，即使是衬衣遮着的皮肤部分也是被包括在内的。必须注意使儿童经常仔细地洗脸洗澡并及时地更换衬衣和睡衣。

在洗脸的时候，要用讲解和指示的方法来教育儿童遵守一定的规则。在早晨洗脸时，首先必须洗手，不但要洗手而且还要洗下臂；如果洗到腰部是特别有益的，这样的话会每天都清洗了身体的大部分，洗涤了集取很多汗液的腋窝。洗到腰部是有极大锻炼意义的。洗澡必须用肥皂，否则不能将皮肤上的污垢完全清除。肥皂能溶解由于皮脂腺的活动而在皮肤表面出现的脂肪物质。这些脂肪物质不溶解在普通的水内。肥皂还具有软化上皮的特性，并且易于消除死亡的细胞。

家长、学校寄宿舍和儿童之家的教育工作人员必须注意儿童怎样洗澡，尤其是应注意儿童怎样洗脸，因为他们经常只是洗颜面，而在颜面下部及颈部还残留有污垢。要教会儿童洗耳朵。假如有水进入耳朵内，则需把毛巾卷得很细放入耳内将水擦干。洗手时必须将指甲部分及其周围的积尘仔细地洗净。指甲部分最好用刷子来洗刷。

沐浴必须用跟普通室内温度相同的冷水。在这方面例外的就是幼龄儿童，他们要用温热水沐浴。

早晨洗涤到腰部的沐浴，可以用每天沐浴来代替，沐浴后须用干毛巾摩擦皮肤或者用冷水湿擦整个躯干（学前儿童用水的温度为33℃，少年用水的温度为30℃）。采用淋洒或用冷水湿擦，能锻炼皮肤和整个身体，对神经系统有良好的作用，并可以使儿童和少年精神愉快。

晚上，在睡眠前，除了洗手和洗脸外，用温水和肥皂洗脚也极有益处，在夏季特别需要这样做。每天在饭前和工作后，特别是从学校回家以后，做了书写习题的家庭作业后，或去厕所以后，都必须洗手。必须用跟室内温度相同的冷水和肥皂来洗手，只有当手特别肮脏时可以用热水来洗。

为了避免在学校学习的儿童和少年的皮肤被污染，必须使他们学会正确地使用教学用具，而且不允许他们直接用手擦拭黑板上的粉笔字。教室内必须备有擦黑板用的干净的湿抹布。各种废弃物、纸屑等应当立即清除。课桌椅及其他学校家具必须用湿抹布擦拭干净，而且不残留一丝灰尘。

仔细而彻底的全身沐浴，能完全清除掉皮肤上的污垢、灰尘、表皮脱落的碎片、与汗同时排泄出来的剩余皮肤脂肪以及其分解产物，更能清洗皮脂腺的排泄管。但只有在澡盆内用热水和肥皂来洗才能去除掉上述这些污垢物。全身沐浴也可以用热水淋浴，但必须用沾有肥皂的丝瓜瓢来擦洗皮肤。这种全身沐浴每星期至少一次，最少也要十天一次，因为长期洗冷水澡会使皮脂腺的排泄管堵塞，同时也会影响脂肪的排泄和汗的分泌。

用热水和肥皂沐浴，除了能彻底洗净皮肤和毛发以外，还能改善皮肤的血液循环。此外，还能加强心脏和肺的工作，增强新陈代谢作用。

头发和指甲的护理也应当每天注意。尤其是在夏天，头发里积聚大量灰尘。灰尘跟皮肤脂肪相混后会形成覆盖头皮的脏薄膜，这是病原微生物发育的好环境。此外，脏头发容易产生寄生虫（虱）。头发和头皮须用热水和肥皂仔细清洗，特别是在夏季，每星期至少要洗一次。有长头发的女孩，在夏季应当每星期洗两次头。洗头发最好使用所谓不含或含有少量镁盐及钙盐的"软水"（雨水或河水）。用软水洗，肥皂容易发挥作用，而且容易将皮层和头发上的污垢清除掉。

为了使儿童和少年的头发及头皮保持清洁，最好将头发剪短或剪光。在短头发内灰尘积聚较少而且也容易洗净。留发的男孩和有辫子的女孩应当每天用梳子仔细地梳头。

手指甲除了仔细清洗以外，还必须每星期修剪一次，以免被污染。脚趾甲也应当如此。必须注意长指甲能使指腹触觉迟钝。儿童和少年的长指甲经常成为抓伤皮肤的原因，从而损伤皮肤的完整性。必须将经常看到的儿童和少年咬指甲的坏习惯除掉，因为这是感染传染病和寄生虫病的原因之一。

从卫生方面来说，预防皮肤冻伤的措施，特别是预防手的冻伤也是很重要的。柔弱的皮肤容易冻伤，所以，必须注意不要在火炉上烤手，以及不用很热的或很冷的水洗手。严寒时，儿童和少年应戴上耳套。为使手温暖最好戴皮手套。预防冻伤最重要的方法，就是要锻炼皮肤和穿着合理的衣服和鞋靴。

第十节　排泄器官

器官内由于新陈代谢而产生的分解物进入血液，然后由机体，主要是通过肾脏排出体外。在肾脏形成的尿经过输尿管进入膀胱，由膀胱经过尿道排出体外。二氧化碳是通过肺排出体外的。

儿童的肾脏比成人相对地大。虽然肾脏的皮质层没有成熟，但是自儿童出生起其机能就已经发展了。新生儿的肾脏重量和体重之比为1/133到1/100，成人则为1/225到1/200。幼儿的肾脏构造在其出生时就已十分完整。儿童的肾脏在第一年中发育得最快，彼时肾脏的重量能增加到3倍，随后在性成熟时期也有同样的快速的发展。

乳儿的膀胱在骨盆内的位置要比成人高些，并且跟腹壁紧密地相连。到22岁时，膀胱就逐渐下垂。儿童的膀胱黏膜较肌膜发达，但是弹性组织不十分发达。在膀胱的成长过程中肌层才逐渐增厚，弹性纤维才逐渐发展。新生儿膀胱的容量是50毫升，3个月幼儿的膀胱容量达100毫升，1岁幼儿的膀胱容量达150毫升，9～10岁儿童的膀胱容量达600～900毫升（根据恩·扑·贡多平的数据）。儿童在睡眠的时候由于肌肉组织松弛，膀胱的容量还会增大一些。

幼龄儿童的尿道黏膜极容易受损伤，不坚固，而且上皮极容易脱落。因此，儿童尿道黏膜的污染就能引起各种炎症。

1岁的幼儿经常会不自觉地排尿，这是因为中枢神经系统发育的不成熟以及膀胱黏膜的反射刺激。年龄稍大些的儿童常常会有遗尿症。最常遇到是在5～10岁（有时会延续到性成熟时期），而有遗尿症的多是男孩。遗尿症经常发生在秋季和冬季，儿童吃了刺激性的食物，饮了大量的液体，或受到精神上的刺激和睡眠不正常时都会出现不自觉的排尿现象。

第十一节　消化器官

消化器官的机能是：吸收人体摄取的营养物质使之进入血液中。因此，进入机体的食物在消化器官内发生着一系列的物理和化学变化。首先，食物在口腔内由牙齿咀嚼并受到唾液的作用。在消化道的下部器官内（胃、肠），食物受到消化液的作用被进一步加工。这样，食物中所含的营养物质就变成容易被血液吸收的、能用来维持身体的生活机能和生长的物质。

牙齿负担嚼碎食物这一最重要的机能，在身体发育的各个时期，牙齿有着一系列的变化。乳齿在胎儿时期就有了基础。儿童最初生出暂时性的乳齿。6个月或7个月初的婴儿才开始生出最初的乳齿。所以，婴儿最初只能吃母乳或替代母乳的一些液体营养混合物。发育正常的儿童，在1周岁时就有8个牙齿（全是门齿）。经过两年，其余的12个乳齿也生长出来了，因此，经过两年或多一些的时间，幼儿生出全部20个乳齿。可是，成人是有32个牙齿的。

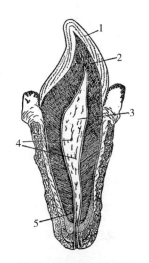

图42　上颌齿（断面）

1. 釉质；2. 牙木质；
3. 牙髓；4. 血管及牙髓神经；5. 牙骨质（根据沃罗比尧夫的材料）

乳齿有时长得很早，而有时也会长得晚一些。如果儿童的乳齿出得很晚，可能是（虽然不是一定）身体发育有障碍或有某些病症。患佝偻病、结核病及梅毒的儿童，乳齿长得晚或长得不正常（例如犬齿比门齿先长）。乳齿和恒齿的不同点就在于乳齿柔弱而脆，并容易破损（釉质损毁、折断等）。患病儿童和体弱儿童的牙齿尤其容易被损坏。

乳齿从6～7岁起开始脱落，同时逐渐长出恒齿来替代它们。第一个恒磨牙在6～8岁出现，所以儿童在这时候已有24个牙齿，其中有20个乳齿和4个恒齿。随后，恒齿的生长程序和乳齿的相同。同时，乳齿逐渐脱落，代之而出现的是恒齿。到12～14岁时儿童已经换掉了20个乳齿。在儿童换掉最后一些乳齿的同时，还生出4个恒齿——第二磨牙。可是恒齿的生长过程尚未完毕。最后的四个磨牙（智齿）要到18～25岁才生出，有时还要晚一些。

儿童恒齿面上的釉质要比成人的薄一些，因此易受蚀而变为龋齿。

特别要注意的，就是从5～14岁的儿童和少年，除了有恒齿外还有乳齿，因此要特别注意对他们的牙齿的卫生保护。正如前述，乳齿是很容易被侵蚀和损毁的。因此，受侵蚀的乳齿能使邻接的健康的恒齿遭受损毁。

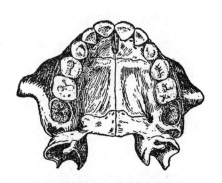

图43　4岁幼儿的上颌乳齿
（根据沃罗比尧夫的材料）

对牙齿的保护，首先应当用凉开水或微温的水在饭后漱口及刷牙，以求尽可能清除掉陷入齿隙间的食物残渣。此外，在每晚睡觉前必须用牙刷刷牙，以求彻底清除掉一切食物残余，并预防夜间牙齿间的食物发生腐烂。必须指出，食物残余是口内病原菌繁殖的良好环境。刷牙时须将牙刷由上面刷到下面，再由下面刷到上面，以及由后面向前连续刷，只有这样刷才能将牙隙间的食物残余完全清除掉。在早晨也必须仔细地漱口及刷牙。儿童（尤其是幼龄儿童）的口腔黏膜和牙龈非常柔弱，其中有许多血管，容易受损伤，所以给儿童选择软毛牙刷是最适宜的。

在安排儿童和少年的营养供给时，防止他们的牙齿遭受损毁的措

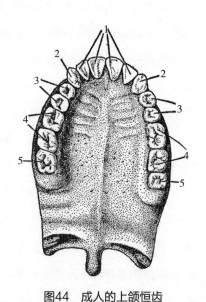

图44　成人的上颌恒齿
1. 门齿；2. 犬齿；3. 前白齿；
4. 后白齿；5. 智齿

施也有重大的意义。不允许给儿童吃过热或过冷的食物，更不允许吃完热食后就吃冷食，因为这会使釉质受到损毁，还会使牙齿逐渐损毁。也不允许儿童用牙齿咬坚硬果实和其他的坚硬食物，因为这会使牙齿遭受损毁。

为了保护儿童的牙齿，幼儿园和学校必须实施口腔和牙齿的检查措施，即在一年内由牙科医师对儿童进行两次牙齿检查，并将患牙病的儿童进行登记。将病牙拔除或者填充，这样就可以使其余的牙齿，特别是恒齿免受损毁。

儿童的唾液腺在出生时就已形成，但唾液的分泌在最初几个月还不显著，因此，新生儿口腔内的黏膜是比较干燥的。但从两个半月到4个月的婴儿，其唾液分泌已显著加强。在新生儿的唾液里已经含有唾液淀粉酶，但其作用还不很大，这个作用是随着年龄增长而增加的。

唾液的分泌是借助于延髓的唾液分泌中枢的反射而产生的，这种情况是口腔的感觉神经末梢的兴奋，是味觉神经、温觉神经、触觉神经和痛觉神经的兴奋造成的。不仅在口腔的味觉神经或其他感觉神经受到刺激的时候，而且在遇到某种食物、闻到某种食物的气味，甚至在想到某种食物（特别是那种美味食物）的时候，在婴儿饥饿的时候，也都会分泌出唾液。

儿童的食管要比成人的短而狭窄得多。儿童食管的相对长度要比成人的长。儿童食管的弹性组织是发育得极差的，因而黏膜较柔嫩，而且容易受损伤。

儿童食管的狭窄、黏膜非常柔嫩和容易受损伤的特点，说明在安排他们的营养供给时必须不给予多骨的鱼（鲈鱼、鲷鱼等），因为小骨刺极容易嵌入食管的柔嫩黏膜中，并能引起炎症，有时甚至会造成死亡。

儿童的胃跟成人的胃的区别按其形态来说是食管的简单扩张。胃在婴儿时期成长得最快。幼儿的胃黏膜柔嫩而富有血管。幼儿的胃的弹性组织、肌肉组织和神经等要比成人的少得多。

在10岁以前，儿童的胃长得最急剧。儿童的胃的容量比成人的小。儿童的胃腺数量也比成人的少。幼儿胃液的酸度和消化的力量要比成人弱，但是随着年龄的增长而加强。检据玛司洛夫的材料，一般胃液酸度的平均数字是这样的：乳儿为23.4毫升；2～3岁幼儿为30.2毫升；4～7岁儿童为35.4毫升；7～12岁儿童为63.0毫升。

唾液在人想到某种食物的时候就分泌的情况，胃液也有。胃液的分泌也是由于味觉神经、嗅觉神经、视觉神经甚至听觉神经的反射而产生。巴甫洛夫所确定的消化系统活动的条件反射规律，经其学生贝柯夫、拉查柯夫等做进一步的研究以后，有可能帮助组织儿童和少年的营养供给而使其身体在摄取营养物质方面得到最良好的效果。

胃液的分泌及其消化特性在摄取蛋白食物时增强。

儿童的胃的这些特点决定着儿童时常会发生消化不良，特别是在饮食制度不正常时，更会发生消化不良的现象。根据上面所说的情况，以及由于儿童的胃容量较小，应当避免使儿童吃得过饱。

儿童的胰腺在其出生后头几个月内虽已形成，但还不显著。儿童的胰腺富有血管，但缺乏结缔组织。胰腺的重量是这样：新生儿为3克；3个月婴儿为6克；少年为70～78克；成人为90～120克（尤·弗·多姆勃洛夫斯卡娅的数据）。胰腺基本上含有一切组成部分，其中也包括成人所含有的酶。

儿童的肝脏也是相对地大的。成人的肝脏重量占体重的2.8%，而新生儿的肝脏重量却占4.3%。在3岁以前，以及在性成熟时期（14～15岁），肝脏的生长极快。

儿童的肝脏储藏着大量血液，但是肝细胞还不很发达。因此其组织非常软弱，有可能发生瘀血现象及对传染病的抵抗力弱的现象。虽然儿童的肝脏相对地大，但是在儿童出生后头几个月内肝脏所分泌的胆汁量是比较少的。儿童的消化不良和传染病往往会影响肝脏，同时也会导致胆汁形成和胆汁分泌被破坏以及其他机能被破坏。

儿童的肠管比成人的要相对地长些。比如，成人肠的长度超过体长的3.5倍，而乳儿的肠的长度超过体长的5倍。儿童肠的长度的增加在整个生长发育期间均衡地进行着，但是在3岁以前，肠的长度的增加特别快。儿童肠肌层的发育比成人缓慢。可是，儿童的肠黏膜发育得好，儿童的黏膜柔嫩并贯通着大量的口径较宽的血管和淋巴管。儿童肠黏膜的这些特点，能促使营养物质更好地被吸收到血液和淋巴里去。

儿童肠的弹性纤维发育较差。儿童的肠绒毛和肠腺的总量都跟成人的相同。

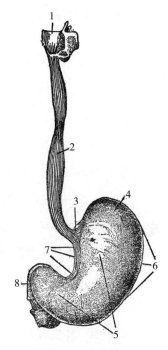

图45　食管和胃

1. 咽后壁；2. 食管；3. 贲门；
4. 胃底；5. 胃体；6. 胃大弯；
7. 胃小弯；8. 幽门（根据沃罗比尧夫的材料）

儿童的肠液含有极多的黏液和许多酶，其中包括淀粉酶、乳糖酶、麦芽糖酶等。

胎儿的肠内是没有细菌的。在婴儿出生后的第一天，细菌就由外界环境侵入他们的肠内。年龄较大的儿童肠内细菌要比年幼的多。在结肠和直肠内细菌量最多。由于儿童的肠肌肉组织和弹性纤维发育不充分，所以儿童的肠蠕动要比成人的弱些。这就说明为什么儿童常会发生便秘。

上述的儿童消化器官的构造及其活动的这些特点，是在组织营养，即规定食物的性质、营养标准、饮食制度等（参看第十章《儿童和少年的营养卫生》）的时候必须考虑的。

第十二节　内分泌腺

内分泌腺以其分泌的激素来调节机体的生活机能，并且对机体的成长和发育产生一定的影响。与经过导管分泌自身活动产物的其他腺不同，内分泌腺是将其产物直接分泌到血液和淋巴中的。虽然每个内分泌腺都有它自己的效用，可是所有内分泌腺的活动是互相关联着的。内分泌腺也跟植物神经系统有密切联系，而且受大脑皮层的直接指导、调节和监督。内分泌系统和植物神经系统都是调节机体机能状态的统一结构。

内分泌腺活动的破坏，就会使机体的正常成长和发育过程遇到很大的障碍，甚至会发生严重的疾患。

甲状腺位于气管上部的前侧。甲状腺激素对某些器官的发育和活动有极大的影响。它能增强机体内新陈代谢的作用，加强心脏和某些器官的活动。在刺激机体发育方面甲状腺激素有特别重大的作用。甲状腺激素作为中枢神经系统的兴奋激素有其更重要的作用。甲状腺对植物神经系统的活动、脑垂体和肾上腺的机能也有影响作用。在甲状腺的作用下，机体中的氧化过程和营养物质的燃烧也被加强。

甲状腺活动的不足和过度都会引起很大的疾患。

甲状腺发育不全会发生黏液性水肿，其症状为生长缓慢、皮下结缔组织膨大和变性、全身水肿、体温下降和消化器官活动减弱。这样的儿童的智力发育也是不健全的，有时还会变成智力障碍。成人也有可能患甲状腺机能衰弱疾患。

新生儿的甲状腺已经形成，其重量为1.2～2克。新生儿在出生后的头1年内，甲状腺生长得极快。到1周岁时甲状腺的重量已增加到两倍，到20岁时，其重量已增加到35克。在性成熟时期，甲状腺生长得最急剧。儿童甲状腺的结构特征是有柔嫩的结缔组织膜、大量的血管和小形的腺囊。几个月大的婴儿的甲状腺的活动较差。从半岁起到两岁，甲状腺活动增强。随后，甲状腺的活动及其作用减低一些，而到性成熟时期其活动又重新加强了（按照玛司洛夫的数据来看）。当甲状腺发生疾患时，儿童和少年的肉体发育和精神发育就会停滞和退化，特别是骨骼的骨化过程会延迟，新陈代谢作用会遭受破坏。

在甲状腺的后部有4个不大的甲状旁腺。骨骼在甲状旁腺的影响下也能发生骨化。甲状旁腺的生长极慢，到4岁时其总量才增加1倍。2岁前儿童甲状旁腺的活动极差，到10岁时开始发育，而到性成熟时期才完全发达。据说，甲状旁腺的机能是跟钙的代谢有关。

胸腺位于胸廓上部。它是由结缔组织骨骼之间相连的小叶所构成。胸腺刺激着机体的生长过程和骨化过程。胸腺发育的不健全会引起机体生长缓慢和骨组织发育受破坏，同时会引起骨脆病。

胸腺影响着正在成长的机体的新陈代谢，使血压降低，并使白细胞的形成过程增速，主要是淋巴球的形成过程。胸腺和松果腺的共同活动会引起身体在长度方面有力增长。胸腺和松果腺对性腺有抑制作用，幼龄儿童的性腺尚处于无作用时期。

每个人胸腺的大小和重量是有显著差别的。胸腺的发育过程持续15年，可是在性成熟时期前，胸腺的成长是不显著的。新生儿的胸腺为4.8～11.7克，而成人的胸腺为12～25克。在生命头6年中，胸腺有最重要的作用。胸腺在其整个发育过程中有显著的变化，幼龄儿童的胸腺是由各个小叶组成，到性完全

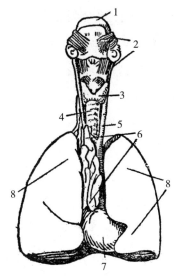

图46　5岁儿童的颈及胸腔器官
1. 舌；2. 喉肌；3. 甲状腺；4. 气管；
5. 颈动脉；6. 胸腺；7. 心脏；8. 肺
（根据沃罗比尧夫的材料）

成熟时期胸腺中出现结缔组织的宽束条，以后，胸腺开始萎缩，到老年时，胸腺几乎消失而变成脂肪组织。

脑下垂体位于脑髓的底面。每个人脑垂体的重量是显著不同的。脑垂体在生命头4年和性成熟时期生长得最快。脑垂体前叶产生刺激机体成长过程的、生殖的、新陈代谢的激素。脑垂体后叶产生影响血压增高、肠肌组织及抑制多尿的激素。

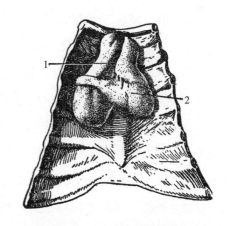

图47　8个月婴儿的胸腺
1. 左叶；2. 右叶（根据沃罗比尧夫的材料）

此外，脑垂体（特别是前叶）对其他内分泌腺有影响作用，它由此调节着机体内的激素平衡及新陈代谢。大部分脑垂体激素是分泌到脑室而对大脑神经细胞发生作用。只有一部分激素是直接分泌到血液中。

儿童的脑垂体活动微弱的时候，就会使身体的生长极缓慢（侏儒症）。跟克汀病患者不同，侏儒症虽然身体矮小，但是全身的各部分比例是正常的，脑力发育也是正常的。相反，当脑垂体活动剧烈时，身体的生长就会极迅速（巨人症）。脑垂体活动的过度增强，就能引起少年（大部分是10～15岁少年）患严重疾病，如四肢骨、胸廓等的不平衡的成长（肢端肥大症）。

脑垂体和甲状腺对性腺的刺激作用会引起性成熟过程的开始。但性腺对脑垂体有抑制作用，同时在机体内发生着非常复杂的矛盾的生物化学过程。由于性腺对脑垂体起抑制作用，使机体在性成熟末期，即17～18岁在其长度方面的增加缓慢，其后完全停止。然而全部器官和组织的内部成熟过程在增强着，胸廓、肌肉系统等也在剧烈地发育着。

松果腺是不很大的腺，重量为0.09～0.2克。松果腺位于大脑的四叠体上部。儿童的松果腺比成人相对地大些。目前，对松果腺的机能还不十分明了。据玛司洛夫推测，松果腺能加速整个机体的和神经精神机能的平衡发育。此外，如上所述，松果腺和胸腺能共同引起身长的急剧增长。到7岁时，松果腺的活动开始减退。因此，在随后的年代中，即在性发育前这一时期中，会发生性腺亢进。脑垂体和甲状腺的刺激影响更促进了性腺亢进。

两侧肾上腺均位于肾脏上部。每侧肾上腺都由两部分组成：外部皮质（深灰蔷薇色）和内部髓质（浅灰蔷薇色）。髓质部分有许多血管。髓质中除了腺细胞外还有类似交感神经节细胞的神经节神经细胞。肾上腺髓质是跟交感神经系统紧密联系着的。

儿童肾上腺的大小和重量，比成人的相对地大一些。

肾上腺（髓质）分泌肾上腺素。肾上腺素对血压的增高，对一切交感神经所支配的器官，对血糖的增加以及肝脏中糖原形成的加强都是有影响的。此外，玛司洛夫认为，肾上腺对淋巴系统和心脏血管肌肉组织起着兴奋作用，肾上腺还以减少热放散来延缓热产生，调节交感神经系统的紧张度，调节毛发的生长和皮肤的色素沉着。肾上腺的活动在性成熟时期是表现得最活跃的。

儿童和少年肾上腺正常活动遭到破坏，可能成为身体极度失调的一个原因。肾上腺的活动过度剧烈，会引起血压增高和新陈代谢加强，此外，女孩的肾上腺活动增强表现为身体上毛发的发育，颈部、胸部和腹部的肥胖及生殖器官的发育。男孩的肾上腺活动加强表现为肌肉组织、肌肉力的早期发育，皮肤的色素沉着及生殖器官的加速发达。

第十三节　性的发育

性腺是生殖器官，同时又是直接分泌激素到血液和淋巴而对整个机体造成极大影响的内分泌器官。

在性成熟时期前，儿童的生殖器官是处于非活动状态中的。生殖器官只是逐渐地增大。生殖器官，特别是性腺的生长和发育，在性成熟时期，也就是男孩从13～20岁、女孩从11～18岁这个时期进行得最剧烈。性腺的内分泌机能从8～9岁开始发展，到性成熟时期达到最高度的发展。

幼龄男孩尿道和幼龄女孩阴道的黏膜很薄，很柔嫩，容易受损伤。所以，尿道和阴道黏膜稍有污染就很容易引起各种炎症。由此可见，应当特别注意保持儿童的外生殖器官的清洁。

男孩的性发育，一般要比女孩晚两年，也就是从13～14岁时开始。男孩的睾丸在10岁以前的发育甚缓慢。在性成熟时期，不仅睾丸及其附属器官迅速地发育，而且前列腺也同样迅速地发育着。在14～15岁时，男孩的睾丸不论在其大小还是重量方面都有了迅速的增长。比如，15岁男孩的睾丸比7～8岁男孩的睾丸重7倍。

在性成熟时期，整个身体及各个器官的生长过程都增强起来。男孩在性成熟时期的特征是：身体各部分的毛发的发育，变声，出现遗精（在睡眠时，随着发生模糊的性欲感觉而自然地流出精液）及举动的不协调性。毛发的发育情况是这样：男孩约在14岁时在耻骨部生毛，在15岁和15岁半时在腋窝部开始生毛，在17～18岁时在颜面上、胸部及腹部生毛。通常在腋窝部生毛的同时，男孩就开始变声。在16～17岁时，前列腺最急剧地生长着，到21岁时已告成熟而终止其发育。所有这些都说明，过早地开始性生活对正在成长和发育着的身体是极有害的，并能引起身体的早衰，特别是对性器官更为有害。

女孩的性的发育一般是从11～12岁开始。女孩的生殖器官在性成熟开始时期，特别是在性成熟过程中急剧地生长着。女孩到13岁时，子宫的发育极迅速，几乎跟成年女子的子宫大小相仿，而到16岁时，女孩的子宫已完全发育完成。此时，女孩的黏液腺和皮脂腺已发育，而且排大量的分泌物。因此，保持女孩外生殖器官的清洁是特别重要的，是必须加以注意的。

在性成熟时期，女孩的乳腺也快速地成长着。13～15岁的健康少女一般已有月经了，有时还要早些（特别是在热带气候地区）。毛的生长也很迅速，除颜面部分不长毛外，其他部位毛的生长的次序跟男孩相同。女孩身体的各个部分毛的生长要比男孩早1～2年。女孩的性发育过程是随着身体及各个器官一起急剧地生长发育的，虽然在已经出现月经以及子宫已经发育完全的时候，女孩已具有生育能力，但过早地开始性生活对女子的健康是有极大危害的，因为整个身体和各个器官的生长发育过程必须到20～21岁或更晚些才能完成。

个别早婚的青年男女在某种程度上来说是有感染性病的危险的。因此，家长、教师和医师们必须对青年男女分别进行性的教育。

女孩月经期必须采取特殊的措施，因为在月经时有不舒服的感觉（腹部及腰部疼痛，恶心，呕吐，头痛，失眠及食欲不振）。当然，这一切会引起无力及机体衰弱的现象。如患月经病（月经疼痛）时必须诊治。

即使女孩在月经时无疼痛现象，也需要家长、教师和本人的特别注意。要知道，生殖器官每月流一次血，连同已经脱落的子宫黏膜及卵子，这会使子宫的内表面形成大的出血伤，这出血伤是月经后逐渐地愈合的。这说明子宫部分很容易受到感染，而经过子宫也可能感染整个身体而患严重的疾患。

由上所述，不仅必须保持外生殖器官及其附近部分的清洁，并且对于损毁身体和月经前后时期发生的一切不正常现象都应当竭力避免。在月经时，女孩不应再做体育活动，如体操、跳高、跑、跳舞、长时间的步行、过多的溜冰、滑雪等，在月经时和在月经后2～3天内都应禁止。月经时擦地板、拿重物品、洗衣服，以及长时间坐着不活动，这一切都对女孩有不良的影响。

有些女孩不知道自己在一定的年龄应当有月经，而当月经出现时非常惊骇，同时不告诉母亲（或儿童之家的教养员）。结果她们不仅产生精神失常状态，而且继续穿着不洁的衬裤，不清洗外生殖器官。因此，母亲和教养员应当使自己的女孩知道，她们会有月经，而且要给她们及时解释，说明月经是她们的共同特点，对她们来说是一种自然的无损害的生理现象。同时必须指出女孩在月经时应注意遵行以下几点：每天早晨和傍晚清洗两次；不使身体，特别是不使脚寒冷；避免过度疲劳；尽量多逗留在新鲜空气中；按时就寝。

如上所述，性腺跟其他内分泌腺有密切的联系和相互作用。这些腺在其总体上对少年男女的整个肉体及精神面貌都有影响。因此，性成熟期也被称为过渡年龄期。

在性成熟时期，少年常会发生某种沉默寡言的现象，其内部感受加深，有时会容易发怒和产生神经兴奋增强等现象。在此时期少年的活动往往是最激烈的。这一切现象要到性成熟末期才趋于平息和消失。

对于少年在性成熟时期的神经和精神的特点，家长和教师们必须有特殊的敏感性，并且要以平静的、安详的同时又是严肃的态度来对待他们。必须使儿童在此期间特别遵守正规的生活制度，使他们的脑力负荷和体力负荷严格地正常化。与此有关，还要注意之前所述及的儿童和少年的神经系统卫生方面的措施，以及在学校或家庭内（儿童之家）整个教导工作的卫生方面的正确组织。

我们已经研究了儿童和少年的发育特点及个人卫生，下面再来谈谈外界环境的各种自然因素对身体的影响作用，以及为了使儿童、少年和青年的身体得到最完善的发育，为了增强他们的健康而利用各自然因素的方法等问题。

第三章 外界的自然因素和为锻炼身体而对外界自然因素的利用

人的身体的整个生活过程，是处在周围环境的不断影响下的。

外界环境的这些影响是极多样化的。植物、动物、土壤、水、太阳辐射以及具有化学物理特性的大气等，对人的生活机能都有一定的影响。这里所指的外界环境因素也包括人类本身、人类集体在其文化历史发展过程中以人力为自己创造的东西，如住宅、衣着、生产环境、陆上及空中交通运输等。

巴甫洛夫曾写道："作为自然界一部分的每个动物机体都是复杂而独立的系统，当它本身存在的时候，它的内在力量在每一瞬间都是跟周围环境的外在力量保持平衡的。有机体愈复杂，其平衡因素就愈细、愈多而且愈形形色色。"（《自然科学与脑》）[1]

第一节 空气对身体的生活机能的影响

空气是人一旦脱离便无法生活下去的一种自然环境因素。

空气停止进入机体，就不可避免地非常迅速地使机体死亡。假如断

---

[1]《巴甫洛夫全集》第3卷，58、124页。

绝食物，机体有时还能继续生存一个多月（必须在保证有水的情况下），如果断绝空气，机体的生活活动在几分钟内就会立即停止。因为缺乏氧气的时候人体组织细胞就不能实现新陈代谢。

除了空气的化学成分对机体的生活机能有巨大影响外，温度、湿度、气流速度、带电情况、混有尘粒的污染及微生物等的物理特性也同样起着作用。

人的身体，正如一切恒温动物一样，不受外界气候条件变化的影响，保持着36℃～37℃的恒温。机体的各器官和各组织的热产生，是在其内发生的新陈代谢过程（热产生）所致。在人的一般生存条件下，身体中所产生的热量使人始终保持着36℃～37℃的体温。假如人处于静止状态（不工作时）所产生的热量都储藏在身体中，那么人的体温大约会升高20℃，即整个体温会高达近60℃。在工作时身体会产生更多的热，身体所完成的工作愈繁重，产热也就愈多。为了使身体保持恒温，就应当使身体不储藏过多的热量。因为人体的正常体温是在36℃～37℃，可见，机体应当"消耗掉"在一昼夜间所产生的热量，身体的热产生和热消失是应当保持平衡的。

之所以身体能使保持恒温，是由于在身体中有极复杂的热调节机制，这个机制一方面调节着热产生，另一方面将热散到周围环境中去。

产生过多的热量是由下列许多原因造成的：①食物的质量和数量；②衣着的质量和数量；③劳动活动的性质和条件；④身体周围环境的物理特性。

身体中的过多的热量是放散到周围环境中去的，主要是放散到空气中。外界环境的物理特性在变化着，而身体所保持的温度是不变的。在穿着一般的衣服且空气平均温度在16℃～18℃时，身体的散热情况见表6。

表6　机体的散热

乳儿	368卡（24小时）或91.3卡（每1千克体重）
2岁半幼儿	968卡（24小时）或81.5卡（每1千克体重）
进行一般劳动的成人	2 843卡（24小时）或42.2卡（每1千克体重）

上述的体热放散中通过皮肤的（传导、散热、蒸发排泄）达到86.9%，通过肺的（传导、蒸发排泄）达到11.1%，通过身体的排泄物（粪便、尿）达到2%。

根据上面所引证的数字材料可得出这样一个结论，就是越是幼小的儿童，在身体的热调节方面皮肤就担负着越重大的任务。这是因为幼儿皮肤表面积相对大的缘故。因此，在外界环境（空气、水）逐渐冷起来的时候，儿童的身体会比较迅速地感到寒冷。空气的冷却作用是受它的温度、湿度和空气流动速度决定的。与体温相比，空气的温度愈低，则空气对身体所产生的冷却作用就愈剧烈。

汗的发散也具有冷却机体的作用，这是因为每蒸发1克水就会消散热量581卡（潜在热量的散失），这些热量是通过皮肤蒸发排泄出去的。周围空气温度愈高，则蒸发排泄这种散热方法所起的作用也就愈大，例如在夏天。

通过皮肤蒸发排泄来散热这一过程，是跟空气的湿度相关联的。通过皮肤的蒸发排泄随着空气（干燥空气）相对湿度的减少而增大，随着空气（湿空气）相对湿度的增加而减少。

同时，在空气温度低的时候，空气的高湿度能使身体的散热增高。这是因为水要比空气导热性更强（是空气的27倍）。在冷空气中含有的水分愈多，通过皮层发散出的热量也会愈多。所以，当天气潮湿、降雾或在潮湿的场所，人们就会有一种发凉的感觉。由于儿童的皮肤表面积是相对地大的，儿童会特别敏锐地感觉到这一点。

空气的冷却作用，除了取决于温度和湿度外，也取决于空气的流动速度。空气的流动速度愈大，其冷却作用也就愈强。

直接跟皮肤表面接触的空气层会比较迅速地吸收体温，并会因皮肤表面所蒸发出来的湿气而形成饱和。这时，假如人体周围的空气不流动，由于空气的温度和湿度的增高，就会使身体停止散热。反之，假如跟皮肤接触的空气层不断地被新流过来的空气替代，这种新流过来的空气就能从皮肤表面吸收热和湿气。所以在天气炎热的时候，凉风吹来就使我们能有一种轻松的感觉，但在天气寒冷时，寒风吹来就会使皮肤的热量迅速消失，并产生一种极冷的感觉。

人体的体温调节能力是有限度的。假如超出了这些限度，那么人体体温的永恒性就会遭到破坏，这种永恒性是随着周围环境温度的变化而发生变化的。由于这种永恒性遭到破坏，所以不论是在各系统和各器官方面，还是在整个身体方面都会产生影响，例如对传染病的抵抗力减弱，肌肉活动的减弱，感受器对外界刺激的感觉力的降低，劳动力的衰减等都是温度调节发生显著障碍的结果。日射病和冻伤是温度调节过程遭到破坏的最明显的表现。

假如皮肤向周围环境散热的同时发生剧烈的产热情形（如繁重的体力劳动，步行，特别是行军，等等）而其散热发生困难时，就会形成日射病。散热的困难，正如前述，是由于周围空气的高温度、高湿度和空气不流动（无风）等形成的。这一切都使体热停滞在身体中，并使身体的温度过高。体温高达40℃或40℃以上，可说明身体的一切机能，尤其是心脏血管系统和中枢神经系统的活动遭到了破坏。

皮肤的冻伤是在处于低温空气的情况下发生的。当空气的湿度很高，特别是空气流动速度极快时，即使温度不很低也可能发生冻伤。因为在这种情况下，身体的热散失剧烈增加。暴露在外面的皮层表面（颊、鼻），以及在极坏的保温状态下或穿紧窄的、特别是潮湿的鞋而长时间处在寒冷状态中的脚，通常容易发生冻伤。

除了上述这些因素以外，大气压力、空气的带电状态、太阳的辐射能（太阳辐射）以及尘埃和细菌等对人的感觉都会有某种程度的影响。

第二节　以自然界的各种自然力锻炼身体

皮肤毛细管网由于需要而散放热（例如在夏天从事繁重的体力劳动时），或减少放热（例如因寒冷、刮风或天气潮湿等原因）的这种扩张和收缩的能力，是皮肤的主要热调节机制之一。

通过中枢神经系统调节皮肤毛细管的收缩和扩张的血管运动神经（血管舒缩器），也像神经系统的许多其他机能一样，经过锻炼（训练）后能或多或少地得到改善。这种机能对幼龄儿童来说还极不稳定，因此他们也就极容易感染疾病。对年龄较大而身体柔弱的儿童来说，也是同样的情况。所以，对这样的儿童，想要改善其血管运动神经的机能，就必须给他们多穿衣服。

反之，如果经常性地锻炼血管运动神经的这种机能，皮肤的热调节装置就容易得到改善，因此，身体在天气不定，甚至在气候无常时能提高对一切突发情形的抵御能力。训练（锻炼）能使皮肤的"防御机能"得到显著地增强。

巴甫洛夫在其经典著作《条件反射》中写道："在一定时期内，在外来的和内起的刺激的影响下发生的兴奋状态和抑制状态，它们沿着大脑半球皮质分散的整个过程，若在单调的一再重复的环境当中，就愈来愈坚固起来，愈来愈容易完成，愈来愈自动化。这样，在大脑皮质内就形成了一种动型（即系统性），而保持这种动型所要花费的神经劳动是愈来愈小的；但这种动型会变为保守的、常常是难于改变的，而且是很难用新的情境、新的刺激去克服的东西。所有动型最初的确立，由于刺激系统的复杂性，都需要花费相当大的，并且常常是非常大的神经劳动。"①

要确立身体对外界刺激反应的最合适的动型，主要是通过实施锻炼措施。身体的锻炼应当尽可能从最小的年龄开始，并且须特别有耐心地对学前儿童和学龄儿童实施锻炼措施。

在苏联科学院和苏联医学科学院联席会议上，贝柯夫在其所做的报告中谈到巴甫洛夫学说对卫生学所起的作用时指出："在身体的个体生活过程中确立了某种一定关系的水准：一方面确立了由大脑皮层保持的、在外界环境中的一定的均衡形态；另一方面则确立了由各种内部过程的活动所保持的一定的均衡形态。各个不同的人的这种关系水准都有一定的动型。这种动型如遭到破坏，就会引起生活机能的破坏。"

自然界的自然力，例如空气、太阳和水，是锻炼身体的最好的而且是取之不尽用之不竭的资源。利用这些自然力来锻炼身体，不但可以在户外进行（在夏秋季时期），而且还可以在住房内进行（在秋冬季时期）。

在暑假期间，为实施群众性的保健措施，在学校内应当组织少年先锋队夏令营、夏季保健场地，在文化休息公园和文化宫等处可开辟儿童日光浴室。

第三节　空气是锻炼身体的手段

皮肤像一层装甲似的直接跟周围的空气层接触。空气层由于皮肤放热而温度增高，但由于空气层的传热不良，因而只能慢慢地将皮肤放出的热传导到更远的空气层中去。假如空气是绝对不流动的，这一接近皮

①《巴甫洛夫全集》第3卷，566页。

肤的空气层的温度就会跟皮肤的温度相同，而身体就会丧失放散多余的热的可能性。如果接触皮肤的空气层的湿气饱和，则皮肤蒸发潮气也会发生上述的情况。

可是，空气实际上总是处于运动状态，跟皮肤相接触的空气层，虽然流动很慢，但是总会逐渐地为重新流来的空气层所替代，新流来的空气层又能吸取皮肤所放散的热和蒸发的潮气。

假如空气的流动不均等，皮肤就会多放散热量或少放散热量，这首先要求皮肤的血管舒缩器不停地工作，也就是要求皮肤的毛细管不断地收缩或扩张。运动着的大气通常带有痉挛性质，因此，空气冲撞皮肤是忽而迅速、忽而缓慢的，这样就不可避免地使皮肤的毛细管忽而收缩、忽而扩张。在空气浴作用下所做的热调节机制的锻炼，特别是血管运动中枢的锻炼，基本上也包括在这种情况中。由于这种经常性的锻炼，皮肤就能根据所需要的放热强度，迅速而合适地完成它的充血的性能。

夏季，学前儿童和学龄儿童在户外开始进行空气浴时，阴影处的温度不应低于18℃～20℃。第一次空气浴的时间不应超过10分钟，以后每次空气浴可根据儿童的状况依次延长5～10分钟。

在夏季，空气浴的一般持续时间为1.5小时，而对于身体强健的儿童甚至可持续至3小时，但是儿童每天在进行空气浴时必须使身体活动，使它不致遭受日光的辐射作用。实际上，强壮的健康的儿童可以穿一件裤衩进行空气浴，而比较柔弱的儿童（必须按医师的指示）可以穿无袖背心、裤衩或者是联合服来进行空气浴。

以后，当皮肤已受了足够锻炼，就可以在任何的天气，包括较低温度的条件下实施空气浴。甚至在冬天，在打开室内通风小窗户而室内温度不低于14℃的条件下，也可实施空气浴。

根据巴甫洛夫的生理学说，这是一种保存那些复杂的（儿童由于在夏天进行经常性的空气浴而在身体中形成的）条件反射联系的必要条件，如果皮肤的外感受器没有经受过一点冬天的外界各种刺激的考验，各种外界刺激不能沿着各个传入通道进入中枢神经系统，那么在夏天形成的条件联系就会不可避免地消退。

冬天的空气浴必须跟体操结合进行，进行的时间通常不应超过10分钟。

此外，空气浴还有一种作用，就是空气流能从皮肤表面带走皮肤所分泌出来的分解物。

当身体对普通的空气浴已养成习惯之后，就可开始实行空气日光浴的锻炼。

第四节　用日光锻炼身体

日光的生物学作用是极大的。生活在大地上的一切生物，都必须依赖太阳的辐射能才能生存。太阳的辐射能是由各种波长的光线组成的，其中可用肉眼看到的只是从390～760纳米①波长的光波，这就是说，上述波长的光波才是可见光。使光通过三棱镜时，其可见部分的光线形成一种有色的光谱，光谱从波长为390～430纳米的紫色开始，中间有青色、蓝色、绿色、黄色、橙色，最后是红色。红色的波长为620～760纳米。

太阳的辐射对身体的生活机能所起的作用，并不只局限于它的可见部分。与可见光谱的紫色部分相接触的短波光波叫紫外线。与光谱的红色部分相接触的长波光波叫红外线。

紫外线对于一切动物机体的生活机能有特别重大的作用，其中只有波长为290～400纳米这一部分光线能到达大地表面，而其余的部分则全

---

① 1纳米$=\dfrac{1}{1\,000\,000}$毫米。

消失于大气之中。

随着研究工作的进展，我们知道紫外线能使皮肤起晒斑，刺激机体的造血机能（增加红细胞数量），增强机体组织对钙盐和磷盐的吸收，加强物质代谢和一切的生活过程。紫外线辐射是促使动物机体内产生维生素D的一个最重要的因素，在紫外线的作用下，初维生素D即变为维生素D，它集积于皮下脂肪层（维生素贮存所）；甚至照射牛乳、乳油和肝油也能增加维生素D，并且在治疗佝偻病时可提高其治疗效果。在现代知识界中，日光浴的有效作用以及用石英灯照射患佝偻病的儿童的有效作用已经成为极明显的事了。

不论从个人的卫生观点来看，还是从社会的卫生观点来看，紫外线辐射的杀菌作用有极重大的意义。绝大部分的病菌在日光中会很快地死亡。例如，大肠菌在太阳光直射下经过45分钟到1小时即会死亡，结核杆菌在太阳光直射下经几分钟就会死亡。

显然，太阳辐射的杀菌作用，特别是紫外线辐射的杀菌作用，在那些人口众多的场所，即在那些极易引起因空气传播而感染的传染病（绝大多数的小儿传染病以及结核病）的场所，有特别重大的意义。

由此可知，在一切儿童教育机关中（中小学、幼儿园、医院、疗养所等），广泛地实施日光浴，特别是紫外线辐射，有极巨大的重要性。

小于290纳米波长的紫外线还是有较强的杀菌作用的，可是这些光线也对人体有有害的作用，它能引起皮肤烧伤和麻痹。因此，必须承认这些光线不到达大地表面而阻滞于大气之中，是对大地上的人和一切动物的一种拯救。此外，可以将这些光线用于水的消毒。

遗憾的是，紫外线辐射对人的身体和住宅的杀菌作用为这样一种情况所限制，那就是通常所用的安装在窗框里的玻璃不能使紫外线透过。

可是，利用现代技术已能制造特种玻璃，这种玻璃可以使太阳辐射的紫外线部分透过。我们把这种玻璃叫作能透过紫外线的玻璃。

日光具有重大的医疗作用（日光疗法）和锻炼作用。日光能增强皮肤的防御机能和分泌机能（汗腺和脂腺的分泌）。实施日光照射有助于增加食欲，使睡眠良好，劳动能力增强。这些情况可以用日光浴对神经系统、循环系统的良好作用以及由此而产生的对体内分泌器官的良好作用来说明。

日光不仅能杀死存在于皮肤上的细菌（杀菌作用），并且还能消除细菌所分泌的毒素。日光能增强机体的免疫性。日光照射能促进创伤的愈合。众所周知，利用日光浴来治疗骨结核有良好的效果。

由于日光照射，皮肤呈现晒斑，晒斑是由于皮肤上皮形成一种特殊的色素而产生的。晒斑，按许多著者的意见，是长时间的日光照射下保护皮肤不使其发生烧伤的一种防御物。但是，如果认为晒斑越厉害则日光浴的锻炼作用就越大，这就是不正确的。例如，淡黄发男子的皮肤就不易呈现"晒斑"，而日光浴对于这种人的强健作用并不因此而减少。因此，不必在短时期内非使皮肤呈现晒斑不可，何况像这样不慎重地利用日光照射会使皮肤遭受损伤（烧伤）或引起日射病。

日光浴应当在上午10时到12时（在南方各地区还可以提早些）且温度不低于20℃不超过32℃（空气温度应当在阴影处测定）的情况下进行。日光照射必须逐渐地进行，天天进行，并且要每天增加太阳照射的时间。对学龄初期的儿童来说，在太阳光里的时间可从5分钟起增加到40分钟，对学龄晚期儿童来说，可以增加到50分钟，同时每天可以做4次，但要使身体的每一面所照射的时间不超过10分钟。在进行日光浴的时候，必须使儿童躺着呈水平姿态。实施日光浴必须在进餐前，或在进餐后至少经过2小时。实施日光浴时必须全裸体。

当儿童和少年遇到头痛、疲倦、神经兴奋及失眠等情况时，应当立即停止日光浴。患开放性结核症的儿童，患心脏病的儿童，疟疾病患者，患神经兴奋的儿童，身体特别虚弱的以及患其他疾患的儿童，都不允许实施日光浴。在这些情况下，日光照射可能对于健康是有害的。因此，只有当医师对每个儿童做了仔细的检查以后才能准许他们进行日光浴。

要想在冬天利用紫外线照射皮肤，最广泛利用的是水银石英灯。水银石英灯能发出波长达250纳米或稍短于250纳米的紫外线光流。这种水银石英灯不仅可供医疗上应用，并且也可供托儿所、幼儿园和带食宿的学校（在冬季的日光浴室里）采用，它可以对健康的儿童进行预防性的照射。

第五节　用水锻炼身体

水的导热性极大，它的导热性比空气的几乎大到28倍，并且有较高的容热性。因此，水能从身体表面带去大量的体热，从而引起皮肤血管的防御收缩。血液充入内脏器官引起血压的增高和心脏的剧烈活动，随后皮肤血管扩张，血液便有力地充入皮肤。因此，当人们跳入露天游泳池游泳时，在最初的一瞬间会感到很凉和呼吸困难，但很快就会有皮肤发热的感觉（经过0.5～1分钟）。假如皮肤接触到水时的发冷感觉延长至2～5分钟，则皮肤的血液循环发生停滞，同时出现皮肤发青和全身发冷。

水对于身体调温的这种强有力的作用，一方面说明水有锻炼身体的作用，但在同时也要求在利用水进行锻炼时，特别是对于学龄儿童和较幼小的儿童，都必须采取格外仔细的态度，并且要逐步地来进行。

用水锻炼身体，开始时是在早晨用湿布或毛巾摩擦皮肤（最好在清晨做完体操后实施），最初实施水的锻炼时的水的温度应为

28℃～30℃，之后将水的温度逐渐降低0.5℃～1℃，降低到跟室内温度（15℃～17℃）相同时为止。

摩擦按下列次序以迅速的动作实施：由腕部起到肩部止的一侧上肢，随即用干毛巾擦干，然后擦另一侧上肢、胸部、腹部、背部、下肢部。摩擦的同时还须用干毛巾用力地摩擦皮肤，这样就能使血液充进皮肤，而使身体发生温暖的感觉。

当皮肤已经习惯于每天的摩擦时，就可以换另一种冲洗的方式，即用水勺、喷壶或淋浴器让水冲浇全身，随后用毛巾以迅速的动作摩擦全身。冲浇全身时最初用的水的温度为28℃～30℃，以后逐渐地降低水的温度，一直降低到室内温度。

如果河、湖的水的温度达20℃，则可以让儿童在那里沐浴。在水中停留的时间不得超过5分钟，同时必须使儿童在水中活动。假如学生已经学会了游泳，则可以让他逐渐地延长沐浴的时间到10～15分钟，但必须考虑到水池的水的温度。沐浴最好在日光浴后实施，沐浴一日只可一次。

也像日光浴一样，水摩擦和水浴必须在医师对儿童做了仔细的检查后才允许实施。

在露天水池中沐浴的主要禁忌症是营养特别不良、心脏疾患、严重的贫血、肾炎、神经兴奋过度、呼吸道疾患以及其他一些疾患（偻麻质斯症、癫痫病等）。

第六节　对儿童和少年的衣服、鞋的卫生要求

衣服和鞋在使儿童的身体跟外界条件相适应方面以及在锻炼方面都有巨大的作用。

儿童和少年的衣服分为内衣、室内衣、外出上衣和头巾等。被褥也

被列入衣着用品类，因为被单、被套、枕头等在夜间就像白天的衣服一样保持着身体的体温。

衬衣要用浅色的，最好用容易洗的白色织物缝制。夏季的上衣也要用浅色织物缝制，这对挡住日光（日光反射）有很大意义。冬季的上衣则可用深色的织物缝制。

对儿童衣服的裁剪样式必须特别注意。儿童的衣服决不可以有任何凸出的多余部分，因为这样就易挂住家具、玩具及其他物品而使儿童遭受创伤性的损伤。

衣服不应当妨碍儿童和少年的动作，如穿着紧小而狭窄的衣服或故意缝得宽而长的衣服。紧小的衣服，除了妨碍动作外，会压束身体的个别部分，由此会引起颈部、腹部、足部的瘀血现象，以及使胸廓的呼吸动作感到困难（例如紧瘦的腰带，胸部紧瘦的短上衣，紧瘦的胸衣）。

由此可见，儿童和少年的衣服应当跟其成长的特点相适应。因为儿童总是在成长着的，不能在缝制衣服时为了他们的成长而将衣服缝得又宽又肥，而应当在其衣服的折缝处多留些，这样才能随着儿童的成长而将其衣服的尺寸放大。衣服的裁剪样式应当使衣服的全部负荷放在两肩上，并尽可能地不用腰带、胶皮带、皮带束缚身体各部。裤子也不应当使用皮带，而使用背带或松紧带。袜子也不要使用束在腰部的吊袜带，而要用长带子于腿的侧面扣在紧身上衣上。下身的贴身内衣也应当紧结在紧身上衣上。

男孩的上学服装是紧贴身躯的短上衣（夹克），并在两侧有衣兜，裤子要用呢料子或线织物缝制。女孩的上学服装是用深色的柔软的毛织物缝制的连衣裙（与短上衣不相连）。裙子很自然地缝在短上衣上，同时不需用腰带束腰部。在连衣裙外穿上围裙。白领子和白袖口要另外缝上，而且必须经常地拆洗。

儿童和少年的鞋不应当过分紧窄，以免妨碍其成长。但是也不能过于肥大，以免足部发生擦伤。鞋的式样应当跟足部的正常形态相适应。假如不符合这种要求，足部就会呈现畸形状态——趾部向身体中线内倾，并相互挤压。窄小的鞋会使足部变形，并且能降低足部的御寒性，这是由鞋的皮革跟足部之间空气层减少所致。此时因足部血管受到压迫，血管中的血液循环变弱。所以，穿窄小的鞋的儿童和少年就容易患足部冻伤。高跟鞋是有害的，因为这样的鞋不适合足部的构造，也不适宜步行。可是1～1.5厘米的矮跟鞋是有益的，因为穿这样的鞋步行时，不致发生局部疲劳的感觉。

为了保持衣服的清洁，教师和家长必须使儿童和少年养成对自己的装束保持卫生的习惯。还必须使儿童和少年在每天晚上养成清理衣服和鞋的习惯，以避免污垢和尘土整夜留存在衣服和鞋上。

让儿童和少年自己清理自己的衣服和鞋子，这样能使他们养成注意自己的衣服整洁和鞋子整洁的习惯。但是在学校里，教师们还必须对儿童和少年的衣服和鞋的整洁状况进行监督。在学校的挂衣室内，必须放一套鞋刷子和衣服刷子。

第四章　儿童教育机关的场地

第一节　学校和其他儿童教育机关设计的基本原则

儿童教育机关（学校、幼儿园）网的开展首先要从本地区、本城市、本乡村地区不同年龄的儿童的数目出发。根据学龄初期、中期和晚期儿童的数目确定必要的小学、七年制学校和中学网和适合于本区的校舍的类型。

只有在人口稠密的大城市中才容许设置容纳880名学生（22班）的较大的学校。并且必须在一个校舍内把不同年龄的儿童和少年，特别是低年级的学生分隔开来。

一般来说，在开展学校网时要保证将学校设在城市中这样的地方——使低年级的学生，也就是7～11岁的学生单程步行不超过0.5千米，而高年级的学生不超过1.5千米。这个距离是考虑到恶劣的天气、泥泞路况、寒冷季节和其他妨碍行动的条件后确定的。在人口稀少的地区，同时为几个乡村服务的多村学校中，有些学生需要每天走3～5千米。这种学校必须组织来回接送儿童，多年来许多集体农庄已经这样实行了。目前由于开展了全体儿童的十年制义务教育，就更是增加了对学校宿舍的要求。在解决学校附设宿舍的问题时必须考虑上述意见，并且还要从下列意见出发：如果学校与学生住处间的距离不超过上述标准，如果需要接送的学生并不多（不多于15人），则组织接送儿童和少年到学校就足够了，否则学校必须设有宿舍。

目前，中学的基本类型是在大城市内能容纳880名学生的学校和在小城布、工区和乡村地区能容纳400名学生的学校。七年制学校有能容纳400名和280名学生的两种基本类型。小学有能容纳40、80、160名学生的几种基本类型，而在个别人口稀少的地区（北方边区、远东）还有只容纳30名儿童的学校。通常在人口稀少的地区，这些小型学校设有宿舍，因为学校为儿童居民服务的范围往往达几十千米。

寄宿学校最好位于郊区，在幽静的地方，在对健康有利的山林区。在寄宿学校中应具备儿童身心全面发展的一切条件。

在为患肺结核病而身体衰弱的儿童设计林间疗养学校网时，应从恢复健康的观点出发。

儿童之家有两种，一种是招收学前儿童的，一种是招收学龄儿童的。儿童之家最好设在城外，设在郊区和乡村。在那里比在城市中更有可能来保证执行学生的卫生制度，并且能广泛地利用天然的因素来增强儿童的健康和保证学龄儿童参加农业劳动。把儿童之家设在城内是不合适的，因为这样不可能得到足够的场地。收容学前儿童的儿童之家一般不超过100名孩子，收容学龄儿童的儿童之家一般不超过150名孩子。

技工学校和工厂学校大多数设在跟这种学校性质有联系的企业附近。技工学校和工厂学校中学生的数目由工业的需要以及跟学校有联系的企业的力量来决定。

第二节　小学和中学的场地

每一个儿童教育机关、每一个学校都应当有进行一部分教学工作（例如体育、自然、地理等课程）所必需的场地。在学校场地上可以进

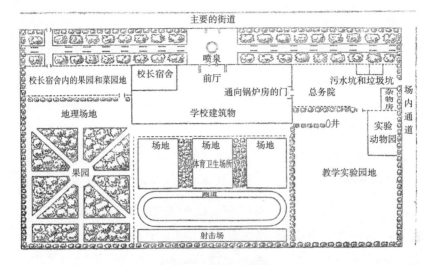

图48　学校场地图

（斯·索维托夫设计）

行课外活动（农艺生物小组、畜牧小组、气象小组、体育锻炼小组等的活动）。在学校场地上可以顺利地进行活动性游戏和体育运动游戏、卫生工作以及许多儿童体育运动。

学校场地在组织儿童和少年的休息方面（不仅在课间休息时间，而且在课外时间——下课以后和假日）有重要的作用。夏季在学校场地上可以设立夏令营、淋浴场、日光浴场和为儿童在户外睡眠的篷棚。冬季在学校场地上通常可建立溜冰场、雪山、滑雪场和由雪堆成的雪人。

为此，学校场地应有足够的面积：小学应有0.5～1公顷，七年制学校和完全中学应有1～2公顷。

学校或其他儿童教育机关的场地应符合基本的卫生要求：它应该是干燥的，具有容易排水的土壤和深层地下水。浅层地下水可能使学校建筑物的地基潮湿。

学校场地最好能稍高于其他地方，并有不大的坡度，便于下雨时和融雪时的水流下。选择学校场地时必须预先研究土地。如果由于当地的条件学校建筑物不可能建筑在干燥的地面上，那么必须在建筑物周围挖设沟渠排水（或者设排水管），并保证水能流入附近的水池中，沟渠应该用板盖住，上面铺上沙砾。

选定学校场地并研究好土壤以后，必须把地面弄平，使地势平坦并排除让大气水分集积的可能。

学校场地应远离喧闹的街道，尤其须和交通要道隔离开，因为年龄较小的学生在穿过交通要道时可能会遭遇不幸事件；而且车辆的来往影响课堂，并增加学校房屋里的尘埃。因此学校的场地应该沿着不繁忙的、偏僻的街道，根据同样的理由，绝不能容许学校的场地位于铁路邻近的地方，学校场地距离铁路线不应少于500米。

学校建筑物不应位于工厂企业附近，工厂企业放出有害的气体，排出大量的灰尘和烟雾，或发出巨大的嘈杂声音。在工厂地区选择场地时（例如技工学校或工厂学校）应当考虑风向，使学校位于烟和气体不能到达的地方。

学校场地应保证能从自来水道或学校境内的水井中取得优质的饮水。如果没有总的下水道，学校应具有净化设备来清除污物（滤过地、冲洗地、生物站）。这些净化设备应设于学校场地之外。在不可能设立净化设备时可以应用气道排气厕所。

为预防火灾，在乡村地区的学校场地应尽可能离住宅区远一些。

为建设学校或其他儿童教育机关选择场地的工作是由教育行政机关（或者是管理这个教育机关的部门）负责的，必须遵守上述的卫生要求。在选择场地时必须有卫生监督的代表参加，他的任务是在学校卫生要求方面提供意见和监督。

学校场地应具有下列组成部分。

①学校建筑物的面积。

②"防护地带"（把学校建筑物正面和街道隔离开的区域）。

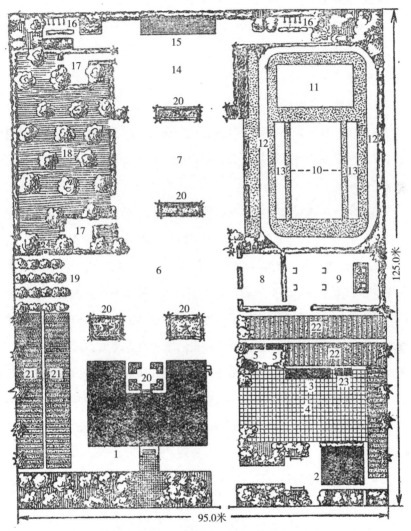

图49 容纳160名学生的学校场地设计

（建筑师阿·伊·巴列霍夫设计）

1. 学校建筑物；2. 教师宿舍；3. 杂物房；4. 杂务院；5. 鸟房和小动物；6. 普通游戏场；
7. 自由体操场；8. 棒球戏场；9. 木桩戏场；10. 排球场；11. 机械操练场；12. 跑道；
13. 沙坑（跳高、跳远）；14. 户外休息场；15. 凉棚；16. 淋浴；17. 露天教室；18. 果园；
19. 浆果丛树；20. 花坛；21. 教学菜园；22. 教师菜园；23. 垃圾箱和污水坑；24. 井

③进行体育卫生活动的场所（进行体操、田径运动练习，进行活动性游戏和体育运动游戏所需要的场地）。

④自然科作业场地（菜园、试验栽植区、浆果园和果园等）。

⑤地理场地（为了气象观察等）。

⑥绿荫。

⑦杂务院。

如果场地宽畅，那么可以从体育卫生场所划出专门的地段作为保健站（带篷的儿童户外休息场、有淋浴设备的浴场以及为了在新鲜空气中上课用的场地）。

如果学校场地规模较小，则必须有主要的、不可缺少的场地，首先要有"防护地带"、体育卫生场所、自然科作业场地和杂务院。

"防护地带"是从街道到学校建筑物正面的区域。这个区域的宽度应不少于15米。在"防护地带"应种植树木，种植不太高的装饰用的开花的灌木，要有草畦和花卉。最好能在学校场地的这个部分建造喷泉并塑雕像。在这个地带应该为儿童和来校的家长设置座位。

学校场地的体育卫生场所是由一些为了在暖和季节进行身体操练和校外运动作业用的场地组成的。这些场地分布在整个地段的最里边、学校建筑物后面，同时远离大街和通道。为了保护玻璃窗，游戏场要离开建筑物至少15米。这些场地不宜和杂务院挨得太近。

体育和游戏场的用途有：①进行器械操或徒手操；②进行活动性游戏和体育运动游戏；③进行"劳卫制"的竞赛。

体育运动场地虽然连在一起，但每一个场地间需用灌木树隔开。特别需要注意场地的土壤。表面一层必须弄干净，并铲除掉旧土壤再铺上干净的沙砾，以便减少其中的细菌。因为在土壤中，特别在近海的和被腐蚀的废物弄脏了的土壤中具有对人有害的细菌。

此外，在学校场地的体育卫生场所，如果在它附近有足够的地方，夏天就可以开辟儿童户外休息和户外睡眠、进行日光浴以及装置淋浴设备和篷棚（组织夏令营）的场地。冬天这部分地域可以用来搭建滑冰场，堆雪山，建筑滑雪场，等等。

自然科作业和研究先进的米丘林生物学需用的场地可由下列几部分组成：①园地；②试验性花圃；③果树和浆果植物园地；④经济植物和药用植物园地；⑤动物试验饲养场。这一部分地区对培养儿童对自然的爱好、对发展他们的农业和畜牧业的知识和兴趣有很大的意义。这部分地区在农村是特别必要的，因为它可以帮助学生为未来的实际工作做好准备。此外，在新鲜空气中工作有很大的卫生意义。

在每一个学校场地前应该尽可能设有花园，园内可种植各种阔叶树、针叶树、果树、装饰灌木及花坛。邻近可设立小型气象站。在花园里应该辟有小道并设置靠背椅。绿荫不但可以保护儿童教育机关的场地，而且可以使房舍免受尘埃和街道喧哗的影响。

绿荫能改善空气的质量，能影响空气的电离作用、臭氧化作用，并在儿童的成长上、血液成分上、身体对传染病的抵抗力上和植物神经系统的状态上给以气体离子的良好影响。

杂务院用来供应校舍的燃料和食粮，同时在院内还有贮藏燃料及杂物的杂物房。在这一部分场地内还设有污水池和垃圾箱。首先杂务院应该直接通向街道，和坊内通道毗连，但不是跟学校建筑物正面的主要街道相连接。其次杂物院应通向"后门"，便于供应校舍燃料和从房屋中清除垃圾等。最后杂务院应与自然科作业园地，尤其是菜园及动物试验饲养场相邻。

选择学校建筑物的场地时，应该使建筑物的正面（教室的窗户）向南或向东南。为了使阳光照射得更充足，天然照明和通风更好，建筑物应当跟邻近的（尤其应当跟对面的）建筑物相隔等于对方高度3倍或至少2倍的距离。这个要求在城市中由于街道建筑密集不一定能够实现，但是即便在这种情况下，学校建筑物和邻近建筑物之间也应该要有一定的距离。

学校场地四周应用栅栏围起来。按照现行规程，建筑机关应当在交付学校建筑物的同时，把完整的学校场地交付出来。场地固定用于学校，并且不能用作其他用途。

在学校场地禁止建造跟学校无关的建筑物。除了一般的栅栏以外，最好沿着学校场地用灌木（野蔷薇等）筑起一个补充的天然篱，以阻止灰尘进入学校地区并阻隔街道的噪声。

学校有了宽敞的和有良好设备的场地，就能够帮助在儿童和少年当中进行更深刻的教导工作，并能有助于组织健康的和有价值的休息。

第三节　其他儿童教育机关的场地

场地对于儿童之家来说具有特别重大的意义，因为儿童和少年在这里度过昼夜中的大部分时间。上述有关中小学校场地的一切要求也适用于儿童之家的场地。在儿童之家的场地上，除了儿童之家本身的建筑物外，还有教师和勤杂人员的宿舍、浴室和洗衣房。考虑到儿童和少年在儿童之家入伙，而饮食的各方面都是应该有一定营养价值的，因此搞副业生产（菜园、养鸡业、养兔业和养蜂业等）就有特殊的意义。

此外，在儿童之家的场地上还筑有储藏杂务器具和体育用具的杂务房、农具的遮棚、仓库、消防室、水库（在没有城市自来水的情况下）、蔬菜贮藏库、食物冷藏室、柴木的遮棚、车房或马房以及儿童之家勤杂人员用的库房。在儿童之家的场地上还建有附设肥料贮藏库和尿粪收集坑的家畜院、饲料贮藏室和干草棚。

因此，儿童之家场地的面积和学校场地比起来就要更大，达3～4公顷。一般来说这并不困难，因为儿童之家大部分是设在城郊和乡村地区的。

　　附设宿舍的小学、七年制学校和中学最好也进行副业生产。这些学校必须保证儿童和少年能从事农业劳动。因此扩大附设宿舍的学校的场地面积是非常必要的。

　　少年先锋队夏令营的场地应该位于有许多绿荫的地方。夏令营的场地特别需要在河流、湖泊或其他水流的附近，水流离夏令营不宜太远，大约0.5～1千米，以便儿童和少年利用它来洗澡和进行水上运动（划船、游泳等）。夏令营的场地应该位于河流的上游，而近处的生产部门和居民位于河流的下游。假如夏令营能容纳200名儿童（为了防止传染病不宜建造容纳更多儿童的夏令营），那么它的场地面积至少需要两三公顷，平均每一个少年先锋队队员占地不少于100平方米。

第五章　儿童教育机关的建筑物

第一节　对儿童教育机关建筑物的基本卫生要求

儿童教育机关的建筑物和房屋应该符合一系列的卫生要求，遵守了这些要求就能保证儿童和少年的身体的正常活动和发育，并能更顺利地完成教育过程。在儿童和少年教育机关房舍中的空气状况是对这种房舍的主要卫生要求。

在这些建筑物里保证适当的温度是很重要的，特别是在冷天或是在潮湿的天气里。

在儿童教育机关的房屋里照明状况有很重要的意义，因为照明，特别是阳光，不但从视力卫生观点来说是必需的，而且它是身体的所有生命过程特别是高级神经活动的"激素"。在儿童教育机关里正确组织给水和排除废物也很重要。

同时应该注意到，把相当多的儿童和少年集合在一个用来教育他们的建筑物里，就要消除传染病的可能性，并创造条件预防不幸事件。

建筑物的层数有很重要的意义，因为儿童和少年经常上下楼梯就会给心脏造成多余的负担。

四层楼的中学应该在第一、第二层楼上安排低年级学生，第三层楼上安排中年级学生，第四层楼上安排高年级学生。建筑物必须有几个出口，以便发生事故时可以迅速地和毫无障碍地使儿童离开建筑物。

图50　三折楼梯用的安全栏杆

儿童教育机关建筑物的楼梯应当保证方便，上下不太费力，并且可以使较多的儿童同时上下。陡峭的楼梯在儿童教育机关建筑物里是不被允许的，因为这种楼梯会在儿童上下楼梯时给他们的心脏带来很大的负担，并可能造成不幸事件。在建造楼梯时通常要计算儿童步伐的平均长度和跨每一步时的高度。根据这个计算，学校里楼梯的每一阶梯的深度应该是27～30厘米，而高度是12～14厘米。为了避免上下的儿童可能发生冲撞，必须保证楼梯有足够的宽度。楼梯的宽度按照同一时间通过它的儿童的数目来确定。因此，每100名儿童一般需要1米宽的楼梯，在儿童和少年教育机关里窄于1.3米的楼梯是不被允许的。

每一段楼梯不应当多于13级，否则上楼就会太费力。在儿童教育机关的建筑物里不可装一跑楼梯和螺旋式楼梯。为了避免不幸事件，楼梯的栏杆上最好装有小球或者其他使儿童不可能沿着栏杆滑下来的物件。在有些学校和幼儿园里装有两重栏杆，使得不同年龄的儿童都能利用。

建筑物里房屋计划和分配的原则主要是由儿童教育机关的类型决定。基本的要求是必须把各方面都是最优越的地方作为儿童和少年度过最多时间的房间，这些房间最好位于南面或东南面。

第二节　小学、七年制学校和中学的建筑物和房间

新的学校建筑物的建设规模一年比一年宏大。苏联共产党第二十次

代表大会决议预计在第六个五年计划内城乡学校建筑的数量比在第五个五年计划内增加大约两倍。

按照其用途，学校的房屋主要可分为：①教学用房；②辅助房屋；③学生宿舍；④工作人员宿舍。

教学用房包括教室和有实验员室的实验室（为进行生物、物理、化学等作业）、体育馆、生物角。在中学里除了主要的教学用房外，还有文学、历史、地理、物理、化学、生物、绘画和制图等房间以及音乐教室。

辅助房屋是礼堂、图书馆、阅览室、少年先锋队室和青年团办公室、走廊、休息室或休息场、食堂、小吃部、盥洗室、厕所、附设于体育室的浴室、医务室、前厅、挂衣室、校长室、教导主任室、教员预备室、总务处、勤杂人员室。在有些中学校里还设有教学法研究室。

学生宿舍用来保证学生有足够的睡眠，保证他们跟经常住校有关的生活需要——寝室、学生物件的贮藏室等。

工作人员宿舍是校长和勤杂人员的宿舍。

一幢学校建筑物内各种用房的配备及其数目是由学校的类型和学生的数目决定的。

每一班应有一定数目的学生。在一至七年级规定的标准是每班不超过40名学生。八至十年级不超过35名学生。

俄罗斯联邦教育科学院学校卫生学研究所根据建筑的实际情况（建筑师阿·伊·巴列霍夫）编制了各类学校用房的配备和面积（见表7），目前这个表已在学校设计中被采用。

这一套各类学校建筑物中的用房标准在今后一定会随着人民教育事业的发展逐渐改善，目前由于在中学里施行综合技术教育，就必须研究中学建筑物内机械房和工场的卫生标准。

表7　各类学校建筑物房间的配备和面积（面积单位：平方米）

	可容880名学生的学校		可容400名学生的学校		可容280名学生的学校		可容160名学生的学校		可容80名学生的学校		可容40名学生的学校	
	一个房间的面积	总计	一个房间的面积	总计	一个房间的面积	总计	一个房间的面积	总计	一个房间的面积	总计	一个房间的面积	总计
教室	50	1100	50	500	50	350	46	184	46	92	46	46
实验室	60~62	180~186	60~62	60~62	60~62	60~62	—		—		—	
实验员室	15	45	15	30	15	15	—		—		—	
体育馆	162	162	128	128	128	128	—		—		—	
礼堂	160~200	160~200	—		—		—		—		—	
带有挂衣室的浴室	20~25	20~25	20~25	20~25	—		—		—		—	
体育用具贮藏室	10~15	10~15	10~15	10~15	10~15	10~15	10~12	10~12	—		—	
休息室	—	500	—	225	—		—	130	—	60	—	30
图书馆和走廊	70	70	30	30	20	20	—		—		—	
社团组织办公室	15	15	15	15	—		—		—		—	
校长室	15	15	15	15	12	12	—		—		—	
总务处	15	15	15	15	15	15	—		—		—	
教导主任室	15	15	—		—		—		—		—	
教员室	20	40	20	20	15	15	15	15	12	12	12	12
教会室	12~15	12~15	—		—		—		—		—	
医务室	15	15	12~15	12~15	12~15	12~15	—		—		—	
挂衣室和前厅	90	180	90	90	70	70	40	40	20	20	10	10

	可容880名学生的学校		可容400名学生的学校		可容280名学生的学校		可容160名学生的学校		可容80名学生的学校		可容40名学生的学校	
	一个房间的面积	总计	一个房间的面积	总计	一个房间的面积	总计	一个房间的面积	总计	一个房间的面积	总计	一个房间的面积	总计
小吃部	50~65	50~65	50	50	20~25	20~25	—					
开水房	12	12	10	10	10	10	8~10	8~10	7~10	7~10	7~10	7~10
学生厕所	—	120	60	60	—	$\frac{35}{50}$①	—	25	—	12~15	—	10~12
工作人员厕所	—	4	2	2	—	2	—	1.5~2	—	1.5~2	—	1.5~2
校长宿舍	—	35	35	35	—	30~35	—	25~35	—	25~35	—	25~35
勤杂人员宿舍	—	25	20~25	20~25	—	20	—	12~15	—	12~15	—	12~15

从学校卫生学的观点看来，教室特别需要注意。教室面积的卫生标准是：每一名低年级学生约占1平方米，每一名高年级学生约占1.5平方米。因此教室的总面积规定是50平方米，高度是3.5米。除了适合学校卫生学要求的足够面积和容积以外，教室还必须具有适当的天然和人工照明。教室的窗户应位于学生的左侧，以免学生在书写时手腕可能造成阴影。光线系数②在城市学校的教室里应为1：5到1：4，而在乡村不少于1：6。对于城市和乡村学校教室的光线系数有不同的要求，是因为乡村学校的教室不会像城市学校那样被对面和邻近的建筑物遮光。

教室最好的轮廓是长宽比为4：3。教室的长度不应超过9米，因为

---

① 分母是气道排气厕所。
② 窗的玻璃表面积跟室内地板表面积的比例称为光线系数。

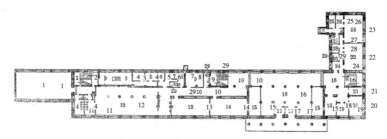

图51 莫斯科卓娅·柯斯莫捷绵斯卡娅中学一楼平面图

1．体育馆；2．楼梯；3．厨房；4．辅助性用房；5．辅助性用房；6．医务室；7．牙医室；
8．辅助性用房；9．少年先锋队室；10．走廊；11．淋浴室；12．食堂；13．生物室；
14．教室；15．挂衣室；16．前厅；17．门廊；18．总务处；19．校长室；20．教员室；
21．教导主任室；22．图书馆；23．阅览室；24．走廊；25．校长宿舍；26．校长宿舍；
27．厨房；28．储藏室；29．厕所

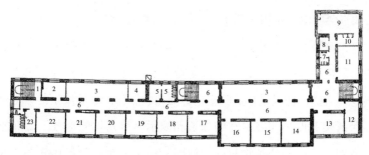

图52 莫斯科卓娅·柯斯莫捷绵斯卡娅中学二楼平面图

1．楼梯；2．教育研究室；3．礼堂；4．地理室；5．盥洗室和厕所；6．走廊；7．盥洗
室和厕所；8．教导主任室；9．物理室；10．实验员室；11．教室；12．文学室；
13～22．教室；23．厕所

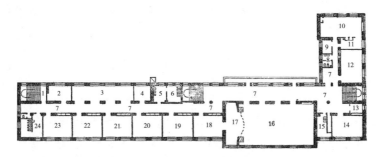

图53 莫斯科卓娅·柯斯莫捷绵斯卡娅中学三楼平面图

1．楼梯；2．历史室；3．礼堂；4．学校卫生学研究所的实验室；5．盥洗室；6．厕所；
7．走廊；8．盥洗室和厕所；9．图书馆；10．化学室；11．实验员室；12．教室；
13．外国语室；14．教室；15．电影放映室；16．礼堂；17．舞台；18～23．教室；
24．盥洗室和厕所

在这种条件下学生才能很好地听到教师的讲话，并且在具有正常视力的情况下能毫无困难地看到在黑板上所写的和在直观教具上所描绘的东西。教室的宽度对高年级学生来说不应少于6米，对中年级学生来说不应少于5.7米。教室的宽度过分超过上述的标准也是不合适的，因为坐在后排的学生在他的桌面上就不能有足够的天然照明。

教室的门应位于侧墙的前面，跟教师的桌子相对，这样可保证学生很方便地出入教室。门应该朝走廊或休息室的方向开放，而不是向教室内部开放，以免在出入教室时大量学生拥挤。

同一层楼的教室，按照本章开始所指出的那样，应该分给同一年龄或者相近年龄的学生用。低年级应位于一楼或二楼。

实验室具有较大的面积——每个学生应占1.65～1.75平方米。实验室的面积应是60～62平方米。高度同样是3.5米。实验室的面积之所以比教室大一些，是根据在实验室进行的教学工作的性质决定的，也是为了能保证实验课桌间有更宽的通道和演示时有足够的地方。最好能将实验室安置在中学建筑物每一层楼的一端，一个实验室在另一个的上面。这样就可能避免学生去实验室时造成不必要的拥挤现象。实验员室位于实验室的隔壁。实验室的长度不应超过10米，宽度不超过8米。由于在实验室做实验时书写不占很多时间，因此实验室的两边都可以开辟窗户。实验员室的面积不应少于15平方米，实验员室应当跟实验室有门相通，并且应当有通向邻近走廊的出口。生物实验室里的生物角必须朝南。

体育馆最好能在一楼，最理想是在单独的附属建筑物内。体育馆内每一名学生应占面积的标准是3.5～4平方米。体育馆的高度应大于教室和其他学校用房的高度。体育馆的高度定为4.5～5米。体育馆的窗户应设在相对的两端（长的两端），在墙的上部，这样布置不但能保证足够的光线，而且还可以在比较寒冷的天气里开着窗（腰窗）进行作业。

休息用房（走廊、休息室和场地）是学生在课间休息时逗留的地方。这些场所应平均分布在整个学校建筑物内，使学生不会拥挤在一个走廊、休息室或场地上，否则就不可能避免产生刺激儿童并使儿童疲倦的噪声。每一个休息场所应该这样来设计：它在休息时所容纳的人数不超过6个班，每一个学生应占的面积是0.65～0.75平方米。

用作休息场所的走廊的长度不应超过60米，宽不应少于3米。最好宽度是5～6米。走廊和楼梯口应该用间壁来隔开。

为了保证学生在学校的期间可以吃到热的食物，学校应设有小吃部或食堂。要给小吃部布置由一两个房间组成的单独的房舍，用来进行食物加热和学生进餐。除了小吃部外，每个学校还应该有专门的开水房。

在中学校和七年制学校里，根据不同的学校的类型小吃部和开水房的总面积也是从30～80平方米不等。有些学校，特别是有宿舍的学校以食堂来代替小吃部。食堂和小吃部以及开水房最好设在一楼，只有在四层楼的校舍里小吃部可设在二楼。

在每一个中学或七年制学校里设有图书馆和书库，由1～2个房间组成。其大小决定于学校的类型。图书馆在大的校舍里最好能在一楼或二楼。小学的图书馆也可以设在教员室里。

每一个中学和七年制学校，不论它属于哪一种类型以及它容纳学生的数量是多少，都应有医务室。医务室设立在一楼或二楼，设在单独的房间里，总面积从12～15平方米不等，取决于学校的类型。

只有在中学和七年制学校中才有校长室。它位于一楼总务处的隔壁，这样就减少拜访校长的人带来传染病和弄脏校舍其余地方的可能。

每一个学校里都必须有教员室。根据学校的类型，教员室的大小从12～30平方米不等。在容纳880人的中学里应有两个教员室，每个有20平方米。教员室位于二楼或三楼，在它旁边通常是教具室。

每一个学校里必须在一楼设有前厅和挂衣室。前厅和挂衣室的大小一般规定以每个学生占0.25平方米来计算。能容纳880名学生的中学，为了能够更迅速地为学生服务，应设有两个带有挂衣室的前厅。

学生用厕所应设在每一层楼。在厕所前设有带自动排水的洗脸房。男厕所的便池按每40名学生装1个来安装，女厕所是每30名学生装1个。此外在男厕所里还装有小便池，按每100名学生占用0.9米来计算。

在学校内的校长和勤杂人员的宿舍，为了预防把传染病带入学校，应该完全和其余的房间隔离并有另外的出口。

第三节　林间疗养学校的建筑物和房间

由于到林间疗养学校去的都是不健康的学生，这些学校的任务不仅要教育儿童，并且需要进行医药治疗来增强他们的健康，因此对这些建筑物和房屋应提出较高的卫生要求。林间疗养学校的建筑物内主要有教学用房和寝室。为了给课堂作业创造更好的卫生条件，林间疗养学校每一班儿童的数目比一般学校要少，一般不应超过25人，最多只能有30人，每一个学生在教室里所占的面积应不少于1.5平方米。

在教室里学生数量少些就可能减少噪声，降低对体质弱的学生的神经系统的多余刺激。

在收容患结核病和神经病的孩子的林间疗养学校里，应该特别注意使建筑物和个别的房间适合于开着窗户或风斗进行作业。这样就要提高林间疗养学校在秋冬季和春季取暖的要求。

除了普通学校所有的一般用房外，林间疗养学校设有每一个儿童（少年）占地不少于5平方米的寝室，设有休息室、课外活动室、食堂、厨房和医疗用房（包括医务室、能容纳全部学生的5%的隔离室、浴室和电疗室等），以及许多辅助房屋。

上面所提到的在林间疗养学校里各种房间的面积的标准只是一个大

概，所介绍的隔离室内病床的数量是最低要求。

在隔离室应该具有带自动排水洗脸台的厕所。

体育馆的设备应包括为进行医疗和特殊矫正体操所用的器械。阳台是校舍的附属建筑，而且不装暖气。

洗脸室和厕所设在每一层楼，而且它们应具有天然照明。厕所和走廊应以带有自动排水的洗脸室隔开。浴室为男孩和女孩分别开放，用排水池使浴室跟走廊隔开。在浴室里给女孩子们设有装着洗脸台的卫生小室，每一室面积以能容纳50名女孩计算。为了洗脚在浴室装有固定的或活动的脚盆。夏天可以把脚盆移到学校场地上。清除衣服和鞋上的尘土用的房间应该有天然照明，并保证内部具有电动机的通风设备。在这个房间里应装有倒污水的盆。

林间疗养学校的教学和辅助房屋基本上应当符合普通学校用房的要求。

第四节　学校宿舍的建筑物和房间

学校的宿舍有两种类型：①设在单独的建筑物里的；②设在校舍的附属建筑物里的。

学校宿舍的类型取决于它应容纳的学生数目。在卫生方面有关学校宿舍的建筑和设备的标准还没有研究出来。

学校宿舍房间的安排首先要满足学生在学校学习期间（假期除外）由于长期住在这里而产生的最主要的需要。

下面举出容纳20、30、40、50、75和100名学生的学校宿舍所需的最少的房间和面积。这是珂·伊·巴列霍夫和奥·符·弗列罗夫所创制建议的，目前已在建造学校宿舍的实践中被采用（表8）。

表8中寝室面积的大小是最低限度的，毫无疑问，将来应该被提高。

由于寝室大小有限，所以必须特别严格地遵守通风制度，并且最好能安装通风设备。

如果宿舍在校本部的建筑物内，在顶层或附属建筑物内，那么寝室应该完全和教学用房隔离。在这种情况下学生准备家庭作业是在教室里，而吃饭是在学校食堂里。

表8　学校宿舍建筑物房间的配备和面积（面积单位：平方米）

房间名称	容纳20名学生	容纳30名学生	容纳40名学生	容纳50名学生	容纳75名学生	容纳100名学生
寝室（男女分开）	70	105	140	175	262	350
日间逗留和自习室	20	24	32	40	60	80
挂衣前厅	10	12	14	16	22	28
工作人员和值班教师室	12	12	12	12	24	24
食堂和厨房	27	35	40	52	74	95
食物贮藏库	5	5	5	6	6	7
厕所	5	6	8	10	15	20
洗脸房	6	8	10	13	19	25
洗鞋洗衣房	4	4	5	6	8	10
私人物件贮藏室	4	5	6	7	8	10
杂务用库	4	5	5	6	8	10
被服贮藏室	4	4	5	6	7	8
隔离室	—	—	—	10	12	16

在学校宿舍里，也和别的儿童教育机关一样，应该设置带有1～2个病床的隔离室。在住有20～40名学生并且没有隔离室的宿舍里，病孩在被送入医院之前应该被安置在一个空房间里。

除了食物贮藏库外，在隔离室里应该有冷藏器或冰箱，至少也要有

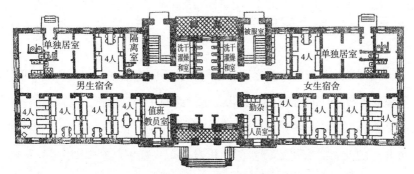

图54　亚斯那亚·波良那A.H.托尔斯泰学校宿舍一楼平面图

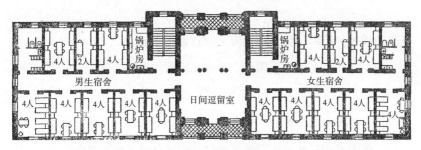

图55　亚斯那亚·波良那A.H.托尔斯泰学校宿舍二楼平面图

个地窖来存放容易坏的食物。

在容纳40、50、75和100名学生的学校宿舍里，必须有洗衣房和浴室，它们单独地建造在学校场地上。

在目前正在建立的、新的教育机关——寄宿学校里，应具有一切为儿童身心全面发展所必需的条件：宽畅的教室和寝室、实习工场、设备良好的食堂、课外作业用房等。因此需要研究中学建筑物——教学房屋的新的设计标准，同样也需要研究容纳210、300、450、600个学生的宿舍和他们的辅助房屋的设计标准。

必须记住，对儿童和少年来说，学校宿舍应该是暂时代替他们的家庭（教师和教养员代替家长）的地方。

第五节　儿童之家的建筑物和房间

收容学龄儿童的儿童之家和学校宿舍不同的地方是，儿童之家里的儿童和少年任何时候都住在这儿，包括假期在内。因此，很自然地，儿童之家的房间的配备和面积应该符合严格的卫生要求。例如，在收容学龄儿童的儿童之家里，寝室的面积对每个儿童来说不应少于4平方米。在那里安排各种房间时必须依据下列原则。

男孩子和女孩子的寝室、厕所和洗脸房应该分开。在这种情况下为值班的教养员设有房间，邻接寝室并且有门相通。

如果在儿童之家里有阳台，必须将阳台设在寝室和儿童日间逗留的房间的隔壁。这样安排就可能在天暖的季节利用阳台作为儿童在新鲜空气中休息和做作业的地方，而在寒冷的季节用来作为午睡的地方。

儿童之家接收儿童用的房间和行政用房应位于前厅附近。

隔离室应有自己单独的出口，或像诊疗所似的，设置在单独的建筑物里。

寝室、作业室、实习工场、生物角、前厅、隔离室的窗户多半是朝南的。在每一个收纳学龄儿童的儿童之家里必须有以下的辅助房屋：浴室和洗衣房、教师和勤杂人员的宿舍（在乡村地区的儿童之家内必须有）、学生私人物件的贮藏室、医务室、被服贮藏室、淋浴室（排水式）、女孩卫生室、洗衣房等。

第六节　学校教学实习工场用的房间

由于在学校里推行了综合技术教育，便很突出地产生了在校舍里建立教学实习工场的问题。不能把教学实习工场设在地下室里，因为那里不可能保证足够的天然照明而且可能有湿气。

木工和金工工场应该由单独的手工加工和机器加工的房间组成。实习工场里应区别开工具室和指导室，而在木工工场，除这些房间外还有木料干燥室。实习工场面积应该根据在这里工作的少年的数量和机器的大小、位置而定。下面我们根据机器、工作台等所占的面积提出中学教学实习工场面积的标准。

例如，在木工工场，一个工作台所占面积长度是1.75米，宽0.75米，总共1.3平方米。同时还应计算机器之间的过道所需的面积，其大小应保证不影响实习学生的走动，此外还需有存放工具柜子和储藏材料的房间，大约20平方米。能同时容纳20名学生工作的木工工场至少需要有70平方米的面积。机械工场在计算面积时要注意锯开材料和机械刨屑所需的面积。木工工场必须有抽气通风设备。为了防灰尘，必须在机床上装置预防和收集灰尘的小盒子，并经常清扫刨花和锯屑。所有的制胶室应当跟工场隔离，并要很好地通风。

在金工工场里也需要有手工加工（用手虎钳工作）和机器加工两个部分。有20个手虎钳的手工加工场应该至少有70平方米的面积（每个工作台的面积定为2～2.5平方米，加上15～20平方米的放柜子和架子用的地方）。手虎钳和设在对面的手虎钳之间应该用网隔开，使得金属的碎片不至于伤害站在对面的少年。在这间屋子里同样需要与对成长着的身体特别有害的金属屑末做斗争。通风设备、及时收拾锯末和用湿布打扫是消灭屑末的最简单的方法。

实习工场里的天然照明最好能从两面射来，使制作的零件从各方面都能被很好地看清楚。在机械工场里，机器上应有吸收屑末的设备，尤其是在从发动机到机床用轮带传动的情况下。在这些实习工场里光线最好是从两面进来，而在夜间工作时，除了所有工场都一样的挂在天花板上的电灯以外，在每个机床上还应该有挂在滑车上的电灯来照亮机床上必要的地方，为了防止光线直接射到眼睛上，这些电灯要装灯罩。

关于对教学实习工场的设备的卫生要求可参看第七章《儿童教育机关的设备》。

第七节 学校和其他儿童教育机关房间的卫生内容

只把学校或任何其他儿童教育机关的建筑物建造得符合学校卫生学的一切要求还是不够的。必须严格遵守房屋的卫生内容的规则。

在学校里，儿童和少年的周围环境的卫生条件一定会影响到儿童和少年的身体活动，特别是大脑的活动。一系列的研究指出，假如在不通风的、有着闷热的沉闷的空气、没有足够光线的教室里上课，学生的疲劳会增加，工作能力就会下降。

学校和其他儿童教育机关的房间如果保持合乎标准的卫生状况，无可指责地清洁和整齐，就能有助于儿童和少年卫生行为技巧和自觉纪律的培养。不能不同意伟大的苏维埃作家和教育家马卡连柯的观点，他认为"假如要使学校里的地板像玻璃一样干净，那就'不能'在地板上吐痰，也不可能扔纸屑，因为在生理上不行，肌肉也不会这样做"。

任何一个儿童教育机关的每一个教育者的责任，特别是学校的教师，是经常关心房间的卫生状况。

首先要消除灰尘并采用减少灰尘进屋的方法。在学校的入口必须设有刮泥器来消除鞋上的泥。此外，在前厅的进门处应放置木制的格子，铁格子和网不适用，因为它们很快就会被雪堵塞住，很滑，而且网还能卷起，能引起对儿童的伤害。在挂衣室放有地席，再一次地清洁鞋子。每天要在院子里拂拭和刷干净地席。

预防房间内堆积尘土的一种方法是在地板上涂上粘吸尘埃的混合剂（分溜油或机械油20份，松节油1份，干燥剂0.2份，如果油太浓，再加上2～4份煤油）。在用这种混合剂涂地板之前必须先把地板洗干净，让它干燥。在干燥而清洁的地板上第一次涂混合剂时，15平方米的地板用1千克的混合剂，下一次就可以少用一些。

用粘吸尘埃的混合剂涂地板只能在学校和技工学校使用。在学前教育机关里，儿童大部分时间都在地板上，这个方法就不应使用。

为了预防儿童教育机关的房间潮湿，除了在建造房屋时采取谨慎态度以外（在基地和墙之间可用防潮物质填塞），必须很仔细地使房间通风（特别在生炉子时），注意整修房顶，在洗地板时不让水流到地板下面，等等。

政府和教师、医师和护士都有责任注意儿童教育机关房屋的卫生状况。

第六章 儿童教育机关中的微小气候及卫生设施

第一节 微小气候的概念

为了预防天气的剧变（寒冷，风雨，炎暑），人们建筑住宅，并在住宅内创造出一种人工气候，它可使身体避免遭受突然的、由于各种气象因素剧变而产生的威胁。这种人工气候被称为住宅的微小气候。

由于一系列的原因，住宅和工作室的空气，按其化学成分和物理特性来说，在很大程度上跟周围大气有明显的不同。

住宅内空气的化学成分由于居住的人们的呼吸活动而在变化着（见表9）。

表9 大气和人类呼气中的化学成分

（根据耶·斯·伦顿的材料）

空气的组成部分	吸气中的成分（单位：%）	呼气中的成分（单位：%）
氧	20.95	16.00
氮	79.02	79.6
二氧化碳	0.03～0.04	4.4
水蒸气	0.47	饱和

在大的居民点中，由于住宅和工厂的烟囱放出大量二氧化碳，更由于废弃物的腐烂和分解，致使大气中的二氧化碳含量达0.04%。

在大气中，除了上述气态物质外，还含有不到1%的氢以及小量的氦、氖、氪、氙、臭氧、过氧化氢等。空气中的这些组成部分对身体的生活活动所起的作用，直到现在在科学上仍然没有得到最后的确定。不论在大气中还是在住宅的空气中，都含有尘粒和微生物（如细菌）。

由于身体的生活活动，大量的二氧化碳和水蒸气被排放到住宅的空气中。此外，各种分解物也进入住宅的空气中，在这些分解物中包含有皮肤（不爱清洁的人们的表皮所分泌的汗）、肠、病牙、脏的衣服等所分泌或发出的有恶臭的物质，以及废弃食物腐烂而产生的物质。这些分解物对人们来说是有毒的。

根据住宅中的二氧化碳的含量可以判定住宅中空气的质量。假如在人们的呼吸过程中房间内的空气是二氧化碳饱和的，或者空气中的二氧化碳的浓度非常小，人们会产生中毒症状（软弱无力，头痛，心脏活动和呼吸活动减弱）。

要在数量上来测定上述的一切分解物质是有困难的，或者说是不可能的。因此，在卫生学中评定房间空气的质量是按其所含的二氧化碳量而定的。因为在空气中积聚有其他有毒物质时，其中也一定会含有较大量的二氧化碳。

根据无数次的观察确定，含有0.1%以上二氧化碳的空气，应当被认为对留于其中的人们来说是有毒的。

跟房间空气污浊的化学理论相对的还有一种理论，即认为人们感到住宅空气污浊的主要原因，是由于人的身体活动使空气的物理特性发生了变化。

根据无数次的调查研究确定，对于穿着普通的室内衣服而做轻度的体力工作或脑力工作的人来说，在相对湿度①是50%～60%的情况下，空气温度为16℃～18℃是最良好的。

现代卫生学认为，上述两种理论并不互相矛盾：不论是化学因素还是物理因素，在评定紧闭着的房间的空气时都必须被同样地加以考虑，在卫生学上所规定的最适宜的标准里也要被考虑到。

采取排放污浊的空气和用建筑物周围的大气中的新鲜空气替换这样的办法，能使住宅内的空气符合最好的标准。房间内的这种空气替换过程是借助于通风装置来实现的。

第二节　儿童教育机关的室内通风

室内通风有两种主要方法，即自然通风和人工通风。

所谓自然通风，就是使物理特性（温度、湿度、含尘量等）没有任何变化的空气从建筑物周围向室内流入。在这种情况下，动力就是自然界的自然力——风力和室内空气温度跟大气温度之间的差数。

所谓人工通风，就是用人工的动力（电动机）使空气流入室内。如采用流入式中央通风设备，就要首先对流入的空气进行初步处理，目的是使流入的空气在物理特性上跟在室内的人们生活活动的最良好的状态相适应。

自然通风是通过下列方式实现的：①通过建筑物的外围墙上的气孔；②通过墙壁、窗户（窗框）、门、地板等结构上所残留的孔隙、控制缝和不严密处；③通过为加强通风而特别设置的装置——小窗、腰窗。

---

① 相对湿度——这是实际上含于空气中的水蒸气量与在该温度时所能够含有的水蒸气量之比。换言之，绝对湿度与最大湿度之间的百分比，即相对湿度。

通过墙壁的通风是跟材料的空气渗透性相关联的。松木和砖是具有良好透气性材料。内部修饰和外部修饰（用油彩颜料着色，用花纸糊墙，特别是用有光泽的纸糊墙），以及建筑物的湿度，都会使墙壁的透气性显著降低，甚至完全丧失。

通过不严密的建筑结构（窗框、门、玻璃腻子、低层地板、上层天花板等），能使大量的空气从周围大气中流入室内。可是保证自然通风的唯一办法，特别是在公共建筑物中（其中也包括学校），是正确设置加强自然通风的装置——窗户、小窗、腰窗。

空气由街道往室内运动的原因有两个：风力和外部与内部气温的差数。在没有风而且街道上跟室内的空气温度相同时，只能由扩散才能够实行换气，但扩散的意义是极小的，因此实际上我们对此是不加考虑的。

在没有温度差和风力微小的情况下，显然，流入室内的空气量是取决于小窗或腰窗的窗口面积大小及通风的时间的。窗口的面积愈大，开放的时间愈长，那么流入室内的空气量也就愈多。

在学校的各个工作室内，规定所有的腰窗（小窗）的窗口面积跟地板面积的比例不得少于1/50。因此，在50平方米的标准教室中，所有的腰窗（小窗）的窗口面积应当是1平方米。在有3个窗户的教室内，必须设置两个以上的腰窗或小窗，每个腰窗（小窗）的窗口面积不得少于0.5平方米。在70平方米的实验室中，小窗（腰窗）的窗口面积平均为1.4平方米，另外必须设置3个0.5平方米的小窗。在加强自然通风的各种设置中，以在窗户上部三分之一处设腰窗为最好。为了使腰窗的窗口面积有0.5平方米，与窗户同宽的腰窗须至少能开放45°。普通的能打开到90°的简单小窗，在这种情况下就应当只占窗户的1/6。

腰窗的设置应当使内窗框的合页能自由地在室内向下开，而外窗框的合页应在屋外向上开，正像图56的断面图所指出的那样。如果腰窗装得不正确，内外窗框的合页都往室内开，那么外窗框的合页在往内向下开放的时候，就会使通气道的面积显著地减小。还必须指出下面这种情况的重要性，就是往外向下打开的外窗框的合页成为腰窗窗口上的帽檐（遮板），它能防止雨雪落入窗户内。

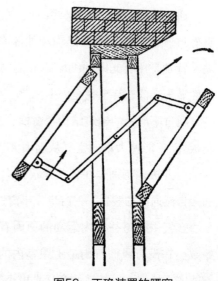

图56　正确装置的腰窗

跟设置小窗相比，正确地设置腰窗有以下三个主要优点。

①打开位于房间上部的腰窗，能比打开小窗创造出更大的温度差，因此就能保证有更大的通风速度。

②空气通过腰窗流进房间的上部，由于其比重大而往下流，就从房间的上层热空气层摄取大量的热，这样就能够保证室内温度有显著的下降。

③由于腰窗设于窗框上部，在春季、秋季以及在室内外空气温度相差不显著的时候，儿童做功课时就可以将它打开。

但是在冬季，通常只有当儿童不在室内时，才可以利用加强自然通风的设置（腰窗、小窗），否则此时不能避免的寒冷气流会引起儿童感冒。所以，在教室里只有休息的时候才能利用这些自然通风装置。

根据苏联的教室标准，每个学生所占的地板面积为1.25平方米，所以教室的高度达3.5米时，空气体积为4.375立方米。根据生理学统计，10～11岁儿童在上课45分钟的过程中，需供给约12.5立方米的空气。建筑的容积标准跟在生理上所需的空气量的这种差别是容易消除的，如果在上课过程中能保证新鲜空气不断地流入教室中，便使得教室能通过教室容积两倍以上的空气。换言之，在上课过程中教室内应当保证换气3次。

要使儿童逗留的房间1小时能换3次空气，最好装置人工流入式中央通风设备。正如前述，对流入室内的空气须预先做相应的处理。从大气中采集的空气，尽可能从远离污染源的场所采来（从校园或二层建筑物高处采来），要使其流经下列小室：①为了除去大的尘粒，使所采集的空气通过沉聚室；②使所采集的空气通过用矿物油涂擦过的金属网制成的滤尘器。使浮游于空气中的尘埃被呢绒（法兰绒）的细毛、毛孔或金属网和空圆筒的涂油表面挡住；③使所采集的空气通过加温和调节温度的小室，在气候炎热的时候，可以以空气冷却室来替代空气加温室。

经过预先处理过的空气，通过墙内管道流入房间内，在这里为了使空气流入而设置一些带栅栏的特别孔眼，这些孔眼设于离地板约2～2.5米高处。

这种经过处理的空气，叫已被调节过的空气，也就是符合预先所提出的温度、湿度、洁净及运动速度等方面的条件的空气。

为了从室内排掉"污浊"空气，可在墙内设置第二管道网，室内的空气沿着第二管道网通过设在暗楼上的连接管道而排到大气里去。为了加速排掉"污浊"空气的过程，在暗楼的连接管道处设置一个抽气通风机。保证向室内压入新鲜空气并从室内排除污浊空气的通风装置，被称为流入式抽气通风装置。在苏联各大城市的许多学校中，都设置有这种流入式抽气通风装置。

人工流入式通风装置要求特别注意对空气通道和所有通过采集空气的房屋保持清洁。人工流入式通风装置系统的各个构成部分，均须采用容易进行湿润清扫的材料（涂油性颜料的瓷砖）来制成。工作人员必须穿非常清洁的鞋和工作服才被允许走进采集空气通过的工作室内。根据建筑物周围大气的温度、湿度情况，对空气的加温调节和湿度调节方面也必须多加注意。

近几年来，空气中阳离子和阴离子的集中所确定的空气带电状态被认为有巨大意义。根据某些观察，空气通过通风室对空气的离子化状态有极大的影响。因此，在已经设有流入式通风装置的情况下，也有保证室内通风的要求，也就是保证直接从周围大气中摄取新鲜空气来"灌溉"室内的要求。

在没有设置流入式中央人工通风设备的情况下，为了保证换气3次学校房舍内合理的自然通风条件是具有特别重大意义的。学校建筑的通风条件应当跟学校的总的情况相符合。

在45分钟的上课时间将近结束时，即使是在保证有3次换气的情况下，教室内空气状态也已经很坏了；也就是说，在空气中的二氧化碳含量已经达到0.1%的限度了。因此，在每节课结束后的休息时间里，应当将所有的腰窗或小窗全打开，使教室实行彻底的通风。这种全部换气的速度，除了窗口的大小，还取决于风力和街道上跟室内的温度的差数。所以，除了特别寒冷的天气外（低于10℃），应当在休息时间内一分钟也不浪费地保证教室得到充分通风。因此，学校的内部规则必须有一条规定，所有的教师要：①下课铃响后，立即结束课程；②让全体学生走出教室；③将教室内的小窗、腰窗和全部窗户打开以后离开教室。

为了加强教室内的换气，在大多数有巨大建筑物的学校内，都在暗楼处设置带有机械动力的抽气管道，以排除教室内的污浊空气，同时打开小窗或腰窗。此种人工抽气通风设备在颇大程度上能加速整个换气过程。

在学校中如没有流入式中央通风设备，那么，为了保证对教室的3次换气，在很大程度上要从邻接的走廊往教室流入新鲜的空气。这就是在学校内部规则上所必须列出的第二条，即在下课铃响后，学校的勤杂人员必须将走廊上的所有的小窗、腰窗或窗户一直打开到上课前，并至少要打开15～20分钟的时间，以便在休息时间内保证完全换除走廊中的污浊空气。随着冷空气的流入，走廊内的温度也降低。在走廊里空气冷却的同时，教室内的空气由于学生身体放散的热而温度升高，从而使走廊跟教室内的空气保持一定的温度差，以保证走廊中的空气流入教室。在晚上课程结束时和在早上课程开始前（儿童们上学前），以及在课间休息时间，要把教室内的和走廊上的所有的腰窗（小窗）全部同时打开，使学校内的全部教室得到彻底的通风。在此时，穿堂风能保证排掉各个所谓"死角"中的滞留空气（指的是由于某些原因而在换气过程中未能排除的空气）。

如不遵守学校房舍的上述通风规则，就会使房舍中的空气显著恶化（二氧化碳达到极限标准0.1%时，空气恶化达0.76%）。但若正确利用学校中的加强自然通风的设备，教室中的二氧化碳含量就不会超过极限标准。

第三节　儿童教育机关的取暖设备和热力规范

任何室内的取暖设备必须符合下列基本要求。

①室内必须保持一定的温度，使人们穿上日常习惯穿的室内衣服时感到很舒适。

②室内的温度，在一昼夜中必须是均匀的。如果采用中央取暖设备，一昼夜温度的变动不应当超过3℃；如果采用局部取暖设备，一昼夜的温度的变动不应当超过6℃。

③由接触外界的墙壁（外壁）至内壁的水平方向的室内温度差，不应当超过2℃。

④由地板到天花板的垂直方向的室内温度差，每1米高度不应当超

过2.5℃（根据赫洛平的数据）。

⑤取暖设备不仅要保证对空气的加温，而且也要保证对内墙面、地板面和天花板面的加温。

⑥放热器应当不使室内的空气质量恶化，例如空气的化学成分和湿度的恶化，或者是使空气中的尘埃量增加等。

⑦放热器尽可能不占取暖房间中的很大的空间。

⑧每个放热器应当具有调节散热作用的相应的附属装置。

⑨放热器应当有安全的防火装置。

在苏联，所采用的室内温度标准如下。

	温度
寝室	18℃
教室	16℃～18℃
走廊	15℃～16℃
冲水式厕所	18℃
气道排气厕所	15℃

室内温度的均匀性，不仅取决于放热器，而且也受外壁的隔热能力的影响。墙壁的隔热能力决定于外壁材料的热传导性、热容量以及外壁的厚度。

取暖设备主要可分为两种——局部取暖设备和中央取暖设备。只为一个房间或相邻的两个房间供暖的，且在被供暖的房间中燃料自行燃烧这样的放热器，属于局部取暖设备。局部取暖设备可以在室内使用壁炉。中央取暖设备的产热器，是设置在远离取暖室的地方（在建筑物的地下室或另一个建筑物内）。由产热器所散放出来热，通过设在取暖室内的放热器被分送到较大半径的范围内。

局部取暖设备所使用的壁炉，分为热容量大的、中的和小的三种。热容量首先是决定于制作壁炉用的材料的热容量，其次是决定于壁炉的构造。

壁炉应当符合下列的各项要求：①不要使燃烧燃料时所产生的有害气体侵入室内；②壁炉的加热面不得加热至70℃以上，因为温度过高能使积聚于壁炉加热面上的尘埃烧焦而分散出大量的辐射热，这种辐射热对于在室内的人们来说，会引起不舒适的感觉；③尽可能有较大的有效系数，也就是使燃烧燃料时所产生的热量尽可能大地保存在室内；④能容易地扫除聚集于炉外面的煤烟和尘埃。

热容量大的壁炉是用砖砌成的。热容量大的壁炉被加热以后至少能在一昼夜间保持热量。在苏联广泛采用的荷兰式壁炉即属于此种壁炉类型（见图57）。

此种壁炉在烧火口处燃烧燃料时所产生的热气，在流出烟道之前，先通过许多迂回式的螺旋道，炉壁因吸收所通过的热而被烘暖，因此在烧火口处的燃烧终止以后，由于壁炉本身的热容量，也就能保持住这种热量。由此可见，壁炉是蓄热器，通过壁炉的外表面热慢慢地放散到室内去。

对沿栅栏管道进入炉内、然后进入室内的外界空气进行加温的通气炉，在卫生学方面来说是极有价值的（见图58）。

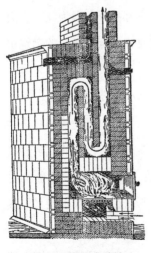

图57　荷兰式壁炉

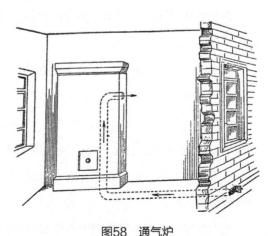

图58　通气炉

为了较节约地燃烧燃料并提高有效系数，热容量大的壁炉须安装有灰坑和密闭的小门。密闭的壁炉还有这样的优点：如果其构造良好的话，在烧火口燃烧终止后可不用关闭壁炉的自动盖，这就防止室内被煤气（一氧化碳）侵入。荷兰式壁炉的外表是用瓷砖铺装的。

在某些场所是采用圆形的乌帖尔马尔科夫斯基式壁炉，其外部是用平滑铁或皱纹铁制成的箱盒覆罩住的。这种壁炉的构造跟荷兰式壁炉极相似，但是它的外壁和分配管道的炉壁要薄一些，因此，它就被较迅速地加温，室内较迅速地温暖，然而也会较迅速地变冷。所以这种壁炉被称为中等热容量的壁炉。

根据苏联现在的情况，在室内的取暖设备方面，包括学校教室的取暖设备，是完全不允许采用金属火炉的。学校的取暖设备应当完全使用具有现代构造的热容量大的火炉。火炉的烧火口须设置在走廊上，这样能防止添燃料（木柴、煤、泥炭）时的尘埃进入教室。应当在儿童到校一两小时前就将火炉生好火。

在任何时候都决不允许在教室内，特别是在炉旁，更坏的是在烧火口内烤干"明天"用的燃料。

在炉子生火时，应当将所有的小窗和腰窗全部打开，因为此时烧火口有着吸收作用而能达到迅速的通风效果，同时为了保证燃料的燃烧也必由室内向炉内供给大量的空气。

属于中央取暖设备的，有蒸汽取暖设备和热水取暖设备两种。

蒸汽取暖设备具有下列严重的缺点：①由于蒸汽取暖设备的放热器剧烈放热，会有引起尘埃烧焦的可能；②由于蒸汽取暖设备的放热器剧烈放热，会使室内的空气变得非常干燥；③在儿童接触到放热器的时候，有发生烫伤的危险。由于存在上述缺点，所以在学校中不能采用蒸汽取暖设备。

热水取暖设备主要是将设置在取暖建筑物地下室内的特制锅炉中的

已被加热了的热水分送到各个需热场所去。热水取暖设备共分为三类：第一类是在锅内水的温度不超过95℃的低压式的；第二类是锅内水的温度达120℃～140℃的中压式的；第三类是在锅内的水的加热温度达150℃～200℃的高压式的。

图59　热水取暖设备系统图

学校建筑物的取暖设备，几乎是没有例外地都采用不超过1个大气压力的低压式热水取暖设备。采用这种取暖设备，烧锅炉的工人就不需有特殊的技术；采用这种取暖设备，由于能控制产热锅炉内的水的温度，比较容易调节室内的温度，采用这种取暖设备，能使配置于室内的放热器的温度不会超过70℃，这样就有可能使学校教室的温度能保持均衡。因此，从卫生学观点来说，热水取暖设备是最良好的取暖设备。

从卫生学观点来说，放热器的构造具有重大的意义。所谓的骨型暖气片，由于难于清扫，往往成为积聚尘埃的场所。因此，采用平滑型双道暖气片是有着显著的优点的。从容易清扫这方面来说，采用单道暖气片和板式暖气片也比较好。我们在教室里取用的暖气片，也应当是比较容易扫除尘土的，为此，必须将暖气片做成倒圆棱角状态。

在采用中央取暖设备时，通常将放热器放在沿着外墙的窗下。这对于墙壁的热的稳定性和保持室内的温度均匀方面来说有巨大的意义。

中央取暖设备应当在学生们上学很早以前就开始生火，要在学生们来到时使各教室内的空气温度达到所需要的标准。

第四节 儿童教育机关的照明

在学校中，自然照明之所以具有特别重大的意义，是因为学生的绝大部分学习都是和视觉器官的负荷有关的；另外，学生们的视觉器官尚未充分发育。根据许多著者的记载，由于学校的照明条件恶劣，学生的近视眼程度随着在校学习期限的延长而加深。弗·弗·爱里斯曼教授在革命前的圣彼得堡曾对400名卫生条件恶劣的学校的学生进行了调查，他发现近视眼是随着学习年数而有规律地增加着的。

苏联学校学生们的视力调查（恩·格·克拉乞科夫斯卡姬）表明，近视学生的数量要比革命前的显著减少。可是，其中近视学生数量由低年级升到高年级的过程中仍然是有规律地增加着的。

上述这些确凿的材料说明，必须在学校中，特别是在教室内为学生的视觉器官的工作创造最良好的条件。

自然光的室内照明首先取决于太阳光线和天空光线所透过的窗户的大小。窗户的玻璃面愈大，射入室内的光线也就愈多。可是，窗户的大小会受到某些情况的限制，例如，窗户的玻璃面太大会显著地降低建筑物的耐热性，因为玻璃是热容量小的材料，它能降低墙壁的隔热性。

表10 在圣彼得堡学校中各年级学生的近视百分比

（根据爱里斯曼的调查材料）

年级	近视眼百分比	年级	近视眼百分比
预备班	13.6%	四年级	38.4%
一年级	15.8%	五年级	41.3%
二年级	22.4%	六年级	42.0%
三年级	30.7%	七年级	42.8%

窗户玻璃面积跟室内地板面积的比例被称为光系数。苏联对教室和实

验室所采用的光系数标准是：城市学校1∶4到1∶5；乡村学校不低于1∶6。

因为在教室内的课桌椅面需要最好的照明，所以窗户的下边缘（窗台）应当跟地板保持80～85厘米的距离。窗户的上边缘离地板愈高，光线透入室内的也就愈多，并且愈深。这种要求在教室窗户对面有或大或小的遮蔽光线射入窗户的高层建筑物时更为重要。显然，在室内某地点能看到的天空愈大，则射入该地点的光线也就愈多。

自然光线照射点的照度是根据开角来评定的。开角是由通过工作面某点的两条线所形成，其中一条线是通过窗户的上边缘，而另一条线是通过对面建筑物的最高点（屋顶）。（见图60）显然，如果课桌椅离窗户愈远，则照射到它那里的光线就愈少。另一方面，窗户的上边缘愈高，照射在课桌椅面上同一点的光线就愈多。

窗户开角不应小于4°（根据赫洛平的数据）。为了保证经过窗户上部能透入最大量的光线，

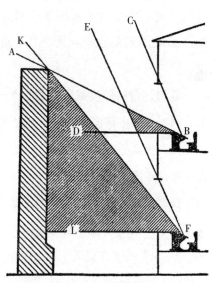

图60　距离邻房的远近跟照明的关系
ABC和KFE——开角；DBC和LFE——射光角；
ABD和KFL——阴暗角

学校的窗户构造必须用椭圆形或方角形的上边缘。

由上述可知为何在乡村学校中可允许小的光系数（1∶6）。乡村环境不像建筑稠密的城市中心那样，没有相对耸立的多层建筑物使学校房间内阴暗。

光系数实质上不能真实表示教室内的自然照明情况。我们可用两个光系数完全相同的教室来加以说明。例如，有两个教室的光系数完全相同，但一个教室的窗户通向宽畅的河边或公园，而另一个教室的窗户通

向集中建有房屋的狭窄街道；显然，虽然这两个教室的光系数相同，但其自然照明情况是有显著差别的。

几何学的方法（开角）也不能完全考虑到决定着教室内自然照度的一切因素，尤其是不能考虑到一些极重要的因素，如从天花板和墙壁发出的反射光线。

因此，现代光学技术和照明卫生都按自然照度系数来评定室内自然照度。此系数是室内某个被评定地点的水平照度跟同时在建筑物外部或附近的水平照度之比。此时，户外照明是以扩散照明来确定的。

显然，自然照度系数能提供关于该室照度的真正具体而客观的概念，同时能考虑到窗户的大小、光线通过窗户时的困难条件、室内墙壁面和天花板面的反射光的意义、建筑物的色彩对室内照度的影响、窗户方向对自然照度的影响等。

自然照度系数是用百分数来表明的。利用光学技术计算出，晴朗天（对中部地区来说）的暴露面的照度为75 000勒克司[①]（在冬天）和100 000勒克司（在夏天）。其中80%（80 000勒克司）获自直接的太阳光线照度，另外20%（20 000勒克司）获自天空光线的照度。

在教室内课桌椅上的最小限度的照度为75勒克司，在中等云雾时街上的照度为6 000勒克司，我们可按下列公式计算自然照度系数。

$$自然照度系数 = \frac{室内照度}{室外照度} \times 100\%$$

将上述数值代入该公式，可得出以下式子。

$$自然照度系数 = \frac{75}{6\ 000} \cdot 100\% = 1.25\%$$

由此可见，教室内离窗户最远的课桌椅上的最小限度自然照度系数

---

① 勒克司（ЛЮКС）：照度单位，即平面上跟1单位光力之光源距离1米时所受的光度。

为1.25%。

在前面已经指出过，墙壁的内壁面、天花板和家具等反射光线的程度（按其粉刷颜色的情况而定）也会影响室内的照度效力。此类因素的作用可从表11中清楚地看出来。

表11　墙壁表面和家具（按其粉刷色彩情况）的反光程度

色彩	反光程度（%）
白细棉布	97
白色的墙壁	70～80
淡黄色	50
天然木色（黄色）	40
浅蓝色	25
浅褐色	15
朱古力色	13
青色和紫罗兰色	10～11
黑色（黑呢子）	1～2
黑丝绒	0.05

许多苏联光学家的调查证实，照度系数的大小取决于墙壁和天花板颜色的深浅，教室内离反光墙最远的地点的变化最为剧烈。

因此，教室内的天花板和护墙板上方的墙壁必须用白色，而护墙板要用浅色。窗户及门也要用白色油漆粉刷。刷洗墙壁和天花板能增强在正常人工照明达75勒克司时的发光效率。与学校相对耸立的建筑物应当粉刷浅颜色，最好是用白色。

为了避免写字的手在笔记本上形成阴影，教室内的光线应从坐着的学生的左侧射入，也就是窗户的位置应当在学生的左面墙上。从后面来的光线会被学生的躯干遮住而在课桌椅面上产生阴影，但是也不允许从前面来的直射光线，因为它对眼睛有伤害作用。

如果在教室内只有从左方来的自然照明，那么不可避免地会产生这样的情况，即教室内各个地点会有不同的照度。其原因有两个：第一，这些地点离窗户的远近不一样；第二，这些地点的位置不一样，有的对着窗户，有的对着窗户间的墙壁。

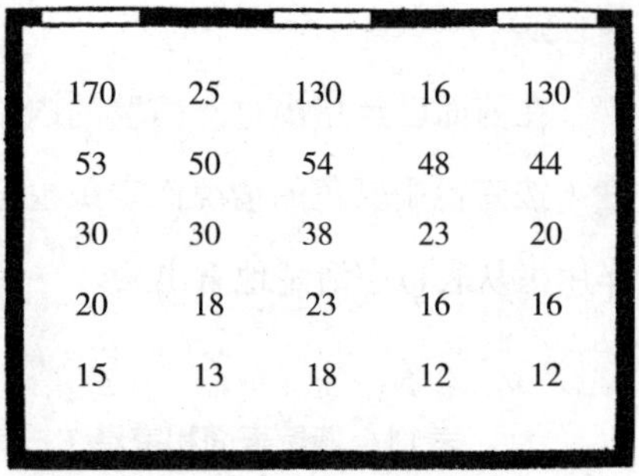

170	25	130	16	130
53	50	54	48	44
30	30	38	23	20
20	18	23	16	16
15	13	18	12	12

图61　教室内各地点的照度（单位：勒克司）

根据距离窗户的远近而变化的照度有下述规律：某个面的照度强度跟光源到该面的距离的平方成反比。在教室的照明条件下，由于室内表面反射光对照度的影响，这个规律会发生不可避免的偏差。但是，基本上是依据由窗户到教室内某地点的距离来确定照度的变化的。

这个规律的先决条件是教室的宽度为6米，而离开反光墙最远的和最靠边的一排课桌椅的距离为5米。

处在窗户对面的和处在窗户间墙壁对面的教室内各地点的照度也有不可避免的差别。所以要尽可能使窗户间的墙壁的宽度小些。

考虑到紫外线辐射对儿童的发育和对教室的卫生状况的特别重大意义，学校建筑物必须安排于正中，通常是朝向地平线的南方、西南方或东南方，同时必须保证所有的窗户都有窗帘设备。

在苏联学校面前摆着一项任务：不仅要保证对儿童的教育，而且还要广泛地开展对学生的政治和社会文化知识的增长有重大意义的校外工作。这项工作基本上是在学习以外的时间，也就是在晚上的人工照明的条件下进行的。

在我们广大的苏维埃土地上，有许多地区由于照明气候的特殊性，不论是在早上的时间，还是在工作将近完毕时（午后2～3时），自然照明是不足的，而在个别情况下（例如在近极地区和北极圈内），每学年的学校工作有绝大部分的时间只能在人工照明下来进行。

可是，人工照明在一定的条件下（照明强度，光泽，闪光，污浊空气）会给人的身体带来严重的危害。

因此，对人工照明提出下列各项要求：①人工照明必须光度充足，而且不使人目眩；②人工照明必须尽可能使整个课桌椅面的光线均匀，没有浓影及刺眼的反射光线；③光线必须是扩散的，没有浓影的；④照明必须是均匀的，不是闪烁的；⑤人工照明不应产生能改变空气的化学性能或物理性能的燃烧产物；⑥人工照明不应使房间或人发生火灾、爆炸、触电、中毒等危险事故。现在基本上都利用电和煤油作为照明材料。电照明是学校中唯一合理的照明。根据上述列举的对人工照明的要求的次序，我们再来好好地研究一下。表12是苏联现在采用的教室内的最低照度标准。

表12　学校的最低照度标准

房屋名称	照度（勒克司）
教室（在课桌椅上及在教室黑板上）	75
绘画室，制图室，手工室	100
体育馆（在地板上的照度）	30
休息室（如果以走廊作为休息处时，走廊的照度标准也相同）	20
厕所，挂衣室，走廊，通道	15

对于上表中所引用的照度标准，绝大多数著者认为是最低的，因此，学校各室的照度，有可能的话，还应当增高一些。增大照度强度时，不应有引起眼睛有不舒服感觉（眩目）的闪光的增加。利用适当的设备（灯罩）并将照明器（灯）挂在适当的高度，光源的闪光和目眩是可以避免的。课桌椅表面的闪光可以用粉刷无光泽的油漆来避免，同时

可使课桌盖呈倾斜状态。教室的黑板和护墙板也可采取同样的办法，即用无光泽的油漆来粉刷。此外，黑板应当有特设的照明设备。

对于照明的均匀性，应当尽可能地使教室内各个地点和同一课桌椅面的不同各点具有相同的或者相差不大的照度。要求教室内的最小的和最大的照度的比例不小于0.5，也就是在最小照度为75勒克司时，最大照度不得超过150勒克司；在最小照度为100勒克司时，最大照度不得超过200勒克司；等等。

在教室课桌椅的上方适当地配置照明器（灯）来实施全面照明，能够更好地保持照明的均匀性。莫斯科光学技术委员会所制定的学校照明的规则和标准中，建议在离地板3米高处悬挂6个照明器（灯）。

光线必须是扩散的，而且没有浓影。在人工照明时，采用灯罩就可形成扩散的光线。在学校内，尤其是在教室内，不允许采用没有灯罩（保护眼睛免受闪光的侵害）的照明器（灯）。

直接照明的照明器（灯），即使在其下方有扩散光的灯罩，但是因照明器的光线仅能向课桌椅面的方向照射，在学校各室内是不被允许采用的。这种形式的照明器，由于能消除掉天花板及墙壁上部的反射光线，不可避免地使学生的头部、躯干及手在课桌椅面上产生阴影。万能照明器就是属于此种类型的照明器。只有在学校中的运动场、溜冰场和学校场地等处，才能采用此种类型的照明器。

为了扩散光线，可以采用乳白玻璃（不是磨砂玻璃）的灯罩。

在学校照明设备中，有一个时期曾广泛采用的是用整块玻璃制成的"溜捷太灯罩"。该灯罩的下部是开口的，因此它有许多严重的缺点。其中主要的缺点就是在课桌椅盖上有不可避免的闪光且不能保证照明的均匀性。以供给反射光为主的"溜捷太联合型"照明器，是学校各室都可采用的一种很好的照明器。这种照明器是由两个金属环状灯罩联结构成的，其下部是用乳白玻璃，其上部是用磨砂玻璃（见图62）。这种照明器往下照射的光线是扩散的，而往上照射的光线会由天花板和墙壁上部反射回来。所以，在教室中采用这种类型的照明器是非常合适的。

在最近几年中，在学校照明设备中，被最普遍采用的是球形照明器和类似球形的照明器。这种照明器是最符合教室照明的卫生学要求和光学要求的（见图63）。

现在已开始普遍采用"日光灯"作为流明灯照明，它所发出的光线，按其本身光谱组成来说，是近似自然光的。耳·符·米海依洛娃所做的调查指出，儿童在安装有流明照明设备的教室内上课，良好视力稳定性的降低率平均为12%；而在安装白炽灯照明设备的教室内上课，良好视力稳定性的降低率平均为18%。此外，在教室内采用流明灯照明所耗损的电能，要比采用白炽灯照明所耗损的电能减少到31%。这就说明采用流明灯照明是能大大提高学校内的照明度的。这种灯对于儿童教育机关的照明，特别是对于学校照明有极显著的优点，因此，应当在学校和幼儿园中被广泛地采用。

图62　溜捷太联合型照明器

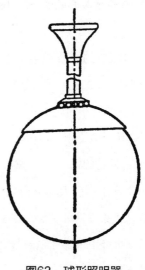

图63　球形照明器

采用电照明的时候，电灯的闪烁主要是由电网的直流变压所产生的。这会引起导致眼睛迅速疲倦的一个不断的适应过程。在照明器摇摆时也会发生同样的情况，因此，必须使照明器固定地悬挂在一定的地方。

在对室内空气性能变化的影响方面，电照明被认为是最良好的。电灯对空气的化学成分变化没有任何影响作用，它将热能发散到空气中，但是现代的电灯的热能并不很大，而且对室内空气质量也不会有什么影响。

为保证儿童免受电流的伤害，在所有露出电网导线的地方（开关），必须安装能用锁关闭的小箱。所有的开关都应当安装在儿童所不能攀及的高处。

为了在教室内创造所需要的照明度，每一盏灯的电功率需要200瓦特，因而在教室内的电灯的总电功率为1 200瓦特。教室内每平方米地板面积照明所需的电功率为24～29瓦特/平方米。

煤油照明有许多严重的缺点，特别是由于苏联的电力事业大大发展，以致采用煤油照明的公共场所，其中包括学校，都逐年地不采用它了。

煤油照明的主要缺点就是在燃烧煤油时会使大量燃烧产物（碳酸气、水蒸气以及热）不可避免地进入室内空气中。在学校中所采用的大煤油灯，它在1小时过程中所散出的二氧化碳是一个成人所呼出的12倍，放出的热和水蒸气则为8倍。

煤油照明的第二个严重缺点就是有发生火灾的危险性。对学校来说，由于学生有极大的活动性，这种严重的危险性就特别需要注意。

考虑到火灾这种情况，在学校内只能允许采用悬空高挂的煤油灯。在这种情况下，由于煤油贮油器位于发光火焰的下面，在绝大部分的课桌椅面上就有因贮油器而产生的阴影，这一点是不能不被充分估计到的。

煤油照明在学校的采用实际上只局限于那些没有电照明的地方。采用煤油照明的学校数目逐年地减少着。

虽然自然照明的计算和人工照明的设备合乎标准，但是室内的照明度经常是在降低着的。降低的原因是不注意窗户玻璃的质量和整个室内的洁净度，不注意窗户和人工照明的灯罩。下面所引用的就是说明窗户玻璃的污垢对于光线射入的影响的材料（表13）。结了冰的玻璃，能吸收通过该玻璃光线的80%。灯和灯罩的污垢对光线照射也有极大的影响（见表14）。

表13　窗户玻璃的污垢对光线射入的影响

| | 透射系数（%） | | 擦净后光射入与污染时光射入的比例 |
	污染时	擦净后	
一般的玻璃	12	78	7.3

表14　有污垢的灯和灯罩对光线照射的影响

	勒克司
最初的照明度	29
去污后的灯和反射器	39
新灯泡	54

正确的要求就是每年至少擦拭窗玻璃的外面3次，一个月擦拭窗玻璃的内面两次。

第五节　儿童教育机关的给水

水对于机体生活过程的作用与空气、食物、光的作用同样大。人的体重约有60%是水。没有水，营养物质的消化过程、机体排除分解产物的过程都是不可能实现的。

为了满足这些生理上的要求，成人的身体一昼夜需要有3～4升的水。在进行繁重的体力劳动而同时又大量出汗的时候，水的需要量会增高到3～4倍。

此外，为了满足人类文化卫生的需要（洗身，洗衣服，烹制食物，等等），在居民点的卫生、经济和工业上，水也是必需的。上述各方面需要的耗水量，跟身体的生理需要上的耗水量相比要大得多。

学校必须保证充分供给水，以满足学生对饮水、烹制热的早餐、洗手、健身房的淋浴、保持建筑物的清洁、排除污物、学校场地的喷水以及教学工作（化学、生物学等课程）等方面的需要。为防火而备有充分的水也有极重要的作用。根据苏联所采取的标准，在学校里必须保证每名学生在一昼夜间有15升的水，如果学校内有淋浴则必须保证每名学生有40升的水。

在人类集体生活中，水一方面起着重大的作用，但同时它也能成为许多传染病——肠伤寒、痢疾、蠕虫病等的感染源。使水源成为感染源的原因，归根结底是病人，在个别情况下也可能是由动物（受蠕虫传染）造成的。

因此，卫生学对于居民的用水提出了一系列要求，以保证水的良好质量。可饮的水必须是无色、无嗅、无味，具有5℃～11℃的温度且不含有病菌。

在决定水是否可饮用以前，必须对水进行仔细的化学和细菌学上的检验。在对水进行化学分析的时候，要检验水中是否存有能证实水源被动物污秽物（粪便、尿等）污染的有机物质、氨、硝酸盐和亚硝酸盐，这是有特别重大意义的。这些污秽物很容易使感染性微生物渗入水中。因为有机物质是细菌的良好培养基，如发现水中含有大量细菌时，则可证实水已受到相当大的污染。

发现水中的感染性细菌是非常困难的，因此，在对水进行一般检验的时候，只能确定1立方厘米被检验的水中的总的细菌含量，以及其中所能发现的大肠杆菌。如怀疑水成为某种传染性肠疾患的传染源时，则可进行较详细的细菌学检验。

在评定水的质量时，在水中的制约着所谓水的硬度的钙盐和镁盐的含量也有重大的意义。硬水虽然对身体没有直接的危险性，然而是不好的，因为用它煮食物（肉、蔬菜）时不易煮烂，用它洗衣服时肥皂不起泡沫，而且还能在锅壁和厨房食具上残留大量的沉垢。

为了获得水，可以利用露天水源和密闭性水源。属于露天水源的是河、湖、池塘；属于密闭性水源的是由地下水层供水的泉水和各种形式的井。

露天水源极容易被从两岸居民点流下的污物及污水污染。因此，从卫生学观点来说，一切露天贮水泊都是可疑的。从污秽物对水源的污染程度来说，露天贮水泊愈小，它的危险性就愈大。

因此，在利用露天贮水泊供给居民点的用水时，要沿着取水地点的上游，取一段能使所取的水不受污染的距离，由法律规定为水源地的卫生防护地带。例如，社会主义时代的最雄伟的标志——莫斯科运河，就是以良好质量的水来保证莫斯科的自来水供应的一个典型的露天贮水泊，在这条运河上建立了最严格的水源卫生防护。

在河流及大湖里，由于细菌沉于水底、细菌被水中的原生动物吞食以及太阳紫外线辐射的杀菌作用，水本身具有自净过程。可是，自净过程是非常缓慢的，其自净强度也是取决于一系列的因素（水的流动速度、季节、气象条件等）。

这一切都说明，有可能的话，最好利用密闭性水源。所有的密闭性水源，都是通过土壤，由其中悬浮的微粒（其中也含有细菌）加以净化后，以地下水的形态供给水的。同时，滤过的土壤层愈厚，完全除掉地下水中的细菌的可能性也就愈能得到确实的保证。

给水分为局部给水和中央给水两种。一些不大的居民点通常利用局部给水。局部给水的水源可以是河、湖或井。

在利用露天水源的时候，饮料水和食物烹制用水必须从一定的地点汲取，最好是在村镇的上方。洗衣服和喂牲畜等用水，也必须从正确地规定好一定的地点来汲取，最好是在村镇的下方（沿着河流的下游）。供洗澡用水的地点，必须在洗衣服及喂牲畜等用水地点的上游，然而应该在汲取饮料水和食物烹制用水等地点的下游。在河流两岸，如要建筑能使水污染的牲畜栏、马厩、宰牲场等，也必须建筑在村镇居住地带的下方（河流下游）。

密闭性水源（井），只有在构造合理时才能保证供给良好质量的水。井分为挖凿井（竖井）和管状井。

从位于不太深的（不到8米）第一层渗水层处供给水的挖凿井，是有很大危险性的，因为土壤的滤过不充分，而且滤过层有缝隙和裂口，所以含有有机物质、细菌的表面水和污水就有可能流入第一层渗水层。因此，用井来供给水的时候，以第二层渗水层为宜，在任何情况下，井的深度必须不得少于8米，这样才能保证滤过层的充分的滤过清除强度。

井身的内面必须有不透水的木头井围、混凝土、砖或石。井底必须是在水层中（见图64）。

为了保护井不被从地表面流

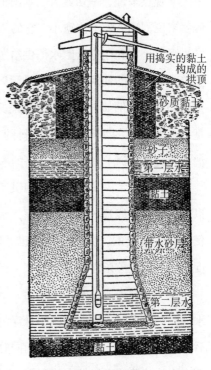

用捣实的黏土构成的拱顶

砂质黏土

砂子
第一层水

黏土

带水砂层

第二层水

黏土

图64　镀孔井

下的、通过地层渗入的污水或污秽物污染，必须采取下列各项措施。

①挖凿井必须离污水坑、牲畜栏、马厩等处至少10米，并且尽可能设置在庭院的高地段处。

②在井围跟相邻接的地层之间，至少要有2米深、0.5米厚的紧密的黏土层，这黏土层是不渗水的黏土拱顶（或称为土垫）。黏土拱顶能保护井身不被污染了的地面水渗透。

③跟井身直接接触的地表面应当有倾斜的坡度，坡度方向应是由井向外倾斜，在此倾斜坡度上铺放小圆滑石。

④为了防止空气中的尘埃落入井坑中，应设置带盖的木制遮棚。

⑤为了避免使井被各自家里带来的水桶污染，规定必须用"公用吊水桶"从井口汲水。要用绳索或锁链将吊水桶固定在能很方便地从井的深处往上汲水的绞盘上。

⑥利用插入井中的手摇泵向上汲水是更为方便的。此时，为了彻底防止由外部进来的污染，要把井坑的上部开口严密封闭，在遮棚上铺上黏土层，然后将地面捣结实。从井中来的水，由配水管导入位于侧面的带手摇泵的配水柱中（见图65）。

⑦在距井5米附近，绝对禁止洗衣服或给牲畜喂水。

所谓管状井，比挖凿井有更多的优点，因为管状井可以避免井内渗水层从上部污染的可能性。管状井有吸水井及自流井等主要类型。

吸水井是用几根直径为3～6

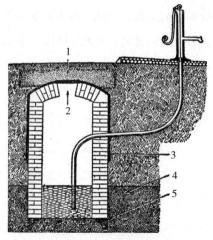

图65　竖坑井
1. 黏土层；2. 竖坑井的入口；3. 中央井围；
4. 渗水层；5. 用水门汀或铁板制的井基

厘米的铁管，并用螺丝拧在一起，一直打到地下的渗水层。为了汲水，这些铁管的下端具有开着孔的圆润的尖端。铁管的上端连接手摇泵，该泵的强度要能扬水至8～10米。吸水井由于铁管直径小及泵的力量弱，供水量较少，因此，它专被用作满足饮水及烹制食物用水的需要。在供农业上使用时，还必须有另外一个能供给大量水的不深的挖凿井。这种类型的井，对于消费水量不大的规模小的农村学校来说是很适用的。

自流井也是属于管状井和钻孔井这一类型的。这种井的优点在于在个别情况下能从1 000米或1 000米以上的深处供给地下水。在这种深度的水由于该处的自然高压而具有自流性，因此自流井就常常能喷出水来。

在人口稠密的城市中，由于建筑物密集，土壤不可避免地受到废弃物及污物的严重污染。因此，在这种情况下，利用露天水池或挖凿井是非常危险的。在这种情况下，中央式给水就能为居民保证充分的给水。

苏联的都市上水道设计，规定每名居民一昼夜的最小给水标准为150升。在上水道网所供给的水被大量消耗的情况下，必须找出具有相应容量的水源。自然、露天贮水泊（大的河、湖）是较容易保证满足这种要求的。可是，在利用露天贮水泊时，必须要考虑到有供给不合乎各项卫生要求的水的危险性。因此，在绝大多数的情况下，利用露天贮水泊作为中央式给水时，必须对夹杂在露天贮水泊中的微粒，其中包括细菌，预先进行清洁工作，而在必要时还须改善其化学和物理特性。

水的洁净工作是从特设的澄清水池内开始的，在这里清除水中的混浊物、水草和沉在池底的大量细菌。将水澄清后，再使其通过砂滤器实施过滤。在水源有严重污染时，除将水过滤外，还需对其进行氯的化学处理。为此，需采用漂白粉或气体氯。

假如在设有学校的居民点并没有中央式给水，学校给水问题的较好解决办法就是装置屋内上水道。此种上水道可由井（管状井或竖坑井）

或近旁的河（湖）来供给水。管内的水借助泵的力量上扬至水塔内的贮水槽中，水依赖重力而从贮水槽沿下降管送往屋内的水龙头处。在学校内装置屋内上水道是非常重要的，因为这样学校就能保证使用中央取暖装置和水冲式厕所。

在不大的集体（学校，幼儿园等）中，为了改善其饮水的质量和对饮水的消毒，可以使用通过瓷制的或硅藻土制的特别过滤器的过滤水，或采用煮沸的水。

在满足不大的集体（特别是学校）的饮水需要方面，对水进行消毒的最可靠的方法便是煮沸法。煮沸的时间为10～15分钟。水的煮沸必须在不变化水的化学特性和味觉特性的容器中进行。在这方面，采用镀锡容器是最好的。

"提坦"型和"武耳坎"型煮水器是供应开水的较好的器具。这些煮水器的主要优点在于水没有煮沸（100℃）时不会从水龙头中流出。此外，这些煮水器都有一个特制的水槽，使自动沿着密闭管进入这里的开水冷却，而且能够使获得的冷开水不会在冷却过程中有被污染的危险。

在规模不大的农村学校中，为了准备开水，通常可以使用很好地镀过锡的普通水壶。

为保证学生的饮水，下述两个因素有特别巨大的意义：①开水的存放；②喝水用的器皿。在必须利用开水作为饮水的学校中，为了避免脏手将水污染，可将开水保存在带盖的并且上锁的特制水槽中。不论是已经冷却的水还是开水（开水必须在水槽中冷却），水槽中的水最好直接由煮水器的水龙头灌放。假如用水桶来盛放水槽中的开水，水桶必须有特制的盖，或有专遮水桶用的洁净的材料（2～3层细密的纱布）。

存放开水用的水槽，是用镀锌的或涂有瓷釉的铁板制成的。在任何情况下，都不能利用染色铁板制造水槽，因为颜料往往会使水带有一种令人不舒服的味道。搪瓷和煅制黏土是良好的制作水槽的材料。每天课程结束后，必须仔细地洗刷水槽，并在最后用热水将水槽洗灌后使其干燥，一直到次日早晨。在水槽内绝对不允许有留剩的隔夜水。

在学校中所使用的饮水杯（带把的杯），能成为由某个儿童口腔传至其他儿童的感染病（白喉，猩红热，流行性感冒等）的通路。对学校中所使用的饮水杯（带把的杯）的检验，证实在饮水杯的上边缘有无数的细菌，例如有病原溶血性链球菌，这种细菌几乎总是沾在儿童的喉部，并引起猩红热疾患。这种情况说明，学校必须设法减少儿童在饮水时受到感染的危险性。

防止这种危险性的最好的方法就是采用喷水龙头。这种喷水龙头的水流能直接落入饮水者的口腔中，因而就可以不使用带把的水杯。在有供给质量非常良好的水的上水道的场所，将这种喷水龙头直接连接在上水道网，就可完全不使用带把的水杯（见图66）。

在必须饮用开水时，这种喷水龙头就不太实用。注入式喷水龙头必须耗费大量不必要浪费的水，因此就使水槽频繁地增添开水。所以，实际上在第一次和第二次休息后，水槽内常常已经没有饮水了。

在必须使用带把的水杯时，必须绝对禁止在水槽附近只备有一个带把的水杯，特别是严禁用涂釉质的带把水杯，因为这种水杯的边缘上的釉质会迅速地脱落，在这些凹窝处就能积聚含有食物残渣或含有

图66　饮水喷水龙头

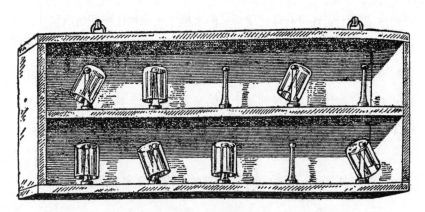

图67　玻璃杯架
（上层——清洁的玻璃杯；下层——使用过的玻璃杯）

细菌的唾液。此时应当使用玻璃杯，而且在每个水槽处尽可能多地准备水杯。不论在哪种情况下，至少每8名学生有1个玻璃杯。这些玻璃杯必须存放在高吊于水槽附近的墙上的框架上。这个框架应当分成两层，并用显著的对比颜色（白色、蓝色或其他）来粉饰。上一层（白色）中存放清洁的洗干净的玻璃杯，下一层（深色）存放使用过的玻璃杯（见图67）。在框架的每一层上要标上明显的标志"清洁的玻璃杯""使用过的玻璃杯"。

清洁女工应当经常巡视各个水槽，并将使用过的玻璃杯用开水洗灌干净。即使有儿童拿使用过的玻璃杯来饮水，由于玻璃杯数量较多，所以也比大伙都使用一个水杯要好得多，因为此时散布感染的危险性要小些。

在学校中，水除了供作饮用外，在保持学校的卫生方面，特别是在用最完善的方法来保证排除污物（设置水冲式厕所时）方面，起着很大的作用。

在设有中央式上水道或屋内上水道的地方，应当安装直接从上水道供水的淋浴器和洗脸器。在冬季，这种水道内的水是非常凉的，因而会在清洗时感到不痛快，甚至手产生疼痛的感觉。为了避免这种情况，最好在水道管上安置带有球式闭锁器的水槽（正如冲洗厕所时所使用的那样）。在屋子上部比较暖和部分的水槽内的水，经常能保持在室内温度的标准。水槽的容积应当根据洗脸室里的水龙头数量以及使用洗脸用具的儿童人数来计算。学校的每个洗脸室里的水龙头数量，应当以每30名学生使用1个来计算，而且至少要安装3个水龙头。

第六节　排除儿童教育机关中的污秽和废弃物

污秽和任何一种废弃物，都能成为保存和散布各种病原微生物的良好媒介物。在各种传染病（肠伤寒、痢疾、肺结核）患者或者是带菌者的排泄物（粪便、尿、痰）中，都含有各种传染性病菌。这些污秽物在掉入贮水泊（河、湖、井）或污染了土壤的时候，在一定的时间内，水和土壤还会为这些细菌提供保持它们的生命力和有害性的必要的营养物质。这些细菌或者以苍蝇为媒介，或者通过空气，就能附着在食物上、食具上以及健康人的手上，由此就能成为感染的原因。

此外，人和家畜的排泄物以及腐败了的各种废弃物，能够散放出腐化室内空气以及相接触的大气层的臭味气体。这些臭味气体，对身体的生活能力起着有害的作用（引起呼吸和心脏活动衰退、食欲减退、头痛、贫血等）。

根据上述情况，必须尽可能迅速地排除机体的排泄物、各种废弃物和尘埃，严格预防室内和居民点的空气中有臭味气体。

排除机体的排泄物（粪便、尿）的最良好方法就是采用水冲式厕所。在没有中央式水道和屋内水道时，必须设置一些简单的厕所，其中最适合学校用的是暖和的气道排气厕所。这种厕所内的污物（粪便、尿）不是用水流冲入便坑，而是通过气道流入便坑。为了预防便坑中的臭气外流，在气道排气厕所中就没有"手拉柄"和水冲式厕所中所安装的"闸板"，为了预防气道排气厕所的臭气外流，必须正确地设置通风装置（见图68）。在便坑处安装排气管，该排气管通于烟道柱的盖顶，并紧靠着火炉的烟道（气道排气厕所中的取暖炉）。因为烟道跟排气管相靠近，所以排气管里的空气常被加温，比较凉的空气从厕所中和便坑中自然地通过烟道柱孔而被吸引到排气管中。

为了使气道排气厕所不间断地进行换气，为了防止学校受臭味气体的影响，必须遵守下列各项要求：①便坑的进出口必须严密关闭；②排气管的空气温度必须保持高于厕所的温度，为此，不能将壁炉完全冷却；③厕所中的小窗和窗户不得打开，以免厕所中的臭气流进学校内相邻的屋子里；④利用厕所前室使厕所跟邻接的走廊、教室隔开，以防止夏季不用壁炉时臭味气体的侵入。

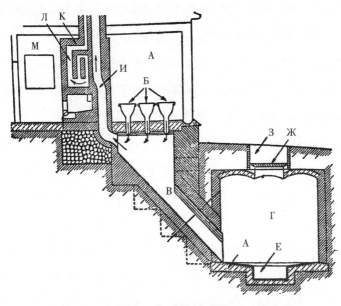

图68　气道排气厕所

А. 厕所；Б. 便器；В. 流出管；Г. 便坑；Д. 便坑的混凝土地基及周壁；Е. 为了便于清除的便坑底部的凹窝；Ж. 清除并用的汲出口；З. 向汲出口内填土；И. 风道；К. 取暖器；Л. 火炉的烟道；М. 取暖器室

在学校内不应当特别设置跟学校建筑物相远离的凉厕所（户外厕所），因为儿童在使用这种厕所时有患感冒的风险，并且还能使学校中的各个场所不可避免地被粪尿污染。

由于学校中课间的休息时间少，为保证对厕所便桶的使用效率，便桶数量应当这样设计：男孩厕所的每1个便桶供30～40名学生使用，女孩厕所的每1个便桶供20～30名学生使用。在男孩厕所中还须设置长度为0.9米的小便池（以每100名学生计算）。

为了保证厕所座位的卫生，在座位处必须设有能使座位自动地由水平位置变成垂直位置的平衡锤。此外，在学校中还需设置"卫生座位"，这种座位在其椭圆形座位处的前部有一个切口。

因为水冲式厕所的水箱手拉柄易被粪尿污染，以致有可能传播肠传染病和侵入内脏的寄生虫。因此，在学校中最好采用脚踏放水器，只用脚踩踏安置于厕所地板上的脚踏板即能使水槽中的水流出冲洗便桶。

厕所的地板必须非常洁净，不应有湿透的情形。为此，最好采用方块的地板。柏油地板是完全不合适的，因为粪便会对它起一种毁坏作用。厕所中的地板、护壁板、手拉放水器及座位，每天要用0.2%纯漂白粉溶液清洗。对厕所门上的手把也要用这种溶液清洗。

只有在备有中央式给水的居民点内才可以设置浮送下水道。下水道中的污水，或用以灌溉田野，或导入附近的河中。如果将污水导入河中，则须选择在离居民住宅远些的下游地点，并且必须预先对污水进行消毒。

如果没有下水道，就要把污秽收聚在污秽箱或便坑内。便坑离地基外界的距离不得少于1.4米，而跟井的距离必须保持至少25米。为了防止土壤被污秽物浸染，便坑壁必须是由不透水的、在其整个外表面夹有黏土间层的混凝土构成。便坑中的污秽必须定期地被卫生车拉走。

第七章　儿童教育机关的设备

第一节　儿童教育机关设备的卫生要求

对儿童教育机关任何一类设备的主要的和一般的要求包括下列几点。

最主要的要求是设备要适合儿童和少年的年龄特征及能力。

各类设备的安全和避免对儿童少年的伤害（玩具上不要有锐利的和刺手的尖端，家具上不要有凸出的部分，制造玩具时要采用对健康无害的材料，等等）也是很重要的一个要求。

各类设备在流行病学方面的安全也有极重大的意义。在卫生方面，使设备易于打扫，并使它保持标准的清洁，这些也有很大的意义。

最后，任何一类设备应该便于儿童和少年使用，不致引起他们的多余和不合理的动作。

第二节　学校和其他儿童教育机关的家具

对学校和其他儿童教育机关的家具的主要卫生要求是要跟儿童和少年的身高和身体比例相适应。它们对儿童和少年来说应该是很方便的，不使他们消耗过多的力量。儿童教育机关的家具不应当是笨重的，在使用它们和打扫它们的时候能够容易挪动。

在小学、七年制学校、中学、技工学校和其他教育机关的家具中，最主要的一类是课桌椅。课桌椅是否有正确的构造、它的各部分对学生身高和身体比例是否合适，关系到儿童和少年是否有正确坐姿，关系到是否会破坏他们的正确姿势和是否会使他们的脊柱弯曲，同样也关系到是否会损害他们的视力。在构造方面课桌椅应该是坚固和稳定的（图69、图70）。

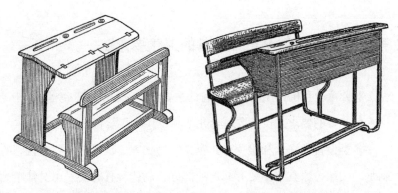

图69 弗·弗·艾里斯曼教授设计的课桌椅　　图70 铁制课桌椅

关于坐的卫生和生理原理有以下几点。头部重心在人的头颅的面骨部分，而支点在头颅底部和第一颈椎关节上（图71）。因此头部的重心位于其支点的稍前面，身躯的重心位于下部胸椎的前面，而其支点在腰骶部，也就是说大体上它们在同一条垂直线上。

当人站着或坐着的时候，他的身躯处在垂直的、不完全稳定的状态。它由后面颈部和背部的肌肉的紧张状态支持着。这样笔直姿势的坐法是最不易令人疲劳的；笔直的姿势能够保证身体，特别是心脏、胃和呼吸系统的正常机能。但用笔直的姿势坐得久了就会开始疲劳，后面颈部和背部的肌肉紧张度就会减弱，因此首先是头的重心，然后是身躯的重心向前移动，身躯的平衡就遭到破坏，这样就引起了身躯向前倾（图72）。

坐在课桌后的时候为了使肌肉的疲劳开始得晚一些，需要为身躯提供辅助支点。这个辅助支点就是课椅的靠背，它在腰骶部分给身躯构成了支点。

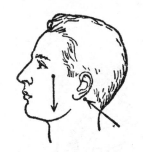

图71　头部的重心和支点

对正确制造课桌椅的很重要的要求是课桌要有倾斜桌面（14°～15°的倾斜度），椅子要跟桌子相连。课桌面的倾斜状态使学生能够容易观察放在桌子上的书籍和练习簿。课桌椅的椅子和桌子相连是因为在课桌椅构造正确的情况下这能够使学生容易坐到位子上去，并且使他能够把背靠在椅子的靠背上，这样就减少了疲劳。这是预防脊柱弯曲的重要条件之一（图73）。

图72　身躯的重心和支点的关系

课桌的倾斜桌面应该使学生能够很方便地在它上面跟桌面边缘成25°角地安放书籍和练习簿。为了使学生在回答问题时能够自由地站起来，课桌面要这样构造：它的一部分能够掀开（可以掀开的部分是用坚固的铰链固定在不活动的部分上的）。双人课桌的固定桌面是由两个部分组成：①一块不太大的平的桌

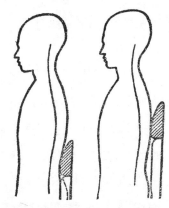

图73　靠背跟脊柱弯曲部分相适合：单靠背和双靠背的支点

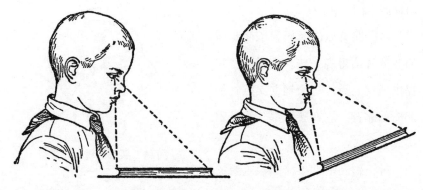

图74　坐在平面桌和倾斜面桌后面从眼睛到书本的距离

面，上面有两个装墨水的洞以及两个放钢笔和铅笔的槽；②倾斜部分。

　　课椅的宽度（或座位前后边缘的距离），按其尺寸来说应等于学生大腿的2/3～3/4。座位的宽度太大，学生膝窝处的血管和神经就会受到压迫；座位的宽度太小，学生就很难有稳定的坐姿，他常常会不得不从椅子上滑下来。椅子座位离地板的高度应当等于到学生膝下窝为止的小腿长度加上后跟高度2厘米。座位的高度若大于上述的高度，学生由于脚下没有支点，就要从椅子上滑下来；座位的高度若小于上述高度，小腿和大腿、大腿和盆骨的关节就会成锐角，这样就会引起下肢血液循环的困难。椅子的靠背应当到脊柱腰部弯曲处，而其横断面应当跟脊柱的弯曲相一致。

　　课桌面及其椅子的正确的相互关系决定于靠背的正确距离、座位的距离和课桌椅的高度差（图75）。

　　课椅靠背的距离就是课桌面后缘到课椅靠背的距离。学生身躯的直径加上3～5厘米是靠背的正确距离。如果课椅的靠背离桌面的边缘太远，那么学生在阅读和书写时就不能靠在椅背上，他就沿着椅子向前移动，自然地，他就会很快地疲劳，首先是背部肌肉的疲劳。为了减轻疲劳程度，学生被迫采用不正确的姿势，这个不正确的姿势会引起对学生

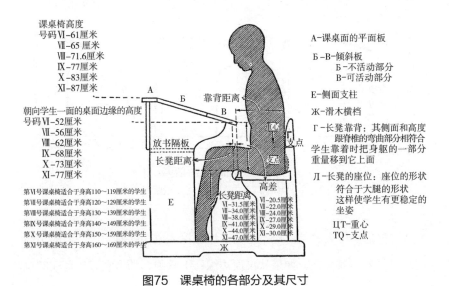

课桌椅高度
号码Ⅵ-61厘米
　　　Ⅶ-65 厘米
　　　Ⅷ-71.6厘米
　　　Ⅸ-77厘米
　　　Ⅹ-83厘米
　　　Ⅺ-87厘米

朝向学生一面的桌面边缘的高度
号码Ⅵ-52厘米
　　　Ⅶ-56厘米
　　　Ⅷ-62厘米
　　　Ⅸ-68厘米
　　　Ⅹ-73厘米
　　　Ⅺ-77厘米

第Ⅵ号课桌椅适合于身高110~119厘米的学生
第Ⅶ号课桌椅适合于身高120~129厘米的学生
第Ⅷ号课桌椅适合于身高130~139厘米的学生
第Ⅸ号课桌椅适合于身高140~149厘米的学生
第Ⅹ号课桌椅适合于身高150~159厘米的学生
第Ⅺ号课桌椅适合于身高160~169厘米的学生

А-课桌面的平面板

Б-В-倾斜板
　Б-不活动部分
　В-可活动部分

Е-侧面支柱

Ж-滑木横档

Г-长凳靠背：其侧面和高度
　　　跟脊椎的弯曲部分相符合
　　　学生靠着时把身躯的一部分
　　　重量移到它上面

Л-长凳的座位：座位的形状
　　　符合于大腿的形状
　　　这样使学生有更稳定的
　　　坐姿

ЦТ-重心
TQ-支点

长凳距离
Ⅵ-31.5厘米　　Ⅵ-20.5厘米
Ⅶ-34.0厘米　　Ⅶ-22.0厘米
Ⅷ-38.0厘米　　Ⅷ-24.0厘米
Ⅸ-41.0厘米　　Ⅸ-27.0厘米
Ⅹ-44.0厘米　　Ⅹ-29.0厘米
Ⅺ-47.0厘米　　Ⅺ-30.0厘米

图75　课桌椅的各部分及其尺寸

视力的破坏（眼睛跟书籍和练习簿的距离太近了）、脊柱弯曲和压迫胸腔。相反地，靠背距离的尺寸太小，学生就会挤在课桌面边缘和靠背之间，动作不方便。

　　课桌椅座位的距离就是课桌面朝向学生一面的边缘到椅子座位的前边缘之间的距离。座位的距离有三种：正的、零的和负的。

　　座位的正距离就是课椅座位的前边缘离桌面朝向学生一面的边缘有一定的距离，换言之，如果从桌面的边缘挂下垂直线，那么它将落在直对座位的空间中（即不跟椅子相碰——译者注）（图76，C）。这种距离在学生进行书写和阅读等作业时不适用，因为学生会被迫离开课椅的靠背，这就会产生靠背距离过大所能引起的后果。

　　座位的零距离就是课椅座位的前边缘和桌面朝向学生一面的边缘处在同一直线上，也就是，如果从桌面边缘挂下垂线，那么它刚好落在座位的边缘上（图76，В）。座位的这种零距离是可以采用的，但不如负距离更为理想。

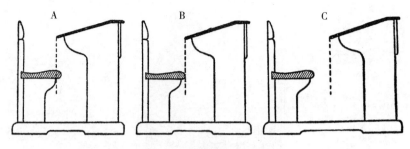

图76 课桌椅座位的距离
A. 负距离 B. 零距离 C. 正距离

座位的负距离就是课椅座位的前边缘深入桌面朝向学生一面的边缘达2～3厘米，换言之，如果从桌面边缘挂下垂线，那么它直接落在座位上（图76，A）。座位的这种负距离最符合卫生要求，因为它完全符合课桌椅靠背的正确距离。负距离保证了学生坐在课桌后能有方便的、不易疲劳的、正确的姿势，并在书写、阅读等作业中能够以靠背为稳定的支点。在课桌椅适合学生身高的情况下，有了座位负距离就有可能在坐着的时候消除脊柱弯曲以及视力的破坏的可能。

课桌椅的高差是从桌面朝向学生一面的边缘垂直到座位的距离，换言之，这个高差就是桌面边缘的高度和座位高度之间的差。正确的高差等于从座位到紧贴着身躯的手肘之间的距离再加上2～2.5厘米。如果高差小于所规定的大小，那么学生就不得不倾伏在桌面上，这样就能引起胸腔呼吸运动的困难，并且学生就不可能正确就座，因而会引起他的疲劳。此外应当指出，当课桌太低的时候，学生不得不大大地垂下右肩，这会引起脊柱向左弯曲，在这种课桌椅上的坐姿会造成学生的左边脊柱侧凸。如果课桌椅的高差大于所规定的大小，例如桌子太高座位太低时，学生就需要大大地抬起右肩，这就能造成右边的脊柱侧凸。

学校卫生学在几十年来所进行的长期观察和研究的基础上，确定了每个课桌椅首先应当适合儿童的身高，然后从身体各部分的比例出发，课桌椅的各个部分都应当有正确的尺寸这个规则。此外，还确定了各部分具有一定尺寸的课桌椅能为身高相差在10厘米内的学生所采用的规则。由此就有了适合于学生不同身高的不同大小的课桌椅号码（包括第6号到第12号），下面我们列出了不同身高学生所用的课桌椅的主要部分的尺寸（表15）。每副课桌椅是给两个高矮差不多的学生用的（他们的身高差度只限于在一定身长的组别内）。不能有三个位子的课桌椅。

表15　课桌椅的主要尺寸（单位：毫米）

各部分的名称	课桌椅号码						
	6	7	8	9	10	11	12
桌面前边缘离地高度	610	650	715	775	830	865	900
桌面后边缘离地高度	520	560	620	680	730	765	800
桌面的长度	1 100	1 100	1 100	1 200	1 200	1 200	1 300
桌面平面部分的宽度	90	90	90	90	90	90	90
桌面倾斜部分的宽度	380	380	400	400	420	420	430
桌面能掀开的部分的宽度	160	160	160	170	170	170	180
放书的隔板到支架前边缘的宽度	210	210	225	225	230	230	240
隔板底面离地高度	395	420	480	530	580	620	670
桌面前边缘的边角	20	20	20	20	20	20	20
斜的踏板的宽度	80	80	80	80	80	80	80
踏板前边缘离地高度	140	140	140	150	150	150	160
踏板后边缘离地高度	105	105	105	115	115	115	125
踏板后边缘到座位前边缘的距离（按水平线）	270	270	300	305	325	325	325
座位离地高度	315	340	380	410	440	465	480
座位到支柱的深度	240	250	260	280	300	320	340
座位的全部深度	260	270	280	300	320	340	360
座位的长度	1 000	1 000	1 000	1 100	1 100	1 100	1 200
靠背横杆下边缘离地高度	430	460	510	550	590	635	660

各部分的名称	课桌椅号码						
	6	7	8	9	10	11	12
靠背横杆下边缘离座位的高度	115	120	130	140	150	170	180
靠背横杆的宽度	100	110	120	130	140	150	160
靠背横杆最凸起的部分到桌面后边缘的距离（靠背距离）	200	210	220	240	260	280	300
座位的距离[①]	40	40	40	40	40	40	40
踏板铁管离地高度	71	71	71	72	72	72	72
桌面的边角（侧面）	100	100	100	100	100	100	100
座位的边角（侧面）	50	50	50	50	50	50	50
课桌椅的宽度： ①木制的 ②铁制的	770 732	780 742	818 770	828 790	868 830	893 855	928 890

在安排学生入座以前需要估计本班学生的身高，供给班上学生号码合适的课桌椅。因此在每个课桌椅上需要有号码。如果课桌椅上没有及时标记号码，可以利用奥·符·弗列罗夫所推荐的测量学生身高和确定课桌号码的仪器。这个仪器很简单，它是一个能折叠的规尺，在它用来确定课桌椅号码的一面用粗线条标出从第6号到第12号课桌椅的桌面后边缘和座位的实际高度。在每一条线的对面用罗马数字标出与该线条相一致的课桌椅号码和学生的身高。把仪器放在靠着课桌面边缘的地板上就可以立刻确定课桌椅的号码。课桌椅的号码应当写在课桌椅侧边的里面。规尺的另一面是用来确定某一学生所需要的课桌椅的号码。这一面上，在刻画着厘米和半厘米的上面有以10厘米宽为单位的线条。在每个线条上用罗马数字标出适合一定身高的学生的课桌椅号码。为了给某一学生确定课桌椅，可以把规尺挂在离地1米的地方，这就可以测量学生的身高，同时确定他所需要的课桌椅号码。教师自己也很容易制造这种仪器。

———————

① 这行的数据应该是负数，原文遗漏了。——译者注

为了确定适合于某一个学生的课桌椅的号码，可以采用自制的标尺——宽阔的米尺带或长方形的硬纸片，在上面，右边是学生的身高（用厘米表示），左边是课桌椅号码（图77）。这个仪器固定在离墙根110厘米的墙上。学生背靠着挂在墙上的标尺站着，教师立刻可以看出他们的身高和所需要的课桌椅号码。

为了根据学生身高确定所需要的课桌椅号码，当手边没有课桌椅主要部分尺寸的图表或标尺时，阿·弗·利斯托夫提出了一种专门的公式：从身高的头两个数字中（以10厘米为单位的数字）减去依靠他的经验而确定的数字5，这样就可以得到这个身高的学生所适合的课桌椅号码。

No（课桌椅号码）＝n（以10厘米为单位的身高的数字）—5。

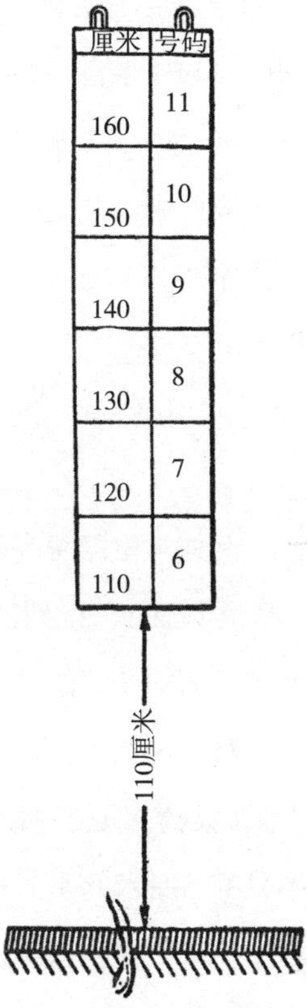

图77　测量儿童身高和确定适合于他们的课桌椅的自制标尺

例如学生身高110厘来，头两个数字（11）减5，得到6，所以适合于这样身高的学生的是第6号课桌椅，假如学生的身高等于148厘米，那么这样计算以后得到的是第9号课桌椅。

同样，这个公式（在它相反的意义上）也能够确定某号课桌椅大约适合于哪一种身高的学生用。假如在标志着课桌椅号码的数字上加上所确定的数字5，就可得到最适合于用这张课桌椅的学生身高（以10厘米为单位）的数字。

n（身高，以10厘米为单位的数字）＝No（课桌椅号码）+5。

例如在班上有第9号课桌椅，那么运用这个公式，不看课桌椅主要部分尺寸的图表，可以迅速地毫无错误地确定这个课桌椅最适合于140～149厘米身高的学生。

阿·弗·利斯托夫还提出了一个求得适合于某种身高学生的长凳（座位）或椅子的高度的公式。为了达到这个目的，应该把儿童身高的头两个数字（以10厘米为单位的数字）乘3，再从所得结果中减去1。公式以下。

y（用厘米表示的长凳的高度）＝h（以10厘米为单位的身高的数字）×3—1。

例如学生的身高等于135厘米，把身高的前两个数字13乘上3，得到39，再减去1，得到38厘米。这就正好是按照图表来说适合于130～139厘米身高的儿童的凳子（座位）离地的高度。

对第6号课桌椅的长凳高度来说有相差0.5厘米的不准确性，对第7号课桌椅来说有相差2厘米的不准确性（也就是说按照公式所得到的不是31.5厘米而是32厘米，不是34厘米而是36厘米），这种不准确性是一个例外，并且按照作者的意见来说一般并不会损害这个公式的实际意义。

如果不知道课桌椅的号码，可以根据计算桌面离地的高度或是座位离地的高度来正确地确定它。为了按照桌面朝向学生一边的高度来确定课桌椅本身的号码，阿·弗·利斯托夫提出用5去除以厘米表出的高度，并从所得到的整数中减去4。

$$No（课桌椅号码）＝\frac{以厘米表示的桌面离地高度}{5}—4。$$

例如桌面朝向学生一边离地的高度等于56厘米。用5去除此数，得到的整数是11，然后从中减去4，剩下7。这就是桌面高度等于56厘米的课桌椅的正确号码。

由于桌子的高度和课桌椅座位的高度处在一定的相互关系上，并且相互适应，那也可以根据长凳座位离地的高度十分容易地查出任何一副课桌椅的号码。为了达到这个目的，可把已有的长凳高度（厘米）用3来除，并从所得的整数中减去4。

$$No（课桌椅号码）= \frac{以厘米表示的长凳的高度}{3}-4。$$

例如课桌椅离地的高度等于34厘米，用3来除此数，得到整数11，然后减去4，得到7。这就是要查明的课桌椅的号码。

阿·弗·利斯托夫所创造的，经过许多学校实践检验过的这些公式，使用起来很便利，可以保证我们迅速且方便地运用它们，特别是在学校里需要鉴定大量课桌椅号码，以及为不同身高的学生挑选课桌椅的时候。

在教室里给学生编排座位时不但要照顾到儿童和少年的身高，还要照顾学生的视觉和听觉的状况以及其他标志，这是十分重要的。

较矮的学生在教室里应坐在前面，同时课桌椅必须和学生的身高相一致。

视力差的学生也应该坐在前面，主要是坐在靠窗的一排。同时应该避免把这些学生安排在靠近窗和窗的间壁的位子上，因为这样视觉的条件就恶化了。

听觉不好的学生也应该坐在前排的课桌椅上，使他们能够更好地听到老师的讲话和同学的回答。

患关节炎的和容易患流行性感冒、咽喉炎以及其他疾病的儿童和少年，不应该坐在沿教室外墙靠窗的位子上，因为他们的身体受了冷时会促使这些疾病的发展，最好把他们安排在教室的内墙边。

在安排座位时应该特别注意神经衰弱以及容易兴奋的儿童和少年，教师要特别关心且亲切地对待他们。因此，很自然地，这些学生最好能安排在接近讲台或教师讲桌的座位。

给学生编排座位是由班主任负责的，但必须和校医商量，在他的参与下进行。若在没有校医的学校里，那么就在为本校儿童服务的医务站的医师参与下进行。

按照学校卫生学所确定的规则来训练儿童和少年正确就座也是很重要的。在进行书写和阅读等作业时特别需要有正确的姿势（图78）。正确的姿势是学生坐得笔直，头部稍微向前低下。同时还必须使他把身躯靠在作为辅助支点的课椅靠背上。这样就不容易疲劳。不能用胸部靠着课桌面边缘，在学生身躯和课桌面边缘之间应该有相当于一个手掌宽度的距离。肩膀应该和课桌面朝向学生一面的边缘平行。坐在课椅上的时候脚应该弯成直角或是稍大一些（大约100°～110°），并踏在地板上或是课桌的踏板上。这种坐在适合学生身高的正确构造的课桌椅上的姿势是最方便的并且是最不易疲劳的姿势，而且它能保证学生对教学材料的正常视觉且消除脊柱弯曲的可能性。

在改变教学工作的形式时，例如从阅读或书写转入倾听老师的讲解或学生的回答时，学生可以采用另一种比较自由的姿势，但是基本上他

图78 正确的坐姿

的头部和身躯也要保持笔直的和平稳的状态。不能允许学生在改换姿势时用胸部倚在课桌面上，把手肘支在它上面，低着头，等等。因为这样不可避免地要破坏正常的呼吸和血液循环。

可以看到，儿童在入学以后能够较快地掌握老师所解释的和指示的就座规则。由于老师经常观察和纠正，儿童就会逐渐获得正确就座的牢固的习惯。但是随着他们升入中年级和高年级，随着缺少对正确姿势的监督，往往许多学生在这方面丧失了好习惯并开始采取不正确的姿势，这些姿势反映在很不好的健康状况上（脊柱弯曲，视力恶化，等等）。因此，中年级和高年级的教师以及校医，在上课的时候，在教室里，应该注意学生的姿势是否正确，必要时加以矫正。

学生正确姿势受破坏的现象，在学生坐在适合其身高的课桌椅上时、在平时坚持正确姿势的学生中也会出现。这种情况发生在学生由于长期的学习而产生疲劳的时候。最初的一种表现是学生动作的不安定和不正确的姿势。在这种情况下，如果能从较难的工作转入较易的工作，或是给以短时间的休息，例如进行课中操，就能解除学生的疲劳，部分地恢复暂时失去的工作能力，并且这样就可能使学生重新在上课时采取正确的姿势。

学校设备中很重要的一类是黑板。从卫生方面来说，应当首先从眼睛的正确活动的观点出发来评估它。为了使学生容易感受写在黑板上面

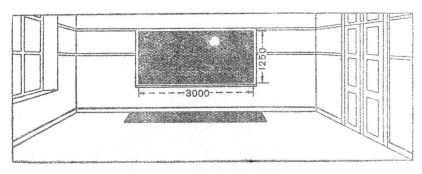

图79 教室用的固定在墙上的黑板

的东西，黑板应该是黑色的。黑板的表面应该是无光泽的、不反光的、平滑的、没有裂痕的。此外，黑板的构造应该保证书写方便，消除粉笔灰污染空气的现象，至少也要使它降低到最低限度。

图80　转动的教室黑板

黑板可以有各种不同的结构。学校中最常见的是墙上的和可移动的黑板。黑板的下缘离地应该有一定距离，使全班学生都能够利用黑板进行书写。

在低年级（一至四年级）黑板的下边缘应该离地85厘米，而在中年级和高年级应离地95厘米。黑板的上边缘离地215～220厘米，使教师能自由地在它上面书写。墙上的和可移动的黑板的长度不应少于175厘米。墙上的黑板的长度可以增加至2倍，即到300～350厘米。墙上的和可移动的黑板面的高度一般是120～130厘米。

黑板隔一定时间就要用黑色的无光泽的涂料刷一次，这种涂料在每个学校里应该经常具备。不能用黑洋漆涂黑板，因为涂了这种漆后用粉笔写的字迹就很难被认出，并且这些黑板反光很厉害。

墙上的黑板应装置在教室的前面墙壁的中间。可移动的黑板应该放在距离第一排学生座位2～2.5米的地方，否则坐在前排两侧的学生就会看不清楚上面所写的东西。

在黑板上边缘的中间应该装置一盏顶灯，保证黑板有补充的人工照明。

不论是墙上的，还是可移动的黑板，下边缘都应该有防止粉笔灰掉落到地上的带有沟槽的边缘。黑板的左侧应该有放粉笔的小盒子，而在右侧应当有放抹布的盒子，抹布在上课时应该是湿的。

对教室的其他设备的基本卫生要求是：只使用上课所必需的家具，因为多余的家具只能使教室显得很拥挤；在教室里除了课桌椅和黑板外，还必须有教师的桌子或讲台和一个保存学生作业及主要教学用品的柜子，最好在教室里有一个壁橱来安放这些东西；为了不因为挂圆表、地理和历史地图以及其他直观教具而损坏墙壁，在教室的墙壁上可装设专门的板条。

教室里家具的布置应符合下列卫生要求：课桌椅应该顺着教室分成3行，使光线从左面射入；第一行沿着窗，它跟墙的距离不应少于70厘米，第三排沿着内部纵长的墙壁，它跟窗的距离不应超过6米，否则坐在这一排的学生将要处在光线不足的条件下；位于教室后墙的最后面的课桌椅跟黑板的距离不应超过8米，因为把它们放得太远就会使学生的视觉和听觉过于紧张，在每一行课桌椅之间应该有足够宽的能自由地在这儿走动的过道（70厘米）。

教师的桌子或讲台放在中间一行课桌椅的前面（图81），或者放在靠窗一排课桌椅的前面。我们认为布置教师的桌子或讲台的第二种方式更为合适，因为它使教师有可能更容易地同时看到所有坐在教室里的学生（图82）。

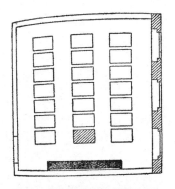

图81　教室里课桌椅的布置（第一种方式）

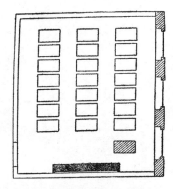

图82　教室里课桌椅的布置（第二种方式）

带有褶襞的窗帷通常积聚大量的灰尘，并且遮掉了大量的光线，所以这种窗帷挂在教室里是不适宜的。但是为了遮挡妨碍学生视觉和使教室黑板反光的直射的太阳光，在窗上挂上白色轻薄的窗帷是必要的。

在每个教室里必须有特设的垃圾箱，这里可收集铅笔屑、碎纸片等等。垃圾箱可以是固定的或是挂着的。垃圾箱的内壁应用油漆漆过。垃圾箱一般放在靠门的边上，在教室的内墙。垃圾箱被塞满以后就要清理，每天至少一次。

属于学校家具的还有在物理、化学和生物教学实验室里的实验桌。由于在实验室里进行着实验和其他实习作业，实验室桌子的表面应是平坦的。在教学实验室里工作的是年级比较高的学生，所以实验桌是中等尺寸的。桌子的高度不应超过72厘米。桌面的大小以每个学生占60～65平方厘米来计算。两个桌子之间的距离不应少于80厘米。实验桌的表面最好能用光亮的油漆布包上或用耐酸性的染料加工。在教学实验室中需要有适合学生身高的椅子。椅子不能用长凳来代替，因为坐在长凳上很容易疲劳。

图83 物理、化学、生物实验室的桌子（姆·姆·哥斯帖夫设计）

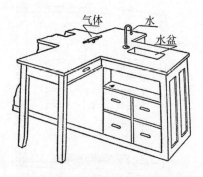

图84 化学实验室用的不活动桌子

当实验桌装备带有插头可接入学校的电线网时，必须注意电线网是否完善，还要注意使学生使用时十分谨慎。如果学校里没有水道，在教学实验室里应当装置壁上水槽，把水引向桌子。化学实验室必须有能保证气体迅速从室内排除出去的电动通风机。

学校挂衣室中挂衣架的构造需要特别注意卫生。每个学生都有单独的小格，并且能单独地存放帽子、上衣和套鞋的那种挂衣架最为适宜。如果在学校里没有这种挂衣架，只装有普通的挂衣架，那么每个挂衣钩之间的距离不应少于25厘米。同时一定要有专门存放套鞋的地方。为了使上衣以及学生到校后脱下的毡靴通风和干燥，应当装有特设的通风设备。

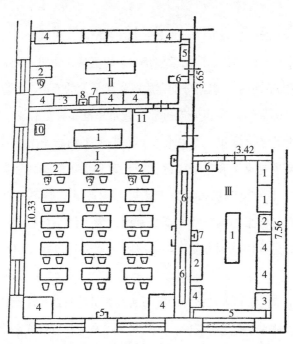

图85 学校生物室布置平面图（伊·符·科孜尔设计）

标准生物室布置平面图，莫斯科第315中学

Ⅰ教室—讲堂：1. 演示桌 2. 学生桌 3. 椅子 4. 存放图表柜 5. 制图架 6. 壁柜 7. 存放图表柜 8. 自来水盆 9. 图标架 10. 备用小桌 11. 配电盘

Ⅱ实验管理员室：1. 实验桌 2. 教师用桌 3. 备用桌 4. 教学用具柜 5. 骨骼柜 6. 书柜 7. 干燥柜 8. 自来水盆 9. 椅子

Ⅲ自然角：1. 实验桌 2. 备用桌 3. 室内温床 4. 鱼缸架 5. 室内植物架 6. 动物笼 7. 自来水盆

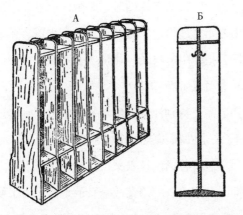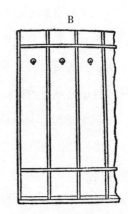

图86　挂衣室里的挂衣架

在为低年级学生设有"延长日"①的学校里，也就是可留学生课后吃午饭、休息而后准备功课的学校，在教室旁边走廊里可装置每人专用的、可以关闭的小柜，以便分别存放罩衫和个人的毛巾、肥皂等。

在学校寄宿的儿童和少年通常在教室里准备家庭作业，在没有课桌椅的学龄儿童之家里，儿童和少年在普通平面桌子上准备功课，这里必要的要求是桌子和椅子应适合于儿童和少年的身高。坐在课桌椅上读书时，书的倾斜状态是由于课桌的构造具有倾斜的桌面而造成的。在备有平面桌面的学龄儿童之家里，为了使儿童和少年在阅读课本和书籍的过程中感到方便且降低眼睛的疲劳，最好使用特别的架子（图87）。

学龄儿童之家和学校宿舍的医师和教养员的责任是注意儿童和少年在准备功课时的坐姿是否正确，如果儿童之家里只有一样高度的普通的桌子，那么年龄小的儿童可以采用踏脚架（图88）。这些架子使儿童脚下有着力的地方，同时坐势也就更稳定。

———————

① 学生在放学以后仍留在学校里，这样的学日叫"延长日"。——译者注

图87 搁书架（O.B.弗廖罗夫设计）

对于儿童和少年在准备功课、写字的时候正确坐姿的要求，和对学生坐在课桌椅上的姿势的要求是相同的。为了使练习簿有倾斜度，可以采用特别的倾斜板放在桌子的平桌面上。自己来制作这种写字用的倾斜板并不是十分困难的（图89）。

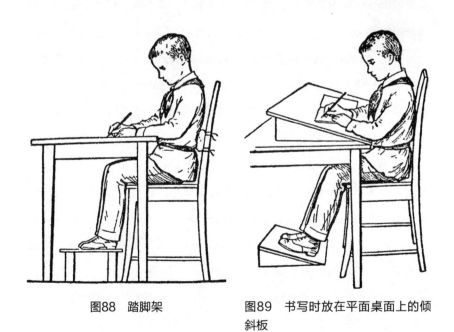

图88 踏脚架

图89 书写时放在平面桌面上的倾斜板

第三节　学校的技术设备

由于在中学内实施了综合技术教育，因此关于对学校和儿童校外教育机关的技术设备的卫生要求问题获得了特殊的意义。可惜，在这方面暂时还没有一定的卫生规则，来规定对专门适合于少年儿童解剖生理和年龄特点的技术设备的要求。

学校和校外儿童教育机关，特别是儿童技术站、技工学校和工厂学校的教学实习工场中的技术设备，应当保证少年在工作时间使用的时候身体有正确的姿势，神经肌肉和心脏血管的活动不过分紧张。技术设备应当符合技术安全的一切要求。

工作台是工场里的一种必要设备。在工作台上工作时能否保持少年身体的正常状态是跟工作台的高度有关的。恩·彼得罗夫提出了下列木工工作台的高度标准：对身高120～127厘米的学生来说，工作台的高度以66.5厘米为适宜；身高127～134厘米的学生为70.5厘米；对身高134～141厘米的学生，工作台的高度最好是77.5厘米。他还提出下列的金工机床（到钳牙的）高度标准。身高120～127厘米的学生需要的机床的高度是75厘米；身高127～134厘米的学生是80.5厘米；而身高134～141厘米的学生是88厘米。而耳·克·霍将诺夫提出身高145～150厘米的少年需要的工作台的高度是80厘米，身高155～162厘米的是85厘米。

少年在工作台或机床旁边最正常的姿态是从机床中心到眼睛的距离大约有45厘米。在锯木时，霍将诺夫提议要选择这样高度的工作台——使少年的手肘和处在水平状态的锉刀的平面位于一条直线上。

如果工作台或机床不够高，少年就不得不相当大地弯下身躯，因而就要消耗额外的精力来支撑他屈身的状态。相反地，工作台或机床过高了，不太高的少年就需要伸长手臂，这就同样地要消耗额外的精力，而且这种姿势非常不方便。可以给矮小的学生在脚下装置合适的踏板，而为较高的少年把低的机床垫高一些。在机床上工作时根据操作过程的情况有必要在工作位子上装置带有靠背的座位。

手拿工具（锤、锉、铗子等）应当符合少年的力量，并且能够被手掌很好地且容易地握住。耳·克·霍将诺夫为此提出了六角形的带有圆的边缘的手柄，其最大直径和最小直径之比是14：9。

谈到关于实习工场的技术设备时必须特别注意要有个人防御工具并采取技术安全的一般措施。

属于使少年避免外伤的个人防御工具的有专门的工作服，它除了有保护作用以外，从学生的皮肤卫生和预防把生产上的灰尘带入教学用房的观点来看也很有意义。少年在实习工场工作时穿的工作服应适合身材，不要太瘦以免妨碍工作时的动作，也不要太肥以免易于碰上机器。工作时最好穿袖子卷到肘上的军便服、扣领短上衣、工作外衣、工人装。在工作时所有的纽扣都应扣上。

在机床上（钻孔机、铣床等）工作时应当特别谨慎。不能徒手清理机床，应当用破布和专门的刷子来清理。必须估计到，在工作时从加工的零件中蹦出来的碎片、刨花、玻璃小片等（在铸造、砍伐、旋、研磨、压、焊接时等）有可能伤害眼睛。做这些工作必须采用保护眼镜或保护盾。同时应该注意眼镜是否完整无缺，当玻璃有细小的损坏时，例如在玻璃上有裂痕、失去透明性等时就应当换新的。也不能允许学生不戴保护眼镜就倒注和溶解碱液和酸液。保护眼镜应该紧贴在眼眶上。任何种类的原动机械，如齿轮、导带、轴等都应当有防御设备。此外还应该有保护工作着的少年免受灰尘、刨花、碎片及其他物体侵害的设备，为此可以采用专门的盾和屏。

在教学实习工场中把各种类型的设备（工作台、机床等）安装得十分宽敞是具有很大的卫生意义的。这样就可以避免外伤。工作台和机床应该按一定的方式安装，而且在它们之间需要有足够宽敞的过道。

第四节 学校和其他儿童教育机关的农具

根据在学校中实施综合技术教育的任务，儿童和少年在学校及其他儿童和少年教育机关的园地上、在集体农庄和菜园上的劳动就获得了重大的意义。对儿童教育机关农具的卫生要求还没有很好的研究。

对给儿童和少年用的手工农具的主要卫生要求是，某一工具的大小和重量、它们各部分的比例及其外观等要适合儿童和少年的身材。

在手工农业劳动中，为了掘土和松土要使用铁锹——安装在直柄上的金属铲，它是在手工耕种土地时的主要工具。伊·符·科孜立介绍了下列的铁铲各部分的大小（表16）。

表16 儿童和少年用的铁锹——金属铲各个部分的尺寸

年龄	柄长（单位：毫米）	柄的粗细（单位：毫米）	圆把手的粗细（单位：毫米）	铁砧（单位：厘米）			锲形把手	
				长度	中部粗细	端部粗细	长度	粗细
8～9	600～650	30	35	70	25	20	80	22
10～12	650～700	30	35	70	25	20	80	22
13～14	720～750	32～35	40	100	27	22	90	25
15～17	770～800	32～35	40	100	30	25	90	25

经验证明，带有把手的铁锹易于工作，因为握在把手上的手掌不易疲劳。把手紧紧地安装在铁锹的柄上，把手的表面应该是平滑而光亮的。

在田地间松土、消除硬表皮时和为植物培垄时所使用的手工工具应当符合年龄要求。锄头、刺刀、手工耕耘机等都属于这一类工具。锄头和刺刀的把手应有这样的长度——使儿童和少年不需要过分地弯下身躯。

为了给植物浇水最好用两个喷壶，因为这样就不会使身躯倾向一侧以至于使脊柱向一边弯曲。我们建议让低年级的儿童使用容量为2.5升的喷壶，这样同时使用两个喷壶装水时连喷壶的重量一起大约是5~5.5千克，而少年可用容量为4升的喷壶，这样总的重量就是8.5~9千克。低年级的学生可以使用容量为3升的水桶，少年可用4.5升容量的水桶。跟喷壶的容量比起来，水桶的容量就稍大一些，但因为使用它们时一般所需的时间较少，因此疲劳也就较少。

在从事农业劳动时，儿童和少年还会使用辅助用具，如担架、手推的独轮车等。担架和手推独轮车是在搬运重物时使用的，这就不可避免地会发生极大程度的体力上的紧张，特别是肌肉负担很重，因为只有这样在搬运重物时担架的柄才能被抓住和支撑住。在抬运担架时上肢和部分的下肢肌肉，以及固定在两边的手的肌肉组织也有很大的负担。同时还有妨碍胸腔自由活动的压力。搬运较重的物件经常破坏正常的呼吸。

根据上述各点，一方面，需要确定搬运重物时重量的标准；另一方面，要限制搬运过程本身的时间，使它跟别的农业劳动，即手的肌肉组织可以免于静止的重大负担的劳动相交替；在保持担架的坚固程度的同时尽可能减轻给儿童和少年用的担架的本身重量也是很必要的。

担架应有两种尺寸，一种给低年级的儿童用，另一种给少年用。

考虑到在用园艺担架搬运泥土或肥料时是两个人抬，7~8岁的学生搬运物件的重量不应超过4千克，9~10岁的不超过6千克，10~12岁不超过10千克，13~15岁的不超过14千克，16~17岁的不超过24千克。同时还应该估计到担架本身附加的重量。

第五节　儿童书籍、教科书和教学用具

对儿童书籍和学校教科书的卫生要求，是为了减轻看课文和插图

的视觉过程的负担，从而减少在阅读书籍或教科书时视觉分析器的活动。

为了保护视力、便于阅读课文，并由此能很好地理解所读的教材，儿童书籍、学校教科书和教学用具的发行者要满足一系列关于纸张、印刷和它们的艺术装帧的卫生及印刷上的要求。

以细小的字体模糊地印刷在劣质的特别是反光的纸张上的儿童书籍、学校教科书和教学用具，很容易引起儿童和少年的疲劳，它是增加眼内压、视力减退和出现头痛现象的一个原因。装帧粗糙的书籍（封面不良，装订错误，等等）很容易被损坏和弄脏。

儿童书籍和学校教科书在卫生方面应当符合下列要求。它们应当保证儿童对课文和插图有正常的感受。根据上述意见，印刷符号（字母）的大小应当满足它们的主要细节能在很小的视角下可以被看见。字母和其他印刷符号应该有这样的大小：当书本（教科书）和眼睛的距离是30~40厘米时能够自由地、视力毫不紧张地阅读课本。字母和其他形象应该很明显地呈现在纸张的淡色的底子上，不需要把眼睛移近印刷的课文。对书籍和教科书的很重要的卫生要求是外部装帧要细致。这种装帧不但是为了能够长久地保存书籍，而且是为了培养整洁地使用它们的习惯。

为了使儿童书籍或是学校教科书符合上述的卫生要求，必须严格遵守在纸张、字形、排版、印刷方面的标准。

评价儿童书籍和学校教科书的纸张是根据它的颜色、表面和坚固性（反光率）等方面来进行的。纸张的颜色决定了所印刷的课文及其周围底色之间的某种对比，它在一种情况下为学生更好地感受所读的课文创造了条件，而在另一种情况下则增加了困难。儿童书籍和学校教科书的纸张应当是完全白的，只带有微微看得出来的淡黄色。不能采用彩色纸、灰色（即使稍带灰色）的纸，因为这就减低了所印刷的课文与其周围底色之间的对比，容易引起眼睛的疲劳，也就会很快地引起全身的疲劳。

纸的表面也有很大的意义，因为印刷得清楚和均匀与否是由纸的表面决定的。在粗糙的纸上字形会受木质的绒毛或破布的纤维的影响，这就大大地降低了印刷的清晰性。印在粗糙的纸上的教科书和儿童书籍在翻阅时容易被弄脏和损坏。因此用来印刷学校教科书和儿童书籍的纸张只能是平滑的，但是完全不反光的。学校教科书和儿童书籍的纸张应当避免有丝毫的反光。

字的大小和清晰性对于学校教科书和儿童书籍有很大的意义。字的高度不应少于1.75毫米，而主要的垂直的笔道的宽度不应少于0.25毫米。笔道之间的距离不应少于0.5毫米。除了识字课本外，一年级学生用的学校教科书和儿童书籍中的字的高度不应少于2.8毫米。按照奥·符·弗列罗夫的研究，在字母表中的字的高度（字母和数字）不应少于4.5毫米，并且头几页的字母表应该用较大号的字。这个要求是由于儿童开始学字母时很容易把轮廓相差无几的个别字母混淆，例如z、b、e、u、c。识字课本中的字母有了足够的大小，儿童就可能分清字母笔道的细节，也就容易把它们记住。中年级和高年级学生用的学校教科书可以采用高度为1.75毫米的字。学校教科书和儿童书籍的字形应该是轮廓简单、十分清楚的。使用损坏了的字形就不可避免地会引起印刷上的不清楚（图90），这就会妨碍对课文的视觉认识。

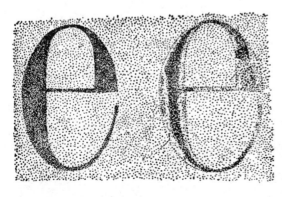

图90　印刷得清晰与不清晰的字母"e"的放大照片

在学校教科书中（特别是在低年级学生用的学校教科书中），同样地在儿童书籍中，不适宜采用斜体字，因为在斜体字中有许多外表上很相像、难于区别的字母（e、c、b）。斜体字一般用来标出个别词或句，使读者对它们集中注意。为了这个目的，也可以用粗体字来印刷字句，或者把字稀疏排印，就是使每个字母之间的距离比平常的字大，来代替斜体字。

学校的教科书和儿童书籍的印刷排版也应满足一定的卫生要求，因为它关系到对印刷课文视觉感受的清晰性。排版决定字母之间、词之间、行之间的距离和行的长度。每两个词之间的距离（词间空隙）不应当少于2毫米，或者至少不小于字的高度，因为词间空隙太小的课文会妨碍视觉感受并延长阅读的时间。行之间的距离（间隔）不应少于3毫米，否则在阅读时就会把一行课文跟上一行或下一行课文混淆，这也是对视觉感受很有妨碍的。

关于在学校教科书和儿童书籍中的行的长度，没有统一的观点。但无论如何可以肯定，行太长了，眼睛到行的中央及其两端的距离相差很大，这就在阅读一行字的过程中引起眼睛调节的变化，因而引起视觉分析器的疲劳。在学校教科书和儿童书籍中行的最大长度规定为117毫米，无论如何它不应超过120毫米。

在阅读得较慢的一、二年级学生用的学校教科书和儿童书籍中行太短了也不方便，因为需要频繁从一行换到另一行，这就引起大量字的转行和一个句子没有结束的现象，妨碍对课文的理解。60~80毫米长的短行只能适合于读得较快的人，而在学校教科书和儿童书籍中是不能采用的。

学校教科书和儿童书籍一定要有页边空白来保证印刷课文应有的明显的底面，以及在阅读时从一行转到另一行能有一定的歇息。对于刚开始阅读的儿童，页边也能帮助他们比较容易地找到下一行。

印刷的清晰与否在很大程度上取决于印刷颜料的色彩和浓度。颜料应该是黑色的，但不发光。除了图画及其他插画材料外，不能采用带色颜料来印刷学校教科书。

学校教科书和儿童书籍中的图画及插图应该十分清楚，应当只提供主要的、容易和迅速感受的细节。在教科书和儿童书籍中安排描绘自然界和历史事迹等的插图时，最好使它们带颜色，并且印刷必须十分清楚。

学校教科书一定要十分仔细地装订，并且要有结实的封面，这样就能使儿童和少年保持它们的清洁。应当竭力表扬儿童和少年用结实的包皮纸包上教科书，使它们更耐久地保存且保持清洁。

以前患过持久性传染病（如猩红热、白喉等疾病）的儿童使用过的学校教科书和书籍应当送入消毒室消毒，否则就必须把它们烧毁。如果儿童患的是不稳定性的传染病，如麻疹、百日咳、水痘等，他们用过的书籍就用不着消毒，只需要拿出去晾一晾。

对直观教具所提出的卫生要求不比对学校教科书和儿童书籍提出的少。所有说到关于学校教科书的纸张和印刷质量的一切都适用于直观教具。但是对后者提出了特别的补充的要求。在直观教具中所有的字母及其他印刷符号应该有这样的大小——能够在10米内自由地、视力毫不紧张地看到它们，并能阅读上面所写的东西。

在卫生方面，正确地使用直观教具在教育学前儿童和学龄初期儿童方面的作用是很大的。必须知道，在学前和学龄初期儿童的高级神经活动中直接的感觉和表象是占优势的。这些感觉和表象是他们周围环境中的事物和现象，其中也包括直观教具、图片等作用于他们的结果。所有这些看得见的事物和现象是第一信号系统的刺激物。

学龄期儿童，其中包括学龄初期儿童，在跟第一信号系统有机的相互联系和相互作用中，显著地发展着第二信号系统。第一信号系统的刺激物要求被第二信号系统的刺激物强化。但是对于学龄初期的儿童来说，第二信号系统的刺激物，也就是词、教师的语言、书中印的课文、练习簿中的记录、思维的言语，也需要被第一信号系统的刺激物（具体的形象）强化。学习教材，并用直观教具来强化，同时加上教师的语言、教科书中印着的课文和练习簿中的记录等语言的作用，就可以巩固这些刺激物在学生大脑皮层上的作用，并且可以使他们更容易地掌握教材。

鉴于上述情况，在出版印刷或自己用手工方法制作直观教具时，必须严格遵守卫生要求。对它们的主要要求是：不但坐在前面的学生，而且坐在后面的学生也能看得清楚它们。在学生观察直观教具时，要尽可能地使他们的眼睛不紧张。如果教具的各部分从各个视角都能被看到，那么学生就能很清楚地视察到直观教具。写在直观教具上的字母的形状应该是简单且笔直的。字母的高度应不小于3.5厘米。

印刷和制作直观教具用的纸张应该是白的、平滑的，且是不发光的。如果以有色颜料来代替黑色颜料，由于印出来的文字（或是其他符号）和底纸之间的对比度减小，字就应该增大。应当避免采用彩色纸。如果在个别情况下不得不用彩色的背景来描绘用具的个别细节，那么字应当放大一些，图下面的说明应该还是用黑色印刷。直观教具上的各个细节应该被描绘得很清楚且有足够的大小。在一个教具上应该表示出最少的情节来。

制作地理和历史地图时应当用饱和度较小的颜色来着色。绘画、说明及其他印刷符号应当画在以前涂的色上。在地图上，一个说明与另一个说明的距离不应小于字母高度的两倍。

第六节　学校文具用品

学校文具用品包括练习簿、笔尖、钢笔、铅笔、墨水等，它们也应该满足一定的卫生要求。在苏联人民委员会和联共（布）党中央在1935年9月14日发布的关于学校文具用品的决议中，指出了学校文具用品的质量的特殊意义，并制定了对它们的要求。

学校练习簿应当用白而结实的、平滑而不反光的纸张，并且被仔细涂过胶质，墨水在上面不会扩散。薄而不结实的纸，不但容易在书写时由于笔尖或粉笔的用力摩擦而被擦破，而且往往会渗透墨水，因此不能用这样的薄纸来制作练习簿。

用来做练习簿的纸应该是平滑的，但是不能反光，因为在反光的纸上描绘字母的笔道是很困难的，并且可能渗透墨水。表面不平坦的纸会给书写和画图增加困难——笔尖刮破纸，扯住纤维。禁止用带有裂痕和折痕的纸做练习簿。奥·符·弗列罗夫介绍了容易做到的检验纸的方法——"线条"法。这个方法就是在一张纸上用中等程度的压力画几条不同的逐渐加粗的线条，挑出墨水没有透到反面去的那个线条，测量其宽度。如果纸涂过足够的胶质，1.25毫米宽度的线条不会渗透到反面而且不扩散，这样的纸则可以用来制作练习簿。制作学校练习簿时应采用由100%漂白纸浆（经过化学加工的木质）制成的白纸张。

学校练习簿的大小规定如下：宽170毫米，高205毫米。练习簿上必须有写字用的线条，因为它便于儿童正确地且均匀地将字写在一条直线上，这就能促使他们练就整齐的书法。练习簿纸上的线条应该很清楚，具有淡青的、不太鲜明的颜色。平行线之间的距离取决于这个练习簿为哪个年级所采用：一年级学生用的距离应是8毫米，二年级用的为5毫米，三年级用的为4毫米。为一、二年级所用的距离比为三年级所用的要大，因为写较大的字母需要较大的距离。

有三条平行线并加上密密的横断倾斜线条的练习簿是为一、二年级学生用的（图91）。横断线与平行线的夹角规定为65°。三年级学生用的练习簿是带有两条较狭窄的平行线的，因为这个年级的学生要逐渐过渡到沿着一条线写字，而不固定倾斜的大小。只有一条平行线而没有横断倾斜线，且平行线之间的距离是8毫米的练习簿，是四至十年级学生写字用的。写字时字母的大小随着从低年级转入高年级而逐渐减小，但不能允许学生写得太小以致妨碍了视觉感受，字母的高度不应少于4毫米。

在学校练习簿中必须有宽度为2.5～3厘米的页边，以使学生在书写和阅读文字时眼睛能得到歇息。此外，页边还需要被用来记录教师的意见和错误的词句。练习簿平行线的长度应是14厘米，页边不计算在内。

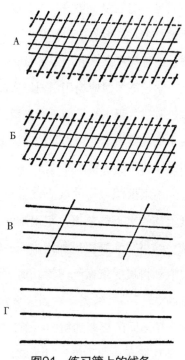

图91　练习簿上的线条

在每本学校练习簿中都应该有一张能很快渗透墨水的吸墨纸。吸墨纸应和练习簿的整页大小相同。

没有任何格子的练习簿就不适合于儿童和少年写字，因为用这样的簿子会妨碍他们练就整齐的书法。更不能允许为了要在没有格子的纸上写字，而使用放在干净纸下面的带有粗线条黑格子的印格纸，因为如果这样做学生就会过度用力地去看纸下面的格子。

做数学作业用的学校练习簿是用方格纸做成的，每个方格的大小规定为5毫米×5毫米。一年级学生用这些练习簿时最好把数字写到1厘米的高度，也就是用两个方格。其余年级做数学作业用的练习簿应该符合对普通学校练习簿所提出的要求。

写字用的钢笔的长度、直径和重量都应适合于学生骨骼肌肉系统的年龄特征。低年级学生写字用的钢笔，因为他们的手腕骨骼肌肉系统还没有完全成熟，所以是用刨得很光滑的木料做成的，呈圆形并带有圆的末端。钢笔的长度被规定为15.5～17厘米，直径是8毫米。经验证明，较短的钢笔能引起手指迅速疲劳。直径大于或少于8毫米的钢笔很难被握在手中。写字钢笔的末端应该是圆的。

一、二年级学生最好使用笔尖装在内部的写字钢笔，因为金属的外部笔头夹使墨水容易从笔头流到笔杆上，从而弄脏学生的手及其练习簿。

学生的钢笔尖是用钢做成的，并且是中等硬度的，带有尖的末端。学生用的钢笔尖应该能够很好地保存住墨水，保证墨水逐渐地流到笔尖的末端。写字的时候笔尖应当稍有弹性，以写出所希望的粗细来。带有迟钝的圆头的硬钢笔尖不适合学生使用，因为它们在使用时要费很大的力气，造成写字的困难。带有迟钝的笔头的钢笔尖还会妨碍在纸上正确地写出字母。在适合于学生使用的钢笔尖中，第11号和第13号笔尖可以被所有年级的学生使用。此外，高年级的学生还可以使用第24号和第110号的笔尖（图92）。应当建议学生使用笔尖刷，这种刷子自己很容易制作。

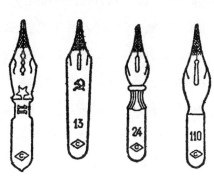

图92 学生用的钢笔尖

墨水也应当符合一定的要求。学生只能使用很浓的黑色或暗紫色的墨水，这种颜色能保证在纸的白底上清楚地写出字母和数字。虽然要求黑色和暗紫色的墨水有足够的浓度，但是如果用手摸一下所写的字，墨水也不应该沾污干燥的手。在学校实践中不允许使用彩色墨水（特别是红色的），因为它们会刺激眼睛的视网膜使眼睛疲劳。

墨水应该保存在瓶子里，放在气温高于0℃的地方。若放在寒冷的地方它们就坏了。不允许把各种墨水混合起来，因为这样就会使墨水混浊不清而且会失掉颜色。

装在课桌上的墨水瓶具有倒立的圆锥体的形状，带有朝向瓶口的内外双重边缘，这样的边缘可以防止墨水流出。

有中等硬度铅芯的铅笔（第2号、M、TM铅笔）对学生来说最合适。这些铅笔的铅芯是用研碎的深黑色的石墨做成的。硬铅芯的铅笔不适合给学生使用，因为用这种铅笔写字很费力，并且笔迹很淡。软铅芯的铅笔（第1号）对学生来说也不合适，它们写出的字母很粗，并且容易弄脏练习簿和书写者的手。

学生用的铅笔不宜太长，太长了学生就难以使用它们。铅笔的恰当的长度为180毫米左右，粗7～7.8毫米。铅笔的外形可以做成圆形的、六边形的和八边形的。对于低年级的学生来说只能使用圆形的，因为它们适合于儿童手指骨的长度和粗细。对于高年级的学生来说六边形和八边形的铅笔更为方便，因为它们能够很牢固地被手指抓住。

橡皮用来擦掉铅笔或墨水所写的笔迹，因此就有擦铅笔笔迹的软橡皮和擦墨水笔迹的硬橡皮。橡皮是用橡胶和不同成分的混合物做成。

铅笔盒是四角形的，带有稍圆的边和放钢笔、铅笔、橡皮等的格子。铅笔盒的盖是活动的。做铅笔盒最好的材料是木材。不能用赛璐珞（硝化纤维塑料，易燃——编者注）或是别的易燃材料做铅笔盒。

粉笔是在黑板上写字用的。在教室有黑板时，用粉笔写字就能保证字母或其他符号的形象十分清晰。在书写时粉笔不应该断裂和撒碎屑。粉笔被锯成长85毫米、粗15毫米的圆柱，在使用它们的时候应当小心地用纸包上。

彩色粉笔只能在必须特别强调或标记，或是在画图表、曲线的时候才能使用。在制造彩色粉笔时应禁止使用有毒的、含砒霜及其他对健康有危害物质的颜料。

学生用背囊也是一至四年级学生的必要教学用具之一。把教科书和学校文具用品放在背囊中，可以保证重量平均地分配在背部的肌肉上。如果教科书和学校文具用品放在皮包、手提包中，或者就夹在腋下携带，物件的主要重量就压在身体的一边，这就有可能引起脊柱的弯曲。

应当绝对禁止学生在背囊中，尤其在皮包或手提包中放置不相干的物件，因为这会增加本来就已经

图93　学生正确地携带书籍

很重的负担。学生应当带到学校去的除了安放铅笔和钢笔的铅笔盒外，只有课表上所规定的当天课程的教科书和练习簿。

校医和卫生预防站的医师在巡视学校和技工学校时，应该注意学校文具用品是否符合卫生要求。学生自己也必须关心教科书和学校文具用品的卫生状况。为此应当培养学生对待这些东西的文明卫生习惯。

第七节　玩具

玩具是每个儿童教育机关的必要的设备，因为它们是教育儿童的一个有力的手段。玩具不仅供幼儿和学前儿童使用，而且也供少年儿童和学生使用。许多玩具是儿童集体使用的，这就要对它们提出更高的卫生要求。

以下是对所有玩具的一般卫生要求。

1. 玩具应当没有发生不幸事件的可能，因此它们的边缘应当是圆润的和平滑的。

2. 玩具应当用容易保持清洁并且不太可能积聚灰尘的材料做成。

3. 玩具应便于消毒。

4. 玩具在防火方面应当是合格的，因此在制造玩具时不能采用易燃的材料。

5. 玩具应当是有艺术装饰性的且是很美丽的，应当能引起儿童愉快的情绪，并有利于影响他们的神经系统的状态。

对婴儿用的玩具应当提出特别严格的卫生要求，因为婴儿常常把玩具放到口里。各种响铃、小娃娃等就属于婴儿用的一些玩具。建议用易于洗涤和易于用湿布擦干净的塑料来做这些玩具。

在制造任何玩具的时候，从卫生方面来说，最好的材料是塑料，因为由它们做成的玩具除去上述特点以外还不容易脏。但是在为学前儿童制造玩具时，可以采用刨光的和外表被擦亮的木料。木料玩具也很容易洗涤和保持清洁。

在仔细加工的条件下，金属玩具也是完全适用的，因为它们也容易保持干净。在金属玩具的外面应当涂上搪瓷。

用橡皮和赛璐珞做的玩具完全符合卫生要求，因为它们容易洗涤和擦干净。这些玩具对婴儿和幼儿来说特别合适。在有必要采用纸来做玩具的时候，应当用结实的光滑的纸。同时在制作玩具的过程中必须仔细加工。只有在这样的条件下，这些玩具才能比较长久地保持自己原来的形态，并且容易保持干净。

用纺织品做成的玩具，特别是用长毛绒以及棉花做的玩具，如娃娃等，不适合集体使用，因为很难清除堆积在它们上面的灰尘。这些玩具很容易被弄脏并能成为传染病的来源。

口琴和喇叭之类的各种玩具在儿童教育机关中是不能被采用的，因为它们能成为传播传染病的途径。在个人使用这些玩具时必须注意，不要让儿童们传来传去地使用。必须把它们保存在盖着的盒子里或套子中，并时常用高锰酸钾的淡溶液来擦洗。

在给玩具上颜色时不允许用含有砒霜的和其他有毒物质的颜料。

制造玩具的工厂应当处在卫生监督之下。

第八章　教导工作的卫生

第一节　教导工作体系的卫生原理

身心的发展是相互密切联系着的，并且是人形成的一个统一和谐的过程。离开这个过程的统一性而偏向于某个方面的发展，应当被视为是不符合发展标准的，因为这种偏向会引起某些方面靠着其他方面教育的不足而过分发展的现象。

整个教导工作以及它的各个部分的组织，要保证在学生身心全面发展方面能产生最良好的结果。

这个目的只有当整个教导工作的组织和进行是建立在伟大俄罗斯生理学家巴甫洛夫关于高级神经活动的学说的基础上，且严格遵守学校卫生学的基本原则时才有可能实现。加里宁在《致少年先锋队队员》一文中写得十分正确："我的愿望就是你们好好地学习。而为此就需要组织自己的学习、自己的日子，使自己能够很好地学习、散步、游戏和锻炼。要知道，我希望你们不但成为学者，而且成为健康的、乐观的和幸福的人。"①

教导工作的卫生问题是跟儿童和少年的生活制度，特别是跟有关学

---

① 《少年先锋队真理报》，1937年12月5日。

生的智力活动以及其他需要用脑的活动的负担标准紧密地联系着的。

不解决不同年龄的儿童和少年所能负担的智力工作的标准的问题，对学校中各年级的教学计划应该是怎么样的这个问题就不能给以有科学根据的回答，因为教学计划是取决于学生需要掌握的教材的分量的。

依据同样的理由，儿童和少年所能负担的智力工作的标准，对于确定学日和学年的时间、各科大纲和教科书的内容等等也有意义。确定不同年龄学生所能负担的智力工作的标准，就要确定在学校里学习和在家庭里准备家庭作业的标准，这是很复杂的工作，只有在对儿童和少年的生活制度进行深刻的生理卫生研究的基础上，特别是在对他们的生活制度的个别部分进行深入研究的基础上才有可能实现。

所谓学生能负担的智力工作的标准，就是在时间和数量上对某一种课程或其他活动的限制。这里毫无疑问地要考虑作业的复杂程度和困难程度。但是应该注意到，这些标准在一定程度上是相对的，因为同一年龄的不同人大脑皮层可能有较大或较小的工作能力，对教材有较多或较少的感受，有较大或较小的掌握和巩固的能力。这种能力是由身体发展上的个人特点以及教学和教育上的各种条件决定的。尽管如此，标准还是必要的，因为它规定了上课、学日和学年的合适的时间，并决定教学计划上所有各科的大纲以及教科书的容量和内容。这些标准应当成为保证大脑皮层的正常工作，也就是顺利地感受、掌握和巩固知识的最适宜的条件。缺乏不同年龄学生所能负担的智力工作的标准就可能引起儿童和少年在学校学习和准备家庭作业方面的负担过重，这样所产生的自然的后果就是学生的过度紧张，随之是学生的过度疲劳，有时甚至可能发生神经机能症——高级神经活动受损。况且，一般地，当智力工作的负担过重时，学生的大脑皮层就由保护性抑制控制，在这种情况下，大脑皮层就很难感受什么东西，有时甚至不可能感受什么东西，更不用说掌握教材了。这些就会反映为儿童和少年的学业不良。

显然，正常成长和发育着的身体要满足一定的生理上的要求（在适宜条件下有足够时间的睡眠，在新鲜空气中逗留且在学校或住房中保证有良好的空气，保证运动、合理的饮食和正确地组织进餐，等等）。成长着的身体的生理要求，如果在数量上或质量上得不到满足，就会使所有的生活进程比较松弛地推进（跟正常状态的身体比较起来）。这会特别影响儿童和少年的高级神经活动，并会引起大脑皮层机能积极性的减退。其后果就是会降低身体对各种不利因素、特别是对传染病的抵抗力。在成人身体上也会发生这样的情况，但是，儿童的身体特别容易受到在他身上各种作用的影响或受到损伤。

　　成长着的身体在生理上的要求，特别是睡眠，如果在数量上和质量上得不到满足，就会给心理过程上（在思维、感受和掌握教材方面）造成不利影响。这些要求得不到满足的很自然的后果就是注意力和记忆力的减退。

　　规定在学校中学习的负担和学日的时间，以及在时间上规定家庭作业的负担具有这样的效果：最有力地保证成长着的身体的生理要求，并且避免学生过度疲劳。在疲劳过度时，大脑皮层细胞有极大的消耗。

　　关于学生智力劳动负担的标准问题，只有在考虑到成长着的身体的不同年龄时期的解剖生理的特点，特别是神经心理的特点的条件下，才能正确地解决。

　　在各个年龄阶段，身体的成长、发展和完善，会引起身体对能量补充的要求。这些能量不仅是用来工作，也是用来进行化合过程。只有在身体吸收了适当的营养和足够的氧气的情况下，化合过程才能正常地进行。由此就产生了在新鲜空气中逗留、活动身体以及在睡眠方面保证卫生的要求。所有这些在规定学生智力劳动和其他各种活动的负担标准时都要考虑到。

　　要从生理卫生方面正确组织和进行教导工作，就要求在目前的具体条件下，利用卫生和教育作用的一切可能的方法，来改进成长和发育着的人的身心特点。这些方法是多种多样的：合理的生活制度，正常的睡眠，在新鲜空气中逗留，保证房间中有良好的空气，有营养充分的食物，有体育活动和运动，有体力劳动（特别是在新鲜空气中进行的体力劳动），等等。

成长着的身体在体力方面以及在心理方面的正常的全面发展包含各种因素，是正确组织学校和家庭中教导工作的基础之一。

第二节　预防儿童和少年的疲劳和过度疲劳

儿童和少年的学习工作主要是智力劳动，它主要的是跟大脑皮层和感觉器官的活动联系着的。某一器官经过一段时间的工作就产生了疲劳。大脑和别的器官比起来最容易疲劳。

现在生理学把疲劳理解为细胞、组织、器官或整个机体的工作能力的暂时降低，这种降低是在工作了一段时间以后出现的，并由大脑皮层细胞的疲惫引起。因此任何一种形式的机体的活动在持续一定时间后就会引起疲劳。

大脑皮层在它的工作过程中，在外界刺激物作用于它的过程中，所发生的那些变化的生理实质就是巴甫洛夫所写的："大脑皮层的细胞在条件刺激的影响下迟早要转入抑制状态，当这些刺激重复出现时，细胞更为迅速地转入抑制状态。对于这一点，更合理的理解应当是这样：这个细胞，可以说是机体的哨岗，它有最高度的反应能力，也因而有猛烈的机能破坏力，会迅速地疲劳。这个时候开始的抑制，并不是疲劳本身，而是对细胞的一种保护，是为预防这个特别的细胞以后受到过度的可怕的破坏。在抑制期间，由于脱离工作，细胞又恢复到自己的正常的状态。皮层的所有细胞都是这样，因此当工作着的细胞在皮层中是占大多数的时候，整个皮层就会转入抑制状态。当我们的条件刺激物作用于它们的时候，我们在皮层的个别细胞中看到过这种状态。"①

因此，内部消极抑制是人疲劳的第一个信号。而内部抑制也是大脑皮层细胞的保护者，巴甫洛夫指出："任何一个活生生地工作着的系统都应当有休息和恢复。而那些反应性极强的部分，如大脑皮层的细胞，它的休息更应当被小心地保护。而在皮层中，对工作和休息的保护得到更好的实现。每一个部分的工作是由它的紧张程度和时间长短控制着的。我们以前还看到过，只要对同一个细胞持续几分钟的刺激就会引起它的抑制过程的发展，这个抑制使它的工作减少，最后甚至完全停止了工作。但是还有另一种保护大脑皮层细胞的同样鲜明的例子，即在强烈的外界刺激下的抑制。对于大脑皮层的细胞来说……有最高限度的刺激物，有对它无危害的机能紧张的最高限度，而超过这个限度就会有抑制来干涉（刺激力限度的规则）。"②

巴甫洛夫在另一处写道："大脑皮层细胞有工作能力的限度。超过这个限度的时候，为了预防细胞过度的机能上的消耗，它就会产生抑制。工作能力限度的高低不是固定的，而是或快或慢地改变着的（在身体脆弱时，在催眠状态，在患病或年老时改变得慢）。这个可以被称为超限度的抑制有时立刻就会产生，有时只有在重复超过最大限度的刺激时才能发生。应当了解这一点：在中央神经系统的低级部分也有这种类似的抑制。"③

巴甫洛夫和他的学派在保护性抑制和睡眠方面的研究（睡眠是预防神经衰弱和保证应有程度的恢复过程的防御机能），对于神经系统的卫生（首要的是对于高级神经活动的卫生）和它的疾病的预防有很大的意

①《巴甫洛夫全集》第4卷，210页。
②《巴甫洛夫全集》第3卷，377~398页。
③《巴甫洛夫全集》第3卷，484页。

义。"特别是它关系到学校卫生学和保护儿童的健康的问题"（阿·格·伊凡诺夫-斯莫连斯基）。

由于各组织器官之间相互联系着，在某一器官内发生的疲劳不是孤立的，组织器官在长时间工作以后会把疲劳现象反映在整个机体上。在成人身上疲劳经常伴随着要求休息的感觉。这个感觉是机体对它内部由于疲劳而产生的那些变化的很自然的反应。但是在儿童身体上，特别是年幼的儿童，在开始疲劳后不常出现类似的需要休息的感觉，不顾疲劳，儿童往往继续迷恋于游戏直到熟睡。儿童（特别是少年）在经过长时间游戏而感到很疲劳的时候，往往会产生过度兴奋的现象，以致不能在规定的时间熟睡。这种现象可以被认为是正诱导，也就是由于抑制所引起的大脑皮层兴奋的结果。

在令人疲劳的工作后，在休息的时间内，细胞、组织、器官和整个机体恢复着兴奋度。假如休息不足，那么疲劳会继续很快地增加，最后就会产生过度疲劳的现象。

一般把疲劳区分为智力的和体力的两种，这是由引起疲劳的工作的性质决定的。

但是智力和体力活动之间没有鲜明的界限，把劳动活动划分为智力和体力的活动在一定程度上是相对的。儿童和少年在学校的学习工作和在家里准备家庭作业的工作，主要是智力活动。但是在学习工作中，也有跟某一部分肌肉的紧张联系着的体力活动（体育课，体育器械的练习，需要肌肉紧张特别是后颈和背部肌肉紧张的坐姿，写字的过程，等等）。因此，即使是学生的看上去"纯粹"的智力活动也跟某些体力活动联系着的。

在体力劳动中，特别是在需要肌肉活动的体力劳动中，在某种程度上有从大脑皮层方面来的调节。换言之，任何体力劳动都伴随着大脑皮层的活动，它在动作的调节中起着主导作用。

不能把智力劳动和体力劳动，或相反地，把体力劳动和智力劳动对立起来。马克思说："像在自然体系中头与手不能分开一样，劳动过程也把头的劳动与手的劳动结合起来。"①但是根据劳动所使用的某种器官是大脑还是肌肉来确定劳动的性质却是必要的，因为它关系到劳动活动的正确组织。例如在进行体育练习和体力劳动的作业中，主要的负担是由神经系统调节的心脏、血管和骨骼肌肉系统担负着。在智力劳动中最大的负担是在中枢神经系统，特别是在大脑皮层上。

根据上述各点，巴甫洛夫的关于把体力活动和智力活动结合于统一的劳动过程中的卓越思想具有巨大的意义。巴甫洛夫在给全顿巴斯煤矿工人大会的信中说："在我整个生命中，我爱智力劳动和体力劳动，也许对体力劳动爱得更多一些。当在体力劳动中加入了一个有趣的猜谜的时候，也就是把脑和手结合起来的时候，我感到特别满意。"②这些话很好地证明，巴甫洛夫在这个问题上是跟科学社会主义的伟大奠基者的观点是一致的。

关于疲劳的生物学实质，虽然曾做过许多研究，虽然在这方面有许多企图发现其实质的理论，但是暂时还没有正确的断定。在这方面的理论（机体中毒、阻塞等）没有得到证实，并且互相矛盾着。它们不能对关于疲劳的生物学实质（特别在智力活动方面）的问题做出有科学根据的解答。只能肯定一点，就是在疲劳的时候机体及其个别器官和组织内发生着复杂的生物的化学的过程。关于疲劳的生物学实质问题的唯一正确的解答，就是我们上面说到的巴甫洛夫发现的疲劳时的生理过程。

无数次的观察和实验证明，由于进行智力工作而感到疲劳的时候，

---

① 马克思：《资本论》，人民出版社1953年版，第1卷，第623～624页。
②《巴甫洛夫全集》第1卷，31页，苏联科学院出版社，1940。

从一种工作转到另一种工作（例如，从解决复杂的数学题转到阅读轻松的文艺作品）能保证恢复大脑皮层的正常活动。从不太繁重的体力劳动转到轻松的智力劳动时，同样也能保证大脑皮层机能有继续活动的可能性。

但是应当估计到，调节智力和体力活动过程的大脑皮层跟其他器官比起来最容易疲劳。跟不容易疲劳的神经纤维不同，神经中枢很容易疲劳。这个情况必须在对儿童、少年组织及进行学校和家庭里的教导工作时被考虑到。

除了疲劳一词外，还有疲倦一词。人们通常把这两个概念混淆起来。疲劳是经过一定时间的工作后工作着的器官或整个机体中发生变化的表现。而疲倦是疲劳的主观表现，它是一种由于机体的软弱而感到有些无力和不愿工作的现象。

除了疲劳和疲倦两词以外，还有一个词——疲劳性。这个词被理解为某一个体对疲劳的或大或小的趋向或性能。身体的疲劳性取决于一系列因素，取决于健康状况、营养、进行教育过程的条件即外部环境（空气的情况、光线等），以及教材内容和教授的方法。

紧张的智力或体力活动所产生的疲劳不是所有的人在工作中的同一时间开始的，因为它的产生是受一系列的情况（身体的个别特点，特别是高级神经活动的类型，在智力活动方面的训练的程度，对这种工作是否习惯，等等）决定的。能否在智力和体力活动中减低身体的疲劳性和推后疲劳开始的时间，在很大程度上取决于该项活动中进行的练习和受到的锻炼如何。

众所周知，在进行智力劳动时血液就流向大脑。此外，在紧张的智力工作中，特别是在集中注意力的时候，还会产生呼吸减弱的现象。当儿童和少年十分疲劳时有时还会发生头痛、流鼻血等现象。同样可以看到，在需要特别集中注意力的课以后，儿童和少年的智力就有所减弱；

休息转到容易的作业以后，这种现象很快就会消失。大脑皮层疲劳后表现出精神恍惚，有时还表现出对周围事物漫不经心、思考教材的能力差等现象。显然，这一切将会引起难于理解和掌握教材的现象，更不用说在大脑皮层上巩固这些教材了，最后就使学生的学业成绩下降。

许多医师和教师是根据学生所感到的和表示出的疲倦状态，或者根据他们的疲劳的外部表现（动作增多、心不在焉）来断定儿童和少年的疲劳的。表现为不愿工作或对工作的兴趣降低的疲倦的感觉，在大脑皮层或肌肉系统缺乏长期的紧张状态时也能出现。

疲劳是长时间工作的结果，疲倦的感觉（有时表现为贪睡）在并不疲劳的时候也可能出现。由于夜里睡眠不足，这种"疲倦"的现象有时在早上第一节课上也可以被看到。当儿童和少年过度疲劳时也会产生这种"疲倦"。并不疲劳的、被称为睡眠抑制的疲倦的感觉也可能在病态的时候发生。

有时在周围环境的刺激非常单调时也会产生疲倦现象。教师单调地讲授教材，在教学上的公式化和形式主义，缺乏直观性和图解——这一切都会促使儿童和少年产生类似的"疲倦"，特别是当它有着"有利"的条件的时候（在教室中光线不足、恶劣的空气等）。这种"疲倦"不是别的，而是单调的、微小的刺激所引起的大脑皮质的内部抑制。年龄愈小的儿童，这一点表现得愈为明显，因为儿童的身体对外界作用的反应力特别强，特别容易受影响。跟成人相比，这些儿童不容易适应单调的微弱的刺激。由于单调的教学以及其他类似的原因所引起的"疲倦"的感觉，在改变了教学方法、上课时讲了一些富有趣味的东西和改进了教室的卫生条件等以后就会很快地消失。但是作为疲劳的一种主观表现，疲倦现象不能很快消失，而且需要休息，否则会更加疲倦。

研究证明，智力劳动，特别是在教室里的学习活动，要求儿童和少年的大脑皮层进行十分紧张的分析和综合活动。分析和综合是种种兴奋和抑制过程在大脑皮层里经常联合和集中在一起的活动。产生疲劳的最初的征象是动作不安定的表现。这种动作上的兴奋现象没有得到解除，不转到别的活动形式，智力的负担还继续存在，而教师又企图用语言的作用来解除疲劳——这一切会使抑制过程的扩张状态愈来愈明显，逐渐地占据了首位。预示疲劳进一步发展的抑制现象渐渐地反映在懒洋洋的贪睡状态的发展上。

因此，在智力劳动中，疲劳好像经过两个阶段：动作不安定的阶段和带有懒洋洋和贪睡状态的一般性抑制阶段。带有较高的抑制性的儿童、少年和体力弱的儿童，在第一个阶段疲劳状态可能表现得很微弱，甚至完全没有表现。由此可见，预防疲劳不仅取决于教材的数量和质量，也不仅取决于教师本人，而且还取决于整个教育过程的组织。

如果大脑皮层的严重的疲劳成为经常性的，并且在这种情况下还缺乏必要的休息，那么疲劳可能转入疲劳过度的病理现象。疲劳过度是慢性疾病，它表现在一系列的征象中：心理机能的减退（思维、知觉、理解、掌握、记忆、注意等），头痛，正常睡眠受到破坏，胃口不佳，冷漠，等等。

不卫生的周围环境（恶劣的空气，过高的湿度，多尘土，光线不足，等等），营养上的缺乏，睡眠不足或睡眠不安，智力劳动的负担过重，神经上心理上的痛苦等等，这些都会促使儿童和少年的疲劳过度现象发展。

当儿童和少年疲劳过度时，必须要给他们安排特别的生活制度，并要予以长期治疗，一般地，他们要停止学习或进入专门收容患神经病儿童的疗养学校。在疲劳过度的情况下，保证儿童的正常睡眠有特别重要的意义。疲劳过度还有极大的危险性，因为它是产生神经心理疾病的一个原因。除了上述各点以外，还应当注意，疲劳过度的儿童和少年的身体对传染病及其他不利的因素的抵抗力会大为降低。

大脑皮层的正常工作能力是顺利地学习、掌握科学基础知识和自觉的有纪律的行为的保证，它的重要前提是正确组织的生活制度，其中包括学校生活制度、学年、课程表、难易科目以及其他种类作业的互相交替、课间休息的组织、学生家庭生活的良好条件，等等。

第三节　对于学校生活制度的卫生要求

在学校里，正确组织和执行学生生活制度或学校作业的制度是每一个正常工作的学校的必要条件。这种生活制度是顺利地进行教导工作和保护学生的力量和健康的一个主要条件。学校生活制度组织得不正确或是在执行中受到破坏，能引起儿童和少年的工作能力的减弱，并引起他们严重的疲劳。

应当根据学校的教学和教育的目的、儿童和少年的解剖生理特点以及他们的健康状况来制定学校生活制度。

由此可见，在组织和贯彻学校生活制度时不能对所有年级的学生统一对待。显然，由于成长着的身体的年龄特征及其高级神经活动的发展，低年级学生的生活制度和高年级学生的生活制度应有一定的差别。例如，一年级学生即7岁的儿童的学日长短和组织不能跟其他较高年级的相同，因为一年级学生还没有具备长时间注意的能力，并且易于疲劳。

正确组织的学校生活制度能为提高教导工作的质量、加强自觉纪律和增强学生的健康创造有利的条件。

学校生活制度的主要部分如下。

1. 一年当中学年的长短和休息日（假期）的安排。

2. 正确组织招收儿童入学的工作。

3. 学日的长短。

4．课时的长短，以及不仅在教育方面而且在卫生方面的课时的正确安排。

5．按照科目的难易正确地分配课程，难易课程和作业相互交替。

6．合理地组织课间休息，尽量多地利用新鲜空气。

7．在学日中按时进餐，正确安排这个工作。

8．校舍保证达到合乎标准的清洁程度，保证外部整齐和遵守学校卫生学的一切要求。

9．正确组织儿童和少年的课外活动，安排适当的时间。

10．布置的家庭作业在时间方面、在留作业的科目的数量方面和作业的性质方面（不允许只布置口头的或只布置书面的作业）要合乎标准。

11．学校生活制度和学生的整天生活制度有机地联系。

在制定学校生活制度时必须估计到学生在校外的生活制度，可以在同时确定统一的不同年龄学生的整天生活制度。

学校的不同年龄学生的整天生活制度由于地区不同所做的修改，不应当不符合生活制度上各部分时间长短的基本标准。例如，四次进餐的时间，不同年龄的儿童和少年所必需的睡眠时间，在新鲜空气中逗留以及准备家庭作业的时间，等等。

苏联学校中学年长短的规定，考虑了学生的年龄，以及在冬春季、特别在夏天保证假期休息的必要性。学期和假期交替，就可以在一学年中平均地分配大纲教材，预防学生过度疲劳，保证维护他们的健康，使他们经过几个月的艰苦学习以后可恢复体力。我们为头三个年级的学生规定了最短的学年。低年级学生的身体还不够强健，他们的力量还有限，因此必须限制学年的时间并增加暑假的时间。

我们在学年中给所有年级都规定了假期（寒假和春假）。寒假从12月30日到1月10日，也就是12天；春假稍微短一些，在3月底。在乡村学校里，春假的日期根据该地区的气候条件而定。因此，除了普通的休假日之外，在整个学年中保证了学生有一段长时间的休息。暑假较长，但不同年龄的儿童和少年的暑假长度不同。因此，儿童和少年在一年中有足够的时间来休息和增强自己的健康。

从学校卫生学的观点来说，最重要的是儿童入学时间的问题。

儿童在学校里的系统的学习可以从7岁开始，但是这不等于说儿童在7岁之前就不能从事最简单的学习。目前，在幼儿园里儿童学习着母语、计算等，这是在全班的专门的作业中进行的。这就使儿童以后在学校里易于掌握知识。

但是过早地和人为地促使儿童智力发展会给儿童的体力和神经心理状态带来有害影响。

正确地组织一学年学习的开始也有很大的意义，在这方面需要特别注意刚入学的7岁儿童。在学校里教导7岁儿童的多年的经验指出，这些儿童在班上的头几天，甚至头几个星期，非常不容易服从那种对他们来说是新事物的学校纪律，且不习惯于对他们来说是不寻常事物的学校生活制度。

同样地，要养成他们经常学习的习惯也是非常不容易的，他们很快地就会疲劳。这一切都必须考虑到。因此对于刚开始学习的7岁儿童，只能逐渐增加他们的学习负担。

正确地组织招收儿童入学的工作，不但对于学校学习的顺利开始，而且对此后整个教导工作都有很大的意义。同时，正确地组织招收儿童入学的工作，以后也可以易于进行保护和增强儿童健康的工作。

入学儿童应当接受仔细的体格检查。应当依靠教师和校医的共同努力来查明他们的发育情况、健康状况等。同时还必须查明每个儿童所具有的神经系统的类型。了解了每个儿童高级神经活动的类型，就可以帮助教师花最小的力气而最有效地对儿童进行教学并促使他们发展。这个原则对所有在学校的儿童和少年都是必要的，它对刚入学的儿童来说更是必要的。

学校卫生学在正确组织学年的开始这方面的要求之一是：学校要准备好整个校舍和每个房间来迎接学生。在夏季修缮校舍和设备（课桌椅、教具等）的工作结束以后，在检查学校是否准备好招收儿童的工作的委员会接收了校舍以后，在学习开始之前的几天（大约3～4天，至少是2天），应当组织各班儿童和教师预先见面。班主任应当帮助儿童认识学校，解释在新学年中他们的任务，讲述他们将要学习些什么，生活制度是怎样的，等等。在跟一年级学生谈话时应当用简单的、形象的语言讲述学生在校内外的行为规则，说明他们在学校学习所必须履行的义务。这些谈话会使儿童和教师亲近起来，引起他们愉快的、乐观的情绪。这种情绪对保持神经系统和整个身体的正常状态是很必要的。

在使儿童预先熟悉学校的时候，由于学校环境的作用，特别是教师语言的作用，儿童会开始形成一定的反射。这样，在上课的第一天，即当儿童进入对他们来说是新的学校环境时，就已经稍有准备，并且已经有了某些对学校和班集体的预先形成的或部分形成了的反射。在学习的头几天和之后的日子里，由于在学校里逗留和学习而获得的一些初步的反射，也会在儿童的大脑皮层中被逐渐巩固并被纳入神经活动的总体。

与即将入学的儿童的预先见面有很大的意义，因为它使儿童易于学习并习惯学校的生活制度。在预先见面的时候，班主任应该指给学生看他们将来学习的教室，根据个人的身高、视力和听觉的情况给他们指定座位。

但是，为了不使儿童疲劳，学生和教师预先见面的时间不宜过长（不超过1小时）。见面的时间过长可能会引起不良的后果，那些由于教师、新的儿童集体和整个学校环境对儿童的影响而形成的良好的反射反而会引起抑制。

学日的长短是学校生活制度的一个重要部分。它应当适合儿童的年龄。学日过长以及学生智力劳动负担的增加所引起的大脑皮层活动的过度紧张，会降低儿童的工作能力。此外，在一学日中上课太多，就降低了儿童和少年有足够时间逗留在新鲜空气中、做游戏和运动的可能性，而这些活动对于他们的身体健康，对身体的正常发育和生命力都是不可缺少的。因此，每天上课的多少应当按照学校卫生学为不同年龄的儿童和少年所规定的标准来确定。每天上课的多少应当能保证学生的大脑皮层正常活动，这就为学生的顺利学习和保持其体力创造了条件。

在低年级（一至三年级）每天不应超过4节课，到四年级每星期才可以有两天上5节课。在一至四年级中，最后一节课应是比较容易的课：图画、唱歌和体育。五至十年级规定每天上5节课。五至七年级每星期有2天、八至十年级每星期有3天上6节课。中年级和高年级最后一节课也跟低年级一样，应该安排比较容易的科目。

从卫生学观点看来，正确组织一个学日的开始时间有很大的意义。课业应当在确切规定的时间开始。在不是二部制上课的学校中，学日的开始应该是早晨9点。学校学日开始得过早就会迫使儿童和少年醒得过早，睡眠不足，赶到学校，"囫囵吞下"早点。这一切自然会影响儿童和少年的身体感觉和健康，而且首先会影响他们的神经系统，因而会使他们烦恼不安，有时还会因为害怕迟到而引起严重的神经兴奋。这些孩子到学校上第一节课时一般会很兴奋，心不在焉，不能集中自己的注意力，而在以后几节课上又会很快地感到疲劳。

起床过早以及睡觉过迟都会剥夺儿童和少年的必要休息，使他们不能恢复在前一天已很疲劳的大脑皮层的正常活动。同时在中部地带，更不用说在北部地带，在冬天学校上课开始得过早就不得不使用人工照明。人工照明不但不利地影响学生的视觉器官，而且还影响接受视觉刺激的大脑皮层，这就使学生理解和掌握教学材料的能力减弱，并给教育过程的正常进行增加了困难，特别是在教室里的人工照明不够亮或是在质量方面（明亮度、直射光线、闪光度等）不符合要求的时候。

在不得不采用二部制上课的学校中，在小学里，上课开始的时间不应早于早晨8点30分，而在五至十年级的中学里不应早于8点。但是，即使是在采用二部制上课的学校，也应竭力争取从早上9点开始上课。

在某些二部制上课的学校里实行着各班级轮换上课的办法：第一季在第一批学习，第二季在第二批，第三季又在第一批。这种办法可以被解释为希望使所有的学生机会均等，都处于同样的条件下。但是这种做法对神经系统的正常活动无疑是有危害的。当学校里的上课时间轮换时，学生的整个生活制度就被"损坏"了，并破坏了机体工作的节奏性，其中包括大脑半球工作的节奏性。必须记住巴甫洛夫的指示，他说"有节奏的工作是最容易而有利的"。[1]并说，损坏了已确定的神经过程的进行就会引起大脑皮层刺激和动型的严重的破坏，也就是会使儿童的机体和所处的环境之间已经确定了的平衡受到破坏。

第二批上课的学生，特别是年龄较小的儿童，在保护他们的神经系统方面教师需要特别谨慎地对待。应当考虑到，年龄较小的儿童超限抑制的现象比年长的儿童表现得更明显。耳·斯·博加禅科在以卓娅·柯斯莫捷绵斯卡娅命名的第201中学里进行的研究指出，在学日快结束时，特别是在第二批上课快结束时，学生的超限抑制的现象就增长了，同时相似的副诱导现象增长了。阿·格·伊凡诺夫-斯莫连斯基指出："这些变化表现的程度决定于年龄的、类型的和个别的特征，决定于健康情况、学习负担的分量和性质等。消极抑制的现象特别明显地表现在神经质的儿童身上。"

必须特别注意要使儿童不慌不忙地到学校去，到校不迟到（大约在

①《巴甫洛夫全集》第4卷，189页。

上课前5～10分钟到校）。学日的正确组织需要有这样一个课程表：没有重复的课程，难易课交替，并严格遵守课间休息的规定。学日的正确组织也决定于每一节课的时间和讲授的方法。巴甫洛夫的研究证明，"正面和反面的刺激正确交替时，反射就特别准确"。[1]当讨论学日的正确组织时应当考虑到这个指示。

按照科目的难易可以相对地把它们这样分类（前面的为最难，后面的是较容易的）：①外国语、数学；②物理和化学；③历史、自然和地理；④祖国语言和文学；⑤体育、手工劳动、制图、图画、音乐。但是像这种科目难易的区分只是一种相对的看法。许多教师认为俄语是比历史、地理更难的一个科目。这里需指出的是，这样说的正是俄语教师。对于一个从小就用俄语说话的俄罗斯学生来说，通过说话实践他们已经牢固地掌握俄语，所以不能认为它比地理和历史更难，更不能说比古代或中世纪历史或是外国地理更难了，因为在学习这些科目时学生必然遇到新的概念，要通过大脑皮层活动去获得许多新概念。

还应当估计到，科目的难易在很大程度上取决于课的内容、讲授方法、学生的兴趣和积极性的程度，以及教师本人的个性、他对学生和对他所讲的教材的态度。所有这些在制定学校每周的课程表时都要考虑到。

某些人认为体育也是较难的科目，因为按照这些人的意见，它不但使肌肉紧张，而且需要或多或少的智力劳动来记住必要的动作和动作的配合等。后一种情况在一定程度上是正确的，特别对中年级和高年级的体育课来说是如此（这时作业的主要项目是体操）。但是这种情况无论如何也不能成为把体育课算作难的科目的理由。应当知道，在体育课上主要的是体力工作，而在其他科目（数学、语文）的课上主要的是智

---

① 《巴甫洛夫全集》第4卷，第189页。

力劳动，虽然在这些课上也有纯粹是体力消耗的地方（坐的过程、写字等）。

体育课可能使学生从比较繁重的、跟大脑皮层某一区域活动联系着的智力劳动中转移到体力活动上，调动皮层的另外的区域活动。而这件事本身就是良好的因素，因为这保证了大脑半球皮层上各个区域的相对的休息。把体育课正确地安排到课程表中，就有可能实现学日中智力活动和体力活动的联系。

也必须指出另一些意见的错误，它们认为体育课（体育练习）好像仅仅是休息。由于在体育课上学习着某种体育练习或整套练习，学习着进行练习的技术，还由于体育课是教学和教育的重要组成部分，具有自己的大纲和考查标准，所以它们应当在教学工作中占有自己的地位，不能在课外时间来完成它们，更不用说在课间休息时间。活动性游戏和体育游戏、群众性体育活动、儿童体育运动以及其他校外体育活动就完全是另外一回事。校外体育活动在正确组织和进行的条件下确实是儿童和少年健康休息的有价值的方式，因为这些活动对个人的爱好和个人对各项体育练习和运动的兴趣有很大的意义。但是即使是进行校外体育活动，也必须有一定的限度且有时间上的限制，否则就可能产生严重的疲劳，而最后会引起大脑皮层的疲劳。伊·米·谢切诺夫说："疲倦感觉的来源通常被认为是工作着的肌肉，而我认为它……完全是中央神经系统。"[1]

在制定课程表时十分要紧的是要注意那些会产生一定视力紧张的科目和作业（例如长时间书写、阅读、看显微镜等），这些科目需要安排在教室中光线最好的时间，要考虑到阳光的方向。例如，在朝西的教室中，不应该把这些课安排在阳光几乎平射的时候，这会使学生产生视觉困难。

---

①《谢切诺夫选集》，162页，1935。

在冬天，当教室里的天然光线减弱时，造成较大的视力紧张的课不应当放在第一节或最后一节。那些需要大脑皮层活动，特别是需要大量注意力和记忆力的课程应当安排在课程表的第一节或第二节，在高年级也可以放在第三节。同时应当注意，不要连着上几节都是以写字和笔记为主的课，因为这样不但会使手腕的肌肉和眼睛疲劳，而且会使包括大脑皮层的相应区域在内的整个视觉分析器疲劳。

不能允许同一科目连上两节，特别是在低年级和中年级，因为同类教材，更不用说难的教材，必然会引起大脑皮层的抑制，不能保证学生有效地掌握教材。在一节课内很难讲完较大的课题的观点是没有根据的，因为一切都在于有计划地安排教材，可以把较大的课题分为适当的小课题来保证教学进行的系统性。

在保证神经系统的正常活动及其最高部分（大脑半球）的休息方面，正确组织整个学日中的每节课后的课间休息有很大的意义。每一节课之间的休息是必要的，它们可以使学生在经过一节课的紧张智力活动后得到休息。它们的长短应取决于能否使学生在这段时间内充分地休息并恢复自己的体力。

一系列的研究证实了课间休息对身体，特别是对学生的神经系统的影响。在课间休息时学生有可能使身躯的肌肉伸展并消除由于长时间固定不动地坐着而受到的不良影响。课间休息时学生还可以在学校操场上或在预先通风过和收拾干净了的休息厅或走廊里进行自由的深呼吸。课间休息的主要意义在于它们能保证大脑半球的休息。

在整个学日中课间休息的长短不都是相同的。第一、第三、第四个课间休息的时间应为10分钟，而第二个，一般被称为大休息，应为30分钟。这里优先考虑到了一至四年级学生的利益，因为大休息的时间刚好是在这些班的学日的中间。在许多中学里以第二、第三节课后各20分钟的休息来代替30分钟的大休息，这样十分便于在学校里组织热早点。这样的课间休息时间，正如学校的经验所证明的，是足够学生休息用的了，当然，是在课间休息能正确组织的情况下。在这种情况下学生的大脑皮层自然就有可能休息并恢复它的工作能力。

必须关心课间休息组织的卫生，使学生能呼吸新鲜空气、活动和真正地休息。最好在暖和的季节在每个课间休息时都使儿童到新鲜空气中去，而冬天——除了气温低于零下16摄氏度或是在下大雪刮大风的日子，在20分钟或30分钟的课间休息时也要使儿童到新鲜空气中去。

应当做到使儿童和少年在课间休息时能为之后的工作能力汲取新的补充，使在课间养成他们正确休息、组织性、自觉纪律和文明行为的习惯。在课间休息时不允许有喧哗的游戏，以及一切能刺激儿童和少年的神经系统使它们过度兴奋和受到破坏的动作。

低年级学生课间休息的主要内容是活动性游戏、在学校场地中散步和自由动作。课间休息时应当禁止儿童和少年准备下一节课或者复习学习过的教材，因为这样课间休息就变成附加的课了，从而会剥夺学生的必要休息，同时学生的大脑也就不可能恢复自己的工作能力。应当在学校里建立这样的制度：学生在课间休息时必须都离开教室，而教室在这个时候需要通风。

为儿童和少年组织在学校里热早点，这在正确建立和执行学校生活制度的问题上具有很大的意义。教师应当注意要求所有的儿童和少年在早餐前洗手。养成这个习惯（实际上是一种条件反射）并没有什么困难，因为它是在进餐之前，也就是说它是在跟无条件反射活动联系着的动作之前的。在吃早点时教师应注意到儿童和少年的姿势的正确性，要求他们不要着急，好好地咀嚼食物。

在学校生活制度中组织学生有秩序地离开学校也是很重要的。课后不能把儿童和少年留在学校里，因为这就破坏了规定的生活制度，造成学生神经系统正常活动的破坏。只有在规定有"延长日"的学校里，儿童和少年才可以在课后留在学校里。学生课后在这里吃午饭、休息、在新鲜空气中游戏，然后准备所留的作业，从事课外活动。

学生上完课以后应该很有秩序地到挂衣室。为了防止儿童和少年在学校挂衣室内拥挤，应当建立一个制度，让低年级的学生先下楼，同时最好让儿童排成单行一个跟着一个地去拿衣物。为了防止儿童跌伤，严禁在楼梯上奔跑。教师，特别是班主任，应当给儿童和少年解释安静而有秩序地走出教室的意义，解释下楼梯、按小组依次进挂衣室和有秩序地走到街上的规则。

上述所有措施都是能提高儿童和少年的自觉纪律水平并预防受伤事故的。这一切都写在《学生校内规则》中，班主任在学年开始时就应当把这些规则解释给学生听。

应当注意到，要使学生不用过多的书籍和其他文具用品来增加自己的负担。学生应当带到学校去的，除了装钢笔和铅笔的笔盒外，只应带当天课程表内规定的课程的教科书和练习簿。

学校生活制度应当跟学生整日的生活制度有机地联系着，因为后者遭受的破坏常常会反映在学校生活制度上，增加学生的疲劳，消极地影响着大脑皮层的活动、学业成绩以及儿童和少年的健康。教师必须注意使学生在家庭里的生活制度符合巴甫洛夫生理学和学校卫生学的要求。

学校生活制度的一个重要部分是儿童和少年课外活动的标准，首先是课外小组活动的标准（见第九章《儿童和少年的课外活动和余暇的卫生》）。

正确组织学生准备家庭作业和制定家庭作业负担的标准跟学校生活制度有密切的联系。学生在家里准备功课，如果他们不住在家里，则在学校宿舍或儿童之家准备功课。如果学生的家庭环境不能为准备家庭作业保证必要的条件，应当组织学生课后留在学校里准备功课。为此必须腾出一两个教室，使儿童和少年能在这里准备功课。

儿童和少年不应该在课后立刻就准备家庭作业，一定要让学生课后能够回家，用午餐，然后在新鲜空气里散一会儿步。儿童和少年回到学校来准备家庭作业的时间，不应该早于课后两小时，否则就不能保证他们的大脑皮层得到休息，他们会在开始准备功课时还带着上课时的疲劳。当学生在学校里准备功课时，应该能从教师方面得到帮助。这种帮助结合着亲切地对待儿童（少年）的态度，这样会减低疲劳且保护他们的神经系统不受多余的刺激和兴奋的影响。

第四节　对教学的卫生要求

"医师对学校生活的观察和研究的结果证明，认为卫生学的作用仅仅局限于外界环境问题上是不正确的，应该在一切关于教学和教育的问题，特别是关于教学大纲、教学方法等等的问题上听取和考虑卫生学的意见。"（德·德·别卡留科夫）

卫生中最主要的问题是预防学生疲劳。在课堂上的疲劳首先表现在儿童和少年注意力的降低和他们学习质量的降低。

课程愈能使儿童和少年感到有趣，他们就愈能积极地学习教材，就愈不容易疲劳。同时必须遵守所制定的上课时间的标准，给每一年龄阶段的学生讲授他们所能理解的教材。必须记住巴甫洛夫关于神经细胞正常兴奋具有限度的指示。巴甫洛夫说："只要超过正常兴奋的个人限度，这个皮层细胞就愈来愈多地产生抑制现象，这种情况反映在其他细胞上和其他刺激物上，表现在它们的反应由于扩散和诱导而摇摆不定上。因此，需要经常注意使条件刺激物处在最佳限度内。"[1]此外，还需要遵守主要的教学要求——循序渐进地由容易的过渡到较难的材料。虽然这主

---

① 《巴甫洛夫全集》第3卷，386页。

要是教育的要求，但它具有很大的卫生意义，因为符合了这个要求就能保持大脑皮层的正常机能且保持学生的体力。而这个要求本身也能降低学生疲劳增长的速度并延迟疲劳开始的时间。

必须记住巴甫洛夫的指示，他说许多任务"它们在开始时看上去不能由大脑半球胜任，但是后来因为循序渐进地和谨慎地进行，大脑半球发现它们原来是可以被满意地解决的"。[1]

儿童和少年对学习的自觉态度和他们把学习看作为自己的公民义务在教学卫生中有很大的意义，这种对待学习的态度会引起学生积极的情绪，这有利于他们的高级神经活动。

一系列的研究结果证明，在通风不良、带着闷室空气和没有足够光线等的教室里上课，学生的疲劳就会增长，工作能力就会降低。产生这些现象的生理机能是很容易说明清楚的。例如，在房间里没有足够的新鲜空气，充满了机体生命活动的副产品（大量的二氧化碳，相对湿度的增加等）就会使血液的成分变化，因而使血液供给机体（包括大脑）的营养变质，这也就降低了大脑皮层的工作积极性。在教室里人工照明不足时，学生对黑板上书写的和教科书中印刷的课文就感到视觉困难，学生得用力凝视，因而整个视觉分析器——感受器官（眼睛），传导神经，作为感受光、字母、词等刺激物以及在思维过程中对它们加工的中心站的大脑皮层就会紧张起来。

儿童和少年的健康状况在教学卫生上也有很重要的意义。在学生的健康状况和他们的学业成绩之间有一定的相互关系。患病的和衰弱的，或是对某种疾病有一定倾向的、身体抵抗力薄弱的儿童和少年，非常容易和迅速地疲劳，一般地表现为比健康的孩子的工作能力差。患贫血、营养不良、肺结核、鼻喉病、听觉不良、视觉不良以及其他类似疾病的

---

[1]《巴甫洛夫全集》第3卷，386页。

儿童和少年经常被教师误认为是健康的。这是因为看出这些儿童和少年的疾病表现，并及时采用在这些情况下所必要的预防和教育措施，通常并不是很容易做到的。

发育不正常和不容易被发现的、不妨碍学生上学的疾病会引起他们很快地疲劳，使他们学习困难，降低大脑皮层活动的积极性，同时也降低了理解和掌握教材的能力。

为了保证教学，为了保证整个学校和校外教育机关所进行的教导工作的卫生，教师必须了解每个学生的健康情况，了解了这些，教师才能个别对待每个学生。因此在学校里每年至少对学生进行两次全面的体格检查，检查时特别要注意儿童和少年的神经系统的情况，尤其是他们的高级神经活动，同时需要发现他们不易看出的疾病或发育不正常的情况。同时要进行学生的人体测量，指出他们在体力发展方面的进步。教师不仅应经常从校医或进行体格检查的医师那里了解每个儿童和少年的健康情况，还要从他们那里获得对每个学生应采取的保健和教育措施的指示。

因此，在每年秋天开学以前校长应该注意要使所有的儿童和少年在新学年的头一周内由医师进行检查。这当然并不替代校医对学生经常进行的医务上的观察。

对健康受到某些损坏（例如神经系统的损伤、贫血、听觉不良、视觉减退、肺结核、重病后身体衰弱、心脏病等）的儿童和少年，教师应当心中有数，在自己的教导工作中照顾到这些健康缺陷，并为这些学生在课上和课外活动中创造有利的条件，不能用繁重的智力劳动来加重他们的负担。对有某些疾病（如心脏病等）的儿童和少年必须防止他们做过多的体力活动。

特别要关心患过重病（例如猩红热、白喉、流行性感冒、肺炎等）的儿童和少年，他们的身体由于生病而衰弱，有时可能有心脏衰弱。

定要特别亲切地关心这些学生，保护他们，使他们避免不必要的神经兴奋，避免感冒，等等。教师应当为这些学生组织个别辅导，帮助他们补习生病时所缺的课。给家长解释如何在生病以后保护儿童的健康也是很重要的。

对于在身体发育和健康状况上有某些缺陷的儿童和少年，需要采取特别的措施。例如，对于听觉不良的儿童和少年，应该把他们安排在教室里靠近教师桌子的第一排的位子上，使较好的一只耳朵向着教师一面。同时对这位学生说话时教师应该说得响一些。视力不良或眼睛有疾病的学生应该坐在前排靠窗的地方（不要在窗户之间的墙壁边），这样就为他保证了最好的照明条件。眼睛近视的学生一定要到专门医师那儿去配眼镜。患有并不妨碍上学的风湿病的儿童和少年不应坐在靠教室外墙的位子上，因为这可能引起身体受凉。对这样的学生应该让他坐在中间或是靠教室内墙的一排位子上。

在解决教学的卫生问题时，必须严格地考虑成长着的身体，特别是它的神经系统的解剖生理特点。儿童和少年的神经系统，特别是大脑皮层的状况，在身体发育特别是在神经心理方面的发展上有巨大的意义。1946年到1948年，阿·格·伊凡诺夫-斯莫连斯基、阿·恩·卡巴诺夫、耳·斯·博加禅科、厄·格·卡朴隆、阿·伊·凡尔胡金娜和其他工作者在俄罗斯教育科学院学校卫生学和体育研究所中，进行了在学校学习的条件下儿童和少年大脑的年龄生理特征的实验研究，以及在教师经验的基础上对产生疲劳的原因及其预防所进行的研究。这些研究在教学卫生方面，特别在课堂上组织和进行教导工作方面给了我们一些材料。

阿·格·伊凡诺夫-斯莫连斯基及其同事的实验证明，儿童的年龄愈小，他们的大脑皮层就愈容易兴奋，同时也愈容易疲劳，积极抑制的过程对他们说来也愈困难。相反地，年龄愈小的儿童，消极抑制的过程表现得愈明显。在单个刺激作用于大脑皮层以后产生的抑制活动的时间，按年龄阶段有如下的特征：12岁的孩子比8岁的孩子少2/3，而8岁的孩子又比5岁的孩子少4/5。因此不同年龄的儿童和少年的积极注意力时间也不同。所以不但在规定学日的长短，而且在规定一节课的长短和准备家庭作业的时间上，对不同年龄的儿童和少年也要不同对待。

根据上述意见，应当特别注意一节课在卫生方面的正确组织。在小学、七年制学校和中学中所有班级的课都是45分钟。但高级神经活动的特点和关于不同年龄儿童和少年积极注意力时间的材料（表17）提出了对不同年龄学生要不同对待的要求。

表17　不同年龄的儿童和少年积极注意力的时间（根据切德维格的统计）

儿童和少年的年龄	积极注意力的时间（单位：分钟）
5～7岁	15
7～10岁	20
10～12岁	25
12～15岁	30

在低年级，特别是在一年级，不一定要在45分钟的课上只教一门课程。在一节课里应当配合不同的课程，许多低年级教师已经很成功地实行了这种方式。应当预先准备好，使书写（祖国语言）和算术这些课程不占整节课，而使它们跟体育、图画和音乐作业相交替。不能不考虑低年级儿童的积极注意力的时间和大脑皮层理解教材的能力。可以上各种混合课，例如：算术—音乐，俄语（书写）—体育，算术—俄语（阅读），等等。用一种作业调换另一种作业，例如用阅读调换书写、用谈话调换阅读等，可以为大脑皮层的活动创造有利的条件，减轻儿童的单调的智力活动的负担，并且它也是预防疲劳的一种方法。

这种在一节课中混合不同课程的做法有利于教学工作并提高儿童的成绩。恩·伊·克腊斯诺哥尔斯基及其他人的实验证明，在较长时间的学习中，低年级学生的大脑皮层的兴奋性大大降低。这个情况直接关系到一节课的长短及其计划，也关系到家庭作业的数量。

在某些学校的实践中可以看到不正常的现象——某些课程，如音乐、图画和体育被全部取消，而这些课程是使成长着的身体得到全面发展所不可缺少的。没有经验的教师从不正确的"愈多愈好"的原则出发，竭力想用俄语课和算术课来代替它们。其后果就是造成儿童的疲劳，甚至过度疲劳，从而引起不及格的学生和留级生数量的增加。

一年级在一节课的中间可以有2~3分钟的课中操。做这种课中操可以使儿童有可能暂时地部分地中断大脑皮层某一区域的活动，用别的区域的活动来代替，伸展自己由于久坐不动而疲劳了的手足。由于进行了这种简单的动作，儿童的血液循环加强了，大脑的血流增加了，工作能力提高了。间歇和课中操的时间由教师规定，可在完成计划中所预先规定的工作，如听写、解答问题等以后进行。课中操是在本教室里，在课桌之间的过道中进行的。在做操以前一定要打开小窗口或通风口，而在秋天和春天则要打开窗户。学生在做体操时应当放松衣领并解下腰带，以便保证在活动时的正常呼吸和血液循环。

一年级的教学卫生需要极大的注意。7岁儿童的身体对于周围环境中的外部影响和教育过程进行时的条件特别敏感。根据阿·格·伊凡诺夫-斯莫连斯基、耳·斯·博加禅科及其他人在以卓娅·柯斯莫捷绵斯卡娅命名的第201中学里所进行的实验，提出了对7岁儿童进行教学的一系列的卫生要求。7岁儿童很难服从对他们来说新的班级纪律，他们进入对他们来说不平常的学校生活，这一切都说明他们的学习负担必须逐渐增加。

这个原则曾遭遇到某些教师根据大纲的容量所提出的反对意见。当然，完成大纲是必要的，但是不仅在数量方面要完成，在质量方面也要完成。形式地完成教学大纲会引起学生智力劳动负担过重和大脑皮层的抑制状态，最后会出现学生学习落后和不及格的现象。采用许多教师所用的完善的方法，特别是在教学中贯彻直观性和运用图解，能保证大脑半球皮层的正常工作，使儿童易于理解和掌握教材。了解了7岁儿童大脑皮层的特点就会知道，如果学习过长，或者说一节课过长，那么大部分时间就会被儿童白白地浪费了，甚至还会对他们的健康有害。

对所有年级的学生来说都需要使学校环境，特别是课堂环境，能促进形成精神饱满和朝气蓬勃的状态，这一点对一年级的学生——对周围事物特别敏感的7岁的儿童具有特别重大的意义。

中年级和高年级的教学卫生也有很大的意义，特别是这些班级的课间卫生组织。上面所提到的有关少年积极注意力的时间的资料要求教学正确计划每节课的教材并选择确当的讲授方法，保证学生的中枢神经系统特别是他们的大脑皮层的正常工作，从而达到应有的教育效果。在计划课的时候应当考虑到，每节课开始的5～10分钟要使儿童少年的大脑皮层参加到这节课所特有的智力劳动（例如阅读、书写、分析教科书章目等）中去。然后开始学生积极性最大的学习阶段，对不同年龄的儿童和少年，这个阶段时间的长短基本上要符合他们的积极注意时间，而积极注意时间是取决于他们的年龄、身体状况，特别是皮层的状况的（见表17）。当儿童和少年学习能力最强的阶段过去，他们的注意力及其他心理机能的积极性就降低了，其自然的结果是他们的智力工作能力的降低。

根据上述学生在一节课时内不平衡的智力工作能力，每一节课的教材分配应该不引起大脑皮层工作的过度紧张。因此很明显，一节课的前面的四分之三的时间应该被用来解决最重要的和最困难的问题，它们需要被用来理解、掌握和记忆。课的最后一部分，由于儿童和少年一般会已有一些疲劳，应当被用来进行较容易的智力工作——复习过去的教材，教师的补充讲解，布置家庭作业，等等。因此，生理学、学校卫生学和教育学的要求就有机地结合起来了。在这个例子中我们看到，生理学和学校卫生学的要求跟教育学并不矛盾，相反地，它们对教育学起着巩固和论证的作用。

在进行物理、化学、自然教学的时候大量地运用积极的教学方法——实验室的实习作业——有很大的意义，因为它对于提高学生掌握知识的能力和减少他们的疲劳都很重要。只运用一种口头的（语言的）方法去迫使学生机械地记忆，就造成极大的智力紧张并引起学生严重的疲劳。

教学卫生在各科教学中都提出了某些要求。例如在化学教学中必须注意化学实验室中抽气通风设备（抽气橱）是否完好，并且采取措施预防进行化学实验时发生不幸事件。在物理教学中，特别是电的部分，应当预先采取跟实验有关的安全措施。在用水银做实验的课上需要采取特别谨慎的措施预防学生中毒。自然教学中，特别是在实验场地工作时，应该注意学生手上不要有伤口，因为破伤风致病菌可能会通过这些伤口进入机体。在农村学校饲养实验动物时，特别是在照顾家畜时，必须要有兽医的监督，以预防西伯利亚疮毒、布鲁氏菌病等疾病。在进行生物、地理（乡土研究）和历史的旅行参观时，必须采取有关旅行和参观的卫生措施。

在课堂上放映教学电影时应当遵守必要的卫生要求（放映电影的时间适当，电影课后使眼睛得到休息，等等）。

第五节　综合技术教育的卫生

综合技术教育跟学生参加劳动密切联系着。体力劳动，当被正确地组织且在强度和时间方面适合一定年龄的儿童和少年的力量和可能的话，就有巨大的卫生意义。应当从小就教会儿童从事体力劳动，当然，必须考虑到儿童的解剖生理特点并严格遵守学校卫生学的一切要求。

在肯定这个原则时，不应当忘记马克思的话："无论有用的劳动或生产的活动有怎样的不同，这总归是一个生理学上的真理——它们是人类有机体的机能。无论这种机能的内容和形式如何，它们在本质上总归是人类的脑、神经、筋肉、感官等等的支出。"[①]因此，不论对于哪一种劳动，我们必须想到它的生理的一面及其卫生组织的必要性。

体力劳动可以巩固和发展儿童和少年的健康，培养他们成为自觉的和具有纪律性的人，培养他们热爱劳动的品质，有自我服务的技巧和完成任何能胜任的工作的技能，并为从事将来的实际工作打下基础。

目前学生的体力劳动在综合技术教育体系中得到很大的发展。在小学和中学的低年级已经设有劳动课，来保证学生获得初步的劳动技巧。学生在学校的教学实验园地上也开始参加某些农业劳动。在农村和城郊学校里学生参加集体农庄的劳动，在自己家庭的园地上工作。

在中学的中年级和高年级，体力劳动在学生的综合技术教育中的分量大大增加。根据教学计划，少年开始学习农业劳动的基础和学校实习工场的生产过程，同时利用参观的方式在学校附近的工厂企业中了解生产劳动。都市中学的高年级学生逐渐参与工厂的生产劳动，而农村学校的高年级学生参加集体农庄或国营农场的各种农业劳动。

体力劳动以及教会儿童和少年从事这种劳动的活动也在各种校外教育机关（儿童技术站、少年自然科学家工作站、技术小组等）的技术农业生物作业中进行。

为了保证在卫生方面正确地教导儿童和少年从事体力劳动，为了进行教学和课外、校外活动，必须贯彻实施一系列保护学生健康的卫生措施。

---

① 马克思：《资本论》，52～53页，北京，人民出版社，1953年。

在学校实习工场、教学实验园地，尤其是在工厂企业和机械化的农场中工作的时候，由于不遵守卫生要求和少年本身的不谨慎，可能会发生外伤和其他不幸事件。在学校实习工场、教学实验园地、田地和菜园里工作的时候，儿童姿势不正确可能会很不利地影响他们身体的发展（脊柱弯曲，心脏、肺及其他内脏器官的受压迫状态，视力破坏，等等）。适合于成人的但是少年不能胜任的劳动过程（例如举起很重的东西），肌肉长时间的单方面的紧张，以及短时间的过度的紧张等，都能造成严重的疲劳和对他们心脏活动的不利影响。

此外，应该考虑到，在某些工厂企业中的劳动是跟会引起职业疾病的灰尘、烟雾、噪声、高温等的作用联系着的。在农场中的劳动时如果不遵守卫生规则，也会引起各种疾病。

这一切都要求学校的领导者、教师以及儿童和少年劳动的组织者熟悉儿童和少年的劳动卫生问题，保证劳动过程的环境卫生，指导学生学习劳动卫生的规则和预防措施，并在必要的情况下给予他们最初步的医疗救护。必须记住，儿童和少年的体力劳动，不管在何处进行，如果不遵守卫生要求，就可能造成危害儿童和少年生命和健康的后果。

儿童和少年在学校实习工场、教学实验园地，尤其是在工厂和农场中（特别是在机械化的农场中）的体力劳动的卫生学还远没有被很好地研究，在这方面暂时只有很少的医师、卫生学家研究了这个重要问题的个别方面。因此我们只能确定某些原理，这些原理一方面能够为这方面的科学研究工作指出方向，另一方面能帮助教师、校外工作人员和校医正确地指导儿童和少年从事体力劳动，并在进行过程中提供保护和增强学生健康的措施。

对于儿童和少年从事体力劳动的重要卫生要求之一，是根据他们的年龄、健康情况和劳动的种类确定适当的时间。还有一个重要的卫生原理是逐渐引导儿童加入劳动过程，使学生在低年级就开始进行初步的劳动操作。如果不掌握初步的手工技巧，以后就很难掌握复杂的劳动过程。掌握这些劳动过程不但会造成神经和肌肉的很大的消耗，还要求不少的神经和心理的力量。

在低年级上手工劳动课时，必须注意学龄初期儿童的兴趣还不能持久，他们的注意力不能长时间地集中在某一种劳动上，因此应当尽可能地使工作的材料和劳动过程的种类多样化。

儿童和少年在实习工场里工作时，很重要的一点是在劳动过程中注意身躯的正确姿势。当儿童还没有掌握好劳动过程时，他们往往采取不正确的姿势，这种姿势能引起脊柱弯曲并破坏正常的体力发展，同时也能为劳动过程的进行增加困难。在劳动过程中少年的姿势应该是对称的，而工具和制作品不应该紧压胸部。在工作中必须按照一定的节奏，以避免不正确的呼吸和疲劳。

在木工工场用锯或锉刀工作时，少年需要站在工作台边，身体也应当采取对称的姿势。为了站得稳当可以分开双脚并挺直膝部。图94画的是一个锯木头的男孩，工作台的高度适合他的身高，他手拿着适合于他的年龄和身高的锯。

在刨削及其他需要整个身体长期倾向前方的工作中，少年应该用另一种姿势。应该两脚分开，前后两脚的距离是脚掌的1.5倍，宽度等于两个脚掌。后脚应向前倾斜15°，而前脚的小腿应该完全是与地面垂直的。（图95）

在工作中不保持这个姿势，可能造成脊柱弯曲，胸腔、腹腔

图94 学生在刨床上锯木时的正确姿势

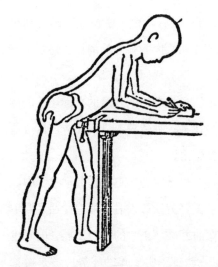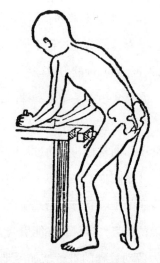

图95　在工作台上刨削时学生身躯的正
确姿势

图96　在工作台上刨削时学生身躯
的不正确姿势

及其内部器官的收缩，进而引起它们的正常活动遭受破坏（图96）。如
果身体的姿势不正确，也会造成有些肌肉和韧带过度伸长，因而很快引
起疲劳和不愉快的视觉感觉，长期下去可能很不利地影响到少年一般体
力的发展。

　　有时，少年需要刨削很长的物体，他必须站在工作台的侧面。最正
确的姿势是两脚之间的距离大于脚掌的3倍，同时前脚应和工作台平行；
而另一只脚从正中向外倾斜20°；前脚的小腿应倾斜20°，和大腿组成
一个52°的角（图97）。为了避免疲劳，可以轮流地站在工作台两侧工
作。图98画的是刨削长的物件时身体的不正确姿势。

　　在学校实习工场中手工劳动的大部分工作都是站着进行的。在选择
和组织手工劳动时需要尽量保证身体两侧肌肉均匀地工作。所以有时最
好也用左手来操作一般是用右手做的某种手工劳动。在手工劳动时很重
要的一点是注意儿童和少年的正确呼吸。

图97　站在刨床旁边刨削
长的物件时最正确的姿势

图98　站在刨床旁边刨削
长的物件时不正确的姿势

　　不应迫使儿童和少年进行长时间处在弯曲状态的手工劳动。这种工作不但很劳累，而且会不利地影响到被压紧着的内脏的活动。不能让儿童和少年进行带有极大敲打声、喧哗和震动声的劳动作业。同样不允许进行这样一些作业，即在工作时儿童和少年需要长时间地采取不正确的姿势——蹲着、跪着、躺着。要求儿童和少年攀上2米以上的高度的工作也不能被允许，对高年级学生（16～17岁）可以有例外，前提是有制作得很好的和装有保护设备的梯子，同时是在有经验的技师和技工的监督下进行。举起和搬运沉重的物件对低年级儿童说来应该是被禁止的，他们只能举起和搬运不太重的物件，并且这些工作不能持续太久（几分钟）。

　　应当考虑到少年正处在性成熟时期，他们的心脏发育得很快，因此过重的体力负担对他们有害。在这个年龄阶段特别需要重视每个少年的一般体力发展状况和健康状态。在这个年龄阶段举起和搬运重物应当更小心谨慎。

　　在教导儿童和少年进行劳动时，很重要的是要使他们在工作中所用的工具适合于他们的力量、身高和身体各部分之间的比例（见第七章《儿童教育机关的设备》）。

在劳动时，低年级的儿童每隔10～15分钟休息一下，少年每隔15～25分钟休息一下（大约休息2～3分钟）。但是应当注意，在劳动时可能有多种多样的劳动操作，许多问题是由劳动的种类、它的困难程度、进行工作的条件等决定的。

实习工场的卫生装备在劳动作业中有很大的意义（见第五章《儿童教育机关的建筑物》）。应当保证工场有合乎标准的清洁环境，必须培养学生文明地工作、保持工作位置整齐及及时收拾碎屑的习惯。特别应该注意在工场中消除灰尘，注意使工场经常通风。足够的光线（自然的和人工的）也很重要。

学生在生产部门中劳动，到工厂参观，都必须特别遵守卫生学和生理学劳动保护的要求，因为某些技术操作过程以及在工业中使用的工具和加工的产品能对机体有害，在许多工业中，特别是在机器制造业、冶金业、化学工业、采矿业和煤炭工业中，学生可能会因一氧化碳中毒。在金属冶金业和蓄电池生产部门中，铅也能对身体起有害作用。在制造温度表时学生可能因水银而中毒。在进行脱脂、染色、油漆等操作的企业中各种有机溶剂都有害于身体。因此，在组织学生到企业去参观，或者是让他们到企业中去工作之前，必须跟本区的卫生流行病站的工业卫生医师商量，并得到他对进行参观或让学生工作的许可。

当学生到某一企业参观时，或者是到企业工作时，他们应当得到有关在车间行动、技术操作过程和安全措施方面非常仔细的指导。

当学生在生产部门中工作时，以及当学生到工业企业参观时，需要特别注意预防外伤的措施。允许学生到企业中去的必要条件是机器和机床的危险部分——齿轮、齿轮传动和轮带传动——要有保护设备。缺乏保护设备是在生产中发生不幸事件的常见原因。但是有了保护设备并不能消除发生外伤和不幸事件的可能性。正如研究外伤的经验指出，外伤和其他不幸事件常常由于不小心和不遵守技术安全规则而发生。

刚开始在生产部门中工作的人发生外伤的一个主要原因是缺乏初步的劳动技巧。例如他们把加工的零件在机床上安装得不够牢固，因而这些年轻工人想用手扶着零件，这就引起外伤；又如切削工具装得不正确时也会发生事故。违反规定的切削速度也很危险。

在工作中粗枝大叶和急急忙忙是在生产中发生各种外伤和其他不幸事件的常见原因。例如，事故常常发生在当机器或机床还转动时就去收拾它们的时候，加油的时候，以及在没有关闭机器机床就去测量加工的零件的时候。徒手去停止机器或机床也能引起外伤。

在钻床或铣床、纺纱机和所有转动的机械旁工作时必须十分小心。在工作时不能过度地倾俯，特别在光线不足的情况下，这一点也能成为发生不幸事件的原因。

在机床或机器上工作时必须有专门的工作服，但仅有这一点还不够。在工作开始以前应当把它很好地整理：把袖子卷到肘部，扣上所有的扣子，检查一下是否有哪一部分晃荡着，因为它们可能被转动的机器卷进去。学生应当穿规定式样的工作服，并且在钻床和铣床上工作时不能使用手套，因为它们可能被钻子或铣刀拉住而引起手伤。也应当注意头发的式样，因为长的头发可能被转动的机器卷住。男生最好不留长发，而姑娘们应在工作开始前小心地用手帕把头发扎起来，把手帕的尖端藏在后面。

在钉铆钉、镶刻、劈、砍、剥、旋磨、研磨、模压、焊接的工作中，眼睛有被飞出的碎片伤害的危险。在旋床和铣床上加工青铜、生铁以及其他脆性金属的时候可能发生损伤眼睛的事故。伤害眼睛的事故也可能发生加工木头、塑料以及在熔炼和炼铸黑色和有色金属的时候。腐蚀性物质的喷溅对眼睛也有很大的危险。因此在上述工作中必须使用防护眼镜和保护盾。

在铸造熔化的物质、进行电弧焊和氧炔焊及切割金属的工作中，在锻锤和打印器上，在压榨和锻压机器上加工高热金属的工作中，不戴专门眼镜会有害于眼睛。过分刺目的高温和化学发光对眼睛有很大的危害。因此在进行跟这些有害因素有关的工作中，必须戴上专门的滤光片——能阻碍和吸收有害光线的带色眼镜。但一般并不允许学生做这些工作。

在预防外伤中特别重要的是注意机床、机器和工具是否正常。在开始工作前必须仔细地检查和试验一下，不能让学生用手指来检查切削工具的锋利性，为了检查锋利性可以使用一片木头或纸。预防外伤的一个方法是注意不要让工具和加工的零件掉在地上。如果滑润油或其他液体洒到地上，必须立刻擦干净，或者至少用锯末撒在上面，因为光滑的地板很容易使学生跌倒在转动的机器上。如果泼出了酸或碱，必须立刻用强水流来冲洗。

在电工工作中，特别在电气装置和在线网上工作时，需要特别的安全防护方法，因为高于100瓦特压力的电流可能使人死亡。不能让学生用手指来检查是否有电流，可以用灯泡和电流测定器来检查。灯泡插上时不能提住灯口，因为可能会触电。在电线网上开始工作之前必须先关闭电流。需要开着电流工作时，为了预防触电，应使用绝缘毡，穿上橡皮制的外套、手套和鞋。

在电焊时也必须遵守安全防护的办法。例如，必须使用绝缘性很好的柄。焊接时不能用一只手触着电极，而另一手摸着桌子，因为这样一定会触电。

在工厂中劳动时必须规定预防烧伤的办法。烧伤可能发生在触及熔化的金属、玻璃及其他物质的时候。周围空气的湿度过高，水落到熔化的物质中，可能引起水很快的蒸发和物质突然的喷发。熔化的液体接触到身体时会引起严重的烧伤。因此必须注意铸勺、勺子以及注入熔化液体的模子应该是完全干燥的。

在被化学液体烧伤时应当立刻用强水流来冲洗身体上烧伤的部分，这样能减轻烧伤的严重性。

在利用机床或机器工作时，学生必须把注意力完全集中在他所要完成的劳动过程上，使大脑皮层形成兴奋优势。任何的劳动过程都要求学生集中注意力，保持警觉性和谨慎的态度。只有在这种条件下才能顺利地掌握生产过程、保护身体不受损伤。

在学校实习工场和儿童技术站对儿童和少年进行教学的时候，允许少年在企业中从事某一生产劳动的时候，都必须严格遵守医学上的指示，并要对个别项目的体力劳动进行禁止。

校医（如果没有校医，那么就是当地医院的医师和卫生稽查员）在经常检查儿童和少年的健康状况的同时，应该给班主任、劳动课教师和儿童技术站的工作人员指明哪些技术操作过程可以交给某个学生去进行。教师和家长则应当注意劳动作业对儿童和少年的健康状况有什么影响。

从卫生方面来说，学生在学校教学实验园地、花园、菜园和在集体农庄的田野上进行农业劳动，与在学校实习工场里的教学活动相比有很大的优越性，因为农业劳动是在新鲜空气中进行，并且伴随着儿童各种各样的活动。但是在这些工作中也必须严格遵守卫生要求，以避免儿童和少年的严重疲劳，尤其是过度疲劳。不能让学生只从事一种农业劳动，例如，只从事除草或浇水的工作。

在进行农业劳动过程中必须使活动多样化，例如，在进行需要弯腰的工作以后可以做一些需要挺身的工作。这种交替保证了学生的神经和肌肉的均匀负担。在某种情况下，例如锄草，最好在休息时或在工作结束后进行短时间的矫正体操。在园地上，特别是在太阳炙烤的土地上工作时，必须避免身体的长时间弯曲的姿势。

为了避免负担过重和过度疲劳，避免健康受损，学生的农业劳动时间应当根据他们的年龄和劳动的种类定出标准。

　　确切地规定学生的农业劳动日的时间是不可能的，因为这是要根据活动的种类和它组织的条件而决定。在一种条件下进行某一种活动的劳动，例如挖坑（为了种树）持续2小时且不休息，就会引起少年极大的疲劳。在另外一种条件下，当学生的农业劳动得到正确的组织时，进行各种不同的、相互交替的活动，保证休息，少年的劳动可以延长至3～4小时，且并不引起严重的疲劳。

　　恩·波德亚波立斯基认为，如果在没有其他类似农业劳动的体力负担的条件下，学生可以进行农业劳动的时间为：8～9岁的孩子每天1小时，10～12岁每天1.5小时，13～14岁的少年每天2小时，15～16岁的少年每天3小时。

　　上述学生农业劳动日的时间标准可以被认为是最低的。在暑假中学生有最有利的条件（保证足够的休息，加强了营养）时，对于11～13岁的少年来说，正确组织的学生农业劳动时间大体上为每天3～4小时，整个工作时间分为两部分——早晨和傍晚。对于14～17岁的高年级学生，每天工作的时间可以到5～6小时，但必须把整个工作时间分为两部分。

　　此外，经过30～40分钟不间断的工作以后必须有5分钟的休息。同时应当考虑到，儿童和少年被工作吸引时，常常会不感到疲倦而继续工作。他们实际上已经疲劳，但是只有当疲劳大为增加时，当工作能力大大降低时他们才开始感觉到。

　　学生进行农业劳动的最好时间是早晨和傍晚，早晨大约从7～8点钟开始到10～11点钟结束，傍晚从5～6点钟开始，那时候白天的炎热已退散，不再有得日射病的风险。在炎热的天气里特别需要遵守这个要求。在春秋季凉爽的天气里，或者在夏季凉快的天气里，儿童和少年的农业劳动也可以在白天进行。

低年级学生，也就是8～11岁的儿童的农业劳动只能在早上进行，不超过2小时，并且每隔20～25分钟一定要有休息，并要更换活动的种类。

对于体质弱的儿童和少年的农业劳动必须特别仔细地定出时间的标准（较短的作业时间），禁止他们完成需要使用铲子、搬运重物等工作。

为了在卫生方面正确地组织学生的农业劳动，必须保证他们的工具和设备适合于他们年龄的身体比例和力量（见第七章《儿童教育机关的设备》）。使用成人用的工具和农具对儿童说来说是非常吃力的，并且不能使他们在工作时采取正确姿势，这对他们的骨骼肌肉和心脏血管系统来说是有害的。

学生的农业劳动必然会遇到搬运重物的工作，例如用担架抬土或运肥料。因此必须定出标准，一方面是搬运重物的重量，另一方面是在时间上限制搬运的工作，使这种劳动跟别的农业劳动（手和肩部肌肉没有太大的静止负担的劳动）交替进行。用担架搬运东西的时候是两个人一起抬的，考虑到这一点以后可规定：两个7～8岁的学生搬运的总重量不应超过4千克，9～10岁的学生不超过6千克，11～12岁的学生不超过10千克，13～15岁不超过14千克，16～17岁不超过24千克。此外，还应该计算担架本身的重量。儿童和少年搬运各种重物的农业劳动的时间不应该太长，并且要在教师的直接监督下进行。

关于儿童和少年在田野、果园、菜园等地工作时要穿着的专门的服装和鞋子的问题暂时还没有被很好地研究。无论如何，服装和鞋子应该是轻便的，不妨碍动作的，穿在身上是宽松的。

关于学生在机械化农业中劳动的卫生问题也还研究得很不够。组织学生在农业机器站工作时，可以运用上面提到的关于学生在工厂和工业企业中劳动的许多卫生的指示。

在学生的农业劳动中，特别是在机械化的农业中，考虑发生外伤事故的可能也是很重要的。在利用不同的农业机器和农具工作时，在农业机器站和农场上的工作中，需要求学生和在学校实习工场和工业企业中工作时一样谨慎和细心。在用拖拉机工作时，最容易发生外伤的情况是发动机发生事故，在工作时拖拉机突然停止，拖拉机上的农具（犁、割草机、收割机）因装得不牢固而脱离了拖拉机，或者在道路上遇到障碍等。因此在让学生上拖拉机工作之前，必须仔细地检查发动机及其各个机械装置是否正常，各种农具是否装得牢固，等等。

在农业劳动中学生可能会感染各种传染病，因此为了预防农业中的职业性传染病，学生必须严格遵守卫生规则（注意手的清洁，用肥皂洗手，使用消毒溶剂，保持指甲的清洁，等等）。

当学生在教学实习工场、教学实验园地、工厂以及在集体农庄和国营农场工作时，必须对儿童和少年进行医务监督和体格检查。一般来说，除了患有某些疾病的或是发育上有缺陷的儿童以外，农业劳动对所有儿童和少年都有好处。但是必须记住，只有完全健康的学生才能顺利地从事能增进自己的知识和身体健康的机械化的或手工的农业劳动。

中枢神经系统和周围神经系统患有疾病的学生，在最近一年中得过脑脊脑膜炎的学生，患风湿病并在最近一年内发过病的学生，心脏机能失调并有病理现象的学生，都不能跟健康的儿童和少年同样地参加农业劳动。同样不能允许患开放型肺结核的学生、患有特殊中毒性支气管炎的学生和患有开放型骨结核和腺结核的学生从事这种劳动。肾脏、皮肤患有疾病、一年中生过痢疾、大便中带血和黏液的学生，还有由于患有十分显著的血液疾患和造血器官疾患而孱弱的学生，也不能从事农业劳动。同样地要禁止患有骨骼、肌肉系统疾病的学生从事农业劳动。因此，使所有参加农业劳动的学生预先经过仔细的体格检查是十分重要的。

谈到关于医学上对学生参加农业劳动的禁忌时必须注意到，不能参加工业劳动的学生也可以完成个别的、不疲劳的、对他们无害的农业工作，例如记录播种、收获，饲养禽鸟，等等。关于某个学生可以做哪类劳动的问题当由医师和教师共同决定，在各个具体场合还要受地方条件、气候等影响。这里医师关于学生健康状况的指示有决定性的意义。

第六节　阅读的卫生

在学校里，特别在低年级，课堂上的大部分时间是用来阅读和写字的。这种工作不但跟大脑皮层的活动有关，而且跟感受字母、词、句子的形象的器官——眼睛的工作有关。为了使阅读过程正常地进行，书本的字必须有足够的大小和正确清楚的轮廓。在阅读时要有良好的光线。使书和读者的眼睛间隔一定的距离（这个距离取决于字的大小和读者的视力）也是很重要的。

在视知觉过程中不仅神经系统，而且跟眼睛的调节机能有关的肌肉也积极参加活动。眼睛肌肉为了某种视知觉需要，调节眼睛的次数愈多，眼睛肌肉的疲劳就开始得愈早。这种现象常常发生在书本离眼睛太近的情况下。具有正常视力的成人必须使书距离眼睛30～35厘米，而对儿童和少年来说，估计到他们相对的远视，距离可为35～40厘米。书和眼睛最小的距离是30厘米。而且书不应当平放在桌上，它应当处在倾斜状态。在课堂上阅读时具有倾斜面的课桌结构可保证书的倾斜状态。在家中或在图书馆中工作时，为了便于儿童和少年阅读且减轻眼睛的疲劳可以利用专门的架子。

阅读卫生上的必要要求是保持正确坐姿。在家庭环境中阅读时也必须注意儿童和少年的正确坐姿。家长应该从教师那里获得关于儿童和少年坐姿规则的指示。如果在家庭中没有适合儿童身高的桌子和椅子，应当为身体矮小的儿童提供踏脚架，以便使他坐得稳当且足部有着力点。

家长应当绝对禁止儿童和少年躺着阅读，因为这样不但不可能正确地安放书本，而且还会破坏眼睛的正常工作。此外，在躺着阅读时，一般很难保证有合适的天然或人工光线。还应当指出，躺着阅读一般是当学生感到疲劳时才会发生，但是躺着阅读时疲劳就增加得更快。

同样地应当警告学生不要有在电车上或公共汽车上读书的坏习惯。乘车时书在手中颤动，因此视觉处理课文信息就困难，眼睛也就会疲劳。

在吃饭时阅读书报也是有害的。因为一方面儿童和少年从吃饭上转移了注意力，这就会影响食物消化；而另一方面，视觉和神经心理也很难处理书报的信息。

学校卫生学的重要要求是保证学生在阅读时有足够的光线、光线射来的方向正确以及有安静的环境。当教室里有正确的和足够的光线时，就很容易安排学生的座位，使光线从左边照在课桌上就可以了。

在人工照明的条件下，如果这个光线的来源不正确，没有用符合卫生要求的器材，所读的书就处在阴影中，就会使阅读过程困难。因此，很重要的是要注意阅读时的位子都有良好的光线，阅读时位子的光线的最低标准是75勒克司。

要限制阅读的时间，给眼睛安排休息的时间，在朗读时还要使发音器官有休息的时间，这些也是很重要的。连续过长时间的阅读（例如2小时以上），若不休息，就会引起大脑半球皮层的紧张状态、眼睛和前额紧压和疼痛的现象、对所读的材料不能清楚地感受等。在这种情况下阅读是极为困难的。在阅读20～30分钟后字母开始"跳动"，而后合并起来，因而阅读就不可能了。为了预防这种病理现象，在阅读20～30分钟后必须休息一下，并且向远处眺望，使眼睛得到休息。

在卫生方面很重要的是要遵守对朗诵和一般说话发音的要求。特别重要的是不使声带过分紧张。声带过分紧张能引起失声。

在语言的正确发展中，语言的系统练习有很大的意义。可以看到，座谈时的谈话没有像讲述那样使嗓子容易疲劳；同样在讲述时也不像朗读时那样容易疲劳。原因就是朗读比讲述的停息时间少，比座谈时的谈话则更少了。所以朗读时的语言比其他形式的语言更能使人感到疲劳。因此连续朗读的时间不宜太长，要读得慢一些，要有间歇，特别是在标点符号上的停顿。

对低年级开始识字的学生来说，注意阅读的卫生特别重要。从学生在学校学习的第一天起就教会学生在卫生方面能正确地使用书本和正确地读书是非常重要的，因为绝大部分从小就养成的习惯能在一生中保持下来。教师也应当告诉家长有关儿童和少年在家庭环境中必须遵守的阅读的卫生规则。

第七节　书写的卫生

上述所有对学生的坐姿、对阅读时自然和人工照明的卫生要求，对书写来说也是完全适用的。但是，除了前文所说的各点以外，对书写还有一系列特殊的卫生要求。这些要求是根据书写过程的生理特点而提出的。在书写时不但大脑皮层和视觉器官工作着，身体的许多肌肉也工作着。除了因为坐着而需要的后颈部和胸部肌肉的工作以外，在书写时还要有手指的肌肉、部分的掌骨和腕关节、前臂和肩膀参加工作。

快速书写特别容易引起疲劳。阿·阿·乌赫托姆斯基指出，在快速书写时手指的屈肌和伸肌的每一次伸缩都长达0.2～0.3秒，这时候向纸张低俯的头部使颈部和背部肌肉持续不断地紧张以保持着对重力的平衡。

学生在书写时的正确坐姿比在阅读时有更大的意义，因为在书写过程中儿童和少年需要不断地活动。身体的姿势如果不正确，特别当头部向前过分低俯时，支持着头部的颈部肌肉就紧张起来，因而这些肌肉就会很快地疲劳，其结果往往是头更加向前低俯或是向旁边歪斜。很明显，这就会使邻近的肌肉群也工作起来。书写得过久，不仅直接参加书写过程的肌肉会疲劳，而且邻近的肌群也会疲劳。由于这些肌肉疲劳，学生在长时间书写后就会为头部寻找支撑的地方，并把胸部靠在桌边，这就压紧胸腔，使正常的血液循环和呼吸受到破坏。

假如说，一个学日中进行书写的时间相当长（特别在低年级），那么很明显，学生在书写作业中会由于姿势的不正确而受到很大的危害。

儿童和少年很容易违反书写的卫生规则，即使是那些一开始在学校学习时就学会正确姿势的学生，在书写疲劳时也会很快地采用各种各样的不正确的或有害的姿势。

学校卫生学对于在阅读时保护儿童和少年的视力方面的要求完全适用于书写。但是这里应当考虑到在书写过程中眼睛工作的特点。学生在带有横线条的练习簿上书写，而低年级生在不仅有横线条而且还有斜线的练习簿上书写，他们做算术作业时则在带有小格的练习簿上书写。这一切很自然会使眼睛在书写工作时渐渐感到困难并很快引起它们的疲劳。

书写的作业是跟眼睛肌肉的工作联系着的，这些肌肉使眼球转动。从生理学上可以知道，眼球朝向跟眼睛横轴垂直的和平行的方向转动时较为容易，而且这种移动不会很快引起眼睛肌肉的疲劳。相反地，眼球在跟眼睛横轴成斜角的方向上的转动，就会较快地引起眼睛肌肉的疲劳。这种情形当练习簿在桌上放得不正确，以及当学生的书写姿势不正确时就会发生。

很重要的是学生要有符合学校卫生要求的钢笔和笔尖（见第七章）。学生在书写时正确地握钢笔也很重要。儿童，特别在开始学习书写时，往往整个手腕都参加工作。其实在正常书写过程中只需要三个手指，而手腕只有在移动时才需要参与。在书写过程中只需要三个手指是因为字母的构造的特点。书写时学生的手腕应该

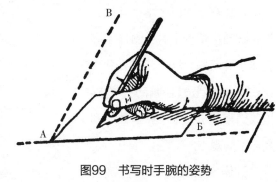

图99　书写时手腕的姿势
АБ——纸；角ВАБ——60°

轻轻放在桌子上。书写时拇指和食指之间的虎口应该向上，这样的话学生通常可以看到手指的里面。在拇指与食指之间不费劲地握住钢笔，能减少在书写时肌肉能量的消耗。钢笔和练习簿应成60°角，书写时应该使各个手指都微微地弯曲着，同时手腕通常靠在小拇指尖端向外的一边（图99）。手指应当在离笔尖远一些的地方握住钢笔，大约离笔尖4～5厘米。

众所周知，字母由四个部分组成：细笔道，粗的主要笔道，向右的弧形，向左的弧形（此处讲述的是俄文字母的情况——编者注）。写细笔道时要把握着笔尖的手指伸直，写粗的主要笔道时要把手指弯曲，向右的弧形是利用使手指离开胸部的方法画成，而向左的弧形是利用使手指靠近胸部的方法画成的。

粗的主要笔道应该和眼睛的主线垂直，换言之，应该和在水平方向上穿过两眼中心的想象线垂直。必须注意，眼睛的主线要跟桌边、身躯及两肩的横轴平行。眼睛在这种状态的书写过程能引起学生最少的疲劳，但是还必须要遵守对书写所提出的一切卫生要求。

在家中如果能达到在叙述阅读卫生时所指出的那些要求，那么儿童和少年在书写时的正确姿势是很容易得到保证的。在书写时可以把专门的倾斜板放在桌子平面上来代替搁书的架子。

在教育家和卫生学家之间在很长时间里争论了有关斜体字和直体字的问题，这个问题直到现在还没有得到最后的解决。在这里我们来分析一下主张斜体字和直体字的观点。

斜体字首先需要有正确构造的和适合儿童及少年身高的课桌椅。在写斜体字的时候，练习簿应该放在学生身体中心

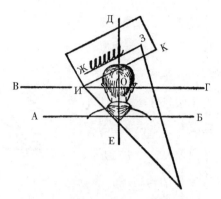

图100 书写时斜线练习薄的位置
АБ——桌子边缘；ВГ——眼睛的主线；
ЖЗ——格子线；角ДОГ——90° 直角；
角КИГ——30°～40°

的对面，它与桌子的边缘成一定的倾斜度，练习簿的下端与课桌的边缘成30°～40° 向右倾斜的角。练习簿的水平线与桌子的边缘也应该成30°～40° 的角。在书写过程中必须努力做到使练习簿的斜线和写在线上的字与桌子的边缘垂直（图100）。

书写时学生身体的横轴和两肩的连线，还有双眼的连线，应该跟桌子边缘平行。在写斜体字时往往不能达到所有这些要求。通常在写斜体字时练习簿不是放在身体中心的对面，而是放在偏左或偏右的地方。同时练习簿的倾斜度有时到50°～60° 或者更大，这就迫使写字者把右手和胳膊移过桌子边缘，并且左手向下垂着。结果姿势完全不正确（图101），在这种情况下身体的横轴和桌子的边缘组成一个向左倾斜的锐角。在写斜体字时练习簿放得不正确就会使写在纸上的字母不垂直于边缘，并且在读字母时双眼跟字母的距离不等。结果就导致了近视眼和脊柱的侧面弯曲（脊柱侧凸）。

直体字在卫生方面有某些优越性，因为比起写斜体字它比较容易保证学生的正确坐姿。在写直体字的时候，练习簿应该正对着身体放在桌子上（图102）。特别重要的是每行不宜太长。在写直体字时应当把底稿

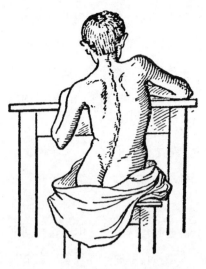

图101　不正确的写斜体字的坐姿

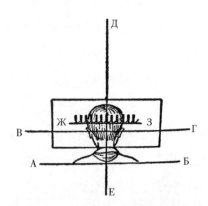

图102　写直体字时学生的姿势

АБ——桌子边缘；ВГ——眼睛的主线；
ЖЗ——格子线；ДЕ——字母的主要笔道
所在的直线

和一切抄写材料放在练习簿正前面。

　　还有，在写直体字时必须注意，从上一行移到下一行时应该把练习簿向上移动，这样就可以不改变学生正在写的那一行跟桌子边缘之间的距离。

　　在写直体字时字母的主要笔道要跟练习簿格子底边垂直。在这种情况下眼睛跟随笔尖的动作只要克服较少的困难，眼睛的疲劳也不会很大。跟阅读时一样，书写时练习簿也应该距离眼睛35～40厘米，绝对不能小于30厘米。在写直体字时手的位置如图99所示。同时练习簿应向两边摊开。

　　但是即使是写直体字也不能保证姿势不会有偏差，这些偏差可能发生在学生还没有写字的正确技术或没有养成就座的牢固习惯的时候。同时应该考虑到写直体字时快速书写就会有困难。

　　我们的学校采用了稍倾斜的、成10°～15°的字体，这就可能既利用直体字的优点，也利用斜体字的优点。

　　从上述的一切可以看到，书写在生理学方面对于儿童和少年来说是一个比较繁重的工作。同时也应考虑到，书写时学生消耗很大的神经力量。教师应当注意减轻书写过程的负担，在这方面书写体字母的笔道有很大的意义。过去还没有打字机时，书法具有很大的意义，而现在手写已受到限制。学校的任务是培养学生写出简明、清楚和美丽的笔迹的能力，这在采用简笔道写法时是可以做到的。

目前在书写时采用简化笔道是视觉卫生上的要求之一。为了简化字母的书写，需要确定字母（包括大写字母和小写字母）的统一形式。必须使字母的书写不太复杂。

讲到书写的卫生，应当简单地讲一讲有时会遇到的、由于长时间书写（没有足够间歇时间）而产生的被称为书写痉挛的病理现象。在书写痉挛时，手腕的动作错乱，而右手肌肉的一般动作还是正常的。书写过久以后的书写痉挛和谈话时的口吃是同一种症状。产生书写痉挛的原因是神经系统疲劳过度。书写痉挛，即手腕肌肉的动作配合错乱，一般认为不是由于周围神经系统，而是由于中央神经系统受破坏而引起的。在书写痉挛时，书写极困难或者不可能。有时在书写痉挛的最初阶段只觉得右手疲倦，有时在前胳膊和手指上感到有些麻木，也会感到肌肉的疼痛。除了长时间的书写，不好的笔尖（特别是硬笔尖）、书写时不正确的姿势、激动、恐惧等，都能促使书写痉挛的发展。产生书写痉挛以后，即使是在最初的状态，就应该完全停止书写，直到这种症状消失再开始。

考虑到书写对学生来说是不容易的作业，因而必须遵守不同年龄儿童和少年的书写时间的卫生标准。这一点对低年级学生特别必要，因为他们的手指骨还没有完全骨化。如果考虑到学生书写时需要集中注意力，那么很明显，关于书写的卫生问题则有更大的意义，并且要求按照儿童和少年的年龄有适当的调整。

在下表中（表18）列举了不同年龄儿童和少年连续书写时间的最大限度。当然，这个标准是大约的，只作参考，但它的正确性已在实践中得到证实。遵守了它们就能够保护学生的能力，从而对大脑皮层、学生的健康以及对他们的学业成绩起良好的影响。在低年级最好常常组织学生的书面作业，但时间不宜过长。

表18　不同年龄的儿童和少年一次书写的时间

儿童和少年的年龄	一次书写的时间
6～7岁	不超过5分钟
7～10岁	不超过10分钟
10～12岁	不超过15分钟
12～15岁	不超过20分钟
15～18岁	不超过25～30分钟

第八节　画图和制图作业的卫生

上述关于书写卫生方面的要求，对画图和制图作业也有效。在画图和制图时一定要使学生有正确的姿势，而且描绘的对象离眼睛的距离应不少于40厘米。

在画图和制图时最好有十分充足的光线。制图和画图室的照明标准是一盏150瓦的灯。在写生时必须有带阴影的光线。

给低年级学生使用制图时经常用的（毫米的）小格子纸是特别有害的，因为它要求极大的视力和神经心理的紧张。同样地不应该滥用印格纸，以避免引起眼睛的不必要的紧张。

第九节　唱歌作业的卫生

教师还应该关心唱歌课的卫生。唱歌只有遵守了必要的卫生规则才能在教育和卫生方面达到目的。

组织得很好的唱歌课一般不会引起儿童和少年太大的疲劳。唱歌可发展嗓子和肺部。为了保护嗓子需要特别注意不要使它疲劳，要很谨慎地使用它，不使声带紧张。正如朗读一样，唱歌时嗓子的练习，中音部个别音的发音，使用有声共鸣器（高的和低的），正确地传送声音到空间去，以及嗓子的力量适合于房屋的容积等，具有很大的意义。开始唱歌时要用低噪音。以后学生按照练习的情况能逐渐增高嗓音，如果不遵守这个要求可能会发生声带过度紧张、咽喉疾病（喉头炎），甚至失去声音（失音症）。当咽喉稍有疾病，当声音稍哑时，应该停止唱歌直到它完全恢复。

唱歌的时候必须正确地调节呼吸并养成柔软的嗓音。正确的呼吸是唱歌的基础。每节唱歌课开始时最好练习正确呼吸。和在朗读时一样，在唱歌时也必须预防伤风和一切鼻喉部分的疾病。唱歌本身造成的疲劳比朗读要少。为了保护嗓子和预防"发声"的咽喉疾病，培养声带的自由的（很好的）音调是很重要的，这是专家即唱歌教师的事情。

在培养呼吸和嗓音方面校医也必须参加，他应当系统地观察儿童的声带状态，出席唱歌课。

冷天在户外唱歌是有害的，冬天时也不能在空气还没有暖和的房子里唱歌，同样不能刚唱完歌就立刻走到寒冷的空气中去。不遵守这些规则不但可能引起上呼吸道的疾病，还能引起支气管和肺的疾病。同样不能在太热的房间里唱歌。在满是灰尘的房间里唱歌也是有害的，唱歌时呼吸过程大为加强，很自然地，有灰尘的空气一旦进入呼吸道，就能刺激黏膜。应当考虑到，在多灰尘的空气中一般包含着大量致病细菌，也就是说在这种空气中唱歌容易发生传染病。无论如何不能刚收拾完房间就立刻唱歌。

最好在开始唱歌以前预先使房间很好地通风，留一定的时间使灰尘沉降下来，并使房间里的空气温暖起来。

在唱歌课上应该站着唱歌，因为坐着唱歌时胸腔和腹腔的内脏会受到压力，为了正确发音必须使胸腔和横隔膜自由活动。但是儿童站得久了，即使只站了15～20分钟就会疲劳。因此在唱歌课上必须组织一定的休息，这时候学生可以坐下来。

低年级的唱歌课最好分为两次（每次20～22分钟）。把这些课安排在不同的日子里，或者把它们和别的学科相结合，正如前文已经谈过的一样。经验证明，这种办法大大地减轻了儿童的疲劳并且有很好的教育效果。在低年级连续唱歌不应超过4分钟，而在高年级不超过8分钟。每一次唱歌练习后应该有休息。

在低年级进行唱歌练习时应当主要选择轻柔的歌曲。

乐谱应当举得高一些，使下颌不后缩，否则咽喉孔就被垂下的舌根盖住，这样就使唱歌过程遇到困难。太快地张开嘴对声带有害，因为它使血流充向声带。

在唱歌时任何使声带紧张的做法都是有害的。应当很温和地唱歌。假如在唱歌时学生的咽喉有紧张的感觉或有些疲劳，唱歌必须立刻停止。这些现象也可能发生在唱得过久或学生唱了对他的嗓子来说太高的音调的时候。

在性成熟时期要特别注意唱歌的卫生，在这个时期（14～16岁）少年的嗓子有很大的变化，男孩子比女孩子表现得更为突出。应当极小心地对待这个年龄时期少年的嗓子，因为唱歌负担过重嗓子会易受伤害。因此，在这几年里应当唱最容易的歌曲和练习曲，或用其他类型的音乐艺术来代替唱歌。这个时期可以培养正确的语音，进行呼吸的练习，等等。

第十节　举行考试时的卫生要求

教导工作的卫生要求也规定了在考试前和考试时必须采取的专门的措施。

考试对于七年级和十年级的学生来说是他们学校生活中的一件大事，因为考试要判断学生是否掌握了中学教学大纲所规定的知识，决定了学生能否由七年级升入八年级，或者中学毕业班学生能否取得毕业文凭。但是，应当考虑到，在考试时期和在准备考试的过程中学生要消耗大量的精力，这就会引起他们的神经系统特别是大脑皮层的紧张。

当然，如果不遵守卫生要求，准备考试过久、进行超过学生能力的考试以及不善于组织考试，都能不利地影响学生的健康状态，特别是他们的神经系统的状态。激动、恐惧和不安会引起中枢神经系统极大的兴奋，它们对学生的健康特别有害。

分析十月革命以前在学校里进行考试的经验，了解它们对学生健康造成的不良结果是极重要的，因为这能帮助我们避免在我们学校里进行考试时可能发生的错误，并在这个重要事情上规定出必要的措施来保证大脑皮层的正常活动，保护和增强学生健康。在苏联学校里考试的数目比十月革命前大为减少了，只有当学生从七年级升入八年级和中学毕业时才进行考试。它一方面有可能保证在整个学年中更好地掌握知识，另一方面可以防止学生的神经系统过度紧张。

在考试前和考试时应当采取一系列措施保护学生的健康以及最大限度地保护体力和神经心理力量，这些力量是成长着的身体在应对像考试这样重大事件时所必需的。

为了消除或至少减少对学生的神经系统来说是完全多余的和有害的激动和不安，必须及时地向学生解释考试的任务和目的，以及它们进行的方式。考试前和考试时应当这样组织：使所有的学生都能理解考试的目的和意义，把它看作一个很自然的学习工作的总结阶段。正如经验所指出的，这种预先的动员工作会减少学生的不安。保证在考试前由教师每天辅导学生有关考试的问题也是很重要的。

为了在卫生方面正确地举行考试，学校和家庭、教师和家长必须共同工作。教师应当注意在制定校内规则时应按这样的原则来组织学生在考试前和考试中的时间：能够使他们的负担真正有所减轻，不因各种跟考试无关的功课而使负担加重。为了准备各科考试，给学生布置作业时应当按照不同年龄学生的实际能力，严格地衡量需要考查的教学材料的分量和性质。同时学生的一切社会工作及其他负担也应该被减少到最低限度，以便他们能够把自己的时间尽可能多地用来准备即将到来的考试。

很重要的是家长在这个时间要特别注意对待自己孩子的方式，尽量便于他们准备考试，并在家庭中为学习和休息创造最安静的环境。

考试应当在安静的、友好的环境中进行，以消除学生的不安。因此不能允许在考试时有各种各样组织的代表出席，他们是附加的刺激，会多余地刺激学生的大脑皮层并引起它的抑制。

在考试前几天学生应该有自由的时间，保证他们有可能安静地准备考试。很重要的是要使学生在这些日子里能够有足够的时间逗留在新鲜空气中。

不允许考试一个紧跟着一个地进行，必须在考试之间有3～4天的间隔。一方面，学生的大脑皮层能够休息一下；另一方面，他们能够充分地准备下一个考试。教师以及家长应该注意，在准备考试的过程中，要使学生严格地保持在40～45分钟的努力学习以后有一定的休息，尽可能地在休息时间到新鲜空气中去，并在那儿活动活动。

在学校里应该腾出专门的房间（教室）给学生准备考试，特别是给那些家里没有足够安静的学习环境的学生。在学生准备考试过程中保证教师方面的教育监督和帮助也是很重要的，它既有教育意义，又有生理卫生意义，因为它有利地影响着学生的神经系统，引导他们的情绪，并且是预防他们神经心理的过分兴奋的一种方法。

由于在准备考试和考试进行期间儿童和少年的身体的消耗比在平时学习期间要大得多，因此他们在学校里，特别是在家庭里的饮食应该加强营养，并在质量上大为改善。这些日子学生饮食营养的加强和改善主要是增加优质蛋白质、脂肪以及卵磷脂和维生素（包括维生素A、维生素B_1、维生素C）。加强优质脂肪的饮食特别重要，因为在准备考试和考试进行的日子里主要是消耗神经的力量和大脑的精力。

这些就是对举行考试的基本卫生要求。遵守了这些要求既能保证对学生健康的保护，又能保证学年考试和毕业考试的顺利进行。上述卫生措施，很明显，主要适合于神经心理和身体方面完全健康的学生。但是在学校实际工作中，在学生中还有体质较弱、患结核病和风湿病、有其他病理现象的儿童，还有在该学年度患过重病、被称为恢复期患者的学生。有时家长，但通常是教师，会给校长提出让这些学生免考的问题。

校医、校长和教师每一次对待这种情况时必须特别小心和注意，不但要考虑到学生的申诉和主观上的感觉，而且还要考虑到一切有关他的患病状态的客观材料。并不是学生的多次诉苦和不舒服的借口都能反映他的真正的健康状态。相反地，当学生主观上很少诉苦或者表示得不明显甚至完全不表示时，客观的医学检查却能发现他的病理现象，这时便迫切需要减轻他的学习负担，有时需要免考。

若患有疾病的学生日后的健康有恶化的危险，例如结核过程加剧，这时最好按照医师的指示，如果他在整个学年中已有优良成绩，则可以作为例外不经过考试而升级。这个办法也适用于不久前患过严重的传染病，病后的虚弱现象表现得十分明显的学生。在考试前和考试中这些学生的体力和神经心理的过度紧张能使健康的恢复过程减缓。处于严重身体疾病的恢复期的病人，以及处在外伤后的状态，特别是由于外伤流血过多的或者内脏器官受到严重损伤的病人也都属于这一类。

关于免考的问题，患风湿病、疟疾及其他带有一般程度的虚弱现象的慢性疾病的学生也能提出来。在这方面需要特别注意神经系统严重失调的，特别是处在神经衰弱状态的学生。严重的口吃也能作为免除口试的理由。

免除患病学生考试的医学证明通常由校医签发，在没有校医的地方由当地的医院或门诊部的医师签发。免除某一学生学年考试的问题是由校医和校长一起决定的，最好每一件免除患病学生考试的事情都在校务会议上被讨论过。

从生理卫生观点来看，把考试从春季挪到秋季是不合适的，因为这样就会大大地剥夺学生的暑假休息并不利地影响到他们的健康，特别是对该学年期间患过危害身体健康的严重疾病的学生来说。但是有时在这方面还会有例外，例如有一两门科目的考试不及格需要补考。这种情况下必须为这些学生规定特殊的生活制度，使他们能够把准备考试的学习跟很好的休息和体育配合起来。

不能由于疾病而免除毕业考试。在这种情况下考试应该延迟，直到学生病后痊愈、完全健康的时候。

考试前和考试中要求教师、校医和家长十分注意学生的生活制度和遵行一系列卫生措施的情况，在考试结束后也需要这样。通常在考试后学生就会从兴奋期转到精神上有些萎靡的时期。这一点在体力较弱和神经质的学生身上表现得最突出。

为了避免发生从考试中到考试后这种巨大的改变使身体有不好的反应，应当从休息的第一天起就使学生遵行新的、假期的生活制度。

第十一节　儿童和少年家庭生活制度的组织

儿童和少年在家庭中的生活包括校外活动的各个方面：准备功课，在平常上课的日子、休息日和寒假春假暑假的休息。这里还包括学生在街头、花园，即在新鲜空气中逗留的时间。儿童和少年的整个生活应该这样来组织——使保护和增强他们的健康及其正常的发展得到充分的保证。在组织学生的生活和休息时不遵守卫生要求就会不利地影响到他们的健康和学业成绩。

正如上面所指出的，儿童和少年的家庭生活制度跟学校生活制度有机地联系着。在家庭中缺少合理的卫生生活制度会不利地影响到学校生活制度执行的质量。因此教师应当很好地了解学生在家庭中的生活制度，并对它的正确组织起作用。家长也应当了解学校生活制度。儿童和少年的家庭生活制度应该首先保证儿童和少年在学校努力学习后所需要的休息。休息不但能够保证恢复儿童的力量，使他们能够顺利地准备家庭作业，从事某种课外活动（阅读文艺作品和科学通俗读物、画图、游戏等），而且使他们能够完成某些家务劳动和自我服务的劳动。

儿童和少年的家庭生活制度从早晨起床开始，除去他们在学校的时间，实际上包括整个昼夜。这个时间应当这样来组织：使儿童和少年一方面能够在最好的条件下准备家庭作业，另一方面能够有足够的时间留在新鲜空气中（甚至在冬季也是如此）。儿童和少年在家庭环境中有组织的休息是使身体正常地生活和发展以及大脑恢复工作能力的必要条件。

在儿童和少年的生活制度中应当规定足够的时间，使他们早晨盥洗、做早操、进早餐，以及安静地、不慌不忙地及时到达学校。儿童和少年应该准时从学校回到家里。

从学校回到家里后儿童一定要洗脸。回家后就应该吃午饭。饭后应当有休息，因为这时食物消化的过程正在进行。特别是对于低年级的学生，饭后最好能够午睡（即使躺上0.5～1小时也好），而对于体弱、贫血和刚患过重病的儿童来说必须有午睡。饭后的休息也包括儿童（少年）自己选择的活动，最好是在新鲜空气中散步。关于饭后的自由时间，低年级的儿童应该有1.6～2小时，少年应有1.5小时。

饭后休息结束后就是准备家庭作业的时间。做完功课后吃点心，一杯茶和一个小面包或是别的食物。在做完功课和吃过点心以后又必须休息，学生可以自由支配这个时间。

这里列举在上午（第一部）学习的学生的整天生活制度，以作为参考（见表19）。

表19　上午（第一部）学生的试行生活制度表

生活制度的各个部分	年龄和年级					
	7岁一年级	8岁二年级	9～10岁三至四年级	11～12岁五至六年级	13～15岁七至九年级	16～17岁十年级
睡醒和起床	7：30	7：30	7：30	7：30	7：30	7：30
早晨盥洗和早餐	7：30—8：30	7：30—8：15	7：30—8：15	7：30—8：15	7：30—8：15	7：30—8：15
从家到学校	8：30—9：00	8：15—8：45	8：15—8：45	8：15—8：45	8：15—8：45	8：15—8：45
在学校里	9：00—13：00	8：45—13：00	8：45—13：00	8：45—14：00	8：45—14：00	8：45—14：00
从学校回家	13：00—13：30	13：00—13：30	13：00—13：30	14：00—14：30	14：00—14：30	14：00—14：30
洗手、午餐	13：30—14：00	13：30—14：00	13：30—14：00	14：30—15：00	14：30—15：00	14：30—15：00

生活制度的各个部分	年龄和年级					
	7岁一年级	8岁二年级	9～10岁三至四年级	11～12岁五至六年级	13～15岁七至九年级	16～17岁十年级
饭后休息（自由时间——学生自由活动、散步等）	14：00—16：00	14：00—16：00	14：00—16：00	15：00—16：30	15：00—16：30	15：00—16：30
准备功课	16：00—17：00	16：00—17：30	16：00—17：30	16：30—18：45	16：30—19：45	16：30—20：15
下午点心	17：00—17：10	17：30—17：45	17：30—18：30	见注2		
自由时间——学生自由活动、散步、阅读、游戏	17：15—18：45	17：45—19：15	18：30—19：45	18：45—20：45	19：45—20：45	20：15—21：00
晚餐	18：45—19：00	19：15—19：30	20：00—20：30	21：00—21：30	21：00—22：30	21：15—23：00
安静的游戏、阅读，准备睡觉，晚间盥洗	19：00—20：00	19：30—20：30	20：00—20：30	21：00—21：30	21：00—22：30	21：15—23：00
就寝、睡眠	20：00	20：30	20：30	21：30	22：30	23：00

注：1. 在生活制度中规定的 7 岁儿童夜间睡眠时间（11.5 小时）包括他们午睡的 0.5 小时在内。

2. 五至十年级学生是在准备功课的休息时间用午点（15 分钟）。

由于地区条件不同，特别是在二部制的学校，学生的生活制度可能有所变动，但是这些变动不能破坏其结构的主要原则：四次饮食，适应某一年龄儿童需要的睡眠时间，在新鲜空气中逗留，准备功课的时间，等等。

我们再举一个在下午（第二部）学习的学生的生活制度的例子（见表20）。

表20 下午（第二部）学生的试行生活制度表

生活制度的各个部分	年龄和年级		
	9～10岁 三至四年级	11～12岁 五至六年级	13～15岁 七至九年级
睡醒和起床	7：30	7：30	7：30
早晨盥洗和早餐	7：30—8：15	7：30—8：15	7：30—8：15
准备功课	8：15—10：15	8：15—10：30	8：15—11：30
自由时间——学生自由活动、散步	10：00—12：00	10：30—12：00	11：30—12：00
洗手、午餐	12：00—1：30	12：30—2：00	12：30—2：00
饭后休息（自由时间、学生自由活动、散步）	12：30—1：30	12：30—2：00	12：30—2：00
从家到学校	13：30—14：00	14：00—14：30	14：00—14：30
在学校里	14：00—18：00	14：30—19：30	14：30—19：30
从学校回家	18：00—18：30	19：30—20：00	19：30—20：00
洗手、晚餐	18：30—18：45	20：00—20：15	20：00—20：15
安静的游戏、阅读，准备睡眠，晚间盥洗	18：45—20：30	20：15—21：30	20：15—22：30
睡眠	20：30	21：30	22：30

注：1. 一、二和十年级不能在第二部上课。
    2. 如果学校中没有热早点，学生需自己从家里带来，就把它代替午点在大休息时间吃。

上面列举的在上午和下午学习的学生的生活制度只可以作为参考。在制定某一年龄学生的生活制度时必须考虑到地区条件并利用已有的教学网。

周全地组织儿童和少年家庭生活制度的必要条件之一是注意住所卫生。儿童（少年）所住的房间每天应该通风几次。为此在所有的房间里都应该有小窗户或者最好是通风口，并且遵守第六章所指出的通风的规则。在住宅中要预防灰尘的堆积，在住宅中不要有多余的物件和多余的装饰（例如纸花等），因为在这些物件上很容易堆积灰尘。收拾房间要用水来清洗，不但要用湿刷子来清洗地板，还要用湿抹布擦桌子、椅子、橱子、窗台及其他能堆积灰尘的物品。

住宅里的地板至少每周擦一次，而在春秋季，在住宅容易脏的时候，要擦得更勤一些。在住宅中保持清洁的一个方法是经常擦洗所有的楼梯、走廊和入口处。这些地方应该比住宅中其他地方的地板擦得更勤一些，因为这里更容易脏，常常会通过这里泥垢和灰尘被带入住宅中。

窗户的玻璃在秋季、夏季和春季至少每月擦一次，仔细地用湿抹布擦。最好不要在住宅的窗户上挂窗帘和帷子，因为它们往往会挡住大量光线，降低住宅的日射率。在窗户上只能挂浅色的、容易洗的、用稀疏的布做成的窗帘。它不会阻碍阳光。夜晚完全可以用白色的窗帷，到早晨就把它拉到两边。在住宅的窗户上使用能够卷起的窗幔也是不合适的，因为通常在这上面会堆积许多灰尘。

在儿童和少年住宅的院子的卫生方面也需要有足够的注意。他们大部分的闲暇时间是在院子里度过的，因此院子里不应该有垃圾和泥垢。在住宅的场地上应当设有儿童游戏场，这个场地应该远离通道和垃圾坑，最好在它周围种上绿植，以挡住灰尘并使空气新鲜。

家长应当跟学校一起关心儿童和少年自由时间的组织，保证他们能在新鲜空气中从事活动性游戏和体育游戏。最好在住宅附近或是一组住宅附近不仅设有儿童游戏场，而且还在冬季设滑冰场、雪山等。

上述规则有利于儿童和少年家庭生活制度的卫生组织。这里关于学生家庭生活制度所讲到的一切，同样适用于学生在学校宿舍和儿童之家的生活制度。

第十二节　准备功课的卫生

准备功课对于在学校学习的儿童和少年说来是很重要的事情，因为它可以巩固和发展他们在学校里所获得的知识。在准备功课上学生往往花费很多时间，有时占了睡眠时间，使他不能有足够时间逗留在新鲜空气中。

家庭作业不应该破坏学生已有的生活制度或不利地影响他们的休息，否则就会使他们不能恢复自己的力量和工作能力。必须预先告诉教师，不要用准备功课来增加学生单方面的负担，否则会引起他们的大脑皮层的严重疲劳，有时会引起过度疲劳。儿童和少年用在准备家庭作业上的时间应该适合他们生理上的特点，不应该有害于他们的健康。虽然规定出儿童和少年准备家庭作业所需的时间的标准是十分困难的，但也是十分必要的，因为没有这个标准学校里就不可能有正常的教学工作，也就不可能有保证儿童身心充分发展的合理的生活制度。

要规定出留给儿童和少年的家庭作业的数量标准，就必须使各个教师在这方面的工作互相配合，这个配合工作在整个学校范围内由学校的教导主任负责，在每个班由班主任负责。因此，在这方面应当根据某一年龄儿童和少年的体力和神经心理发展的特点，严格地计算教学大纲材料中家庭作业的分量，以及学生需要在家学习的量。这一点一方面将有助于预防学生家庭作业的负担过重，另一方面会使他们更仔细、更好地完成家庭作业。按照俄罗斯联邦教育部部长1951年12月12日发出的第1093号命令《关于消除学生家庭作业过重负担》，在准备家庭作业上，一年级学生每日不应超过1小时，二年级为1～1.5小时，三、四年级为1.5～2小时，五、六年级为2～3小时，七年级为2.5～3.5小时，八年级至十年级不超过3～4小时。①

很重要的一件事是在家庭中能够设有学生角，因为这样就在很大程度上改善准备家庭作业的条件。为了使学生在家庭中准备功课，应当分

---

① 后又规定，从1957—1958学年度开始，低年级不再留家庭作业。——译者注

出专门的地方。在学生角里最好能有单独的桌子和椅子，以及放书和练习簿用的书橱或架子。

学生准备功课前，他所在的房间应该进行过很好的通风。在新鲜空气中工作有助于取得较好的教育效果，因为这时神经心理活动的状况较好。在天气温暖的季节里可以开着窗户准备功课。

学生准备家庭作业时必须保证在房间中有足够的天然或人工照明。为了达到这个目的，儿童（少年）准备作业的桌子应该左边靠窗，以避免在写字时造成手的阴影。同样重要的是把灯放在学生桌子的左边，使光线直接落在书本或练习簿上，这就改善了工作时的照明。

从保护儿童和少年的神经系统的观点来看，在他们准备功课时保证安静的环境特别重要。因此在他们准备功课的房间里要保持安静，不能有任何谈话。对于家中没有好的准备功课的条件的学生，最好学校能为他们分出房间，在这里他们能够在安静的环境中完成家庭作业。

卫生学家根据长期的观察，建议在准备家庭作业的过程中安排短时间的休息（例如在完成一个作业之后和在转入另一个作业之前）。这种短时间的休息（3～5分钟）对儿童和少年的神经系统有良好的影响，并有助于他们对知识的掌握。

对于在学习中落后的儿童和少年，如果他们是健康的话，可以在准备家庭作业方面为他们组织补充作业。但是补充作业不能超过上述标准，并且在这方面必须严格遵守一切卫生要求。

第九章　儿童和少年的校外活动和余暇的卫生

第一节　课外和校外活动的卫生意义

为儿童和少年举行的校外及课外活动是跟学校的整个教导工作紧密地联系着的。同时校外和课外活动的目的不仅是保证儿童和少年的全面发展，而且是为了使他们有健康的休息，培养他们正确利用休息的技巧和善于利用自然界的自然力量（太阳、空气和水）的能力。

有些人的观点是十分错误的，他们认为休息就是不活动，要绝对安静，没有任何活动，甚至也没有兴趣活动。这种绝对安静的休息只有对患严重疾病的儿童和少年才是必需的。健康的孩子需要积极的休息。

为了使儿童和少年的校外和课外活动真正能够保证他们有健康的休息并恢复他们的力量及大脑工作的能力，必须在卫生方面正确地组织这方面的工作。否则，校外和课外活动以及毫无组织的余暇可能引起儿童和少年的严重的疲劳，并会严重地破坏他们的健康。

因此，对于儿童和少年的校外和课外活动以及余暇的卫生问题，不但校长和校医应当熟悉，而且积极参加这项工作的教师、少年先锋队辅导员和青年团干部也必须很好地了解。

在联共（布）党中央1932年4月21日发布的《关于少年先锋队组织

的工作的决议》中指出：共产主义青年团、教育人民委员部、保健人民委员部和体育运动委员会应当在儿童中广泛地开展体育运动和各种群众性的增强健康的体育活动。

校外教育机关在组织自己的工作时应该考虑到学生已有的生活制度，因为只有这样，校外活动才能保证儿童和少年的休息和力量的恢复。

第二节　校外活动场所的卫生

儿童和少年校外活动的卫生是学校卫生学中最没有被好好研究的问题。这很容易理解，因为儿童和少年的校外活动直到苏维埃政权的年代才广泛发展。

校外教育机关的数目和种类很多，例如儿童俱乐部、少年宫、儿童参观旅行站和招待所、儿童技术站、少年自然科学家工作站（农艺生物学的少年自然科学家工作站等）、儿童剧院、儿童文化休息公园和在普通文化休息公园中的儿童城、儿童休养所、运动场、滑雪站、滑冰场、水上运动站、游戏场等。

对于儿童校外教育机关室内的主要卫生要求，和对学校及其他儿童教育机关的主要房舍所提出的要求一样。

儿童文化休息公园有巨大的卫生意义，儿童和少年在这里大都处在新鲜空气中。儿童文化休息公园最好不设在城市中心，而在城郊、在大片绿荫的附近。同时它和城市各区应该有方便的交通来往。在大城市中（莫斯科、列宁格勒等）可能有几个儿童文化休息公园，它们应该设在城市的不同区域。

儿童文化休息公园应和街道很好地隔离，除了有一般的围墙外，还要有绿植，其宽度应不少于10～15米。应当特别注意消除灰尘，场地中的一切空地上应当种上密密的青草。在儿童文化休息公园地区冲着风口的一面应种上茂密的大树和灌木林。

至于说到其他户外的场地，主要是"露天式"的儿童教育机关，例如体育场所、儿童运动场、文化休息公园的儿童城等，应当选择平坦和干燥的场地，并且以绿植防风和灰尘。在这些校外教育机关的场地附近最好有流动的水源，例如河流和湖泊。池塘只有在水的质量良好和水是流动的条件下才能使用，因为死水很容易脏，并且容易成为疟疾蚊繁殖的有利场所。死水池的危险不仅在疟疾蚊可能其中下卵这一方面，而且它可以传播传染性的肝脏炎、兔热病及其他疾病，它们的传播者主要是老鼠及其他啮齿类动物。

在建造儿童水上运动站时应该选择河流或活水湖的水流速度不超过每小时2千米的地方。水上运动站以及儿童游泳用的地方应该选择位于废水池及其他可能把水弄脏（如洗涤被褥，牲口饮水）的地方的上流。儿童和少年的水上运动站和游泳场所不能设在木排、船舶和小舟的码头及停泊处附近。

要注意游泳场所河流或湖泊的岸的情况。岸要平坦，有沙土，不陡峭。在岸上和水池中不要有黏土质或含淤泥的底层、凹沟、穴，尤其是漩涡。

同样地，在水上运动站或儿童游泳场所附近不允许有沼泽地区。也应当注意到水底要干净（没有大而尖的石块、树枝和碎玻璃等）。

作为儿童游泳的地方的河流或湖泊的深度应该适合于他们的身高。当儿童游泳的河流（或湖泊）太深时（对一至四年级的学生，离岸3米处河的深度超过1米；对五至七年级的学生，离岸3米处河深超过2米），应该建设游泳场，把四周围起来，用木板做成有孔格的底。在没有专门的儿童游泳场所的地方，应该用木栅栏把这一地区围起来，或者把绳索系在在水底埋着的柱子上，给可以游泳的地方划出界线。

在水上运动站或是儿童游泳场的岸上，最好有阳光能照射到的、铺着很好的河沙或细石子的场地。它们可用来进行日光浴。这里最好有防风的设备和在阴凉下休息的区域。

每个水上运动站或是儿童和少年游泳场，都应当备有救生圈（或球），并有值班船。当儿童游泳时医务工作人员和教师必须在场，他们应当观察儿童的反应和行为，如果需要的话，要给以初步的医药救护。

滑雪站一般设在城郊或是城的边区。建造的时候应该选择离城不太远并且跟城区有电车、铁路或其他交通往来的地方。滑雪站的房屋应该尽可能宽敞、暖和，房子里应有儿童食堂和室内厕所（男、女厕分开）。

这些就是对儿童校外教育机关的地点和房舍的主要卫生要求。

在主要是为成人设置的公共机关，如文化休息公园、运动场、大型公共课堂、滑雪场、滑冰场、参观旅行站等，必须设立专门的儿童部，儿童部跟成人用的房舍隔开，并划分出学前儿童、低年级和中年级学龄儿童单独的区域。遵守这个卫生要求，一方面是预防传染病被带入儿童和少年的环境中，另一方面也是为在最安静的环境中对他们组织教育活动。

为了给儿童和少年组织校外活动，经常需要利用成人文化娱乐所用的电影院、剧院、俱乐部及其他机关。在这种情况下，在儿童进入这个房舍以前，必须很好地收拾过房舍（去掉灰尘、污秽等）且通风。应当特别仔细地收拾在大厅、休息室里的座位和厕所。房间里必须设有盛着良好质量饮水的小水箱。

对于儿童和少年进行课外活动和社会活动的学校房间来说也必须达到校舍所应遵守的那些卫生要求。所有用来进行学生课外活动和社会活动的校舍（礼堂、教室等）应当及时收拾好，打扫干净且通好风，然后儿童和少年才能在这儿进行课外活动和社会活动。

必须尽量鼓励儿童和少年在新鲜空气中进行课外校外活动和社会活

动，鼓励他们参加学校园地的工作、绿化城市和村镇的工作，参加力所能及的农业劳动。

第三节　对课外活动和社会活动的卫生要求

儿童和少年的课外活动和社会活动优先在学校进行。

课外活动是非常多种多样的，包括：①所有的群众性体育活动方式、游戏、体育运动、游览性的和了解乡土的游玩等；②各种科学、文学、艺术和技术小组活动；③儿童晨会、高年级学生的文学艺术晚会、课外时间电影、参观博物馆等。儿童和少年的课外活动并不限于这些形式和种类。举行这些形式和种类的课外活动时应当采用多样性原则。不同种类的活动要互相掺杂且都有一定的分量，因为这样才能保持儿童和少年的力量并预防他们疲劳。

小组活动大都需要儿童和少年的某些力量有紧张状态。特别是在室内进行活动的小组，其活动需要儿童和少年一定的紧张程度（模型小组、无线电小组、摄影小组、缝纫小组、戏剧小组等）。小组活动应当主要在高年级组织，并且一般一星期不超过一次，在特殊情况下最多只能两次。同时这种活动的时间不应超过50分钟。按规定一个学生只能参加一个小组，只有在个别的情况下（所有科目的成绩都优良）才能参加两个小组。

必须正确地组织小组活动、艺术工作室和体育小组活动，使少年先锋队队员和学生在这些活动里所花费的时间每星期不超过4小时，否则不能避免儿童和少年因小组活动而负担过重，发生正常生活制度被破坏以及儿童和少年严重疲劳的现象。

低年级儿童只能参加某些小组（例如歌咏小组、戏剧小组、手工小组等）。同时这些小组的活动每两星期不多于两次，而活动的时间不应超过40分钟。低年级儿童只能参加一个小组活动，并且绝对不能有例外。

在卫生方面我们认为，低年级的体育小组和活动性游戏小组以及高年级的体育小组和体育运动小组有最大的优越性。对这些小组的活动控制在一定的限度内且采取必要的谨慎态度，是儿童和少年得到休息和增强健康的最有效的一种方法。在某些学校里高年级体育小组根据活动和体育运动的种类分为好几个专门小组（如篮球、排球、滑雪、滑冰等小组）。

古老的俄罗斯游戏——从远处击倒木柱的一种游戏（木桩戏），对于儿童和少年的身体的一般发展具有特殊意义。俄罗斯的伟大人物——苏沃洛夫、高尔基和巴甫洛夫都喜欢玩这种游戏。除了能促进身体的一般发展，木桩戏可以发展目测能力、准确性、敏捷性和力气。这种游戏也适合于9~10岁的儿童玩，但是必须注意让他们谨慎地参与，以避免不幸事件。俄罗斯游戏打球戏也很有好处。根据儿童对它的兴趣、它的动作的多样化（手、足和全身动作）以及需要体力和智力活动相结合的特点来看，这种游戏是极有价值的。

体育小组的活动也应该在时间上和分量上有一定的标准，因为单方面地迷恋于一种体育运动对健康是有害的，并且可能引起身体的极大损伤，并给年轻的心脏带来不可补救的损害。这些小组活动的时间在高年级不应超过1.5小时。低年级的体育游戏小组活动的时间在遵守了规定的年龄标准和必要的休息的条件下不能超过50分钟。同时，遵守规定的年龄标准和必要的休息，对高年级的小组活动也是必需的。

在卫生方面，在正确组织和进行儿童及少年的课外活动的同时，必须注意制定他们的社会工作的标准。在这个方面一个主要的卫生要求就是使学生在每一段时间内在学校或少年先锋队中担任的社会职务不超过1个，否则就可能使一部分学生的负担过重，而另一部分负担不足。

为了预防儿童和少年产生严重的疲劳，必须考虑到学生每天的一般学习负担，不允许在同一天进行两种课外或校外活动。同样必须注意，要使儿童的集会和会议的数目减少到最低限度，并且严格地规定学生集会或少年先锋队集会的时间。

少年先锋队集会应该适合于儿童和少年的年龄、兴趣和要求，不但用队会的形式进行，而且可以用运动游戏、竞赛、游玩和参观等形式进行。在低年级的队会上适宜于进行活动性游戏、体育活动、集体阅读书籍、学习唱歌等活动。共产主义青年团中央委员会第七次全体会议建议小队会每月不超过2次，每次时间不超过1小时；中队会每月不超过1次，时间不超过1.5小时。除了全校的大队会以外，有时还可以为三至四年级和五至七年级的队员分别举行队会。

无论如何绝不能允许儿童和少年从事对他们的健康有危害并且可能引起某种疾病的社会工作。例如，不能让儿童和少年到患病的同学家中探问他们的健康情况或他们不来学校的原因，因为在这种情况下探病学生可能染上传染病。

必须记住，儿童和少年在他们的身体状况方面是不相同的。某些工作（例如收拾学校园地，在菜园上工作等）对于一个儿童或少年可能完全没有害处，甚至是有益的，特别是当他完全健康、体力发展得很好时；可是对于另一个体质虚弱的或患着某种疾病（教师不容易察觉的病）的儿童就会有害。根据上述一切，给儿童和少年分配社会工作时需要特别重视和严格考虑每个学生的年龄、兴趣、个人特长、在学校的学业成绩，还有体力和神经心理发展及其健康状况。在这个问题上校医的作用是极重要的，他是教师和少年先锋队辅导员的顾问。

儿童和少年的一种社会工作是帮助教师和家长在学校和家庭里建设卫生的环境。在这方面儿童和少年能够做很多工作，同时可以作为社会工作来参加学校红十字会组织的活动。

课外活动和社会工作，只有在儿童吃过午饭，在新鲜空气中休息过且已经准备好家庭作业以后才能进行。但是要统一地解决这个问题是不可能的，因为如果是上二部制的学校，学生准备功课的时间、进行课外活动和社会工作的时间都是不相同的。儿童和少年的课外活动和社会工作，一般来说不能在学校学习和准备家庭作业之前进行，因为在学校学习和准备家庭作业是会在学生的大脑皮层形成极大的紧张。

对儿童和少年的课外活动及社会工作还有一个重要的卫生要求，那就是学生应当在新鲜空气中进行大部分的活动和工作。活动性游戏和体育运动游戏、各种体育和运动项目、游玩、参观和旅行等这样一些课外活动方式极有好处。

在这方面，特别是当儿童和少年在街道上的时候，最重要的任务是要预防他们受到外伤。

第四节 儿童娱乐（戏剧、电影、晨会等）的卫生

儿童和少年的休息跟文化娱乐密切地联系着。文化娱乐应当由校外活动来保证。这些娱乐，如戏剧、电影、文学和音乐晨会等不但具有重大的教育和教养意义，而且还有卫生意义，因为它们能保证儿童和少年得到彻底的休息。但是只有当这些活动在进行时达到了学校卫生学的要求，才能保证学生很好的休息。应当注意校外电影、戏剧、文学和音乐晨会及晚会对儿童和少年的情绪的影响。过分地沉迷于这些活动会不利地影响到儿童和少年的神经系统并引起极大的神经兴奋。特别是当影片或戏剧的内容使儿童和少年极为激动的时候，这个影响尤为强烈。同时还要考虑到校外活动的这些形式大多是在室内进行的。

戏剧以及影片的内容应该跟儿童和少年的年龄相适应。不应该观看内容能过分刺激儿童和少年并有害于他们神经系统的戏剧和影片，例如

看使人心情沉重的悲剧或影片。由于儿童和少年的神经过于兴奋，他们会发生睡眠不安静（梦呓、呻吟等）的情况，有时会发生失眠、头痛等。因此应当为儿童和少年组织专门的戏剧、晨会、电影等，其内容要适合于他们的年龄、兴趣和理解力。

需要视力紧张和在某种程度上影响儿童和少年的神经系统的娱乐，必须在时间上和卫生组织上定出标准。例如对于儿童校外电影的要求为：仔细地装修电影厅，保证有及时的和强力的通风，电影胶片质量好，慢慢地放映，为使眼睛得到休息中间要有间歇；在各场电影之间应当很好地给电影厅通风；最好组织等待电影放映的儿童和少年进行活动性游戏，最好是能在新鲜空气中进行游戏。

在儿童剧院里还必须利用中间休息的时间使剧场通风，且把孩子带到休息室里去做游戏。当儿童和少年在剧场里看戏时，要使休息室和走廊通风。

不能允许儿童和少年在很晚时去电影院或剧院，因为这样会使他们没有足够的睡眠时间。况且，在看过某种程度上能刺激儿童（少年）的戏剧或影片以后立刻睡觉，儿童通常还会睡不安稳，因此会使他们不能完全恢复力量。

在日常的学习日子里，在上午（第一部）学习的8～11岁儿童，参加某种校外活动后回家的时间不得迟于晚上7点钟。7岁儿童的校外活动应该在假日的白天进行。12～14岁的儿童回家不得迟于晚上8点钟，而15～17岁的少年不得迟于晚上9点钟。对于高年级的学生，假如他们在下午（第二部）学习，在个别的情况下可以有例外。根据上述各点，应当制定儿童校外教育机关工作的时间表。

儿童和少年娱乐的时间不宜过长，应当按照儿童和少年的年龄及校外活动的种类制定标准。应当注意儿童和少年参加电影、文学音乐晚会等校外活动的频率不能超过每星期一次。家长和教师，特别是儿童校外教育机关的负责人和教育工作者应当注意，在进行这些有教育和教养作用的校外活动时要遵守卫生规定，因为若破坏了这些规定，校外活动不但不能给儿童和少年的健康带来益处，反而会带来危害。

第五节　技术作业和农艺生物作业的卫生

在专门的校外教育机关——儿童技术站和农艺生物站（少年自然科学家工作站）以及在类似的学校小组中进行的儿童和少年的技术和农艺生物活动，从综合技术教育和学生准备将来从事实际工作的观点来看具有特别重要的意义。同时，儿童和少年的技术活动，特别是农艺生物活动，如果按照学校卫生学的要求进行，也有助于培养健康的、体力强壮的、有文化的共产主义建设者。

必须从小教育儿童自觉地、有纪律地劳动，使他们养成对体力劳动的尊敬和热爱，养成自我服务的习惯，获得完成任何力所能及的工作的技能。在这方面儿童和少年的技术及农艺生物活动有特别大的意义。

为了要在卫生方面保证正确组织儿童和少年的校外技术及农艺生物活动，必须达到前文指出过的卫生要求（见第八章《教导工作的卫生》第五节）。同时应当知道，学生的技术和农艺生物作业能作为课外活动在校内进行，也能在学校场地上进行。

第六节　旅行和游览的卫生

旅行和游览是重要的教育和教养因素，如果它们得到正确的组织，便也能成为增强儿童和少年健康的一种极有效的方法。

少年先锋队队员和学生在故乡远足特别有益。在旅行、远足和游览时，儿童（少年）的身体会受到新鲜空气和阳光的很好的影响。此外，在旅行、远足和游览时可以常常利用水（游泳、淋浴等）来增强健康。从卫生方面来说，近途的旅行和游览对儿童和少年更有好处。近途的旅行和游览，即使有时需要乘火车，儿童和少年在火车上的时间也不会太长，因此一般不会引起他们的疲劳。

如果儿童和少年到远处去游览时需要坐火车，那么最好给他们准备一节专门的车厢或是车厢的一部分，并要保证他们有卧铺和睡眠用具。

进行游览的主要卫生规则是要了解游览地点的卫生情况。应当从地方保健科或卫生视察员那儿了解当地或者沿途是否有传染病，在疟疾传染方面这个地方是否有危险。

在游览时必须随身携带行军用的小型急救药箱，药箱里应有包扎伤口的用品，如止血带、碘酒、氨水等。

在准备游览时应当特别注意鞋和衣服的卫生。鞋应该宽一些，容易穿上和脱下，因为狭小的鞋会使血液循环困难。但是鞋子的宽大应该有一定限度，要使它裹住了脚掌而不会把脚磨伤。同时，服装也应该宽大和轻便。在夏天游览时最符合卫生要求的服装是少先队服装（胸前有口袋的运动上衣）。

为了预防衬衫被汗浸湿，最好能穿上贴身汗衫。游览时戴的帽子应该带有帽檐，以保护眼睛不受阳光的强烈照射。帽子应该轻便并且透气。没有帽檐的圆帽是不合适的，而且它们大都是不透气的。

对儿童和少年有益的和有趣的活动有采集浆果和蘑菇、采集各种植物和昆虫、研究当地情况和进行活动性游戏等。进行这些活动和游戏有特别大的卫生意义。不能在儿童还没有吃早点的情况下游览和游玩。同样地也不能在午饭吃饱后立刻去游览。

游览时要走得不慌不忙，用缓慢的步伐，这样就能保存儿童和少年的力量。必须考虑到，在走路时身体的整个骨骼和肌肉组织差不多都在工作着。过分快的步伐会引起心脏的疲劳，不利于心脏的工作。不同年龄的儿童和少年能够步行的时间、路程的长度、一次连续步行的路程以及步行的速度的标准都列入了表21中。

表21　不同年龄的儿童和少年步行游览的标准

游览的标准	一天的				多天的		
儿童和少年的年龄	7～8岁	9～12岁	13～15岁	16～17岁	7～12岁	13～15岁	16～17岁
游览的时间（以小时计算）	2	3	5	6	低年级学生不适宜进行多日的游览	48～120	72～168
路程的长度（以千米计算）	3～4	4～6	6～10	10～15		30～40	50～70
一次连续步行的路程（以千米计算）	1～1.5	1.5～2	2～3	3～4		2～3	3～4
每小时步行的路程（以千米计算）	2～2.5	2.5～3	3～4	3.5～4		—	—
一天步行的路程（以千米计算）	—	—	—	—		10～12	12～15
歇息的时间（以分钟计算）	15	15	10	10		10～15	10
白天的停歇（以小时计算）	—	—	—	—		1～3	2～4
负荷的重量（以千克计算）	0.75～1	1.5～2	2.5～3	3～4		1～0.5	2～3

　　步行的游览必须有休息用的时间（歇息）。每走30～45分钟以后就应当有歇息。歇息的地点应当选择离大路较远、有阴凉的且必须是干燥的地方。歇息时儿童可以躺下，如果游览的地方较远，在大歇息时（时间应不少于45分钟）必须进餐。

游览时要注意，不要使儿童和少年成群地、一个紧挨着一个地走。这样走会使尘土飞扬，刺激眼睛、呼吸道和皮肤。游览时要沿着路的边缘走，沿着草走，避免走尘土最多的路中心。

为了预防尘土的有害影响，最好能在清晨进行游览，因为这时的阳光还不太强，地面也还没有被烤得十分热。

在游览时解渴只能喝白开水，因此每个游览者应随身带个水壶，如果没有水壶也要带个水瓶。只有在歇息时才能喝水，并且要小口地喝。水壶应当是个人的，只有这个水壶的主人才能喝它。在炎热的情况下不能喝冷水，因为这可能会引起疾病。不能利用地方上的水源，如河水、未经探究的井水，这种水可能含有病原微生物（伤寒、痢疾等病菌）。

上述卫生要求不但关系到校外游览，而且也关系到教学性质的参观。

第七节　假日的卫生组织

假日是用来使学生休息、恢复他们的力量和增强健康的。因此，儿童和少年的假日的卫生组织就具有特别重要的意义。但在实践中有时还存在粗暴地破坏学校卫生学对假日的要求的情况。学生经常把休息日变为努力学习和加重智力负担的日子。很自然地，这样就不能保证他们完全休息和恢复力量。

在休息日，儿童和少年应当尽量在新鲜空气中从事各种运动、游戏以及参加游览和远足。最好在假日组织儿童和少年到郊外游玩，或让他们在花园和公园中度过时光，而在冬天则让他们到冰场、雪山、滑雪站等地方去玩。

假日里儿童和少年也可以上剧院、电影院，参加能保证他们心情舒畅的文学或音乐晨会，这种心情舒畅的状态是休息的重要因素。假日里可以让学生阅读文学作品，这不但可以发展他们的兴趣，而且可以使他们从往常的兴趣中转移出来，有利于促进神经系统的正常机能。但是不应当整个假日都用来阅读，应当在儿童和少年的生活制度中保证有更多的时间逗留在新鲜空气中。

在制定假日的生活制度时应当规定儿童和少年在上半天有相同的时间分配。这样就使多子女的家庭在假日有可能全家在一起。如果儿童和少年在假日要上剧院或参加郊外游览和某种体育运动（滑雪、远足等），就应当适当地改变生活制度，但是不应破坏其主要部分（四次进食、在新鲜空气中逗留和睡眠等的时间）。在假日里最好加强儿童和少年的营养，特别是要增加蛋白质、脂肪和维生素。

学校应当注意儿童和少年在假日的娱乐。在这些日子里应当严格禁止任何教学活动、会议、集会等。假日应当规定儿童和少年有健康和文明的娱乐，应当帮助他们休息和增强健康，提高他们全面的文化修养（文学、音乐、艺术等）。

在组织儿童和少年假日娱乐的同时，必须保证对他们的行为进行系统的、教育性的观察，并必须对各种有组织的休息加以领导。

儿童和少年的假日不但在具有文化休息公园、少年宫、儿童俱乐部及其他校外教育机关的城市中，而且在农村中，都应当要有组织。在农村中整个冬季的校外活动的中心是集体农庄俱乐部或学校，而在春夏季是学校场地、近处的森林、草地等。

儿童和少年假日的正确组织能保证他们恢复力量、增强健康和锻炼身体。

第八节　假期中的卫生措施

假期，特别是暑假，是儿童和少年充分休息的时间，要优先用来恢复他们的力量，增强和发展健康。但是只有在正确组织假期的情况下才能在这方面得到最好的效果。

假期里儿童和少年的休息应当是：长久地逗留在新鲜空气中，做活动性游戏和体育游戏，做体育运动，游玩，旅行远足，进行农业劳动，等等。在假期阅读文艺作品也有一定的卫生意义，因为这样可以改变学生平时在课堂上进行智力劳动的紧张状态。正如医师和教师的观察所证实的那样，如果儿童和少年不是废寝忘食地阅读文艺作品，不破坏生活制度，那么这种阅读对神经系统会起良好的作用。上述关于学生假日生活制度的一切要求完全适用于儿童和少年在寒假和春假期间的生活制度。

暑假里教师、校外教育机关的负责人和家长要特别注意组织儿童和少年的余暇时间，因为在暑假中有最好的条件（不上课，有自由时间，以及有最有利于锻炼身体的自然因素——新鲜空气、太阳和水）来组织休息，增强和发展学生的健康。

多年的研究结果指出，在夏天儿童（少年）的身体发育得较快，身高和体重在夏天比其他季节增长更多。因此在夏季创造一切必要条件来促进成长着的身体的体力和神经心理的正常发展是极其重要的。

在夏季增强和发展儿童和少年的健康的工作上，利用自然界的自然因素（空气、太阳和水）是很重要的。它们是最有效的锻炼身体的手段。但是利用这些因素时一定要符合一切卫生要求，并且不能滥用它们，以避免给儿童和少年的健康带来损害（参见第三章《外界的自然因素和为锻炼身体而对外界自然因素的利用》）。

儿童和少年在夏季的有组织的休息的方式有：让儿童参加通常建立在城郊的少年先锋队夏令营，把儿童从城里送到别墅里去，在城市和农村学校中设健身场和学校少年先锋队夏令营，等等。各种旅行和体育活动也有很大的意义。苏维埃学校卫生学的要求之一是要在暑假里尽量对所有的儿童和少年都安排有组织的休息并争取保健措施。

这个时期校外教育活动的任务应当服从于增强他们的健康和锻炼身体的任务的安排。

在夏季，儿童和少年应该在户外过全部生活。在天气好的日子里，只有晚上睡觉才到房屋里。窗户要经常开着以便房屋通风。在儿童和少年的生活制度中应该规定日光浴和游泳的时间。

在少年先锋队夏令营里最容易组织增强儿童和少年的健康的活动，以及保证他们有文化娱乐的保健措施。

第九节　少年先锋队夏令营的卫生标准

少年先锋队夏令营是季节性的儿童教育机关。它们是在假期为保证学生有健康的休息而组织的。大多是在城郊地区。少年先锋队夏令营是由工会和企业机关的管理处设立的。

不能把患病的、需要到医院或疗养院治疗的儿童和少年，以及生理上有缺陷的或患有不能生活在儿童集体中的疾病的儿童和少年送入夏令营。

少年先锋队夏令营通常建立在离公路较远的，有大片森林、河流或湖泊（不在沼泽或沼泽草原带）的地方。少年先锋队夏令营的营地应该被绿化（最好用果树来绿化）并种上花草。

为了在夏令营里保护儿童和少年，特别是低年级儿童的生命安全，必须预先把游泳的地方布置好，制定防火的措施，组织夏令营夜间的防卫工作，并要保证有医药救护和医疗监督。

在少年先锋队夏令营里最好以馆为单位分配房舍，房舍的窗户应当向南。最好每个馆容纳40个儿童，最多80个，以1个馆住1～2个中队计算。寝室的面积应该是平均每个儿童有4平方米，至少为3平方米，高度不少于3.2米。为了使寝室有较好光线和通风，容纳20个儿童的房间应该两面开窗，光线系数应是1：5或1：6。经常开着窗户不但对于通风，而且对于房间能得到最充分的日射都是极其重要的。

每个馆应该有辅助性房间：前堂、挂衣室、盥洗室、保存用具及队员寄存物件的储藏室。挂衣室的面积以每人占0.7平方米计算。在前堂要有每个人单独用的保存帽子、大衣和套鞋的小柜。在盥洗室要设有个人用的搁板和钩子来放置盥洗用品（手巾、肥皂、牙刷等）。在只有夏季才让儿童居住的建筑物里，盥洗室可以设在馆前的场地上（在遮棚下）。洗脚盆也设在这里。厕所也可设在夏令营区域内离住所不少于25米的地方。

在每个少年先锋队夏令营里应该安排对儿童进行教育工作用的教育馆，里面设有俱乐部、图书馆、小组活动用的房间等。此外，在夏令营内还应当单独设有一个馆作为隔离所，每100名儿童至少有3张病床，至少有由候诊室和医师室两个房间组成的诊疗所。隔离所应当由下列房间组成：①设有两个病床的隔离病房，面积是9平方米，高度是3.5米；隔离病房的数目依据夏令营内儿童的数目而定；②值班人员室，面积是9平方米；③带有热食物用的炉子的厨房，面积是9平方米；④盥洗室和浴室，面积是9平方米；⑤温暖光亮的厕所，面积是3平方米。隔离所里最好还有为正在恢复健康的儿童休息和进餐所使用的露台。

夏令营内最好能有设在单独的房子里的浴室和洗衣房，必须有淋浴设备。

夏令营里食堂和厨房的设置需要特别注意。食堂应该能同时容纳夏令营内的所有儿童进餐。食堂有两种类型：室内的和露天的。室内的食堂设在单独的馆内。通常这样的食堂通过有屋顶的过道跟厨房相连。露天食堂是一个露台，它的北面和顶风的一面由木板挡起来。任何类型的食堂中，每个孩子都应有1～1.3平方米的面积。在有几百个儿童的夏令营里，不要建筑能容纳200人以上的食堂。

厨房中用来做饭的房间，每100名儿童要有不少于20平方米的面积。如果在夏令营里有200名儿童，那么厨房的主要房间应不小于30平方米。在夏令营内每增加100名儿童，厨房的主要房间也要相应地增加10平方米。在厨房中的光线系数应是1：5，至少为1：6。辅助性工作（采买、洗涤等）不能在做饭的主要房间中进行。为了进行这些辅助性工作必须另有房间：采购室、洗涤室、储藏室，最好还有分发室。一般在厨房里或是在厨房隔壁的遮棚下装有开水炉。

在对夏令营进行医疗卫生监督时，需要在每件事情上考虑到地方的条件，并从这些条件出发使整个建筑物及其各个房间有最卫生的设备。

对组织在市内的夏令营的卫生要求是：营房应设在学校、俱乐部或房屋管理处的建筑物中，要有少年先锋队室、小组活动室和日间休息室。这些房间的大小取决于同时在这儿活动和休息的儿童的数目，每个儿童应有2.5平方米的面积。也应当指出，在市内夏令营中还要有保存运动器具、被褥和上衣的房间。此外，至少要有两个厕所和盥洗室（男孩和女孩分开用）。市内夏令营如果设在学校或俱乐部的建筑物中，拥有这些房间是并不特别困难的。

至于市内夏令营的厨房和食堂的房舍，它们必须符合对儿童保健机关的厨房所提出的一切卫生要求。厨房和食堂离市内夏令营不应超过0.5千米。

在少年先锋队夏令营中需要特别注意7～8岁的儿童，他们要进入对他们说来是新的、跟高年级学生在一起的环境中。教师和少年先锋队工作者的工作经验指出，在夏令营中7～8岁的儿童需要有跟高年级学生不同的对待。为了使这些儿童能更多地处在新鲜空气中，要引导他们乐于到大自然中去游览和散步，并露天建立场地、滑稽的塑像、露天玩具室、"怪想和消遣"帐篷、跑道等。

夏令营生活制度的正确组织是重要的保健因素之一。关于睡眠、休息、保健治疗、进餐和文化娱乐的固定时间表，是增强在夏令营里休息的儿童和少年的健康的主要条件。在儿童特别是在少年的生活制度中，

表22 夏令营的试行生活制度
（经苏联列宁共产主义青年团中央委员会批准，
苏联及俄罗斯联邦共同和卫生部同意）

生活制度内容	时间
起床	7：00
早操	7：05—7：20
收拾床铺及盥洗	7：20—7：50
晨会仪式，升旗	7：50—8：00
早餐	8：00—8：30
少年先锋队队员的社会工作（收集药草、野生果实和浆果，从事副业劳动，在集体农庄劳动，在夏令营的菜园和花圃劳动，从事增加夏令营的设备和巩固夏令营的工作）	8：30—11：30
日光浴和空气浴，游泳，水中游戏，擦身	11：30—12：30
自我服务	12：30—13：00
午餐	13：00—14：00
休息	14：00—15：30
午点	15：30—16：00
体育小组和俱乐部小组的活动：中队会，小队会，游览，散步，游戏	16：00—18：00
自由时间	18：00—19：00
晚餐	19：00—21：00
群众性活动（营火会，流动电影，文艺晚会）	19：30—21：00
晚间集会仪式，降旗	21：00—21：15
准备睡觉	21：15—21：30
入睡	21：30

注：1. 这个夏令营试行生活制度只供参考，实行时必须跟在第一部学习的学生的试行生活制度相适应（见第八章第十一节）。同时在制定生活制度的个别环节时必须考虑到儿童和少年的年龄。
   2. 在夏令营午饭后的休息应当是儿童 1～1.5 小时的午睡。

农艺生物（农业的）活动应该有特殊的地位。在夏令营中低年级儿童的生活制度应该区别于少年的生活制度。很明显，在夏令营中少年的农业劳动所占的时间比低年级儿童的要多得多。

但是不论是对低年级儿童还是对少年，都必须严格要求他们坚决地遵守夏令营中所规定的生活制度。要记住，遵守生活制度是保证他们的健康得到正常发展和增强的基础。

7～8岁儿童夜间睡眠时间定为11小时，白天午饭后的休息时间（1小时睡眠）不计算在内。7～8岁的儿童还不是少年先锋队队员，所以他们可以不参加仪式和升旗降旗。这也要体现在他们的生活制度中。在13～15岁的队员的生活制度中特别要重视农艺生物活动，特别是有巨大卫生意义的农业劳动，在收纳体质虚弱的儿童和少年以及恢复期病人（即患过重病的儿童）等的夏令营中，要制定特殊的生活制度，要考虑到他们的健康状况。

卫生和保健治疗、在新鲜空气中的体力劳动及体育活动，都应当在夏令营的教育工作人员和医务工作人员的直接领导下进行。

在暑假期间也组织有学校保健站和郊外休养所。

儿童和少年夏季休息最好的卫生效果的标志是：增强了他们的神经系统，身高和体重增加，身体得到了锻炼且健康状况得到了改善。

儿童和少年的寒假也应该用来增强他们的健康。为此，为了儿童的冬季休息，建议青年团组织联合工会组织和教育行政机关在永久性的少年先锋队夏令营的基地上创办少年先锋队冬令营和旅行站，它们还可以供儿童和少年在节日和假日休息用，特别当它们跟城市或市镇有很方便的交通往来时。

论文译著

捷克教育学的现状和任务*

    自从捷克斯洛伐克踏上社会主义建设的道路，共产党和年轻的人民民主政权根据国家经济、政治和文化发展的客观需要，对我国人民的教育、教养和教学提出了新的任务，对教育科学也提出了新的任务。人民政权建立后的几年来，由于人民、党和政府的注意和关怀，我们在这方面取得了很大的成就。

    但是应该承认，不论在教育理论方面还是实践方面，还存在着许多缺点和没有得到解决的问题，为此我们受到党和广大社会人士公正的批评。我们还没有克服理论脱离实际的倾向，没有注意教育研究方法的问题，很少从事教育、教养和教学理论上一般原则性问题的研究，我们的许多工作就其选题计划来看都带有偶然的性质且缺乏深刻的研究，至今还没有把各教育科学专家之间的合作关系搞好，等等。这一切都给教育的理论和实践带来了害处，并且妨碍我们的运动前进。

    因此，应该集中教育界工作人员的所有力量来尽快地消除现有的缺点，消除教育理论和实践落后于生活的状况。

    这次教育科学会议也应该为实现这个重要的国家任务而努力。它应

---

* 据原编者注，本文是1956年10月23日在捷克斯洛伐克共和国教育科学会议上的报告的摘要（作者不详），载《教育译报》1957年第4期。标题中的"捷克"即1956年的捷克斯洛伐克共和国。——编者注

当分析教育理论的现状，提出它向前发展的途径。

　　首先，我认为有必要提到教育科学方法论上的几个问题。只要大致看一下教育学理论上几个主要的原则和术语，例如教育和教学、德育、美育、体育和综合技术教育的理论就能发现，教育学是跟许多别的科学，是跟哲学、心理学、生理学、解剖学和卫生学密切联系着的。找出教育理论跟这些科学的关系和联系是头等重要的任务，可是至今我们仍很少注意到要完成这个任务。同时很明显，只有找出这些关系和联系，我们才能明确地和完全地确定我们这门科学的对象，才能确定它在科学系统中的地位，并且搞清楚它的复杂的问题。教育学如果不利用跟它相近的科学的材料就根本不能发展，这是显而易见的。

　　我们研究了教育、教养、教学的主要教育现象的特征和它们发展的规律以后，发现社会对新生一代的教育所提出的总目的、任务和标准是经常变化的。教育学是一门独立的科学，它的特点就在于要确定这些目的和任务，研究把它们贯彻到实际生活中去的手段和方法。但是如果不利用跟它相近的科学的材料，不考虑到已被这些学科确定的规律，那么想确定这些手段和方法是不可能的。

　　因此确定教育学和其他科学的联系，并且在研究教育和教学过程时以及在研究教育和教学的有效手段、方式方法时援引这些材料，是我们这门学科向前发展的重要条件。

　　其次，既然教育学的特点在于确定有效手段和途径以实现由社会需要所决定的一定的目的，那么根据具体的历史条件来研究教育理论和实践的历史是一件有益而重要的事情。

　　在各国和各民族的经济、政治和文化发展的每一个阶段上，在教育理论和实践中，都能发现两个主要的方向：一方面是保守的，甚至是反动的，阻碍社会向前发展的进程；另一方面是进步的，促进经济和文化前进的，甚至超过了时代的步伐。我们的社会在这方面也不例外。为了摒弃过时的，并反过来掌握和利用目前教育理论和实践上一切可贵的东西，必须认真地深刻地研究教育史，确定教育发展的规律，研究教育理论和过去伟大教育家的经验。

因此，明确过去教育的概况，明确学校机构发展和教育理论的概况，明确进步的思想和教育经验的概况，是我们这门科学向前发展的另一个重要条件。

教育历史的文献有很多，但是它们是以跟我们不同的思维体系为基础的。我们人民民主社会中教育史的任务就在于从马克思列宁主义的立场来说明一般教育和教学史上的问题。

我们还必须在研究我国民族的教育学的历史发展方面做很多的工作。我国民族的教育学有很丰富的历史，并在全世界学校和教育的历史上有过很大的贡献。同时必须特别注意研究原始材料。为杨·阿·夸美纽斯所有阿姆斯特丹版的教育作品举行的庆祝纪念[①]在总结捷克教育史方面起了很大的作用。夸美纽斯是一位教育家，是17世纪教育史的代表者。执行我们党和政府关于出版他的全集的决议，就能给国内外对他进行研究的研究人员提供丰富的原始材料。

夸美纽斯和他的创作遗产不但在我国引起了极大的兴趣，而且在苏联和其他国家中也引起了极大的兴趣。他在教育新生一代方面的丰富的实际工作，他想改善人类关系和争取民族之间和平的愿望，他关于人的全面发展的思想，都表现了"人民教师"事业的生命力。当然，夸美纽斯的理论和实践对我们来说不是教条。但是不能否认，夸美纽斯的遗产到现在还没有失去意义，因为其中所包含的宝藏还没有被用尽。所以我们现在很需要确定，从这个遗产中我们应该批判地吸取和创造性地发展什么。同时我们感到十分骄傲，因为苏联、各人民民主国家和西欧国家

[①] 三百周年纪念。——译者注

的科学家都在从事研究我国这位革新者的创作。阿·阿·克拉斯诺夫斯基、罗别尔特·阿尔特、洛尔德基帕尼德捷、奥斯帖尔赫尤兹、法斯科阿、土尔恩布尔、格烈勃等人的著作，以及伊·阿·凯洛夫、恩·克·冈察洛夫、耶·恩·米丁斯基的著作对夸美纽斯创作和事业的评价，我们都很熟悉。

不久以前，国家教育出版社大量地发行了阿马台阿·莫尔纳尔著的《夸美纽斯以前捷克兄弟会的教育》一书。现在我们就有可能从原始材料中知道从进步的胡斯传统开始，并在捷克兄弟公社时得到进一步发展的我国学校和我国教育思想的历史。我们现在能够很清楚地看到，夸美纽斯的伟大教育事业是怎样从这些根基上成长起来的。将来我们应该更进一步地研究胡斯运动的文件，那个时候在欧洲为了反对天主教君主专制和封建主义的残酷制度而第一次采用了初级教育的民主制度。我们还必须继续研究天主教统治时期的教育，这个时期的教育、教养和教学是特别衰落的。大家都知道，这个时期的教育学是为封建的赫布斯堡（今译为哈布斯堡——编者注）君主政体以及跟它有联系的罗马僧侣阶级和新兴小资产阶级服务的，它是奴役我国人民的工具。在这一时期的说明我国教师爱国活动的光荣历史和他们在民族复兴的发展中的作用的文献也有很大的意义。

应当特别注意研究资本主义时代捷克斯洛伐克的学校和教育学的发展，这种研究能帮助我们搞清楚不久之前的历史过程和事件。研究原始材料，弄清在劳动人民为新生活而斗争的时期的民族教育传统是非常重要的工作。

在这方面我们做得很少，由于社会生活的巨大变化、组织和思想方面改革的要求以及所需要适当的准备工作，在经过了相当长时期的间断后我们现在才开始进行教育史方面的研究。在伊·万尼教授的领导下所出版的集体著作《教育史》是建立普通教育史课程的第一个尝试。在这本著作中，捷克教育学的几个问题得到了反映。当然不能就此满足，我们的任务是全面地深入地研究捷克和斯洛伐克的教育学。出版历史著作将是完成这个任务的一个很好的准备。教育学研究所已会同高等师范学校的教师们着手进行这个工作。我结束这部分的发言时，想再一次强调一下研究教育史的重要性，因为它比别门科学的历史含有更多的、至今尚未失去价值的、丰富的思想和经验。教育学是利用过去伟大的遗产和所有现代文化的因素来研究教育理论的。

教育理论中最重要的问题是关于教育的目的和任务的问题，它们决定教育理论和实践的内容、体系和总的方向，并且是由我们社会制度发展的需要产生的。当然，也有一些任务是以人的个性要求、需要和特性为基础的，没有这些就不可能把社会利益和个人利益正确地结合起来。

教育的目的，以及在智育、德育、美育、体育和综合技术教育方面的一般和个别的任务，在我们教育科学的统一系统中结合起来了。与此相应地，关于教育、教养和教学科学的主要部分就组成了智育、德育、美育、体育和综合技术教育的理论。

作为教育学对象的教育，实质上是以教育、教养和教学的一定的标准为依据的。教育学这门科学是要研究和探讨根据马克思列宁主义关于社会及其发展规律的学说所确定的教育标准的，培养我们青年应具有的道德标准也是以这个学说为基础的。人与人的社会主义的道德关系、社会主义的爱国主义、社会主义的劳动态度、集体主义、无产阶级的国际主义，新社会人们的所有这些高贵的道德品质都应该在教育过程中在新生一代的身上培养起来。这些思想也是我们教育理论的出发点。

学校教育，课外和校外教育机关的教育，儿童集体、少年先锋队组织和青年团的教育，所有这些都是完成道德教育任务的手段。在这个工作中家长委员会起着很大的作用，我们力求通过它来达到家庭和学校教育的有目的的配合。虽然它在整个学校教育体系中起着很大的作用，但是我们教育学的理论对这个教育手段却研究得还很不够。特别需要确定的是学前教育方面的家庭和公共教育机关的关系。这方面我们还有许多没有得到解决的理论问题和实际问题。

道德教育理论的任务不仅在于确定教育的标准和手段，而且在于研究它们实现的程度，也就是确定教育过程的结果。学校绝不是一个孤立的环境，因为无论整个社会还是家庭，在青年教育问题上都同时起着各种作用。教育论的很重要的任务就是既要对作用于集体的各种影响做深刻的分析，也要对依据某一个人的特点、特性和特质而对施加的各种影响做深刻的分析。教育、教养和教学的分析方法，也就是教育现象本身的分析方法是与自然科学的分析方法不同的。教育分析不能满足于静态的现象，因为它的对象是处在不断运动和变化中的现象。此外，这些现象应该既要从它们的正面来看，又要从它们的反面来看。因此苏维埃教育学坚决地否定了不考虑发展规律的静止的研究方法。根据对教育心理学和发展心理学所确定的儿童、学生和青年的智力和体力发展规律的认识，教育学确定了自己的研究方法，其中的一个就是观察法。例如教育科学研究所的某些工作人员观察儿童如何在学习社会科学时掌握道德标准，在教学过程和课外校外教育中他们所表现的行为有哪几类，由此还研究了少年先锋队组织的工作并广泛地探讨了学校青年的纪律和行为。

如果我们来科学地研究道德教育的方法和结果的情况，研究智育、美育、体育和综合技术教育对学生道德性格形成的影响，那么道德教育论就会成为能改造现实的理论。因此研究学校实际和优秀教师的经验是教育科学发展的主要条件之一。在这方面我们做得很少，我们甚至还没有制定研究和总结先进经验的方法。

在教育论方面我们还没有取得能整体地指导道德教育实践的成就。而把注意力主要集中在纪律教育和道德教育中失败的事件上。但是，虽然有这些缺点，教育和学校机关、教师的工作以及整个教育科学，在新社会的建设事业中仍旧是很强的力量。

目前综合技术教育具有特别迫切的需求。但是应该承认，在这方面的研究仅仅走了第一步，因为大多数问题还没有得到解决，这里还有重大的工作需要去做。

体育和学校卫生极为重要。不能不指出我们国家的各类学校（其中也包括高等学校）在这方面所做的大量工作。人民保健预防治疗机关和校医的工作，儿童和青年的经常性的健康检查，群众性的保健体育工作，这一切都是体育发展的非常良好而可贵的一面。但是在这方面还有许多工作没有做。

在教育学中占重要地位的是研究教学规律、确定教学内容以及说明智育的最有效的组织形式和方法的教学论。应该指出，教学论永远是教育学中我们最重视的一个部分。对教学论的重视，归根到底是因为它在我们人民民主社会发展上、在科学和各种艺术的发展上有很大的意义。

随着科学的发展，特别是随着科学的划分，在某种意义上反映社会现代经济和文化情况的教学基本课程大大地扩充和专门化了。这个过程开始于资本主义产生的时期，并在资本主义的发展时期中继续了下去。早在夸美纽斯的著作《语学入门》中，在他的全面教育思想中，我们就看到从片面地经院主义地研究拉丁语到真正的研究的转变。许多高等学校、科学研究所、科学协会和科学院的近代科学划分不可能不影响我们普通学校中进行教育的结构和内容，显然也影响了教学论。一般教学论和各科教学法的任务是由科学和艺术的现状来确定的。我在这里不预备详细地分析教学论的问题，只谈一谈教学论中的一个最重要的问题，以及在苏维埃教育科学的影响下发展起来的教学论思想的进展，同时使大家注意在我国学校中、在苏联和各人民民主国家的学校中实现教学原则的问题。

39年前，十月革命在人民群众的教育和教养方面，在教学的理论和实践方面开辟了一个新的纪元。对我们来说这个新纪元在1948年才开始，当捷克斯洛伐克人民走上马克思列宁主义所指出的道路以后，就采取了伟大邻邦——苏联的经验，建立了统一的、非宗教的、普及的和真正的人民学校。作为我国社会主义制度产物的统一的学校使得教育民主化了，使整个新生一代都有获得全面的和平等的教育的可能，这一点在以前的历史时期对人民群众来说只能是一种梦想。这种学校的建立使得我国的整个国民教育组织发生了根本的变化。这个变化给我们提出了一系列新的理论性的和实际的问题。这里首先应当指出必须考虑儿童和青年的年龄特征和个别特征的问题，否则根本不可能培养出新社会的全面发展的积极的建设者。

在我国发展的现阶段，并不是所有学生都能达到普及教育的最终目的。劳动后备部为青年设立了训练他们从事实际工作的专科职业学校。因此，在教育学面前，同样也在教学理论面前，出现了对未来的工农业工人、建筑者、矿工等进行教学和教育的许多新问题。为今后普及教育的发展，研究对一定职业的个人兴趣、寄宿学校的教育、职业教育的方法以及其他一些问题都要求教育科学特别专门化。特别要在高等和中等师范学校设立研究这些新的、复杂的问题的教育学的专门部门。同时必须考虑研究职业学校中教学和教育的特殊理论以及各种专业的函授教学的教学法。

我们还必须解决一个庞大而复杂的组织问题，即十一年制普通学校毕业生的未来职业的问题。大家都知道，为了解决这个问题，在捷克斯洛伐克科学院的教育科学部门和教育科学研究所下，设立了中央教育委员会和专家委员会。它们的任务是制订新的教学计划，并准备在本学年试行。

在委员会制订新的教学计划的工作过程中，曾经研究了有关十一年制普通中学毕业生升入各种高等学校、大学和专门技术学校以及毕业生立刻参加到生产中去的各种问题。大家认为，我们的十一年制普通中学在高年级教学分科方面的某些变化能够满足现实的要求。

另外一个很大的问题是教学方法和教学内容的问题。第二次世界大战以后，苏维埃教育科学对于教学论问题进行了一系列的讨论。这些讨论促使人民民主国家的教育学专家对教育理论和自己的实际工作进行了仔细检查。其中首先是对于教学原则的讨论，它的目的是要克服学校中的传统的形式主义，在研究教学理论问题和编制各个学科的教科书时，运用科学的辩证唯物主义和历史唯物主义的原则，并且在知识的直观性、系统性、自觉性和巩固性的原则基础上促进教学过程的改革。另外对于在教育学中运用巴甫洛夫高级神经活动的学说以及教育学教科书结构的原则的讨论，对于语言、文学、历史、自然教学法中各种问题的讨论，以及对于综合技术教育问题的讨论，所有这些由教育科学院所举办的并已刊登出来的讨论对我们来说都是很好的经验。

同时，我们的学校因为存在着严重的缺点而受到了公正的批评。批评中也指出了本族语和算术这两门学科的教科书的缺点。我们党中央委员会研究了教学的情况和成绩，指出了现存的缺点，不止一次地提到教育学理论对学校在进行教导工作方面很少能有所帮助，再三地提出了关于学生负担过重的问题。我想，这些问题一定会引起整个教育界的关心，并且所有在座的教育工作者一定多次考虑过并正在考虑着这些可以被称为传统性的现象。学校过去在教材方面也曾受到谴责，因为课程的教材过重。

我想，在这里把对社会主义学校所提出来的伟大的目的再提一提是很有必要的，即使新生一代受到全面的教育以及带有综合技术倾向的合理的普及教育。苏维埃教学论专家正在考虑对全体，或者至少是对大多数学生来说都很合适的一种学校、方法和教学的范围。

使每个学生都能进入教育的所有阶段这个理想，并不是违反自然规律的教育学或教学论上的假设。大家知道，对于学习些什么这个问题，夸美纽斯已经作出了回答：要学习"一切，但要根据他是什么样的人，根据他的才能和兴趣"。这就是他的全部教学论的主要思想。我们的学校、我们的教育和教养在个别对待学生的要求上反映了这个原则。

但是阻碍我们达到伟大目的的主要是"万事通"。这种"万事通"不但使我们的学校遇到了许多困难，而且我认为也使别的国家的学校遇到了许多困难。赫拉克利特以及在他之后的所有古代思想家、教育家都指出，"万事通"并不等于有学问。夸美纽斯和别的教育革新者也有同样的看法。苏维埃教学论也指责了"万事通"。克服"万事通"，把适合学生年龄的整个教学内容整理成统一的系统，这是现阶段最主要的任务。夸美纽斯在自己的学前和学龄儿童的泛智教育中，在《世界图解》中给出了应如何消除这个巨大的障碍的范例。

还可以指出现代教学组织上一个很重要的特点，这个特点跟"万事通"和它不符合于学生的年龄这一特征有紧密的联系。它表现为某些重点不落在认识、掌握抽象的概念上，而主要落在情感、意志、积极性和性格教育范围内的极端智力化上。智力化在德育、美育和体育，以及音乐、造型艺术和语言的教学上有一定的地位。当然，这里也必须传授一定的知识，缺乏一定限度的情感就会给教育和教学工作带来很大的害处。

也不能不看到，学生在教材方面的负担过重和教导过程的过分智力化是跟学校中口头教学占优势有关的。物质世界是任何知识的来源，我们不让学生直接研究它，而一定要他们背熟一些他们往往不明白的字句、规则、原则和定义，因此他们就是形式地掌握知识并且掌握得很不牢固。在那个学习拉丁语在教养上具有决定性意义的时代，伟大的学校创始者夸美纽斯在自己的《大教学论》中就提出了要求研究事物先于文字的原则。在研究自然科学时，为了使教学尽可能地建立在研究真实的事物、现象和过程的基础上，这个原则应成为主要的。但很可惜，这个原则没有被我们采用。这样，由于教材过多，教学时数不够，希望学生务必掌握所有材料，以及由于这个愿望而产生的我们学校中的急躁情绪，使得早就被夸美纽斯批判过的并且是一个很大缺点的教学口头化发展了起来。

上述的这一切可以使我们得出结论，教育学理论不能解决自己最迫切的问题，不能解释教学过程的最困难的方面，不能正确地确定现代中小学教学大纲和教科书的内容和范围，因而也不能消除妨碍学校顺利地完成对它所提出的任务的障碍。

学生负担过重的问题和许多由此而产生的我们学校制度中的缺点，其中包括对主要的教学原则的破坏，成为推动我们教育科学直接到学校去系统地研究教学情况的力量。教育学研究所组织了研究委员会，它的任务是要调查学生在利用某些教科书进行学习时的学习成绩。在研究之前，先从授课的范围、语义学和关于问题的陈述的角度来对教科书进行分析。对学生学习成绩的预先分析表明，许多学生没有掌握捷克文书写规则，没有掌握算术、历史、地理方面牢固而深刻的知识以及技能技巧。因此就产生了选择主要教材的问题，所谓主要教材就是理解和牢固地掌握科学系统所必需的并对实际工作具有重要意义的基本知识材料。

选择主要教材的问题以及关于基本知识的理论性原则，应当符合学生在中小学的各个阶段上的年龄特征。这个问题主要是在小学的捷克语言和算术教科书中研究的，为的是给更广泛的教学理论研究打下基础。这一研究说明，学校中成绩不良现象的原因可能是分配教材特别是分配抽象材料时没有考虑到它们对学生的适用性。我深信，国民学校的学生在教师的领导下能够很容易地掌握语言规律，用普通的自然联想法毫无困难地记住语法上的术语，正如他们认识别的事物是用观察法来进行的那样。这种熟悉语言概念、正确书写、分析语源和句法等最初步的技巧，是后一阶段教学中对语言现象作用的概括理解的预先准备。我认为，在学校第一个阶段中，在语言教学方面教学过程过分语言学化了。正如算术教学过分理论化，历史教学过分经济学化，自然教学过分生物学化一样，最后获得了抽象的性质。

后来的研究指出，学生不及格都是由教科书方面的不正确造成的。确实，教学大纲和教科书中的内容太多了。例如在国民学校里的学生（三至五年级）在捷克语方面应该学会约800页的教材，九年级在古代史、中世纪史和捷克历史方面应当学习约500页。毫无疑问，教材的范围对学习成绩有很大的影响，但绝不是决定性的。许多长期研究成绩不良现象原因的苏联教育家也得出了这样的结论。

例如在恩·克·冈察洛夫教授主编的《学校提高学生学习成绩的方法》文集中，在姆·阿·达尼洛夫和阿·姆·格耳芒特的序中指出了由于教师的过错而造成学生成绩不良现象的一系列情况。例如教师对几个落后的学生没有加以注意；或者没有及时地发现他们没有掌握基本知识，他们领会得很慢，他们没有养成必要的技巧，等等。也就是说教师忘了应该个别对待学生，于是在班上出现了学习成绩不良的可能留级的学生。此序的作者认为，学习成绩不良的其他原因是不合理地组织教学，对学习材料中主要的和本质的部分不够重视，进行了过多的复习及妨碍讲解和巩固新知识的过多的提问。也有这样的情况，在课堂上不是所有的学生都积极地参加课堂上的工作。在语文课上主要是教师自己讲，而学生说得很少，教师留给他们很难的、没有经过深思熟虑的、学生不能完成的家庭作业。我们在苏联教师的帮助下弄清了这个问题以后，就从研究学习材料的范围和性质的问题转向综合性地分析整体原因及学校生活的全部情况。为了充分地了解教科书、它的范围和讲解教材的方法是否适合学生的年龄，或者学习成绩不良的原因是否在于教材讲解的抽象性，我们试用综合调查的方法把假设的原因尽可能地跟同时在教学过程中起着作用的各种因素联系起来，这些因素就是：学生的健康情况，他们的出席率，学校跟家长之间的密切联系，儿童的一般学习成绩，他们的个别心理特点，班集体的行为，教学过程组织的特点，等等。

可以相信，综合调查有可能使研究更深入教学方法的本质，并找出成绩不良、学生负担过重和形式主义的原因，同时给各学科确定出基本的主要的教材。

我们在教学理论方面的科学研究工作主要在科学教学法杂志上刊登，例如文学、历史、捷克语文教学以及关于综合技术教育的新的杂志。在这些刊物上面发表过的材料，例如关于科学的成就和关于历史、自然方面的一些出色的研究材料等，证明了这些杂志极愿在工作上帮助教师们。但是有一个问题不能不引起我们的注意：这些杂志所从事的这种关于教学问题的工作是不是自发的呢？杂志的工作并没有清楚的远景和学校中各科教学问题的完整的系统。必须在有关学校的问题上步调一致，这种必要性在不久之前讨论教学计划、教学大纲和教科书的时候表现得特别明显。这次讨论发现，科学工作者和教师的合作带来了很大的好处，虽然在普通中学中的教学内容和教学方法问题上还存在着分歧。这个缺点应该纠正，那时我们杂志的工作将具有组织性、更能起作用。

现在请允许我简短地讲一讲我们工作的一般情况和它今后发展的前途，也就是谈一下我们喜欢提及的科学教育运动。我们正在建立两个教育科学研究室，一个将设在布拉格，另一个设在布拉提斯拉瓦（现一般译为布拉迪斯拉发——编者注）。这些研究室的中央机关刊物是《教育学》和《统一的学校》。布拉格教育科学研究室的任务是研究普通学校的基本教材，为高等学校编写教育学和教育史的教科书。《教育学》杂志关注的问题和研究工作任务都要求科学院、高等学校和教育研究所中的科学教育工作步调一致并集中化。所以文化教育部部长关于必须建立中央委员会的指示（这个委员会非常可能成为常设的执行机关），我认为是正确而及时的。

国民学校的问题是由专门的、具有优秀传统的《夸美纽斯》杂志来负责，幼儿园的问题是由《学前教育》杂志来负责，高等教育问题刊载在《高等学校》杂志上。为了各级师范学校的需要，在亚罗米尔·科彼茨基讲师的领导下，集体创作了《师范学校教育学》这本参考书，而在巴尔土什科娃的领导下集体写成了《学前儿童教育学》。同样地，由教育研究所出版的体育的参考书总结了在教育学研究所的工作人员科兹立克博士的领导下的这方面所取得的成绩。

在教育心理学和发展心理学方面也有值得注意的著作。例如瓦茨拉夫·朴尔西哥达大学的教授卡尔洛夫的著作《教育心理学》，这本著作使我们认识了有关在教育论方面运用巴甫洛夫学说的问题。在初步教学方面教育学研究所出版了有关书写教学问题的珍贵的研究著作，书名是《初步读写教学心理问题》。这部著作是在伊拉涅克博士的领导下完成的。

教育学研究所从事研究教育心理学和发展心理学的部门正在密切结合着国民学校的教学实际，进行数学方面和语法方面的研究。

国立和区的教师进修学院在提高我们教育人员的科学水平方面提供了很大的帮助。此外还有能形成一种特殊教育竞赛的所谓的"教育经验交流会"。第一次"教育经验交流会"和它对教师界的影响显示了它的巨大意义，同时也证明了我们学校的问题是多么广泛，我们教师对于教育学、教学法和心理学的理论问题的兴趣是多么浓厚。

我们教育学今后的发展是这样的：在教育史上我们可以找到许多作品，这些作品或多或少地综合地囊括了教育学和教学论问题的整个范围以及关于这些问题的解决途径。历史上《教学论》《普通教育学》《普通教育和教学》通常是由一个作者编写的。而在我们这个时代，由单一作者提出教育、教养和教学理论的现象已成过去，在教育学方面各种专家的集体创作代替了它。作为专门化科学的教育科学，根据教育学上的不同的问题建立了各种思想的完整体系。别的科学，其中包括医学，也是通过这个方法发展起来的。医药科学凭着自己的自然科学性质，为自然科学的发展做出了巨大的贡献，而这些自然科学又加速了医药科学的专门化过程，并使他们在保健和治疗方面具有获得成就的极大的可能性。抛弃了包罗万象的经验主义的体系，在医学的各方面开始寻找能够确定规律和根据这些规律进行治疗的方法途径。卫生和疾病预防的结合代替了过去在普通医学上一般采用的方法。

在教育科学面前也展现了同样的前景。它是一门社会科学，但跟自然科学也有密切的联系。教育科学的专门化，如苏联学者所理解的那种雏形，是我们这门科学未来发展的特征。它运用着心理学、生理学、卫生学和保健学的成就和方法，以及作为普通教育和教学的基本课程的科学和艺术成就，这样一定会创造出教育科学的新的体系。在根据不同的专门部门而逐渐建立起来的教育、教养和教学的理论方面产生了带有研究性质的巨大的任务，这个任务是要发现儿童和少年在教育过程中发展的规律，只有认识了这些规律，教师、家庭和社会才能实现教育学的标准并在教育方面对症下药。有关新生一代健康的规律，身心发展、掌握知识、道德和审美能力发展的规律，也就是全面发展的规律，具有诊断手段的意义，教师只有依靠它们才能达到由新的教育科学所确定的标准。

这就是我们教育科学的主要问题和给它提出的任务。可以肯定地说，在我们社会主义的社会团体、党和政府的支持与帮助下，依靠理论工作者和实际工作者的共同努力，这些问题的解决和任务的完成是一定能顺利地进行的。

杨·阿姆司·夸美纽斯是关于学前教育的伟大的捷克教育家和思想家[*]

按照世界和平理事会的决定，1957年要纪念天才的捷克教育家、爱国者和哲学家杨·阿姆司·夸美纽斯的阿姆斯特丹教育论文全集出版300周年。纪念夸美纽斯的活动不仅在他的祖国——捷克斯洛伐克人民共和国进行，而且在苏联、人民民主国家和全世界进步人士中进行。

夸美纽斯是作为先进教育学的奠基人、思想家和世界和平的拥护者而被列入人类社会的历史的。夸美纽斯的名声超越了他自己的祖国，英国、瑞典、匈牙利和荷兰的先进人士都知道他，并且曾邀请他去工作。

夸美纽斯的科学活动是既深刻又广泛的。他的工作不仅涉及教育学，并且涉及语言学、哲学、自然科学及天文学。他最先绘制了摩拉维亚的地图，并对物理学产生极大的兴趣。

夸美纽斯的创作遗产是十分丰富的，他的作品有250多篇。其中许多作品，按其意义来说，超越了自己的时代，直到现在还具有价值，并以许多民族的文字出版了。

对于我们教育工作者来说，夸美纽斯的教育著作《大教学论》《母

---

[*] 译自《学前教育》1957年第1期，原载《教育译报》1957年第5期，原文作者不详。

育学校》《世界图解》特别重要。

夸美纽斯的伟大功绩在于他最先研究了儿童最早时期①和学前期的教育学。他的有关幼儿家庭教育的作品是直到现在还没有失去意义的经典著作。

夸美纽斯的生活道路是非常艰苦的。他在1592年生于摩拉维亚的尼符尼茨城，生于一个属于民主激进派"捷克兄弟会"的家庭。这部分捷克人激起了当时奴役捷克的天主教会和德国封建主方面的愤怒而遭到追踪和迫害。

17世纪，在封建主义内部建立起新的资本主义的基础时，欧洲人民的生活经历了暴风雨般的历史事件。发生于捷克的，具体表现为捷克人民反对德国封建主和天主教的斗争的三十年战争爆发了，英国的资产阶级革命爆发了，俄国人民反对波兰封建侵略的斗争、乌克兰和白俄罗斯人民为自己的民族独立而进行的斗争展开了。

反动势力在捷克得势，捷克在政治上丧失了独立，这就迫使夸美纽斯跟一部分捷克人逃亡，在国外过着流亡的生活。虽然这样，他仍旧忠于自己民族的被压迫的人民，跟民族中的进步人士共同生活着和行动着。

夸美纽斯很早就成了孤儿，极晚才开始读书，但早在拉丁语中学的时候他就显出了特殊的才能和工作能力。他毕业于赫波恩大学（又译为赫尔伯恩大学——编者注）的神学系，在海德堡大学听讲过，曾在西欧各国旅行。在捷克他做过自己曾在那里学习过的普列罗夫中学的校长，之后他受兄弟会的委派做了牧师，接着又做了"捷克兄弟会"教派的主教。

夸美纽斯的工作被三十年战争打断了。捷克被德国皇帝征服，并被

———————————

① 即先学前期。——译者注

雇佣军队抢劫一空。胜利者用十分残酷的方法传播了天主教，并迫害新教徒。夸美纽斯只得跟3万个新教徒家庭一起隐蔽起来，最后逃离捷克国境，到了波兰的黎撒城，在之后的40多年一直漂泊在西欧各国。

波兰狂热分子烧毁黎撒城的大火，烧毁了夸美纽斯的珍贵原稿。

夸美纽斯的晚年是在阿姆斯特丹度过的，最后在那里逝世。

作为教育家和社会活动家的夸美纽斯，不顾穷困和丧失亲人，坚定地进行了科学工作和实际工作。

夸美纽斯的世界观和他的教育观点的发展受到"捷克兄弟会"教派的思想及其民主主义、宗教色彩和教育实践的影响。夸美纽斯经常渴望代表居民中的民主阶层说话，并为本国人民的利益服务。在夸美纽斯的世界观中渗透着矛盾的观点。在他的世界观中，表现为承认客观世界、渴望认识自然界的"谜"并促使它为人类的利益服务的某些唯物主义因素，是跟宗教思想相互交织着的。夸美纽斯受到了当时科学的唯物主义倾向的影响，他站在感觉论的立场上。他认为在人的意识中不可能有任何以前没有感觉到的东西，他力求在自己的论点上从事实出发，依靠经验，号召研究事物和现象。从文艺复兴时代的思想中夸美纽斯获得了朝气蓬勃的情绪和人道主义精神。

夸美纽斯的主要活动是在新的民主的基础上改革中世纪的教育和教学。他号召要使知识普及于一切人——他的人民乃至全人类。夸美纽斯是普及教育的拥护者，他宣传了涵盖全人类、各阶层的教育和教养的思想。初等学校应该是本族语的学校。夸美纽斯的这个要求具有深刻的政治教育的意义，旨在反对捷克人民的文化屈从于德国侵略者。另一方面，用本族语进行教学的初等教育能够使初等教育普及于全体人民，而中世纪拉丁语学校却造成广大劳动人民受教育的困难。夸美纽斯很高地评价了教育的社会意义。他在《大教学论》里说，教育应普及于一切人，"直到手工业者、农民、脚夫和妇女"。普及教育和教学应在学校里进行。在这里所有的儿童（包括富人的和穷人的，男孩和女孩）都要学习，为参加实际生活做好准备。只有儿童的才能，而不是阶层和财产的特权，能影响到个人能否完成学校各个阶段的学习。

夸美纽斯认为，借助于教育来改造现存的制度是可能的，关于这个制度他在自己的作品中曾尖锐地批评过。例如在《世界迷宫和心的天堂》一书中，夸美纽斯嘲讽了当时的等级和阶级社会制度、生产和社会关系、家庭生活、主要职业、国家和寺院的机关、法庭、科学家和哲学家的活动，但是他不能看到这些社会祸害的真正原因。夸美纽斯梦想创造一种理想的社会秩序，并确保全国人民的和平。

夸美纽斯研究了学校系统，学校的各个环节之间都是互相联系着的。为6～12岁的儿童设立小学，这是一种设立在每个村落的"本族语"学校；中学（12～18岁的少年拉丁语学校或中学）设在每个城市里；"学院或大学"设在每个国家里。

在上这些学校之前还有"母育学校"，也就是在家庭里的学前教育，这里的主要教师是母亲。夸美纽斯认为这个阶段有极大的意义，他指出，"母育学校"是新生一代整个教育体系的必要部分。如果儿童在入学前没有受过很好的家庭教育，那他们以后的教育和教养就会有损失。

夸美纽斯在自己的著作里再三地强调了儿童最早时期的教育对于他们的发展的意义。例如他在《论天赋才能的培养》一文中说，天赋的顺利发展在儿童的最早时期就有了最初的基础。在《大教学论》中我们读到，因为自然计算着时间，所以所有一切都要按照年龄阶段来安排，因此教育也应及早地在所谓的"一生的春天"开始，因为在这个时期容易奏效。

夸美纽斯关于学前教育的观点没有在《母育学校》一书中加以系统地阐述。这是关于学前儿童家庭教育的简篇。本书开头阐述了一般的教育原理，然后，这些教育原理在比较局部性的问题上具体化了，逐步地引导读者由儿童的最早时期读到学龄时期。

《母育学校》一书是家庭（家长、教养员和保姆）的指南。按照夸美纽斯的意见，这本书是对于当代幼儿教育的思想和观点的某种总结。这个指南对夸美纽斯以前的以及跟他同时代的教育家——人道主义者的新思想做了系统的和创造性的加工。

在《母育学校》中可以看到，夸美纽斯是一个发展新的原则的、对儿童和他们在整个生活中的使命有了不同于中世纪教育学的新理解的思想家。按照中世纪的说法，儿童一生下来就有罪，必须用残酷惩罚的方法来赎罪，必须残暴地鞭笞肉体来解救灵魂。根据这点学校采用了十分严酷的教育方法。

与此相反，夸美纽斯跟人道主义者一样，宣布了尊重儿童的原则。他在儿童身上发掘了创造性的力量，比从前更深刻地认识到了他们的纯洁无瑕，因此认为重要的是发展儿童的良好素质。

但是，在热爱儿童和尊重童年的权利的同时，家长和国家应当时刻记着儿童是社会未来的成员。重要的是年长一代要把自己的经验和知识传授给他们，使他们成为积极的、工作能力强的社会成员。

在这方面极为有趣的是《母育学校》的第一章，它的题目是"儿童是上帝最珍贵的恩赐，是不能跟任何事物相比拟的宝物，因此必须给以极大的关怀"。在这里夸美纽斯号召要热爱和尊重儿童，他指出，儿童是未来的杰出的文化和社会活动家、科学家、哲学家、教授、行政人员，因此应该关心他们的教育。同时"对于家长来说，儿童较金银珠宝更可爱、更可贵"，"儿童对于我们来说是谦虚、可亲、善良、亲睦以及其他美德的镜子"[①]。

儿童是发展着的人。他的发展是按照自然界统一的规律进行的。夸

---

① 夸美纽斯：《母育学校》，37、40页，教育出版社，1947。

美纽斯是宗教信徒，他认为，儿童的才能是上帝的恩赐，人只能使它日趋完善，使它适合于自己的需要。儿童的才能是天生的，但是它们的发展都是由教育来决定的，在家庭里是家长的责任，在学校里是教师的责任。"不可设想，无须辛勤的劳动，少年本人就能教育成人。"①

夸美纽斯号召家长要考虑到儿童尚未发展成熟的体力和精力以及儿童的年龄特征。应该考虑到，有些孩子发展得快些，有些发展得慢些，应该合理地对待这个问题。

按照夸美纽斯的意见，母育学校既要完成教育任务，又要完成教养任务，即道德和良好行为、语言和艺术上的教导。作为宗教信徒的夸美纽斯在这里还加上了在信仰上的教导。

夸美纽斯在肯定家长应该领导儿童、为了未来富有成效的活动而教育儿童的同时，劝告家长要对儿童提出合理的要求。一方面，他警告父亲和母亲要避免提出过分的要求，不能过度严厉；另一方面，他又批评了成人对儿童的纵容和溺爱，对儿童的力量估计过低。

在《母育学校》中讲到的教育和教学的内容是逐步加深的。夸美纽斯把儿童划分如下几组：1～2岁、3～4岁、5～6岁。从这里可以得出结论，夸美纽斯并没有把儿童的最早时期和学前期混为一谈。他看到了儿童逐步发展的过程，并在自己的书中确定了使儿童眼界和行为逐步成长、扩大和复杂化的过程。

夸美纽斯的母育学校的教育体系包括了儿童体力、道德和智力的发展，以及劳动技巧和儿童积极性的形成。夸美纽斯给予幼儿教育以重要意义这一点使他的著作《母育学校》被列入当时新的教育学作品中。应该指出，夸美纽斯对幼儿体育的注意比洛克在这方面的主要著作《教育漫话》的出版要早几十年。

---

① 夸美纽斯：《母育学校》，43页，教育出版社，1947。

虽然夸美纽斯在自己的宗教观点的基础上认为灵魂是人的主要部分，但是他又说，家长应该首先关心儿童的健康。他在第五章里说："首先，由于教育儿童只有在他们（儿童——作者注）是活生生的和健康的情况下才有可能（须知教育患病的和虚弱的儿童是不能获得任何效果的），那么家长首先应当关心的是保护儿童的健康。"①这个责任他主要交给了母亲。

夸美纽斯提出了一系列关于如何从怀孕时就开始保护母亲和婴儿健康的有益的意见。对于初生儿和幼儿来说合理的饮食特别重要，这种饮食就是母乳，因此夸美纽斯号召所有健康的母亲都要履行这个义务，并严厉地斥责物质上有保证却娇生惯养而轻视这种责任的妇女。关于饮食的意见还涉及童年：食物应该是自然的，包括各种各样有益的、易为儿童机体吸收的菜肴——牛奶、面包、奶油、米粥、蔬菜、水果和软嫩肉类。刺激性强的菜肴和饮料对儿童是有害的。

需要特别细心地注意儿童的健康。应当保护儿童，避免能损伤幼儿脆弱身体的不良影响、跌落和伤害；应当注意让儿童穿着合适的服装。

夸美纽斯注意到了儿童动作的发展，他指出儿童学会走路和跑步以后要巩固这些动作，给他们小椅子、小车子和小马车。

在整个学前期应给予儿童活动、练习、游戏和跑步等发展其身心的机会。为此，应当指定方便的地方并把在活动中进行练习的方法教给他们。夸美纽斯把动作的发展跟儿童正常的体力和脑力的发展联系起来。

我们在夸美纽斯那里可以找到关于儿童生活遵守生活制度的要求。他说："遵守有秩序的生活方式也是十分有益的。那就是每天应让儿童睡眠几次……吃几次东西和游戏几次，因为这对健康十分有益，并且是

---

① 夸美纽斯：《母育学校》，51页，教育出版社，1947。

将来生活有条理的基础。"①

夸美纽斯认为儿童应当生活得朝气蓬勃，富有乐观的情绪，他说："快乐的情绪是健康的一半。"②

夸美纽斯关于正确发展体力的必要性的观点是十分进步的，特别是在考虑到当时儿童体育的恶劣实践的时候。

在《母育学校》的第四章和以后几章里，夸美纽斯确定了儿童教育工作的一般内容及其具体化的道路。

初看起来，这个教育大纲好像很复杂，而且整本书中都充满了宗教的精神。但是仔细研究以后，我们就会在这里面发现教育工作的两个主要任务：体育和智育——儿童在他们生活的第一个六年中的知识和技能。"任何人，如果他想生活得对上帝和人类有益，就应该在宗教信仰、善良的道德和有益的科学方面受过教育……家长应在儿童的第一个年龄阶段就打好这三个条件的基础。"③

虽然德育的任务具有宗教的外形，并跟宗教信仰的教育联系着，但是其中有许多重要的、宝贵的而在当时来说是新的东西。夸美纽斯提出了自己对于培养儿童道德品质的要求。这些要求中的头两项跟体育有关：节制饮食，注意衣着和身体的整洁。其余的要求涉及儿童对待别人和自己的关系。夸美纽斯要求培养儿童这些品质：恭敬，对长者的言语、见解和行动的尊敬，亲切，言语诚实，行动公正老实，大方，慎重，待人可亲。这些品质从我们的观点来看也是十分重要而有益的。

至于对待自己，应该发展下列这些品质：劳动的习惯，必要时善于缄默、忍耐或自我克制，善于抑制自己的欲望，"使他们（儿童——作

① 夸美纽斯：《母育学校》，60页，教育出版社，1947。
② 夸美纽斯：《母育学校》，60页，教育出版社，1947。
③ 夸美纽斯：《母育学校》，46页，教育出版社，1947。

者注）不要认为，只要他们一吩咐一切都会在他们面前"[1]，并善于抑制自尊心。夸美纽斯还指出了道德教育的途径。其中最主要的是榜样、示范、及时的训导和练习、适当的纪律。

应该经常给儿童做出良好的榜样。夸美纽斯说得对，采取这种方式依靠着儿童的模仿能力。在家庭中家长需要做出良好的榜样，要十分谨慎，使儿童看不到和模仿不到不良的行为和言语。

如果榜样起的作用不大，或者儿童还不会模仿好的榜样，就需要采用适当的训导。解释和训导应该是简短而严肃的。

夸美纽斯认为在需要使儿童对榜样和解释更加注意的情况下，可以采用惩罚。惩罚的方式有适当地提高声调、训诫和极端的方法——鞭打。

夸美纽斯赞成培养儿童自觉的纪律性，而反对家长对儿童的那种被他称为"猿猴般的或者驴子般的"溺爱。"这些家长闭着眼睛，容许儿童在没有任何纪律和惩罚的情况下长大。在这种情况下，儿童就会做出不良行为，跑来跑去，狂叫，呐喊，无缘无故地啼哭，粗暴地回答年长者，愤怒，吐舌头，任性……所有这些，家长都能忍耐和原谅。他们说'孩子！''不要刺激他，他还不懂得这些'"[2]

对家长的这些谴责是公正和合理的。夸美纽斯讥笑类似这样的家长，劝告他们要使儿童懂得什么是好的，什么是坏的，使儿童在他的能力范围内成为一个自觉的人。

夸美纽斯培养儿童道德品质的方法是十分合理的，是经过再三考虑的，直到现在这些方法还被采用着（当然除了鞭打）。可贵的是他提供了积极的道德教育的原则。还在家庭教育阶段，夸美纽斯就已确定了公

---

① 夸美纽斯:《母育学校》，48页，教育出版社，1947。
② 夸美纽斯:《母育学校》，77页，教育出版社，1947。

共行为的习惯，如有礼貌、遵从长者的威信、与同伴交往。

在学前儿童教育体系中，夸美纽斯对于智育极为注意。在这方面他认定，母育学校的任务主要是使儿童正确地对待事物并识别它们，也就是说，发展知觉和思维，积累关于周围环境的具体概念。这就为儿童在学校中进行系统的学习做好准备。按照夸美纽斯的意见，渴望知识是天赋的品质。这一点在童年早期，在2～3岁时就表现出来了。儿童借助于"侦察员"——外部感觉器官和理解（用理智对所感受的事物的理解）与外界接触。但是，除了这两个认识的来源，夸美纽斯唯心地承认了"神的启示"。

夸美纽斯为智力教育确定了儿童应当具有的初步的概念、技能和技巧的系统范围。他用这个扩大儿童眼界的计划奠定了学前期有组织的教学工作的开端，并指出了这个工作应当跟学校工作有所区别。

夸美纽斯的《母育学校》中的知识是用大纲的形式，按照相当于学校大纲章节的部分来叙述的。他所提出的大部分知识是具体的并且是跟儿童的生活有关的，其中许多知识具有教育的性质。知识的范围是多方面的，它包括自然界和人类生活的事物和现象，而且这些知识是逐渐复杂起来的。

夸美纽斯在确定教学大纲时，用"七艺"这个中世纪的术语来称呼它，但是它的内容是不一样的。在中世纪，教育完全忽视了自然现象。夸美纽斯恰恰把自然现象的知识放在第一位。他提出了关于物理学、光学、天文学和地理学的知识。在物理学方面，他提出应该让儿童认识一些现象，如火、空气、土地、水，学会说出雨、雪、冰，给以关于某些较普通的树木花草、动物鸟兽的知识，关于人体各部分及其功能的知识；在光学方面，儿童应当知道什么是黑暗和光明，区别比较常用的色彩；在天文学方面要分别出太阳、月亮和星星；并在地理学方面使儿童认识他们出生和居住的地方（乡村或城市、城堡或要塞），同时还应当使儿童认识什么是田野、草地、森林、河流和山岭。

但是不要根据这些名称就认为这里提出了要研究什么科学的问题。夸美纽斯建议在学前期只给儿童以具体的、经验性的知识。他想通过儿童的外部感觉器官，使这些知识成为儿童所能理解的东西，他还想教会他们辨别相同的和不同的事物，并正确地说出它们的名称。夸美纽斯揭示地理学基本知识的例子说明了他所提出的知识的初步性和使这些知识逐步复杂化的企图。

"学习地理学基本知识是在1周岁，当儿童能够认识自己的摇篮的时候……当儿童到了2岁和3岁时，儿童学习的地理学知识就是让他们认识自己所住的房间……3岁时，如果他们不仅能分辨和记住自己的房间，而且能分辨和记住正堂门、厨房、寝室，分辨和记住院子、马房、菜园、屋子等处和他们周围的东西，那么他们就扩大了自己的地理学知识。4岁时，他们在散步的时候就会认识沿着街到市场去，到邻居、舅舅、外婆和姑母家去的路。5岁和6岁时，他们应当牢固地记住并懂得什么是城市、乡村、田野、花园、森林、河流等。"[1]

夸美纽斯在把这些知识归结为科学名称并使它们系统化的时候，向家长们提出了一个正确的思想：通过这些初步的知识，他们为儿童一般的科学教育奠定了初步的基础，使儿童对系统地学习知识做好了准备。

另一类科学是年代学、历史学、经济学和政治学，它们给予儿童人文科学的知识。我们认为这些知识对于学前儿童来说是较难掌握的。

所谓初步的年代学就是最初步的时间概念：时、日、星期、月、年，以及春夏秋冬四季。初步的历史学就是要让儿童能记住昨天、今天和去年发生了什么事情。应该把过去的事情讲给儿童听，向他们提问题，有些东西儿童自己就能记住。

---

① 夸美纽斯：《母育学校》，63～64页，教育出版社，1947。

夸美纽斯把儿童天天看到的家务管理列入"经济学知识"这一术语中。在教育方面有价值的是夸美纽斯为了使儿童更好地掌握家务用品，建议根据年龄特征给儿童表现这些用品的玩具，如玩耍用的小家具、食具、家畜和小马车等。

夸美纽斯除了承认家长和教养员在儿童智力发展上的主导作用外，还指出了同伴和朋友的良好作用，他建议组织儿童有益的交往，在成人监督下游戏。

在《大教学论》里也好，在《母育学校》里也好，夸美纽斯都企图找出教学的本质，并且由此确定了这样的任务：教会儿童一切，并且要彻底，让他们能知、能行、能说。由此产生了三种活动：智力活动、言语活动和手的活动。他把在中世纪学校里传统地规定的科目——辩证法（争论和引证的艺术）、算术、几何学和音乐归为第一种活动。由于是年龄很小的儿童，辩证法只包括理解什么是问题、什么是回答，并善于直接回答问题。关于算术这里只包括在一定程度上能为学前儿童所接受的知识范围："许多""很少"的概念，数到20、60，偶数和奇数的概念，数的比较，10以内数的加法。在几何学方面要给儿童以长短、宽窄、粗细的概念。

夸美纽斯的重要原则之一是儿童学习事物和语言应同时进行。他建议利用近的、易明白的事物——儿童世界的事物，来发展儿童的智力和语言；一切都要让感官来感知，教一切事物都要通过对具体事物或者对其"代理者"的观察。儿童语言的发展是从1周岁开始的，夸美纽斯对儿童语言的发展予以极高的地位。他指出，语言是在儿童用本族语谈话的过程中形成的。夸美纽斯描述了发展语言的步骤，它包括有音节的言语和发音技巧的形成，以及在学习事物的基础上儿童词语的丰富。他要求使儿童的语言是清楚的、明白的，周围人们都能明了的语言。儿童应该在实践中掌握语言，即不是作为个别科目，而是在跟家长、教养员及同伴交往的过程中掌握的。教育儿童时经常采用的跟成人谈话、讲故事、唱有节奏的歌曲的活动，将引导他们对诗文作品的理解。在发展语言的问题上夸美纽斯是创始者，他的思想由裴斯泰洛齐向前发展了。

夸美纽斯把儿童活动的发展在自己的作品里专列了一章，列出了2～3岁儿童活动习惯的条目：跑、跳、转身、游戏、倒水、搬动东西、放置、举起、抛出、弯曲。所有这些都应允许儿童来做，有时要予以示范。4～6岁的儿童适宜做手工劳动和各种各样的建筑游戏，而6岁的儿童也可以做有体力劳动因素的活动，例如切、劈、建造、捆扎、解开。我们还看到夸美纽斯关于表现在音乐方面的艺术教育的思想。他的游戏的思想说明了他承认作为幼儿活动和教育手段的游戏的巨大作用。

以上就是在夸美纽斯的《母育学校》一书中的教育工作的多方面内容。母育学校中的教育应该建立在教学原则上，这些教学原则就是夸美纽斯根据儿童年龄所运用的一般原则。母育学校是教育和教学的第一个阶段，所有的材料都是按照年龄分配的。

夸美纽斯关于母育学校和初等学校之间的联系，关于儿童从家庭进入学校的顺序的思想是十分可贵的。例如他劝告儿童入学不应早于6岁。他很正确地认为，较年幼的儿童需要照顾，而这一点教师由于班上学生众多并不能保证做到。除此之外，在6岁时大脑的发育刚刚完成，在这之前不应该用系统的学习来增加儿童大脑的负担。说明儿童已经为入学准备好的标志如下：①儿童知道他应当在母育学校学习的一切东西；②他对所提出的问题能够集中注意力并加以思考，且具有一定的判断能力；③能发现他对进一步受教育具有某种愿望。夸美纽斯给家长提出了如何使儿童对入学有所准备的有益的意见：若要使儿童对学校产生兴趣而不是害怕它，就要解释学习的益处，引起儿童对未来教师的热爱和信任，在儿童面前指出教师的知识和仁爱，培养儿童从事学校活动的能力。

在母育学校里，另一个原则——教学的直观性和具体性原则也充分地实现了。这里夸美纽斯并不限于视觉的直观性，而前进了一步：他把教学法建立在对事物的多方面的感受上，并利用了儿童活动的积极性。

照顾儿童年龄特征这一点非常突出。夸美纽斯不赞成在学前期按照固定的课程表来进行系统的教学，而提出必须根据儿童们发展的速度而使工作多样化，并且说，不但要教导"聪明的"儿童，而且要教导"愚蠢的"儿童。他认为儿童生活的整个过程都应当在成人的合理和积极的领导下，这一点很重要。他要求家长谨慎地、巧妙而耐心地对待儿童。夸美纽斯教导家长应当怎样照顾到学前期儿童的年龄特征，根据儿童日益强健的身体和天生的素质来教育他们，并且要关心儿童能否过着朝气蓬勃和愉快的儿童生活。重要的是，他劝告不单要依靠儿童的经验，而且要理解和指导他们的这种经验，并把它列入儿童的学习中。

最后，我们有必要指出夸美纽斯《母育学校》一书的历史意义。这本书阐明了儿童最早时期和学前期家庭教育的主要方面。夸美纽斯在这里宣布了儿童有快乐地和积极地活动的权利，他承认了教育在儿童发展中的巨大作用。虽然当时还没有心理学这门科学，但他表现了对年龄特征及其特性的理解。

《母育学校》提出了明确规定了的教育工作的目的、任务、内容和方法的初步教育体系，这个教育体系是建立在作者本人的世界观和民主主义思想的基础上的。

夸美纽斯的观点被他的宗教信仰所限制，这一点特别反映在他所确定的教育任务和对儿童道德发展的理解上。受到历史时代的限制的还有一点，即夸美纽斯只研究了家庭教育问题，而没有研究公共教育问题。但是他的忠告是针对广泛家庭的，他谈到的是广大群众的儿童教育。因此，他奠定了培养母亲来进行深思熟虑的儿童教育的基础。

由于捷克的独立长期没有得到实现，夸美纽斯的《母育学校》一书的最初几版不是用捷克文出版的：1633年和1634年用德文出过两版，1636年用波兰文出过一版，1641年用英文出过一版，1657年用拉丁文在伟大斯拉夫教育家的阿姆斯特丹全集中出版过一次。从这儿可以看到，这本书在当时是闻名于世界的。但是后来它被遗忘了。只到19世纪后半期人们才又对夸美纽斯的著作有了兴趣。这一点可以用当年公共学前教育的发展来解释。这本书第一次用捷克文出版是在1858年，从那时候开始，它再版了好多次。《母育学校》用俄文出版了四次。

苏维埃学前教育学认为夸美纽斯的《母育学校》是宝贵的教育著作之一，并仔细地研究着它。对于我们来说，这部作品更有意义，因为它的作者属于斯拉夫民族的大家庭。我们的国家跟他的祖国是用友谊和思想统一这种牢固的、永恒的绳子联系起来的。因此，现在引起苏联学前工作者对夸美纽斯的教育思想的重视，并使他们对夸美纽斯的教育思想进行深刻的研究是特别重要的。

工农速成中学的教导工作[*]

在我国存在了二十几年（1919—1940年）的工农速成中学在国民教育的历史上起了很大的作用。它们使几十万工人和农民为进入高等学校做好准备，这样就促进了高等学校的无产阶级化和苏维埃专家的培养工作。年轻的苏维埃共和国需要从工人和农民中培养自己的专家干部，因为不这样做就不能保持无产阶级的统治。列宁曾经说："为了使胜利更全面和更彻底，还应当吸取资本主义中一切可贵的东西，取得全部科学和文化。"没有自己的知识分子就不可能恢复被战争破坏了的国民经济并使工农业和交通运输事业取得进一步的发展。

如果不为成年学生建立既能代替普通中学，又能使他们得到以后在高等学校学习所必需的重要理论知识的这样一种学校，要想在极短时间里使只具有小学知识的工人和农民对进入高等学校有所准备是办不到的。在法律上工农速成中学相当于高等学校的院系，但事实上是成年人的中等学校。这里日校（脱离生产）的学习期限为3年，而夜校（不脱离生产）为4年。

---

[*] 译自《国民教育》1957年第10期，载《教育译报》1958年第1期，原文作者不详。

培养只具有小学知识的学生进入高等学校是一个复杂的任务，必须这样来组织教学过程：使课外活动补充课堂教学，在教学过程中有较多的直观性，并使理论课程跟实际生活相结合。工农速成中学制订了与普通中学的教学计划和教学大纲不同的专门的教学计划和教学大纲。它们的主要差别是工农速成中学的教学大纲是分科的大纲，而不是当时普通中学的单元大纲。这是它最大的优点，它保证了掌握牢固的科学基本知识的可能性。按照工农速成中学的教学计划，大部分时间被用来学习数学、物理和图表知识，这是因为60%～70%的工农速成中学的毕业生将进入高等技术学校。

工农速成中学教导工作的开展可以分为三个时期。第一个时期是从1919年到1925年，当时按照班级授课制进行教学，教学中的主导者是教师。第二个时期是从1925年到1930年，当时建立了新的工作形式和方法（采用了道尔顿制，取消了班级授课制，规定学生在值日教师辅导下独立工作）。第三个时期是从1930年直到工农速成中学停办。1930年按照苏联共产党（布）中央委员会《关于改组工农速成中学的工作的决议》，把所有的工农速成中学都从教育人民委员部系统转交到各部门人民委员部，每个部门人民委员部领导自己系统内的工农速成中学的教学工作。

在第一个时期曾经举行了三次全俄工农速成中学代表大会，在会上总结了教学工作。在第一次全俄工农速成中学代表大会上（1921年）首次为工农速成中学的日校和夜校确定了统一的（虽然是试行的）教学计划，确定了所有工农速成中学都必须实行的分科（技术科、生物科和社会经济科），讨论了政治教育工作问题，并确定了工农速成中学的学习期限（日校3年，夜校4年）。

起初，每一个工农速成中学独立地确定应该讲授的科目，制订自己的教学计划，因此在各个工农速成中学中讲授的科目也是不同的。例如斯摩棱斯克大学附属工农速成中学的教学计划，在1919—1920学年中有下列科目：哲学初步知识（包括基本的哲学体系、心理学和逻辑学）、天文学、自然地理和政治经济地理、与文化史有关的普通历史和作为选修的拉丁文。1920年设立的莫斯科季米里亚捷夫农业科学院附属工农速成中学的第一个教学计划包括了各主要系科所学习的科目：农业机器制造学、气象学、风土学、普通植物原理等。

在工农速成中学实行统一的教学计划对正确组织教学工作来说有很大的意义。第一个统一的教学计划包括了15门科目：数学——在6个学期内共48节；俄语和文学史——28节；社会科学——28节；关于个人和公共卫生的谈话——1节；地理——8节；以"水"、"土壤"和"空气"为题的实习作业和座谈——2节；自然——10节；图表知识——24节；物理学——18节；化学——8节（或12节）；力学——8节（或4节）；外国语——8节；劳动过程的力学和生理学——1节；劳动组织——2节；专门百科知识——4节。数学分为算术、代数、几何和三角，社会科学分为俄罗斯历史、历史唯物主义、政治经济学和与国家电气化有关的经济地理等。上述15门科目是所有3个分科必修的科目，但是可以由各科决定某一门课程所需上课时间的多少。

上述教学计划有许多优点。占首要地位的是重要的普通教育学科——数学、俄语和社会科学。它确定了个别学科的学习顺序，例如在学习自然课程（教学计划制订者感到这门课对学生十分困难）之前插入了以水、土壤和空气为题的实习作业和座谈，作为自然、物理和化学的导言。选择教学科目时曾有这样的考虑：不仅要用系统的知识来武装学生，而且还要促使他们形成辩证的世界观。教学计划的另一个优点是在计划中很慎重地选择了一年级学习的学科，考虑了一年级学生的负担。这一点特别重要，因为工农速成中学的学生入学时只具备初步的知识。工农速成中学的学生在一年级每天学习数学、俄语、社会科学，隔一日学图表知识和地理，而在不学上述两门课的日子里就学习个人和公共卫生问题，或进行以"水"、"空气"和"土壤"为题的座谈和实习作业。教学计划的缺点是学习俄语的时数太少以及二年级学生的负担增加太多（学生要同时学习9门学科）。计划中的科目繁多也是一个重大的缺点。教学计划包括了一些自由支配的时数，允许每个学生按照自己的愿望把这些时间花在某些学科上。计划的这个"灵活性"是由于制订者希望在各种条件下试验它，但在实践中造成了混乱。

夜校的教学计划在每门科目的时数上、科目的组成上是跟日校相同的，只是在每星期的时数上有所不同。日校上课时间每星期不超过36小时，而夜校在第一至第四学期中每星期24小时，在第五至第八学期中每星期30小时。

在工农速成中学的第二次全俄代表大会上（1923年），由于决定使工农速成中学更加专门化并禁止学生升入与他在工农速成中学所选择的专业不同的高等学校，教学计划被修改了。在新的教学计划中增加了各科的专业课程的时数，因而每一科都有了自己的教学计划。在所有的分科中都增加了俄语、社会科学和外国语的时数，经济地理为两小时。同时取消了两门课程：以"水"、"土壤"和"空气"为题的实习作业和座谈以及劳动过程的力学和生理学（这些问题被归入自然课中）。各分科课程时数增加，二、三年级每周上课时数达到38小时，使学生负担过重。虽然专业分得很细，但是在教学计划中数学、俄语、社会科学、地理、自然、物理、化学仍占有足够的时数。专业从二年级（第三学期）开始。该计划的缺点是：图表知识这门课程对于学生来说负担过重；力学从普通物理学中分出并保存了两门专门课程——劳动组织和专门百科知识（内容繁多而时数极少），这些课程塞满了教学计划。1923年的教学计划是最后一个试用计划，1925年的教学计划就是必须执行的了。

工农速成中学的第一个统一的大纲是由职业教育局的工农速成中学

科在1921年采用第一个教学计划不久后出版的（在这以前工农速成中学按照所行的教学计划出版了自己的大纲）。大纲规定了工农速成中学的学生为了能在高等学校中顺利地学习所必需的知识范围。这个大纲是根据学生的如下年龄特征制定的：他们有许多丰富的实际常识，但是还没有掌握足够的理论知识。工农速成中学的教师非常满意地接受了这个大纲，因为它们除规定了知识的范围外，还有教学法的指导。在大纲中关于精确科学曾规定，在学习每一部分的时候应尽多地援引生活和技术中的例证，并把工农速成中学学生的实际知识跟理论课程联系起来。关于精确科学的教学大纲在范围上比类似的普通学校的教学大纲要广得多。至于俄语和俄罗斯文学的教学大纲却比不上普通学校的教学大纲。俄语教学大纲的材料过于繁重（在大纲里包括了工农速成中学的学生并不十分需要的俄语语音学和语言学的基本知识，而对主要部分——正字法和句读法的学习重视不够）。19世纪和20世纪的俄罗斯文学教学大纲列出了作品目录表让学生独立学习。在这些作品中包括了乌斯宾斯基的《土地的权势》，陀思妥耶夫斯基的《罪与罚》（或是《卡拉玛卓夫兄弟》），列夫·托尔斯泰的《复活》，契诃夫的《樱桃园》。关于20世纪的文学要求学习形象派、未来派、象征派作家，农民和无产阶级诗人的诗篇。文学教学大纲是典型的庸俗社会学化的。

国家学术委员会议所确定的1924年教学大纲跟1921年大纲的差别首先在于，1924年大纲中修订了俄罗斯文学的范围，部分地修改了物理和化学的教材范围。在新的大纲中体现了新的教学法结构的原则，这种结构在1925年的道尔顿制中得到了应用。这在物理、化学和地理的大纲中特别明显。例如物理教学大纲指出，学生学习某一定律应当从实验开始，然后以所得事实的分类以及这些事实与学生以前自己所积累的经验的联想为基础。也就是说，学习定律是从学生在实验室的独立作业开始，而按照从前的大纲，是先学习定律及其基本特性，然后再向学生解释如何实际运用这个定律。按照新的大纲，对一个独立问题的学习应当包括下面四个部分：在物理实验室的实验室作业，课堂讨论，听讲，参观。按照物理大纲（1924年），工农速成中学的学生被放在"研究者"的地位，他应当"发明"某种定律，而只有在之后的讲课中教师才使学生的知识严格地系统化起来。在俄语和文学大纲中的庸俗社会学化更为加强了，这一点后来在苏联共产党（布）中央委员会的决议中受到了严厉的批判。最突出的是，在1924年甚至没有出版过专门的俄语大纲，它被称为"俄语的文学教材"，它包括了需要学习的文学作品目录和对这个目录的说明。一年级学生要学习的文学作品在目录中有两个部分是"无产阶级"和"农民"，在大纲的说明中规定工人成分占优势的工农速成中学从"无产阶级"一栏的作品开始学习，而农民占多数的工农速成中学则从"农民"一栏的作品开始。在第三部分"革命运动"中，使人惊奇的是第一篇作品是涅韦罗夫的作品《床》，而第四篇才是高尔基的小说《母亲》中的片段（"庆祝五一节"部分）；这儿还包括了科罗连科的作品《火星》《奇妙的》，规定了亚历山大罗夫斯基、萨多夫耶夫、别塞敏斯基的诗（没有指出篇名）。一年级的文学学习就限于这三个部分。二年级学生学习的文学作品目录也是不合适的，它分为两个部分：农奴制时代的文学；地主经济崩溃、商业资本占优势和革命运动开始时代的文学。

三年级的大纲也有两个部分：工业资本繁荣、工人运动和1905年革命的文学；世界大战和革命时代的文学。属于第一部分的有高尔基的作品《切尔卡什》《仇敌》《在底层》《春曲》（包括《海燕之歌》）《童年》（片段），蒲宁的作品《旧金山来的先生》，库普林的《虐神》，等等。在"世界大战和革命时代的文学"中列出了勃洛克的《十二个》，伊凡诺夫的《游击队员》，谢芙琳娜的《腐殖土》和《违法者》，李别进斯基的《一周间》，绥拉菲摩维支的《铁流》（片段）。这个大纲的严重缺点是把

19世纪俄罗斯文学的古典作家跟二流作家混同起来了，而且俄罗斯文学的学习是根据社会科学来组织的。大纲的说明中这样说："如果第一年的题目符合于政治常识课，那么高年级的题目应当与阶级斗争的历史课，部分地与政治经济学相一致。"

在工农速成中学中上课的头几天就产生了重大的问题：如何保证学生获得所有科目的教科书？编写这些教科书需要时间和能为这些前所未有的学校写出教科书的编著者集体。在第一个时期不得不走捷径——规定在现有的教科书中有哪些是工农速成中学可以采用的。选择教科书是由领导各科教学法工作的科目委员会负责的。选出的教科书中有：沙波什尼科夫和瓦立措夫的代数教科书，基谢廖夫的几何教科书，累勃金的三角教科书，秦格尔的物理学教科书，伊万诺夫的地理教科书，萨桑诺夫和韦尔霍夫斯基的化学教科书，萨沃德尼克的俄罗斯文学教科书，等等。最突出的是，在工农速成中学中没有固定的教科书，而推了6～8种不同的教科书，从这些教科书里可以选择任何一种。例如物理学，除了上述教科书，还推荐了巴钦斯基和克腊耶维奇的教科书；地理教科书除了伊万诺夫的，还有米奇、列斯加夫特等的教科书。上面提到的所有教科书在文科中学和实科中学中采用得相当普遍。它们包含为升入高等学校所必需的极为广泛的知识。在大纲中有详细的教学法指导，指导如何学习大纲的某一部分，以便于运用这些不完全合适的教科书。

正确选择讲授方法对于工农速成中学教学工作的组织有很大的意义。高等学校所采用的讲演制度对工农速成中学的学生不太合适。比较合适的还是依靠学生积极性的中学的讲授方法：谈话、讲述、读书、实验室作业、参观等。在一年级更广泛地采用谈话法。教学的问答法帮助工农速成中学的学生明确了哪些东西他们知道得很清楚，哪些一点儿也不知道，为了填补空白还需要了解哪些东西。在工农速成中学中，巩固旧教材、检查学过的教材或做家庭作业的时候，在演习的时候，也就是说在全面复习的时候，都曾经采用谈话法。

教师往往也给工农速成中学的学生做讲演，特别当教师是这个工农速成中学所属的大学的教授的时候。在物理、化学、生物课上的讲演是结合着演示实验及运用各种直观教具来进行的。

在工农速成中学的教学工作中，参观占很重要的地位。为了有计划地进行参观，在每个工农速成中学中都设有参观办事处，由学科委员会的代表（其中一位当主席）、文化教育委员会的代表、参观的指导员（参观的指导员一般是教师，只有在偶然情况下才是指定的人员）和办事处的秘书组成。

参观可以按照跟课程教学大纲有关的题目，也可以按照大纲以外的、学生特别感兴趣的题目组织。有五种类型的参观：社会科学参观、文学参观、自然科学参观、生产参观和艺术参观。参观的准备工作是从在班上研究材料开始的。有近地参观、放行参观、根据某个学科的主题参观和同时根据几个科目的综合性参观。在参观后学生应当写书面报告，指出在参观中获得了哪些新知识，并把他们所见到的跟学过的教材联系起来。这种制度促使学生在参观的时候记笔记、画图、画图表等。每门课需要进行参观的题目在大纲中有所规定，并跟教材内容有机地联系着。例如有些参观是在学习阅读地图的时候规定的，在地理教学大纲的说明中有规定："在学习大纲中的'阅读地形图和地图的绪论'一部分时必须在秋季天高气爽的时候进行下列的参观：（1）到附近荒地进行土壤和地质参观；（2）熟识地下水和地面水，它们的流动及其所造成的地形的参观；（3）为了进一步理解水平线和断面而进行简单几何测量的参观；（4）认识本地主要植物群落的参观。这些参观可以根据城市近郊地图进行，这样就在本地地形和它在地图上的形式之间建立了牢固的联系。这类工作为以后在学习中自觉地阅读地图奠定了牢固的基础。"所有其他科目的参观也具有同样大的作用。

课外活动跟课内活动是紧密地联系着的。在工农速成中学中小组活动极为普遍，它的目的是提高学生的一般文化水平，扩大和加深学生在课堂作业中所获得的知识。有文学、自然、数学、地理、政治经济学、历史唯物主义、语言技巧、歌咏、戏剧、音乐等小组。在夜校里没有小组活动。列宁格勒大学附属工农速成中学中俄罗斯文学小组的活动最为有趣。小组的宗旨是使学生了解一些作家，这些作家的作品在大纲中没有规定要学习或是学得比较表面。小组饶有兴趣地研究了"资本主义的战神"（库普林的《虐神》及其他），"契诃夫作品中革命前期的知识分子"等题目。在小组活动过程中根据学生的建议，提出了跟所研究的题目有关的新题。例如由"资本主义的战神"而产生了另一个题目"绥拉菲摩维支描绘的无产阶级"。小组的工作体系是这样的：阅读篇幅不长的故事，然后按照预先拟定的问题进行讨论，这些问题并不包括故事的全部内容，只指出了它的主要线索。在小组学习中，学生提议要熟悉一下已经研究过的作品的作者传记（契诃夫、高尔基、韦烈萨耶、库普林、绥拉菲摩维支的传记等）。后来根据职业教育局的指示，普通文化小组被取消了，只保留了社会学科小组，以便提高学生的政治水平。在工农速成中学中也十分重视讲座和组织晚会。例如在白俄罗斯大学附属工农速成中学中曾经举办关于科罗连科和陀思妥耶夫斯基的讲座，组织过纪念普希金的纪念会和纪念涅克拉索夫创作的晚会，举行过纪念尼基丁、契诃夫的创作和奥斯特罗夫斯基诞辰100周年的晚会，关于俄罗斯讽刺文学的晚会（《苦笑》）。这些晚会扩大了学生的知识，并提高了他们的文化水平。工农速成中学的学生在为教学实验室制作教具的小组中收获不少。他们亲手制作了大量的表格、图解、矿物标本、树叶标本等。例如科斯特罗马工农速成中学的学生为化学实验室绘制了设计图和统计图，收集了标本，制作了各种化学生产的模型，等等。科斯特罗马工农速成中学的物理实验室拥有大量演示实验和进行实验作业用的仪器。在实验室旁边有供物理教员使用的图书馆和一间备有一套学生自己修理仪器时使用的木工和钳工工具的工作室。所有房间都装有电线网，以便讲课和进行实习作业时用电。在斯摩棱斯克、彼尔姆斯基及其他工农速成中学中也建有设备良好的实验室，在彼尔姆斯基工农速成中学中有13个专科教室和实验室。

专科教室作业制度促进了工农速成中学更好地组织教学工作。这个制度在许多工农速成中学中早在实行实验法之前就已经实行了。这个制度就是每门学科的作业是在特别的、多少有些设备的专科教室里进行。这就使教师能在讲课或谈话时广泛地利用直观教具进行实验和演示。在实验室和专科教室里进行的作业起着主要作用。在工农速成中学的大纲中关于这一点说得很仔细。

学业成绩，或是当时被称作"进步"的考查在这个时期内（1919—1925年）的工农速成中学和普通中学中是相同的。那时不举行考试，教师为了考查学业成绩必须研究每个学生每日的工作。关于什么是考查学生知识的最好方式的问题是工农速成中学教学生活中最尖锐的问题之一。在工农速成中学成立的头几年里采用过考查制度，但是这个制度没有被证实是有效的。因为在工农速成中学中谈话、实验室作业、参观等形式的作业使教师有可能天天检查每个学生的工作，这就使考查成为不必要的形式（评分是根据整年的工作，而不是根据考查的回答）。此外，考试会引起学生多余的神经紧张。

在寻求考查学生知识的新形式中工农速成中学走上了错误的道路——给每个学生做小组鉴定（鉴定时教师和学生本人都参加）。从1919到1923年在工农速成中学中存在过的考查制度被所谓"进步的集体考查”代替。所谓“集体考查”是指每个学生的工作由全班学生和教师一起，也就是集体来评分。进步的集体考查是考查学生知识的一个极不完善的形式，在1924年职业教育局提出在课程的个别章节的范围内对学生进行提问，进行所有科目的书面作业，并检查学生的独立工作，在1925年进步的集体考查制度因为被证明无效而被取消了。

工农速成中学生命中这一时期的特征是寻求教学工作的最有效的形式和方法，确定统一的（试行的）教学计划和教学大纲，选择适合工农速成中学用的教科书并广泛开展课外活动。

第二个时期（1925—1930年）的标志是工农速成中学的教学工作组织上的根本变化。希望在最短时间里教授给工农速成中学的学生更多的知识，并且使这些知识得到巩固，这种愿望使得工农速成中学第二次全俄代表大会表示要使学生成为“研究者”并教会他们进行科学研究工作。在工农速成中学的第四次全俄代表大会上（1925年）决定从1925—1926学年度开始在工农速成中学（包括夜校在内）中实行作业的实验室制（犹如道尔顿制）。因此取消了班级授课制，代替它的是大学生（当时这样称呼工农速成中学的学生）在方便的时间在实验室里进行独立作业。教师在学生独立作业时间只起辅导员的作用，大纲变成了实验室作业的目录。教科书开始被“工作手册”代替。要求学生进行科学研究工作来代替教学。实验室计划上的作业的体系是这样的：在第一星期进行准备性作业，教师说明要完成作业的目的和任务，并给予某些实际的指示和解释；第二、第三星期学生在实验室中进行独立作业；第四星期是和教师一起进行的结束性作业，做总结，说明在完成作业时的困难。书面测验作业是在第五周集体作业之后进行的，同时还进行跟作业有关的参观。每个作业的分量因学生人数的增加而增多。作业指出了学生应当“研究”的教科书的页数，学生应当解决的问题和准备总结性谈话用的材料。完成作业的结果是写出笔记、图表，解答习题和练习，等等。作业的难度是根据中等程度的学生而定的。在完成作业的时候学生可以利用统计材料、报告、杂志、报纸，以便使学生养成科学研究工作的习惯。学生应当独立完成作业，而教师只是作为"大学生独立作业的组织者"来帮助他们的。为了考查工作，每个教学小组都有一本登记簿，上面写着工作的开始和结束及其内容。此外，在实验室里每个学生都有登记的个人卡片，根据笔记、图表、图样以及其他各种材料评定学生的工作。道尔顿制的工作很快就引起了教师和学生的失望。喀山大学附属工农速成中学的代表抱怨说，这个作业体系压着学生，以致他们没有一分钟的自由时间（为了研究每个作业，除了早上的时间，晚上的时间也被计划进去了，因此学生每天要在实验室坐上10～12小时）。在杜拉工农速成中学的工作中产生了另一种困难：工农速成中学的学生希望只跟自己的教师一起在实验室工作。"由于工农速成中学转入半自由的制度的企图失败了，工农速成中学恢复到固定的制度，而有些科目，例如文学和社会科学，采用了几天或几小时的简短的片段的作业。"（教育科学院科学档案，恩·伊·波斯伯洛夫，工农速成中学，18库，保存单位125）。工农速成中学逐渐地放弃了道尔顿制，因为它不能给予系统的知识并使教学的速度降低了。在1930年工农速成中学完全摆脱了道尔顿制的作业方式。

工农速成中学的第三个时期（1930—1940年）是跟把它们交给各部门人民委员部管辖相联系的。苏联共产党（布）中央委员会在1930年5月16日发出的决议中提出"大力开展工农速成中学的夜校，从使学生成分无产阶级化的观点来看，这种夜校十分有效"，除了在高等学校附设夜校外，"还在大工业区、大企业中、大的国营农场和集体农庄中"建立夜校。苏联中央执行委员会在1932年9月19日《关于高等学校和技术学校中的教学大纲及生活制度的决议》中规定了工农速成中学的学生在进入高等学校的时候要跟中学或技术学校的毕业生一样进行入学考试。

工农速成中学的学生在入高等学校的时候要进行入学考试这件事促使高等学校和技术学校的总管理局根据十年制学校的教学大纲编写工农速成中学的教学大纲。这样一来，工农速成中学之前在教学工作的内容中所有的特殊性被取消了。

　　尽管在创造新型学校时不可避免地犯有错误，但工农速成中学20年工作的总结证明了它们十分顺利地完成了自己的任务——在最短时间内使工人和农民对进入高等学校有所准备。

克鲁普斯卡雅论学前教育[*]

娜·康·克鲁普斯卡雅是伟大的教育家和马克思主义者，是列宁的朋友和助手，她从青年时代就开始从事教育活动，研究国民教育问题。在19世纪90年代末，在遥远的西伯利亚流放所中，她写了自己的第一本书《妇女——女工》（又被译为《女工》——编者注），在这本书里她提出了在未来社会主义社会里儿童公共教育的问题。克鲁普斯卡雅说："如果现在也可能有好的幼儿园，那么在社会主义社会里它们将会更好。因为在这些幼儿园里将教育社会一切成员的孩子，这样大家就都会关心使幼儿园办得更好。……儿童将从幼儿园升入学校。"

克鲁普斯卡雅侨居国外的时候，除了从事繁忙的党的组织工作外，还继续从事教育学问题的研究。那时她写了《国民教育和民主制度》一书，这是一本马克思主义教育学的主要著作。列宁对这本书的评价极高。关于这件事他在给高尔基的信里这样说："作者研究教育学已经很久，有20年以上。在这本小册子里收集了个人的观察和关于欧美新式学校的材料。从目录里您就能看到，在前半部分还有民主思想的历史概述。这也很重要，因为对过去伟大民主主义者的观点一般都阐述得不正确，或者是从不正确的观点来阐述的。我不知道，您是不是能抽时间把

---

* 译自《学前教育》1957年第11期，载《教育译报》1958年第3期，原文作者不详。

它阅读一下，不知您是不是感兴趣？第2节和第12节也许可作为范例。在最新的帝国主义时代学校中的变化是根据最近几年的材料叙述的，这些变化对于俄国民主主义进行了很有趣的阐述。我将非常感激您，假如您能（直接地或间接地）帮助出版这本小册子的话。现在俄国对这方面著作的需要或许大为增加了。问好并致敬。弗·乌里扬诺夫。"[①]

自伟大十月社会主义革命开始，克鲁普斯卡雅就成了苏维埃国家国民教育的组织者之一，她差不多研究了文化建设的一切问题。

她非常重视学前教育。她写了许多关于学前教育学中有现实意义的问题的文章。她不但为教育杂志写稿，而且为一般的刊物写稿。她认为吸引广大群众注意教育问题是极重要的，因为她不能想象没有人民群众参加的教育。

俄罗斯联邦教育科学院已经着手出版克鲁普斯卡雅全集。我们负责关于学前教育的一卷，发现有许多没有发表过的档案材料。我们考虑到读者对克鲁普斯卡雅教育见解的兴趣和这些见解目前的现实意义，于是在《学前教育》杂志上发表了其中的一些材料。

对学前教育材料的意见

我们要使儿童在我们的幼儿园中成为幸福的儿童，不仅要想到怎样使他们将来成为模范学生，而且要想到怎样为儿童创造环境，使幼儿园成为他们的家，使他们喜爱幼儿园。快乐的童年可以带来一生充沛的精力。

有人认为要使儿童幸福，就应当给他们买许多贵重的玩具，给他们吃最好吃的糖果，每天让他们看芭蕾舞，上戏院、电影院，穿着丝绸的

---

① 《列宁全集》第3卷，528页。

衣服，给他们讲最荒诞的童话——这种想法是十分可笑的。

谁这样想，谁就不懂得儿童，不理解儿童，只想到怎样把他们培养成真正的贵族。

问题不在这里。问题在于要好好地了解儿童，了解他们对什么感兴趣，什么使他们高兴，什么使他们疲倦，什么使他们生气。应当像科特·穆尔雷卡所说的那样"站在他们的位置，深入他们的内心"。应当知道他们的观念和技巧的范围，应当懂得和理解儿童。只有理解了儿童，才能给予他们真正的母亲般的关怀，使他们幸福。

我们把我们的学前儿童围在四周都是墙壁的环境里，为他们创造特殊的气氛——只用愚蛮的、毫无意义的或者不可理解的童话来喂养他们，使他们不会观察生活，只允许他们谈论玩具、童话和生活中所没有的事情，我们守望着他们，自作聪明，使他们变为供实验用的兔子。

我们应当尊重儿童的权利。首先要尊重他的受教育的权利，这种教育是适合于他们的年龄的：抚摸各种物件，嗅嗅它们，几十次地使用它们，观察它们，重复它们的名称，等等。应当满足儿童的这种愿望：通过对活生生的自然界、活生生的人们、人们的劳动和人们之间的相互关系的观察来扩大眼界。观察人这一点在我们幼儿园的实际工作中完全被忽视了，在幼儿园里对于活生生的人们、对于他们的劳动和兴趣根本不谈，这是很大的错误。请看一看农村的儿童，他们很早就学会观察人们。请你回忆一下自己的童年吧，早年的印象可以终生不忘。为什么不让儿童去了解人们？为什么不把儿童领到田野里看看，看那里在做什么？为什么不把他们领到铁匠铺，领到木工厂，领到厨房？为什么不每星期组织几小时的跟年龄较大的儿童、跟女工、跟工人、跟集体农庄庄员们等见面的活动？对于学前儿童来说受教育的权利就是认识周围生活的权利。

学前儿童有哪些劳动权利呢？对学前儿童来说，劳动是跟游戏相结合的。确定目的对学前儿童还没有意义，例如他们开始是用黏土捏小猫，可是后来捏出了泥人。但是从小就应当教会儿童收拾东西、擦灰尘、洗碟子、采集浆果、喂鸡、喂狗。同时孩子喜欢有经验的人的监督。例如5岁的小女孩在缝着什么，缝了3针就跑到祖母那里问："奶奶，好不好？"祖母回答说："很好，孩子，很好！"这样小女孩就慢慢地学会了缝东西。一个小女孩可以长时间地专心于把两块碎布片缝在一起。要重视儿童的劳动，儿童是多么喜爱各样的劳动啊！

儿童有休息的权利。儿童很快就会疲劳，作业时间表应该很灵活。不是45分钟一节课，也不是30分钟一节，而应当在中间掺杂着唱歌，让他们在空房间里或者院子里跑一跑，跟看门的狗玩一玩，等等。需要有躺椅等。应当记住儿童非常容易疲劳，不要拉他们到展览会、电影院去，不要用很复杂的玩具等使他们疲劳。

关于语言的发展，重要的是不仅不能允许儿童发音含混，也不能使他们的眼界狭窄，因而词汇不丰富，语言粗野。在教学的时候应当教儿童用他们熟悉的、关系密切的、在日常生活中经常重复的词汇来阅读。不允许写印刷体字，应当从手写体开始，要预先练习画图、缝纫等，使他们掌握书写的技能（发展手）。

但是在学前教育工作中最主要的是公共教育，教育他们会友爱地生活、游戏和工作。首先这是一个组织的问题。幼儿园里的工作是多种多样的，并且可能进行各种配合，可能按小组组织游戏，劳动也正是这样的，在这里要很好地考虑由哪些儿童并且根据什么组成小组。这个问题似乎考虑得很少，但对于独立性、创造性和组织性的发展，这个问题起着决定性的作用。应当善于组织整个班集体的活动，但在学前儿童中必须广泛开展小组活动，总结经验，交换经验。

两三个人的共同工作最能培养儿童集体工作的习惯，但这要逐渐地进行，对这一点应当特别仔细地考虑。这里不应当简单地模仿学校。

能培养控制自己的能力的游戏是很重要的。在教育工作中教育的目的特别重要。假如这个目的不清楚，假如把它理解为仅仅是培养听话的孩子，那就不能培养自觉的纪律。

最后一个问题是关于家长工作的问题。这是重大的问题。这里应当关心家长本身的知识水平，帮助他们自我教育，以最低限度的教育知识武装他们，鼓励他们在幼儿园实习，吸收他们参加这个工作。

应当怎样按照共产主义的方式教育学前儿童？不正确地对待这个问题会有极大的危险。有些人常常把共产主义教育理解为教会儿童熟读一定的共产主义的语句，认为只要我们把标语挂出去，然后告诉儿童他们拥护共产国际，那我们就算做了一切应该做的事情。我们教儿童重要的词汇，但我们往往不能想到，儿童是不理解、也不能理解这些词汇的意义的。

跟学前儿童打过交道的人就知道，儿童往往给对成人来说有一定意义的词汇赋予一个完全不同的含义。另一方面，儿童的模仿性极大，他们记住了词汇。有时候会有这样的情形，一个男孩或女孩会突然说出大家所预料不到的话来，就好像是个真正的共产主义者似的。家长很高兴，以为他对一切都理解得这么好。但是如果深究就能发现，他不过是重复他偶然听到的词汇，而并不理解所说的是什么。应当留意，不要把儿童培养成为空谈家。儿童关于周围事物和现象，即使是极简单的事物和现象的知识是极贫乏的。应当扩大他们在认识自然界方面和认识社会生活方面的知识范围。这并不是说只能对儿童谈些他们清楚理解的事情，降低到他们已经理解的程度。例如假设儿童不理解什么叫共产主义者，因此就认为在他们面前不能用这个词，那就错了。这种想法之所以错误，是因为对成人所说的某一句话儿童往往会终生不忘，当儿童长大了一些就会记起它来，它将会影响他的整个发展。

有时候教养员要对儿童说些他们当时还不能理解的字眼，这一点很重要。但这并不是说我们应当欺骗自己，认为如果儿童记住了某些诗歌或口号，就算受到了共产主义教育。这还不是共产主义教育。我们应当用知识武装儿童，教给他们更多的研究周围事物的方法，我们应当观察儿童，应当观察他们自己是怎样研究周围事物的。例如我们要重视模仿的作用，要知道儿童模仿并非愚蠢，儿童在模仿的时候不断地重复他人的动作，这样他就能更好地理解那个人所做的事情。

注意、观察和研究儿童的观念是非常重要的。儿童的图画在这方面提供许多材料。学前儿童和低年级的学龄儿童通常不画个别的物体，而是画整个图景。根据这些图画可以判断儿童的观念，判断他们理解什么，不理解什么。我看到过一个预备班男孩的图画，他一开始画的人的手臂是折叠着的，不活动。他不能想象手臂是活动的。我常常仔细观察这个儿童的图画，看到他画的人不是手臂垂在一边，就是无力地放在胸前。但是后来，当这个儿童进入幼儿园，开始用手工作的时候，他就开始按另外一种样子来画了——开始把手分开画。他开始对手是做什么的产生兴趣，因而他开始单独地画每只手———只手拿着水桶，另一只手拿着扫帚。在一本练习簿中就能看到儿童在几个月的过程中关于人的观念的整个发展。最初，人不过是一个没有动作的生物，而以后已经是整个场景——人站在拖拉机旁边，一只手握着方向盘，另一只手拿着斧头。他已经对劳动工具——斧头产生兴趣，对机器感兴趣，他对人的观念完全是另一个样子了。如果我们观察儿童的图画，那么根据这些图画我们就能想象出儿童是怎样想象事物的。

我们必须重视对儿童的全面研究，因为如果我们不知道那些我们用以进行工作的原始材料，那么我们就不能正确地对待自己的工作。我已经说过，需要注意到年龄特征。我们可以看到儿童在具体化方面有极大的要求。他们对一切都要摸摸，从各个方向看看，甚至有时要舔一舔。

我们不能压制儿童的积极性，而模仿性就是一种积极性。游戏也是在经验中的检验。我们常常对游戏的作用估计不足，对儿童在游戏的时间内能看到许多东西这一点估计不足。学前儿童所做的一切还不是劳动，因为劳动具有目的性，而儿童是这样的：一开始是用黏土捏某一个有用的物件，而在捏的过程中突然又产生了别的念头。例如他在捏一个炉子，而在捏的过程中他突然想到，可能捏个泥人更好些，于是他就开始捏泥人了。这是儿童的年龄特征，对于他事先没有预料到的这种创造性的思想，我们应当考虑到。我们应当影响儿童，教他组织劳动，但是我们应当注意不要压制儿童的独立性。我们需要在影响儿童的同时，尽力不压制他们的主动性，相反地，要尽力帮助他发展这种主动性，并巩固儿童已自发掌握了的那些学习方法。儿童知觉特点的一个例子是：一首诗儿童有时能耐心地听上15遍，他早已把它背会了，但还是要求一次次地重复听。

显然，他需要掌握词汇和它们的结构。如果我们说我们研究儿童和使儿童掌握知识的方法就是对我们的原则的让步，就是转向经验主义，这是完全不正确的。难道医生不知道病症就能学会医治吗？难道我们不知道年龄特征和儿童周围环境的特点就能教育儿童吗？

我还想谈两个问题。一个是关于共产主义教育的问题。当我们谈到儿童的共产主义教育的时候，通常都要谈到国际主义教育和宗教教育，但是共产主义教育不仅包括这些问题，必须特别重视同志情谊、善于共同行动的问题。在这方面我们应当注意儿童的游戏。游戏可以教育儿童集体行动。集体行动要求儿童在一定的时候使自己的工作和动作跟别人的工作和动作相适应，在这方面游戏具有重大的意义，而我们对游戏的这种意义有时估计不足。我们往往错误地选择一些不应该让儿童做的游戏。

我们在研究周围生活的同时，应当寻找能在这种生活和游戏之间搭起桥梁的方式。在这方面我们做得很少，例如我们对玩具研究得很少。

现在在莫斯科有玩具展览会，我们大多数人都看过了这个展览会，但是对这个展览会的评价我们还不知道，我们怕那里完全没有考虑到我们教育的目的。例如人们常常给儿童有发条装置的玩具，而学前儿童对这方面很淡漠。一个女孩子往往对一个用纸做的公鸡比对一个用发条发动的鸟更珍惜。对待玩具要从这样一个观点出发：考虑这个玩具对认识周围的一切有多大帮助，它是否有助于培养儿童的积极性和独立性。如果玩具对认识周围的一切有巨大的意义，那么游戏在组织方面就有巨大的意义。在这方面我们需要特别注意儿童的游戏，因为这是培养儿童一定的组织性与坚毅精神的途径。

给儿童一些集体的感受也是非常重要的。讲得生动的儿童故事，挂在班上的某种图片，在音乐伴奏下的某种游玩，这一切可以在一定程度上组织儿童并教会儿童集体地生活、工作和感受。不知不觉地儿童就不再会把自己跟集体分开，把自己跟集体对立，而开始把自己当作集体的一个成员。特别重要的是发展他们这种集体感受、集体行动和集体工作的技能。当然，儿童的工作不是成人的工作。这里儿童游戏和工作之间的界限要比成人的模糊得多。重要的是劳动要组织得好，劳动的目的是儿童能理解的，跟他们的关系也要比较密切。我们的教育家往往认为只要对儿童提出良好的目的就够了，但是在集体主义的意义上，跟儿童关系密切并能被他们理解的目的最有组织的意义。但是教师往往提出了一些不能组织儿童的目的，于是教师就奇怪为什么这个目的那么好却不能在儿童中间贯彻。这里最重要的是，这种目的应该跟儿童的关系密切并为他们所理解，这样才有助于组织集体的劳动。这里需要教给儿童许多方式，使他们善于集体行动。要做给他们看，让他们学会两人在一起应当怎样工作，而不是一个人在工作，另一个人只是在一旁瞧着，教给他们小组应当怎样工作。非常重要的是为了使儿童成为自觉的集体主义者，要从儿童的角度来讨论游戏、劳动的问题。还有，每一年龄、每一班的儿童都要有自己简单的大纲，但这并不是说这个大纲需要被丝毫不差地执行，这个大纲我们应当根据各班情况来制定。乡村的班应该跟城市的班完全不同，手工业子女的班要跟工厂工人子女的班不同。需要估计到环境，估计到不同的情况。这种不同的情况在学前儿童身上表现得特别明显。用同一个尺度来衡量所有的儿童，有时就可能得到这样的偏差：好像工人的子女智力发展得慢，知道得也不多。一部分反动教师正是这样谈论的："请看吧，知识分子子女的智力要发展得快得多。"这是怎么一回事呢？这不过是搞不清楚且不会对待一定成分居民的儿童的特点和他们好的一面罢了。教育家往往不善于寻求帮助这些孩子表现自己才能的方法，如果能够找到巧妙的方法，就可以看出他们的智力是发展得很好的，这时就可以把同一尺度运用于不同条件下成长起来的儿童。对游戏的方式、儿童劳动的方式都需要仔细加以研究。

必须使劳动经常化。旧时的家庭还能教给儿童某些劳动技巧，现在从前的家务劳动被交给了工厂、食堂等，儿童获得劳动技巧的机会就比以前少了，所以保育院、幼儿园应当创造条件，使儿童能够获得各种劳动技巧。

当我们从幼儿园、从儿童教育机关的角度来看第十七次党代表会议的决议的时候，我们就能看到这是社会主义建设的一个极重要的方面，如果家长自觉地参加这个事业，认识到这个任务的重要性，那么就会有助于推动这个事业飞快地前进。

论教育和发展的问题[*]

教育[①]和发展的相互关系问题有巨大的理论上和实践上的意义，同时又是研究得很少的一个问题。如果要抓住这个问题的最重要的同时又是最复杂的一个方面，即儿童教育和心理发展的相互关系，那么首先值得注意的是，关于心理活动的年龄变化这一方面的实际心理材料十分缺乏。[②]况且儿童心理发展的充足的理论不能没有坚实的科学事实的基础。至于说到教育学，有关对教学和教育的各种方法及手段给以比较科学的评价的问题（从这些方法和手段对儿童发展的效果出发）还没有被探讨。

由此，很明显，我们十分迫切地需要展开广泛的研究，从而认识教育和发展之间相互关系的本质。阐明适当的方法论问题和总结在这个问题上或与此问题有关的方面所做过的一切工作，是研究这个问题的最重要的部分。

在讨论过程中所发表的文章有许多无可争辩的思想。例如其中有这样一个论点：儿童的心理发展受教育的制约。在有些文章里这个论点叙

---

[*] 译自《苏维埃教育学》1958年第3期，载《教育译报》1958年第3期，原文作者不详。

[①] 在这里教育这个名词的运用是广义的，包括教学。

[②] 在这篇文章里我们所限定研究的正是这一问题的这个方面，因为儿童的教育及体力发展的相互关系是一个专门的问题，并且在讨论过程中几乎都没有谈到。

述得更确切，那就是：教育在儿童心理发展上起决定性作用及主导作用。这种说法我们在格·斯·科斯丘克的文章中也可以看到，他指出这个论点在苏维埃心理学和教育学里早已被肯定了。阿·恩·列昂节夫、德·恩·博哥亚夫连斯基和恩·阿·缅钦斯卡娅也都谈到了这一点。

教育和发展之间存在着复杂的依存关系，这一点也是在讨论过程中所谈到的无可争辩的真理。参加讨论的一位作者在指出教育和发展的依存关系时这样说："教育是按照儿童体力发展和智力发展的规律而组成和实现的，但它也指导这个发展并培养个人具有社会所需要的那些特征和品质。"[①]

对儿童心理发展施加影响的不但有教育机关，而且有家庭教育和一系列其他社会影响，如书籍、广播、电影、戏剧等，这一论点也是无可置疑的。

应当强调指出，上述几个论点还远不能揭示教育和发展相互关系的实质。这些论点不过是肯定了教育和发展之间存在着一定的影响或依存关系，但没有揭示它们基本的东西。应当这样说，没有对这个相互关系的实质进行慎重的和各方面的研究，就不可能理解它；因此，很自然地，在讨论过程中这个实质也没有被揭示出来。但是提出和讨论教育和发展问题的过程也提出了许多见解，它们对问题的进一步研究有巨大的意义。区分儿童发展的条件和发展的源泉就是这样一种见解。

格·斯·科斯丘克的文章做了这样的区分，他是这样写的："环境和教育是儿童发展的必要条件。正如其他任何生物一样，儿童发展的源泉是他固有的内部矛盾。"[②]格·斯·科斯丘克将在儿童新的需要、要求、愿望和他们的发展可能性的水平之间，在新的任务跟以前形成的思维和

---

① 伊·特·奥哥洛德尼柯夫：《论儿童发展和教育的相互关系问题》，载《苏维埃教育学》，1957（4）。
② 格·斯·科斯丘克：《论儿童教育和发展的相互关系》，载《苏维埃教育学》，1956（12）。

行为的方式之间等的矛盾作为例子。关于儿童心理发展的自生性质的论点，以及把发展理解为"自己运动"的观点，跟关于儿童发展源泉这个论点有不可分割的联系。

这些问题是在《苏维埃教育学》杂志上讨论的中心问题。除了上面所提到的格·斯·科斯丘克的著作以外，阿·恩·列昂节夫、耳·符·勃拉哥纳吉日娜及其他人的文章也都承认了儿童心理发展的内部规律、自我运动、发展的自生性、内部矛盾是他们发展的源泉。

德·恩·博哥亚夫连斯基和恩·阿·缅钦斯卡娅所持的见解就完全不同了。他们否认有正确发展的内部规律，否认其自生的性质，他们在论证自己的观点时会经这样说："发展的自生性对于教育家和心理学家说来一直意味着不由外界条件决定的'自我暴露'。"①文章的作者运用着这个论点，好像这是不言而喻的事情，但是实际上自生性完全没有必要被理解为不由外界条件决定的"自我暴露"。

众所周知，在列宁的《谈谈辩证法问题》一文中对自生性的解释是彻底唯物主义的。列宁说："两种基本的（或两种可能的，或两种在历史上见到的）发展（进化）观点是——认为发展是减少和增加，是重复；以及认为发展是对立面的统一（分为两个互相排斥的对立面以及它们之间的互相关联）。根据第一种运动观点，自己运动，它的动力、源泉、动因都被忽视了（或者这个源泉被移到外部——移到神、主体等那里去了）；根据第二种观点，主要的注意力正是放在认识'自己'运动的泉源上。第一种观点是死板的、贫乏的、枯竭的。第二种观点是活生生的。只有第二种观点才提供理解一切现存事物的'自己运动'的钥匙；才提供理解'飞跃''渐进过程的中断''向对立面的转化''旧东

① 德·恩·博哥亚夫连斯基、恩·阿·缅钦斯卡娅：《论儿童教育和发展的相互关系》，载《苏维埃教育学》，1957（3）。

西的消灭和新东西的产生'的钥匙。"①

马克思主义对发展的自生性的理解跟不由外界条件决定的"自我暴露"毫无共同之点。我们援引两位把心理的发展看作"自我暴露"的资产阶级心理学家的见解来作为错误观点的例子。

克·倍勒认为，当人们谈到发展这个词的"原始和真实的意思的时候"，所指的第一是素质，第二是素质实现的目的或方向。实现这个生来就存在于机体的目的在于改善心理生活。个人逐步地经过本能、训练和理性的各个阶段，在心理发展中显露出内部的节奏、精神的成长。外界影响所起的作用仅限于它们可能加速或可能阻滞这个内部节奏。②因此在克·倍勒的概念中最主要的是肯定存在着决定发展方向的内部目的。同时，心理发展的阶段实际上是互相矛盾的：后一阶段好像"依靠"前一阶段，并不是从前一阶段上成长起来的。

符·斯登也提出了发展的错误的观点。他认为，"个性"的核心意味着它是目的的体现者，而这些目的是它天然固有的。斯登把个性跟周围世界的相互作用解释为它们的"会合"。"会合"就是周围世界参加个性预先安排的"铸制"工作。外界影响对于素质只能起阻碍作用，或是起促进作用。

倍勒和斯登的观点，以及最近出现的同样观点的不同说法实质上是目的论。它们跟关于发展的真正科学的、因果性的理解是根本对立的。他们不认为外界影响是心理发展的原因，认为这些影响不能在人的心理中造成什么，它们的作用仅在于它们能加速或延缓本性的显露。

只有在马克思列宁主义哲学的基础上才能正确对待儿童心理发展的研究和建立真正科学的发展的理论。为了完成这些任务，必须把发展看

---

① 列宁：《谈谈辩证法问题》，见《哲学笔记》，362页，人民出版社，1956。
② 克·倍勒：《儿童的精神发展》（德文本），见《新莫斯科》，70～71页，1924。

作是自己的运动，它的源泉是内部矛盾。

在讨论过程中某些心理学家之所以表现出害怕于坚定地站在这条道路上，是因为他们担心这样会对外界事物、特别对教育的影响估计不足。这些担心是没有任何根据的。

马克思主义的辩证法并不降低更不否认外因。一位现代杰出的马克思主义者毛泽东说：“唯物辩证法认为外因是变化的条件，内因是变化的根据，外因通过内因而起作用。”①

区别外因和内因，同时理解它们之间相互关系的真实的性质是正确对待一般发展问题的中心。②应当强调，某些影响只有当它们适合于这个对象的性质和特点时才能带来预料的结果。同时，由一定影响引起的发展是按照受到外界影响的对象所固有的规律进行的。

如果否认内部矛盾是心理发展的源泉，那就只能是形而上学的理解；没有第三种理解，对是否承认内部矛盾是发展的源泉的回答，就在这个问题上划清了辩证唯物主义立场和形而上学对发展的观点的界限。正如列昂节夫的文章所指出的，外界矛盾，首先表现为机体和环境之间的矛盾，它们不仅没有被持有形而上学观点的代表们否认，而且在这些代表们的观点中它们被认为是主要的环节。

关于这个问题，应当看一看弗·恩·哥诺博林的反驳，这位作者跟列昂节夫进行了辩论，他认为“承认外界环境仅是心理发展的条件未必合理。问题在于，心理仅是自生地发展着的物质的反映，因此不仅心理

---

① 《毛泽东选集》第1卷，291页，北京，人民出版社，1955。
② 例如米丘林研究出来的无性杂交的方法是根据了机体内部存在着矛盾、对立斗争——遗传性和变异性的斗争。由于动摇了遗传的基础，机体对抗变异性的能力大大减低。同时变异性因创造需要的条件而加强。（德·姆·特罗申：《机体发展的辩证唯物主义理论》，见《现代生物学的哲学问题选集》，苏联科学院，1951）。机体的变化是通过外来的一定的影响。但是这些影响只有通过机体自身内部矛盾的锻炼才能达到所期望的结果。

现象的条件，而且心理现象的原因经常是在外部，是在外部世界的"。接着哥诺博林又说："没有外界影响的自己的运动是不可能的，这些影响不仅是心理发展的条件，而且它们常是发展的原因……"①

但是哥诺博林的反驳是没有根据的。第一，不应当在心理的本质和心理发展的原因这两个问题之间画等号。承认心理是物质世界的反映还不能解决关于心理发展原因的问题。马克思主义哲学关于发展本质的一般论点适用于现实世界的任何方面——物质现象和心理现象。当然，应当在一般原理的基础上具体地揭示心理发展的内容和特点，这样一来就能看出跟物质现象发展的根本区别，但是这已经是另一个问题。哥诺博林同志的反驳正是按发展的最一般的规律来说的。第二，哥诺博林不合理地把发展的条件跟原因对立起来，而事实上发展的外因也就是它的条件。

在对发展的各种理解中对于在心理学和教育学方面的研究会得到什么结果呢？阿·恩·列昂节夫、耳·符·勃拉哥纳吉日娜以及其他作者谈到，否认了儿童发展的内部规律会引起对研究儿童发展这个工作本身估计的严重不足，甚至忽视这一工作。由于儿童的发展要经过一定的阶段，忽视研究儿童的心理发展，也就是否定发展的年龄时期的划分。

应当指出，德·恩·博哥亚夫连斯基和恩·阿·缅钦斯卡娅在自己的文章中并不否认年龄时期的划分及说明儿童在某一年龄阶段的心理特点。同时这些作者又肯定地说："心理上时期的划分在其主要部分上不得不跟教育上时期的划分相符合，而教育上时期的划分是以教育和教学的各种条件（先学前期的，学前期的，学龄初期、中期和晚期的）作为

① 费·恩·哥诺博林：《儿童教育和发展问题》，载《苏维埃教育学》，1957（10）。

划分时期的基础的。"①

在论证这个观点时，博哥亚夫连斯基和缅钦斯卡娅同志提到："教育和教学条件的改变……对儿童的心理起着决定性的影响……"②这些作者所提到的有决定性影响的存在并不能证明心理上时期的划分符合于教育上时期的划分，也就是说符合于教育上连贯的年龄阶段。

要知道不论对谁说来这一事实都已不是秘密：暂时还没有真正科学的儿童心理发展时期的划分。真正科学的时期划分应当以能够说明儿童心理发展实际上是如何进行的、详细的、真实的材料和心理发展规律的发现为依据。但是，正如上面所说的，目前还没有足够的完全真实的材料，而发展的规律尚未被发现。有什么根据可以这样肯定地说心理上的时期划分要符合教育上的时期划分？这方面的科学根据是没有的。

博哥亚夫连斯基和缅钦斯卡娅同志正确地谈到，在同一个年龄时期和教学阶段中可以看到在学生中间有极大的差别。这些差别表现在掌握教材的水平上，也表现在把运用过的思维方式从一个活动范围转移到另一个活动范围上。作者也正确地谈到，一个材料的可接受性并不完全决定于儿童心理的年龄特征，而且还决定于教学方法和方式的效果。

这些原则未必能被反驳，但是它们没有证明儿童心理发展的内部规律是不存在的，也没有证实这个发展没有自生性质的说法。如果从哲学的观点来看一看博哥亚夫连斯基和缅钦斯卡娅同志文章中的论证过程，那么可以得到下列的论证：由于事实说明了外因的作用，那么只有外因在起作用，而内因根本就不存在。从前面的叙述可以很明显地看出，这些议论本质上是不正确的。须知对于事情的本质要研究内因和外因的作用，只有这时我们才能理解教育和发展的真实的相互关系。

---

① ② 费·恩·哥诺博林：《儿童教育和发展问题》，载《苏维埃教育学》，1957（10）。

为了发现儿童心理发展的规律，关于应当从哪个方面着手的问题是完全合理的。在这个问题上阿·恩·列昂节夫所做的解释有一定意义。我们所指的是他所引用的儿童心理发展的内部规律的例子。在学前期可以看到在创造性游戏发展上的一定的阶段，对他们说来很明显的一点是具有儿童所扮演的公开的、显著的角色以及隐藏在这个角色后面的行为规则；之后在游戏活动的发展上开始了新的阶段，那就是从公开的角色和隐藏在角色后面的规则转换到公开的规则以及隐藏在规则后面的角色。[1]

现在的问题不在于这样的解释对儿童心理发展上所发生的质变的本质深入了多少，它将发现心理发展的内部规律向前推进了多少。重要的是，这里正确地找出了一条最主要的路线，它是为了发现儿童心理活动的质变而做的研究工作所应当遵循的。发现从一个发展阶段到另一个阶段的转化，在这个转化中发现其内部逻辑，这对于建立有价值的儿童心理发展的理论当然是完全必要的。

善于在极复杂的现象中看出新生的东西，看到表现新旧斗争的特殊形式，这是认识发展的一个最重要的环节。极其重要的一点是，在可靠的事实的基础上分析出隐藏着的，为从这个阶段到另一个阶段转化所特有的发展的内部路线。

在儿童心理学的著作中有时提到在个别心理过程的发展中的某些不平衡。例如德·勃·厄立科宁分析在学校学习过程中儿童思维所发生的变化时指出："当某种知识已形成新的萌芽和未来思维形式的据点时，另外的知识还继续依靠着儿童已经形成的思维形式。"[2]

揭示这种不平衡对于发现儿童心理发展的内部规律有很重要的意义，但是不能只限于类似的判断，应当更进一步，把对上述差别的理

---

① 阿·恩·列昂节夫：《儿童心理发展的理论问题》，载《苏维埃教育学》，1957（6）。
② 德·勃·厄立科宁：《低年级学生的思维》，见《儿童心理概论》，144页，莫斯科，俄罗斯联邦教育科学院出版社，1950。

解提高到原则上。须知不平衡的存在，例如在思维发展方面不但证明了它的各种形式同时存在着，而且还说明了思维的新形式跟旧形式进行斗争。其中"统一体分为两个互相排斥的对立面以及它们之间进行着斗争"，这是十分可能的。

统一体"一分为二"，新生的事物和垂死的旧事物之间的斗争就是内部矛盾，它是发展的源泉。揭示当前现象所持有的特殊矛盾，研究这个矛盾的各个方面具有重大意义。这是贯穿着实现马克思主义辩证法的一个基本要求，是具体研究现实的主要路线。大家都知道，列宁不止一次地强调了这个要求，例如在《共产主义》一文中，列宁批评了别拉·孔，他说别拉·孔"回避了马克思主义的本质、要点，具体地分析具体的情况"。[①]

应当说明，在具体研究儿童心理发展方面目前还做得还很少。虽然积累了许多有关儿童年龄发展的知觉、记忆、思维、语言及其他心理过程变化的事实材料[②]，但是因为研究心理过程的个别方面关系到各个年龄阶段，从这方面来说这些材料是不齐全的。更不用说，没有一个年龄阶段不需要深究一切主要的心理过程，以及要求、兴趣、性格、才能等等的变化。

同时，已有的材料的理论性概括也仅仅是有关儿童智力发展的个别论点。例如耳·斯·威哥特斯基认为，概括自己的心理过程，掌握这些过程是学龄期智力活动质变的基础。耳·斯·威哥特斯基的这个观点是在他的领导下的对所谓科学和通俗的概念、口头语言、书面语言以及儿童智力活动的其他方面的发展所进行的研究的基础上建立起来的。[③]

但是问题不仅在于缺乏事实材料及其理论性的概括，特别重要的是

---

① 《列宁全集》第31卷，143页。
② 阿·阿·斯米尔诺夫：《苏维埃心理学40年》，载《心理学问题》，1957（5）。
③ 耳·斯·威哥特斯基：《心理研究选集》，俄罗斯联邦教育科学院出版社，1956。

对儿童心理的年龄上的变化进行研究的方向。开展研究工作极其重要，这种研究工作能够完成发现儿童心理发展从一个阶段向另一阶段的转变的任务。没有这些研究就不能准确地和充分地揭示在儿童发展过程中心理的质变，也就是说，不能建立心理发展的充足的理论。

因此应当承认，广泛地开展能揭示儿童心理发展的年龄特征的研究工作是非常迫切的。类似的要求在格·斯·科斯丘克、阿·恩·列昂节夫、耳·符·勃拉哥纳吉日娜及其他人的文章中也很明显。[1]勃·格·阿楠耶夫在其《论年龄心理学的体系》一文中也从另一方面谈到了这一点。[2]

阿·恩·列昂节夫公正地指出，使教育心理学和儿童心理学的内容、任务和方法过分接近是不合理的，承认教育心理学占主要地位也是不合理的。应当同时指出，使儿童心理学过分地脱离教育心理学也是不正确的，更不用说把它们相互对立起来了。毫无疑问，儿童心理学是要揭示儿童心理发展的一般规律。因此，适当的研究工作应当揭示在采用不同的教学和教育方法时所产生的心理上的基本质变。

为了揭示这些一般规律，在研究儿童心理发展时不应对教学和教育的具体条件漠不关心，而是要跟它们联系起来。注意了在教导工作的不同教育方法和手段下儿童心理的变化，便有可能来揭示发展的这个阶段，以及向下一阶段转化时所特有的最主要和最一般的东西。如果不这样进行研究工作，也就不能够明白我们是不是在揭示着一般规律性，与当前教学和教育的具体条件有关的特殊性是不是占首要地位。而这种现象在许多儿童心理学著作中确实存在：进行这类研究工作的作者断言，他们发现了一个心理发展的一般规律，但是这种断言是悬在空中的，因为它们没有得到科学的证实。

---

① 耳·符·勃拉哥纳吉日娜：《论儿童教育和发展的相互关系》，载《苏维埃教育学》，1957（8）。
② 勃·格·阿楠耶夫：《论年龄心理学的体系》，载《心理学问题》，1957（5）。

也应当指出问题的另一个方面。儿童心理学在揭示儿童心理发展的一般规律时，决不能不研究那些跟教导工作典型差别有关的发展的不同方式。

在这个问题上应当回到德·恩·博哥亚夫连斯基和恩·阿·缅钦斯卡娅的文章上来。虽然我们不同意博哥亚夫连斯基和缅钦斯卡娅同志的理论，但这并不应当阻碍我们看到他们文章中的个别论点对研究教学和发展的复杂问题的价值。博哥亚夫连斯基和缅钦斯卡娅同志说："需要教会儿童各种智力过程，这些过程构成了思维活动最一般的形式，即分析和综合的心理实质……"（接着是这些过程的名称：比较和区别差异、概括现象和事物等。）①

要注意到必须在各个智力过程中锻炼学生，分析出这种工作的主要方向对于改善教学实践和科学地研究教学和发展的问题都是极重要的。须知教学工作对学生的智力发展影响不大的原因之一，是在这方面对学校所提出的一般要求没有被充分地分析并具体化。而为了揭示教学和发展之间真正的相互关系，研究学生在学会从事智力活动上实际的进展是非常必要的。

为了要发现教学对儿童智力发展的影响到底在哪里，必须研究发展的具体表现。掌握具有一般意义的智力过程的一定方式就是能证明学生在其智力发展上前进的表现，但是满足于"学生学会从事某些智力活动，那就表明他在智力发展上前进了"这种直接的推论是不对的。

从个别的表现到确定智力发展上真正的进展是一条漫长的、复杂的、科学分析和综合的道路。极重要的是尽可能精确地确定到底什么叫学会从事某个智力活动。必须揭示各种思维活动之间的联系，找出在思

---

① 德·恩·博哥亚夫连斯基、恩·阿·缅钦斯卡娅：《论儿童教育和发展的相互关系》，载《苏维埃教育学》，1957（3）。

维发展中主要的中心现象和变化。

不能忘记这一点：仅仅是一些正确逻辑思维方面的变化是不能正确地说明智力发展的一般进展的。我们只需谈一谈有关智力活动的一个方面，即学会观察。小学生经常是在逻辑思维方面有巨大的进展，而在观察能力的提高方面却进展得很慢。[①]这也就证明了这样一个论点，即为了确定儿童在智力发展上真正的进展，仅依据逻辑思维方面的变化是完全不够的，不管它在智力活动上占有多么重要的地位。

只有科学分析和通过综合的、更为漫长的和复杂的道路，才能把学会从事各种智力活动跟揭示智力发展的内部源泉区分开来。因为掌握这些过程与发展的源泉的关系和现象与本质的关系一样，不够明确地区分现象和本质是在讨论和研究教学和发展问题时所产生的许多错误的根源。

在讨论关于教育和发展之间相互关系的研究工作的前景时，应当把应该研究什么这个问题弄得非常清楚：是研究儿童掌握的行为标准和规划、知识、技能和技巧跟他们的心理发展之间的相互关系，还是研究（广义的）教育和发展之间的相互关系？在讨论过程中这个问题所涉及的范围较狭窄，仅仅是在教学和发展的相互关系的范围内。

在德·恩·博哥亚夫连斯基和恩·阿·缅钦斯卡娅的文章中有这样的说法，认为"不如说是'学习'（而不是'教学'）和发展的相互关系更为正确，因为在谈这个问题时所指的是学生的活动，而不是教师的活动"[②]。认为应该研究这个问题是正确的，但是这样的观点完全不排除研究教学和发展的问题，恰恰相反，正是要去研究它。

如果只限于研究学生的学习，那么教育作用的体系和心理发展之间

---

① 耳·符·赞科夫：《教学中相互作用和直观性的研究经验》，莫斯科，俄罗斯联邦教育科学院出版社，1954。

② 耳·符·赞科夫：《教学中相互作用和直观性的研究经验》，60页，莫斯科，俄罗斯联邦科学院出版社，1954。

的联系就会被研究者忽视。在研究教学和发展问题时，这里的教学指的是苏维埃教育学中所表述的教学概念。"教学是给学生系统地传授知识的有目的的过程，是教给学生工作的方法和方式的活动，是组织学生自觉而牢固地掌握一定的知识、技能和技巧以及发展认识能力所必需的各种活动的手段。"[①]在这个定义中，正如在其他教育学著作里的定义一样，正是把教师有目的的系统的影响提到了首要地位。[②]

揭示教师影响和儿童心理发展之间规律性的联系，对于儿童发展的理论是头等重要的。不揭示这个联系就不能建立儿童心理发展的完备理论。同时如果不研究好哪些教学和教育方法对于这个任务是最有效的话，教育学的理论不能回答关于学生体力和智力全面发展的途径和方法的问题。同时在教育学中对教学的各种方法、课堂组织的各种方式及教学工作的其他途径和形式，没有根据它们对学生发展的效果来进行真正科学的比较性的分析。

在教育学理论的组成部分中研究这个问题，对于彻底改进苏维埃学校教导工作的实践会起到巨大的作用。儿童的发展首先取决于为儿童的教学和教育打下基础的教师的工作，但这种思想还未得到公认。如果能够通过全面和仔细的研究工作揭示了教导工作组织的性质和儿童心理发展之间的真正的联系，那么这联系就能成为彻底改进实际工作的牢固的基础。系统地观察了教导过程和教育实验，就能够对教学和教育的各种方法的效果进行比较性的评价。这种评价能够使教师这样来组织工作：既能使知识掌握取得更好的质量，又能迅速地推进学生的发展。

特别应当根据谢切诺夫的思想和巴甫洛夫关于高级神经活动的学说来研究教学和发展的问题。在德·恩·博哥亚夫连斯基和恩·阿·缅钦

① 伊·阿·凯洛夫等：《教育学》，14页，北京，人民教育出版社，1957。
② 例如申比廖夫、奥哥洛德尼柯夫所著的《教育学》教科书中对教学这一概念的定义（16页，北京，人民教育出版社，1956）。

斯卡娅的文章中做了这样的尝试，他们引用了谢切诺夫关于由于外界的影响天生神经组织的变化、"个人的"和"别人的"经验在儿童智力发展上所引起的作用等论点。

博哥亚夫连斯基和缅钦斯卡娅同志指出，根据巴甫洛夫的学说，受到外界影响的"基础"应当被理解为神经系统一定的天然属性和生活经验给神经系统带来的变化的合成。"根据巴甫洛夫的学说，人的经验主要是经过第二信号系统'人类行为的最高调节者'获得的。"[①]德·恩·博哥亚夫连斯基和恩·阿·缅钦斯卡娅同意以前心理学著作中所提到的说法，即教育和环境根据儿童心理发展的水平及其心理活动的特点而产生不同的影响。

博哥亚夫连斯基和缅钦斯卡娅同志指出巴甫洛夫学说的特点是发现在条件反射弧"中部"环节所完成的生理过程的规律性，同时认为"智力发展的生理机构是在第二信号系统的神经结构中的某些变化，而这些变化的形式在生理学家的研究工作中还没有被揭示出来"[②]。

根据巴甫洛夫的学说来研究教育和发展的问题是格·德·皮尔奥夫文章的主要内容。[③]格·德·皮尔奥夫论述了条件反射理论的主要论点，他指出了这些论点对于正确解决教育和儿童发展之间的相互关系的问题的意义是什么。他提出了下列的论点："教育的程度，即发展着的教学性质，决定于教师在这方面自觉努力的程度和学生在学习过程中自觉和积极参加的程度。而这又决定于第二信号系统发展的程度，决定于第二信号系统参与学习过程的程度，特别决定于它对第一信号系统具有多大

---

① 德·恩·博哥亚夫连斯基、恩·阿·缅钦斯卡娅：《论儿童教育和发展的相互关系》，载《苏维埃教育学》，1957（3）。

② 德·恩·博哥亚夫连斯基、恩·阿·缅钦斯卡娅：《论儿童教育和发展的相互关系》，载《苏维埃教育学》，1957（3）。

③ 格·德·皮尔奥夫：《论儿童发展和教育的相互关系问题》，载《苏维埃教育学》，1957（9）。

的领导作用。"①格·德·皮尔奥夫还根据巴甫洛夫的学说研究个体发育和系统发育的相互关系。

把属于大脑工作的理论原则和事实跟教育和发展的教育学、心理学问题对比是有好处的。通过这种对比能更深入地理解教育和发展的相互关系。但是应当充分了解,单纯把生理和教育论点联系起来不能完全解决问题。必须具体研究儿童在学习过程中心理发展的生理机构。

希望未来这个研究会在生理学家和心理学家的著作中占有相当的地位。同时生理实验和分析的方式应当被纳入教育,首先是教学的研究工作中。在教育科学院教育理论和教育史科学研究所实验教学论的实验室中,在研究教学中教师语言和直观手段相配合的问题过程中进行着这种尝试。②

生理方法论和生理分析应当按照适合于某个问题特点的路线纳入教学和发展的相互关系的研究工作中。有些路线在讨论过程中被正确地指出来了。但是我们认为,巴甫洛夫学说的一个观点,也就是在大脑皮质工作中的系统性原则,在这里具有特殊意义,而在讨论的文章中没有把它着重指出来。进入大脑半球皮质并在皮质上组成新的神经联系的刺激并不是孤立的,而是联合成一定的体系,这个事实对正确理解儿童的心理发展具有很大的意义。在对儿童施行教育影响时建立了条件联系的新体系,同时已有的联系体系被解散、分化和改组,它们之间组成了新的相互关系。③在大脑半球皮质工作中的系统性原则是具体研究教学和发展问题的一个极好的基础。

---

① 德·恩·博哥亚夫连斯基、恩·阿·缅钦斯卡娅:《论儿童教育和发展的相互关系》,载《苏维埃教育学》,1957(3)。

② 耳·符·赞科夫:《论教学中教师语言和直观手段的配合》,载《心理学问题》,1957(16)。

③ 耳·符·赞科夫:《论教育学中巴甫洛夫生理学说的贯彻》,载《苏维埃教育学》,1951(10)。

图书在版编目(CIP)数据

顾明远文集/顾明远著. —北京：北京师范大学出版社，
2018.10
ISBN 978-7-303-23976-4

Ⅰ．①顾… Ⅱ．①顾… Ⅲ．①教育理论－理论研究－中国－现
代－文集 Ⅳ．①G52-53

中国版本图书馆CIP数据核字（2018）第176353号

营　销　中　心　电　话	010-58805072 58807651
北师大出版社高等教育与学术著作分社	http://xueda.bnup.com

GUMINGYUAN WENJI

出版发行：	北京师范大学出版社 www.bnup.com
	北京市海淀区新街口外大街 19 号
	邮政编码：100875
印　　刷：	北京盛通印刷股份有限公司
经　　销：	全国新华书店
开　　本：	710 mm × 1000 mm　1/16
印　　张：	36
字　　数：	464 千字
版　　次：	2018 年 10 月第 1 版
印　　次：	2018 年 10 月第 1 次印刷
定　　价：	1980.00 元（全 12 册）

策划编辑：陈红艳	责任编辑：齐　琳　张筱彤
美术编辑：李向昕	装帧设计：王齐云　李向昕
责任校对：段立超　陈　民	责任印制：马　洁